www.ingramcontent.com/pod-product-compliance
Lightning Source LLC
Chambersburg PA
CBHW070126080526
44586CB00015B/1571
* 9 7 8 1 9 2 7 9 9 8 7 9 3 *

متّی، مرقس اور لوقا
تفسیر کی کتاب

حصہ اوّل

خداوند یسوع مسیح کی پیدائش اور ابتدائی خدمت پر ایک نظر

مصنف الیف۔ وین۔ میک لائیڈ

مترجم: مبشر انجیل عمانوایل داؤد

Light to My Path Book Distribution

Canada

جملہ حقوق بحق مصنف محفوظ ہیں

متی، مرقس اور لوقا

کی تفسیر

شخصی عبادت کی طرز پر

خداوند یسوع مسیح کی ابتدائی خدمت اور پیدائش پر ایک نظر

چونکہ اِس کتاب کے تمام جُملہ حقوق بحق مصنف محفوظ ہیں، اِس لیے اِس کتاب کا کوئی بھی حصہ مصنّف کی تحریری اجازت کے بغیر شائع نہ کیا جائے۔
پبلشر سے پہلے تحریری منظوری کے بغیر کسی سسٹم میں محفوظ کرنا یا کسی بھی مقصد کی خاطر کہیں منتقل کرنا یا کسی برقیاتی یا مشینی طریقہ سے اِس کی عکاسی کرنا سخت منع ہے۔
مگر قارئین کرام اور خادم الدین چھوٹا اقتباس کہیں تبصرہ یا جائزہ کے طور پر استعمال کر سکتے ہیں۔

Matthew, Mark and Luke.

Commentary Book(volume1)

Translated and Composed by Rev Emmanuel Dewan

from Pakistan.

e_daudpk@yahoo.com

نام کتاب۔ تفسیر

متّی، مرقس اور لوقا (حصہ اول)

مصنف۔ ایف۔ وین۔ میک لائید

مترجم۔ عمانوایل دیوان

کمپوزنگ عمانوایل داؤد

پروف ریڈنگ مسز رضیہ عمانوایل

تعداد ایک ہزار

ہدیہ کتاب دوسو روپے

سن اشاعت مارچ 2013ء

رابطہ۔

ہیریسن فون نمبر 0323-4589368

ونڈالہ دیال شاہ، تحصیل فیروز والہ، ضلع شیخوپورہ ۔ڈاکخانہ شاہدرہ۔

لاہور، پاکستان۔ پوسٹ کوڈ 54950

دیباچہ

متی مرقس اور لوقا خداوند یسوع مسیح کے اوراقِ زندگی اور خدمت کو اُس کی پیدائش مُردوں میں سے جی اُٹھنے اور پھر آسمان پر صعود فرمانے تک بڑی تفصیل کے ساتھ پیش کرتے ہیں۔

اِن تینوں مصنفین نے بہت سی باتوں کو بار بار دہرایا ہے۔ تینوں مصنفین نے ایک ہی واقعات کو بیان کیا ہے۔ میں اِن واقعات کو تفسیر کی اِس کتاب میں بار بار دھرانا نہیں چاہتا اِس لئے اختصار سے کام لیتے ہوئے میں نے یہی بہتر سمجھا کہ اِن واقعات کا ایک ہی جگہ پر جائزہ لیا جائے۔ متی، مرقس اور لوقا کے مفصل بیانات نہ صرف ایک دوسرے کی وضاحت اور تکمیل کرتے ہیں بلکہ جب ہم ایک ہی جگہ پر اِن کا بغور جائزہ لیتے ہیں تو ہمیں خداوند یسوع مسیح کی خدمت اور حیات اقدس کی بہتر تصویر ملتی ہے۔

مجھے متی، مرقس اور لوقا کی اناجیل کے واقعات میں ہم آہنگی پیدا کرنے میں بڑی دشواری کا سامنا کرنا پڑا۔ سب سے بڑا مسئلہ واقعات کو ترتیب وار بیان کرنا تھا۔ اناجیل کے مصنفین نے مسیح کی زندگی کے واقعات کو ایک ہی ترتیب سے بیان نہیں کیا۔ یوں محسوس ہوتا ہے کہ ہر ایک مصنف کا اناجیل کے واقعات کو بیان کرنے میں اپنا ایک منفرد مقصد ہے۔ اناجیل کے بیان شدہ واقعات کی ترتیب میں زیرِ نظر تفسیر کی کتاب کو حتمی نہ سمجھا جائے۔

قارئین کو ایک اور بھی مسئلہ درپیش ہوگا۔ کیوں کہ میں بیک وقت تینوں اناجیل کی تفسیر بیان کر رہا ہوں۔ قارئین کو فوری طور پر عبارت کے ایک حصہ سے دوسرے حصہ میں جانا پڑے گا۔ میں اِس کے لئے معذرت خواہ ہوں اور مجھے اِس بات کا احساس ہے کہ یوں مخصوص حوالہ جات کو تلاش کرنا بھی مشکل ہوگا۔ اِس مشکل کو حل کرنے کے لئے میں نے اِس کتاب کے آخر پر مختلف حوالہ

جات اور ابواب کی ایک فہرست بیان کی ہے۔ جہاں قارئین تفسیر کو تلاش کر سکتے ہیں۔ اگر آپ کو کسی مخصوص عبارت کو تلاش کرنا مقصود ہو تو فہرست پر نظر ڈالیں۔

اِن تینوں اناجیل میں تفسیری مواد کا ایک بہت بڑا حصہ ایک اور چیلنج کو ہمارے سامنے لاتا ہے۔ میں نے متی، مرقس اور لوقا کی اناجیل کی تفسیر کو تین حصوں میں تقسیم کر دیا ہے۔ زیرِ نظر حصہ اوّل میں ہم خداوند یسوع مسیح کی پیدائش اور خدمت کے ابتدائی سالوں کا جائزہ لیں گے۔

میری دُعا ہے کہ یہ تفسیر ایک زبردست طریقہ سے آپ کو یسوع کی ذات کا مکاشفہ حاصل کرنے میں معاون ثابت ہو اور اُس کے فضل، رحم و ترس اور محبت اور اُس کے عدل و انصاف کی طرف آپ کی رہنمائی کرے اور آپ کو یہ فضل اور توفیق دے کہ آپ اُس کی حیاتِ اقدس کے کامل نمونے کی تقلید (پیروی) کر سکیں۔ خداوند ایسا ممکن کرے کہ اِس تفسیر کے وسیلہ سے آپ کے دل خداوند یسوع اور اُسکے اُس صلیبی کام کے لئے کھل سکیں جو اُس نے آپ کے لئے سرانجام دیا ہے!

دیگر تفاسیر کی طرح اِس تفسیر کو بھی اِس طور سے مرتب کیا گیا ہے کہ یہ اپنی نوعیت کی ایک ایسی تفسیر اور کتاب ہو جس کو شخصی عبادت میں بھی استعمال کیا جا سکے۔ میری دلی آرزو ہے کہ یہ تفسیر نہ صرف آپ کے ذہنوں کو علم کی شمع سے منور کرے بلکہ آپ میں ابدی زندگی پیدا کرنے کا وسیلہ بھی بنے۔ میری خواہش ہے کہ ہر ایک قاری عبارت کے ہر ایک حصے کو سمجھے اور اِس میں بیان کردہ سچائی کے وسیلہ سے گہری تبدیلی کا تجربہ کرے۔ مجھے اِس بات کی قوی اُمید اور اعتماد ہے کہ بائبل مقدس کی اِن اہم کتب کی تفسیر کا مطالعہ کرنے کے بعد آپ پہلے جیسے نہیں رہیں گے۔ جب آپ اِس مطالعہ کا آغاز کرنے والے ہیں تو میں دُعا گو ہوں کہ خداوند آپ کو کثرت سے برکت بخشے۔

مصنف۔ ایف۔ وین۔ میک لائیڈ۔

Rev F. Wayne Mac Leod

6

فہرست مضامین

باب نمبر	عنوان	صفحہ نمبر
1۔	نسب نامے	10
2۔	تعارف	16
3۔	زکریاہ کو اطلاع	21
4۔	مریم کو اطلاع	27
5۔	مریم اور الیشبع	33
6۔	یوحنا بپتسمہ دینے والے کی پیدائش	39
7۔	یوسف کو اطلاع	45
8۔	بیت لحم	51
9۔	ہیکل میں پیش کیا جانا	58
10۔	مجوسیوں کی آمد	65
11۔	مصر کو بھاگ جانا	72
12۔	نوعمر یسوع ہیکل میں	77
13۔	یوحنا اپنی خدمت کا آغاز کرتا ہے	83
14۔	یوحنا کا پیغام	90
15۔	یوحنا یسوع کو متعارف کراتا ہے	95
16۔	خداوند یسوع کی آزمائش	101

باب نمبر	عنوان	صفحہ نمبر
17۔	یسوع گلیل کو جاتا ہے	108
18۔	پطرس، اندریاس، یعقوب اور یوحنا	117
19۔	کفرنحوم	122
20۔	کوڑھی کا شفا پانا	129
21۔	مفلوج	135
22۔	متی	141
23۔	پرانی مشکیں	145
24۔	اناج کا کھیت	160
25۔	سوکھا ہاتھ شفا پا گیا	156
26۔	بارہ شاگردوں کا چناؤ	160
27۔	پہاڑی وعظ۔ پہلا حصہ۔ مبارکبادیاں	166
28۔	پہاڑی وعظ۔ دوسرا حصہ۔ نور اور نمک	180
29۔	پہاڑی وعظ۔ تیسرا حصہ۔ شریعت کی تکمیل اور اضافہ	184
30۔	پہاڑی وعظ۔ چوتھا حصہ۔ دکھاوے کا ایمان	196
31۔	پہاڑی وعظ۔ پانچواں حصہ۔ دُعائے ربانی	203
32۔	پہاڑی وعظ۔ چھٹا حصہ۔ آسمان پر خزانہ	212
33۔	پہاڑی وعظ۔ ساتواں حصہ۔ کل کی فکر	217
34۔	پہاڑی وعظ۔ آٹھواں حصہ۔ دوسروں کی عدالت کرنا	223
35۔	پہاڑی وعظ۔ نواں حصہ۔ مانگنا اور پانا۔	232

صفحہ نمبر	عنوان	باب نمبر
241	پہاڑی وعظ۔دسواں حصہ۔دروازہ	36۔
246	پہاڑی وعظ۔گیارہواں حصہ۔جھوٹے نبی	37۔
252	پہاڑی وعظ۔بارہواں حصہ۔چٹان پر گھر	38۔
257	صوبہ دار کا نوکر	39۔
263	بیوہ کا بیٹا	40۔
267	یوحنا بپتسمہ دینے والے کا تعارف	41۔
274	یسوع کو رد کیا جاتا ہے	42۔
278	میرے پاس آؤ	43۔
284	ایک فریسی کے گھر میں ضیافت	44۔
290	ایک بدروح گرفتہ کا شفا پانا	45۔
296	نا قابلِ معافی گناہ	46۔
302	نشان طلب کرنا	47۔
308	مسیح کا حقیقی خاندان	48۔
312	بادشاہی کی تمثیلیں۔بیج بونے والے کی تمثیل	49۔
321	بادشاہی کی تمثیلیں۔از خود اگنے والے بیج کی تمثیل	50۔
326	بادشاہی کی تمثیلیں۔کڑوے دانوں کی تمثیل	51۔
333	بادشاہی کی تمثیلیں۔رائی کے دانے کی تمثیل	52۔
337	بادشاہی کی تمثیلیں۔خمیر	53۔

باب نمبر	عنوان	صفحہ نمبر
54	بادشاہی کی تمثیلیں۔ کڑوے دانوں کی تمثیل کی وضاحت	342
55۔	بادشاہی کی تمثیلیں۔ چھپا ہوا خزانہ اور بیش قیمت موتی کی تمثیلیں۔	347
56۔	بادشاہت کی تمثیلیں۔ جال کی تمثیل	353
57۔	بادشاہت کی تمثیلیں۔ گھر کے مالک کے تمثیل	358
	بائبل مقدس کے حوالہ جات کی فہرست	362

باب 1

نسب نامے

متی 1:1-17 لوقا 3:23-38 پڑھیں

ہم خداوند یسوع مسیح کی حیاتِ اقدس کے مطالعہ کا آغاز اُن نسب ناموں کے جائزہ سے شروع کرتے ہیں جو متی رسول اور مقدس لوقا کی انجیل میں مندرج ہیں۔ لیکن اُن کا بغور مطالعہ کرنے سے قبل، اہم بات یہ ہے کہ ہم مصنفین کے بارے میں بھی کچھ سمجھیں اور جانیں۔

متی ایک یہودی محصول لینے والا تھا۔ متی 9:9 میں ساری تفصیل بیان ہے کہ کیسے اُس نے مسیح کو جانا۔ خداوند یسوع مسیح نے اُسے دعوت دی کہ وہ محصول لینے والا پیشہ چھوڑ کر اُس کے پیچھے ہو لے۔ متی نے بالکل ایسا ہی کیا۔ اِس کے برعکس لوقا کے بارے میں زیادہ تر یہی بات اعتماد سے کہی جاتی ہے کہ وہ غیر قوم سے تھا۔ بہت سے لوگوں کا یہ ایمان ہے کہ لوقا مقدس پولس رسول کی خدمت میں تبدیل ہوا۔ پیشہ کے اعتبار سے یہ طبیب تھا۔ اور پولس رسول کے مشنری سفروں میں اُس کے ساتھ ہوتا تھا۔ متی اور لوقا کا مختلف پس منظر اُن کی کتابوں میں واضح طور پر دیکھنے کو ملے گا۔

ہم متی رسول کی طرف سے مندرج نسب نامے کے بارے میں مختصر تفسیر سے آغاز کرتے ہیں۔ متی رسول نسب نامے کا آغاز اِس بات پر زور دینے سے کرتا ہے کہ یسوع ابن داؤد اور ابن ابرہام تھا۔ یہودی لوگوں کے ذہنوں میں یہ دو اہم شخصیات موجود تھیں۔ ابراہام یہودی قوم کا باپ تھا۔ نبوتی نقطہ نظر سے، مسیح کو داؤد کی نسل سے آنا تھا، جو کہ یسی کا بیٹا تھا۔ (یسعیاہ 11:1)

متی رسول کا بیان کردہ نسب نامہ ابراہام سے شروع ہوتا ہے جو کہ اِس بات پر زور دیتا ہے کہ

یسوع یہودی نسل سے تھااور یہ نسب نامہ داؤد کے وسیلہ سے آگے بڑھتا اور اِس بات پر ہماری توجہ مرکوز کرتا ہے کہ یسوع شاہی نسل سے تھا۔ اور یہ کہ کس طرح مسیح کے بارے نبوت کی تکمیل ہوئی جسے داؤد کی نسل سے آنا تھا۔

اِس سیاق وسباق میں ہمیں ایک اوراہم تفصیل درج کرنے کی ضرورت ہے۔ ہم نے اِس بات پر غور کیا کہ متی ایک محصول لینے والا تھا۔ اس وجہ سے یہودی لوگ اُسے نفرت کی نگاہ سے دیکھتے تھے۔ اور اُسے معاشرے سے خارج شدہ سمجھتے تھے۔ محصول لینے والے اُن رومی اربابِ اختیار کے لئے محصول اکٹھا کرتے تھے جن سے یہودی لوگ نفرت کرتے تھے۔ وہ اپنے یہودی ہم بھائیوں کی جیبیں کاٹ کر مال بنارہے تھے۔

متی کے اس نسب نامے میں ہمارے لئے غورطلب اوراہم بات تیسری سے چھٹی آیت میں چار عورتوں کا ذکر ہے۔ اِن میں سے دوعورتیں غیرقوم سے تھیں۔ (راہب اورروت) اِس نسب نامہ میں مندرج چار میں سے تین عورتیں ایسی تھیں جن کے ماتھے پر کلنک کا ٹیکا تھا۔ تمر نے ایک کسبی کا روپ دھار کر اپنے سسر کے بچے کو پیدا کیا اور یوں اپنے سسر کو دھوکہ دیا۔ راہب بھی یشوع کے زمانے میں ایک کسبی ہی تھی۔ حتی اُوریاہ کی بیوی بت سبع داؤد کے ساتھ ناجائز تعلقات کے نتیجہ میں حاملہ ہوئی۔ متی بطور محصول لینے والے کو اُن لوگوں سے مشابہت دی جاسکتی ہے جو معاشرے کے رد کئے ہوئے لوگ تھے۔ وہ شخصی تجربہ سے جانتا تھا کہ معاشرے کی طرف سے دھتکارے جانے کا تجربہ کیسا ہوتا ہے۔ اِن ناموں کا اندراج نسب نامہ میں ضروری نہ تھا۔ (جو کہ شوہر کے وسیلہ سے سامنے لائے گئے نہ کہ بیوی کے سبب سے) لیکن یہاں پر واضح طور پر اِن کا ذکر پایا جاتا ہے۔ کیا متی رسول کو اِن خواتین کے نام نسب نامہ میں شامل کرتے ہوئے خوشی محسوس ہوئی ہوگی؟ یسوع معاشرے کے رد کئے ہوئے اور گناہگاروں کا دوست تھا۔ یہ بات بڑی اہمیت کی حامل ہے کہ یسوع نے اپنے نسب نامہ میں اِن عورتوں کا ذکر کیا ہے۔

متی کے نسب نامہ کو تین حصوں میں تقسیم کیا جا سکتا ہے۔ ہر ایک حصہ میں چودہ پشتوں کا ذکر کیا گیا ہے۔ اِن حصوں کو اہم تاریخی واقعات سے تقسیم کیا جا سکتا ہے۔ پہلی فہرست ابرہام (یہودی قوم کا باپ تھا) سے شروع ہو کر داؤد تک جاتی ہے۔ (1-6 آیات) دوسرا حصہ داؤد بادشاہ سے شروع ہو کر اسیری تک جاتا ہے۔ (7-11) جبکہ نسب نامے کی آخری تقسیم اسیری سے مسیح کی طرف آتی ہے۔ (12-16) یہ بات غور طلب ہے کہ چودہ پشتوں کے اِن تین گروہوں کی فہرست مرتب کرنے کے لئے متی کو اِس فہرست میں سے کچھ لوگوں کے نام خارج کرنا پڑے۔

عموماً اِس قسم کے نسب نامہ سے ناموں کو خارج نہیں کیا جاتا تھا۔ مقصد ساری تفصیل مہیا کرنا نہیں بلکہ اِس بات کو دریافت کرنا تھا کہ ابراہام سے داؤد تک مسیح کو کس نسل سے آنا تھا۔

متی کے نسب نامہ میں ایک اور اہم عنصر پایا جاتا ہے۔ متی 1:17 ہمیں بتاتا ہے کہ ہر ایک تاریخی تقسیم میں چودہ پشتیں ہیں۔ مسئلہ یہ ہے کہ ایک نام یہاں پر موجود نظر نہیں آتا۔ یہاں پر اِس فہرست میں کل اکتالیس (41) نام ہیں۔۔ نسب نامہ کے آخری حصہ میں چودہ کی بجائے تیرہ نام ہیں۔ اگر ہم 17 آیت کا بغور جائزہ لیں تو اِس مسئلہ کو بھی حل کیا جا سکتا ہے۔ مصنف ہمیں بتاتا ہے کہ ابراہام سے داؤد تک چودہ پشتیں تھیں۔ داؤد سے اسیری تک بھی اُس نے چودہ ناموں کا ذکر کیا ہے۔ بالفاظ دیگر، اِس فہرست میں داؤد کا نام دوبار شامل ہوا ہے۔

لوقا 3:23-38 میں لوقا کی معرفت بیان کردہ نسب نامہ متی رسول کے نسب نامہ سے قدرے مختلف ہے۔ متی رسول نسب نامہ کا آغاز ابراہام سے شروع کر کے مسیح کی طرف آتا ہے۔ جبکہ مقدس لوقا مسیح یسوع سے شروع کر کے آدم کی طرف جاتا ہے۔ ایک دفعہ پھر یہاں پر ایک بات اہم ہے اور وہ یہ کہ یہاں پر تمام نسلوں کا ذکر نہیں کیا گیا ہے۔

چونکہ متی مسیح یسوع کے نسب نامہ کی ابراہام تک کھوج لگانا چاہتا ہے جو کہ یہودی قوم کا باپ تھا۔ مقدس لوقا جو کہ ایک غیر قوم سے تھا یسوع کے نسب نامہ کی آدم تک کھوج لگانا چاہتا ہے جو کہ سب

قوموں کا باپ ہے۔

مقدس لوقا کے نسب نامے میں ایک اور قابل غور اور اہم تفصیل ہے کہ یہ نسب نامہ متی کے نسب نامہ سے بہت حد تک مختلف ہے۔ اگر آپ اِن نسب ناموں میں موجود ناموں پر تیزی سے نظر دوڑائیں تو آپ حیران رہ جائیں گے کہ ہم دراصل ایک ہی شخص پر غور کر رہے ہیں۔ اِن دونوں نسب ناموں پر ایک بحث پائی جاتی ہے۔ عام دستور اور رواج کے مطابق یوسف کی نسل کا سراغ لگانے کی بجائے مقدس لوقا مریم کی اولاد کی کھوج لگاتا ہے۔

ہوسکتا ہے کہ مقدس لوقا کے ذہن میں یہ بات ہو کہ یوسف یسوع مسیح کا جسمانی باپ نہیں تھا۔ جبکہ مریم اُس کی جسمانی ماں تھی۔ بطور ایک ڈاکٹر' لوقا اُس کے حقیقی والدین کے بارے میں اختصار سے کام لینے میں دلچسپی رکھتا تھا۔ یوسف کی بجائے مریم پر زور دینے میں مقدس لوقا مسیح کی کنواری مریم سے پیدائش کو واضح کرتا ہے۔

مقدس لوقا 3:23 ہمیں بتاتا ہے کہ یوسف کے باپ کا نام حیلی تھا۔ جبکہ اِس کے برعکس متی 1:16 ہمیں بتاتا ہے کہ اُس کا باپ یعقوب تھا۔ کیوں کہ عام رواج کے مطابق شجرہ نسب کی کھوج مرد کے نام سے لگائی جاتی تھی۔ مقدس لوقا اس بات کو ذہن میں رکھتے ہوئے کہ یوسف مریم کا سربراہ ہے۔ یوسف ہی سے آغاز کرتا ہے۔ دراصل حیلی یوسف کا سسر تھا۔

مقدس لوقا داؤد کی نسل سے بھی یسوع کے نسب نامہ کی کھوج لگاتا ہے۔ مقدس لوقا اپنے قارئین پر یہ واضح کرنا چاہتا تھا کہ یسوع نبوت کی تکمیل اور یسّی کے تنے کی کونپل تھا۔ جو کہ داؤد کا باپ تھا۔

یہاں پر ہم دیکھتے ہیں کہ متی رسول اور مقدس لوقا دونوں کا اپنا اپنا ایک الگ نکتہ نظر ہے۔ دونوں مصنّفین قدرے مختلف انداز میں یسوع اور اُس کی حیاتِ اقدس کے واقعات کو بیان کرتے ہیں۔ ہمارے لئے خداوند یسوع مسیح کی حیاتِ اقدس کے مختلف واقعات اور بیانات کو دیکھنا بڑا مفید ہے۔ دونوں کے بیانات ہم پر واضح کرتے ہیں کہ یسوع خدا کا بیٹا ہے اور اِس دُنیا میں آکر

ہم انسانوں کے مشابہ ہو گیا۔ اگرچہ اُس کا کوئی باپ نہیں تھا تو بھی اُس کے نسب نامہ کو انسانی شجرہ نسب میں ڈھونڈا جا سکتا ہے۔ ہمارے لئے متی رسول اور مقدس لوقا کے بیان کردہ دونوں نسب نامے بڑے اہم ہیں کیوں کہ یہ ہم پر واضح کرتے ہیں کہ یسوع اپنی بشریت میں ہم جیسا انسان بن گیا۔

چند غور طلب باتیں

☆۔ مسیح کی حیاتِ اقدس کے تعلق سے متی اور لوقا کے نزدیک کون سی بات اہم تھی؟ اس بارے میں یہ حصہ ہمیں کیا بتاتا ہے؟

☆۔ نسب نامہ میں متی رسول کی جانب سے راہب، تمر، روت اور بت سبع کے ناموں کو شامل کرنے سے ہم یسوع کے بارے میں کیا سیکھتے ہیں نیز یہ کہ رد کئے ہوئے اور گناہگاروں کے تعلق سے یسوع کی فکر مندی کے تعلق سے یہ حصہ ہمیں کیا سکھاتا ہے؟

☆۔ ایک لمحہ کے لئے سوچیں کہ یسوع کا انسانی جسم اختیار کر کے انسان بننے کا کیا معنی تھا۔ اِس حقیقت کے پیشِ نظر آپ کا ردِعمل کیا ہے؟

☆۔ ہمارے لئے یہ بات کیوں کر اہمیت کی حامل ہے کہ یسوع کا ایک جسمانی نسب نامہ بھی ہے۔

چند ایک دُعائیہ نکات

☆۔اِس بات کے لئے شکر گزاری کریں کہ یسوع ہم انسانوں کے مشابہ ہو گیا کیوں کہ وہ از خود انسان بنا۔

☆۔اِس بات کے لئے بھی شکر گزاری کریں کہ خداوند رد کئے ہوئے اور گناہگاروں کے لئے بھی فکر مندی رکھتا ہے۔

☆۔جس طور سے نسب نامہ ہمیں بتاتا ہے کہ یسوع نبوت کی تکمیل تھا' اِس کے لئے خداوند کی شکر گزاری کریں۔

☆۔خداوند کا شکر کریں کہ یسوع نے ہم تک پہنچنے کے لئے انسانی جسم اختیار کیا۔خداوند سے اِس بات کا فضل اور توفیق مانگیں کہ اُس کے لئے سب کچھ پیش کرنے کے لئے آپ تیار اور رضامند ہو سکیں۔

باب 2

تعارف

مرقس 1:1 لوقا 1:1-4 پڑھیں

جب ہم مختلف انجیلی بیانات اور خداوند یسوع مسیح کی حیاتِ اقدس پر غور کر رہے ہیں تو ہمارے لئے یہ ضروری ہے کہ ہم مرقس اور لوقا کے تعارفی بیانات کا بھی جائزہ لیں۔

مرقس بڑے سادہ سے انداز میں اپنے بیان کا آغاز کرتا ہے۔

''یسوع مسیح ابن خدا کی خوشخبری کا شروع' جیسا یسعیاہ نبی کی کتاب میں لکھا ہے کہ دیکھ میں اپنا پیغمبر تیرے آگے بھیجتا ہوں جو تیری راہ تیار کرے گا۔'' (مرقس 1:1)

اِس آیت کی تفسیر وتشریح کرنے سے قبل مرقس کی شخصیت پر غور کرنا مفید ہوگا۔ مرقس کی پہچان کے تعلق سے عمومی طور پر دو روایات پائی جاتی ہیں۔ بعض مفسرین اِسے یوحنا مرقس کے طور پر دیکھتے ہیں جس کی زندگی کے بارے میں کچھ معلومات اعمال کی کتاب میں درج ہیں۔ وہ برنباس اور پولوس رسول کے مشنری دوَروں پر اُن کے ساتھ جاتا تھا اور اُن کا ہم خدمت تھا۔ دوسری روایت یہ ہے کہ مرقس وہ شخص ہے جس کا 1 پطرس 13:5 میں ذکر کیا گیا ہے۔

''جو بابل میں تمہاری طرح برگزیدہ ہیں' وہ اور میرا بیٹا مرقس تمہیں سلام کہتے ہیں۔''

اگر یہ دوسرا شخص ہے جس نے انجیل لکھی تو پھر بہت ممکن ہے کہ یہ پطرس رسول کے وسیلہ سے مسیح کی پہچان تک پہنچا ہو۔ مرقس کی معرفت لکھی گئی انجیل کا مصنف خواہ کوئی بھی ہو۔ تاہم یہ بات بالکل واضح ہے کہ رسولوں کے ساتھ اُس کی اچھی جان پہچان تھی۔ اُس نے رسولوں کے ساتھ خدمت گزاری کا کام کیا تھا۔ جو کچھ اُس نے ہمارے خداوند کے بارے میں لکھا اِس میں اُسے

رسولوں کی تائید وحمایت اور معاونت حاصل تھی اور اُس کی باتوں کو مستند مانا جا سکتا ہے۔

مرقس کا تعارفی بیان نہایت سادہ ہے۔

''یسوع مسیح ابن خدا کی خوشخبری کا شروع'' وہ یہاں پر دو باتیں بیان کرتا ہے۔**اول**۔ یسوع ہی مسیح تھا۔ لفظ مسیح کا معنی ہے مسح کیا ہوا اور یہ لفظ مسیح سے ہی منسوب ہے۔ جس نے اِس دُنیا میں آ کر اپنے لوگوں کو اُن کے گناہوں سے نجات دینا تھی۔**دوم**۔ یسوع مسیح خدا کا بیٹا تھا۔''خدا کا بیٹا'' یہ اصطلاح اِس حقیقت کی طرف اشارہ کرتی ہے کہ یسوع اپنی فطرت اور صفات کے لحاظ سے خدا تھا۔ یہاں پر ہم دیکھتے ہیں کہ مرقس کے ذہن میں یسوع کے خدا اور آنے والا مسیح ہونے کے بارے میں کوئی شک وشبہ نہیں تھا۔

مرقس اِس مختصر تعارف کے بعد فوری طور پر خداوند یسوع کے اُس بپتسمہ کی طرف جاتا ہے جو اُس نے یوحنا بپتسمہ دینے والے سے لیا۔ یہاں پر اُس نے خداوند یسوع مسیح کی پیدائش اور بچپن کے بارے میں کچھ نہیں لکھا۔ اُس کی تمام تر توجہ یسوع مسیح کی خدمت پر مرکوز ہے۔ اگر ہم مسیح خداوند کی پیدائش اور بچپن کی تفصیلات کے بارے جاننا چاہتے ہیں تو ہمیں دوسرے مصنفین پر انحصار کرنا پڑے گا۔

لوقا کی انجیل کا تعارف قطعی مختلف ہے۔ لوقا نے بتایا کہ خداوند یسوع مسیح کی زندگی اور خدمت کے بارے میں کئی ایک تحاریر لکھی گئیں۔ آپ تصور کر سکتے ہیں کہ اُن تحریروں میں کچھ ایسے واقعات بھی لکھے گئے ہوں گے جن کی صحت کے بارے میں وثوق سے کچھ نہیں کہا جا سکتا۔

لوقا نے ہمارے خداوند کی زندگی کے واقعات اور اُن معجزات کو ٹھیک طور سے بیان کرنے کی ضرورت محسوس کی جو خداوند یسوع مسیح نے کئے تھے۔ اُس نے وہی واقعات قلم بند کئے جو عینی شاہدین اور خدا کے خادمین نے اُسے بتائے تھے جو کہ خداوند یسوع مسیح کی زندگی اور معجزات کے چشم دید گواہ تھے۔(2 آیت) جو کچھ لوقا نے یہاں پر لکھا ہے وہ ایک تصدیق شدہ حقیقت

ہے۔ مسیح کی زندگی کے بارے میں تفصیلات اور ہر ایک خبر اُن لوگوں سے موصول ہوئی تھی جنہیں تمام واقعات کا شخصی تجربہ اور علم تھا۔ بطور ایک طبیب لوقا خداوند یسوع مسیح کی زندگی اور خدمت کے تصدیق شدہ واقعات اور بالکل واضح تفصیلات کو محفوظ کرنے میں دلچسپی رکھتا تھا۔

غور کریں کہ 3 آیت میں وہ اِس بات کو واضح کرتا ہے ''..... سب باتوں کا سلسلہ شروع سے ٹھیک ٹھیک دریافت کر کے .....'' لوقا ہمیں دوبارہ اِس بات کو بیان کرتا ہے کہ تمام واقعات اور معلومات بالکل درست اور کسی بھی شک و شبہ سے بالا تر ہیں۔ لوقا کا مقصد قارئین کو ایسی تفصیلات، بیانات اور معلومات بہم پہنچانا تھیں جن پر وہ بغیر کسی اُلجھن اور شک کے اعتماد کر سکیں۔

مقدس لوقا اِس انجیل میں ''معزز تھیفلس'' سے مخاطب ہے۔ تھیفلس کی جان پہچان کے بارے میں کوئی بات یقینی طور پر بیان نہیں کی جا سکتی۔ تاہم یہ بات قابل غور اور اہم ہے کہ اُسے ''معزز'' Excellent Felix کہہ کر مخاطب کیا گیا ہے۔ لوقا کے دَور میں اشراف' عالیٰ مرتبہ یا شاہی خاندان کے لوگوں کو اِس طرح سے مخاطب کیا جاتا تھا۔ مثال کے طور پر ہم اعمال کی کتاب میں اِس کی ایک مثال دیکھ سکتے ہیں۔ یاد رہے کہ اعمال کی کتاب کا مصنف بھی لوقا ہی ہے۔

''اَے فیلکس بہادر. Excellent Felix ہم ہر طرح اور ہر جگہ کمال شکرگزاری کے ساتھ تیرا احسان مانتے ہیں'' ﴿اعمال 3:24﴾

''پولس نے کہا اَے فیستس بہادر Excellent Felix میں دیوانہ نہیں بلکہ سچائی اور ہوشیاری کی باتیں کہتا ہوں۔'' ﴿اعمال 25:26﴾

مذکورہ دونوں حوالہ جات میں یہ جملہ گورنروں کے لئے استعمال ہوا۔ بعض مفسرین یہ بھی سمجھتے ہیں کہ لوقا یہ انجیل سرکاری طور پر معاشرے میں اعلیٰ مرتبہ والوں کے لئے لکھ رہا تھا۔

''تھیفلس'' یہ نام دو یونانی الفاظ کا مجموعہ ہے۔ جس کا معنی ہے ''خدا سے محبت رکھنے والے''، بعض مفسرین کا یہ بھی کہنا ہے کہ لوقا یہ انجیل اُن سب لوگوں کے لئے تحریر کر رہا تھا جو خدا

سے محبت رکھتے ہیں۔

لوقا کے اِس دیباچہ میں یہ بات بالکل واضح ہے کہ جو کچھ لوقا نے بیان کیا اُس کی صحت اور درستگی کے تعلق سے ہمیں لوقا کی گارنٹی حاصل ہے۔لوقا 4 آیت میں واضح کرتا ہے کہ اُس نے یہ سب کچھ اِس لئے لکھا تا کہ ''جن باتوں کی تو نے تعلیم پائی ہے اُن کی پختگی تجھے معلوم ہو جائے۔''لوقا کی انجیل کا اولین مقصد یسوع مسیح کی حیاتِ اقدس اور تمام معجزات اور واقعات کے تعلق سے خدا کے لوگوں کے ذہنوں سے ہر طرح کے شک وشبہات کو دُور کرنا تھا۔

چند غور طلب باتیں

☆ ۔مرقس کا تعارفی بیان ہمیں یسوع مسیح کے بارے مرقس کے اعتقاد اور ایمان کے بارے میں کیا بتاتا ہے؟

☆ ۔مقدس لوقا کس طرح پیش لفظ میں اپنے قارئین کو درج کئے گئے واقعات کی سچائی کے بارے میں یقین دہانی کراتا ہے؟

☆ ۔یہ بات کس قدر اہم ہے کہ اناجیل کے تمام مصنفیّن خداوند یسوع مسیح یا پھر رسولوں کو شخصی طور پر جانتے تھے؟ کیا اِس بات سے درج کی گئی باتوں کے مستند اور معتبر ہونے کے بارے مزید یقین دہانی پیدا ہوتی ہے؟

چند ایک دُعائیہ نکات

☆۔اِس بات کے لئے خداوند کی شکرگزاری کریں کہ اُس نے اُن مخصوص لوگوں کے دلوں میں یہ بات ڈالی کہ وہ اُس کی زندگی کی تفصیلات کو بڑی احتیاط سے درست طور پر لکھیں۔

☆۔اُس طریقہ کار کے لئے خداوند یسوع کی شکرگزاری کریں جس کے تحت اُس نے اپنی زندگی کی تفصیلات تمام زمانوں کے لئے محفوظ کروائیں۔

☆۔خداوند کی شکرگزاری کریں کہ ہمارے دلوں میں اُس کی زندگی کے بارے میں درج کی گئی باتوں کے بارے میں ایک یقین دہانی پائی جاتی ہے یعنی ہم ایمان رکھتے ہیں جو کچھ درج کیا گیا ہے قابلِ اعتماد، قابلِ قدر اور قابلِ بھروسہ ہے۔

باب 3

زکریاہ کو اطلاع

لوقا 1:5-25 پڑھیں

ہم لوقا 1:5-25 میں زکریاہ نام کے ایک کاہن سے ملتے ہیں۔ وہ ابیاہ کاہن کے شجرہ نسب سے تھا۔ 1 تواریخ 24:1 میں خدا کا کلام ہمیں بتاتا ہے کہ ہارون کی اولاد چوبیس گروہوں میں تقسیم ہوگئی اور اُنہیں ہیکل میں بہت سی ذمہ داریاں سونپی گئیں۔ زکریاہ کی بیوی الیشبع بھی کاہنوں کے شجرہ نسب سے تھیں۔ وہ ہارون کاہن کی اولاد میں سے تھی۔ 6 آیت سے ہم اِس بات کو سمجھتے ہیں کہ نہ صرف زکریاہ اور الیشبع کاہنوں کے شجرہ نسب سے تھے بلکہ وہ خداوند سے ڈرتے اور بلا تقصیر اُس کے آئین و احکام کو مانتے تھے۔

اگرچہ زکریاہ اور الیشبع خداوند کے لئے زندگی بسر کرتے تھے تو بھی اُن کے اولاد نہ تھی۔ پورا معاشرہ اِس بات کو اچھی طرح جانتا تھا۔ بہ حیثیت ایک شادی شدہ جوڑا وہ اِس کمی کی وجہ سے کافی پریشان بھی ہوتے ہوں گے۔ معاشرے میں' صاحبِ اولاد ہونا خداوند کی طرف سے ایک برکت کی علامت ہے۔ ظاہر ہے کہ یہ جوڑا اِس وجہ سے بھی غمزدہ ہوتا ہوگا کہ اُن کے خاندان کے نام کو آگے بڑھانے کے لئے کوئی اولاد نہیں ہے۔ زکریاہ اور الیشبع بوڑھے ہوتے گئے ایک وقت آیا کہ اولاد پیدا ہونے کی ساری اُمیدیں دم توڑ گئیں۔

ایک دن زکریاہ ہیکل میں اپنی کہانت کے فرائض سرانجام دے رہا تھا۔ اب اُس کی باری تھی کہ وہ خداوند کے حضور بخور جلائے (9 آیت) وہ ہیکل کے پاک مقام میں بخوردان پر بخور جلا رہا تھا۔ جماعت باہر صحن میں اپنی دُعائیں اور التجائیں خدا کے حضور پیش کرنے کے لئے موجود تھی۔ جب

زکریاہ بخور جلا رہا تھا تو ایک فرشتہ زکریاہ اُس پر ظاہر ہوا۔ مقدس لوقا بیان کرتا ہے کہ فرشتہ مذبح کی دائیں جانب کھڑا ہوا۔ (11 آیت) بائبل مقدس میں عموماً دایاں ہاتھ برکت اور مہربانی کی علامت کے طور پر استعمال ہوتا ہے۔ خداوند یسوع مسیح باپ کی دہنی طرف بیٹھا ہے۔ (متی 64:26) ایک باپ یا کاہن جس شخص کو برکت دینا چاہتا تھا اُس پر اپنا دہنا ہاتھ رکھتا تھا۔ (پیدائش 48:17-20) کیا فرشتہ دہنے ہاتھ کھڑا ہو کر یہ پیغام دے رہا تھا کہ خدا کی مہربانی زکریاہ پر ہوئی ہے؟ جب زکریاہ نے فرشتہ کو دیکھا تو وہ چونک گیا اور اُس پر بڑا خوف طاری ہو گیا۔ (12 آیت) پاک مقام میں ہونے کی وجہ سے وہ دوسرے لوگوں سے بالکل الگ تھلگ تھا۔ وہ اور فرشتہ ہی اکیلے ہیکل کے پاک مقام میں تھے۔ فرشتہ نے زکریاہ کے خوف کو دیکھ کر اُسے تسلی دی۔

13 آیت میں دیکھیں کہ فرشتہ نے زکریاہ کو بتایا کہ اولاد کے لئے اُن کی دُعا سن لی گئی ہے۔ اِس سے ہم یہ سمجھتے ہیں کہ وہ اِس بات کے لئے دُعائیں کر رہے تھے کہ خدا اُنہیں اولاد جیسی نعمت سے نوازے۔ پس اِس بات کی تصدیق ہوتی ہے کہ یہ معاملہ اُن کے دلوں پر ایک بوجھ سے کم نہیں تھا۔ ایک طویل عرصہ سے وہ دُعا کا جواب دیکھے بغیر دُعا کرتے چلے آرہے تھے۔ اب دُعاؤں کے جواب کا وقت آ گیا تھا۔ فرشتہ نے اُنہیں یہ خبر دی کہ خداوند اُنہیں ایک بیٹا عطا کرے گا۔ وہ اُس کا نام یوحنا رکھیں۔ اِس نام کا عبرانی میں معنی ہے "خدا کا شاندار تحفہ"

فرشتہ نے زکریاہ کو مزید بتایا کہ یہ بچہ کوئی عام بچہ نہیں ہوگا۔ بلکہ یہ بچہ ایک خاص مقصد کے تحت پیدا ہوگا۔ اِس بچے کی پیدائش سے والدین کو بڑی خوشی اور خرمی حاصل ہوگی۔ اِس بچے کے والدین کو اُن کے دُکھ میں تسلی ملے گی اور اِس بچے کی پیدائش سے اُن کی ڈھارس بندھے گی کہ خدا نے اُن کی ضرورت پوری کرنے کیلئے اُن پر رحم کیا ہے۔

ہماری زندگی میں بھی ایسے وقت آتے ہیں جب ہم یہ سوچنے پر مجبور ہو جاتے ہیں کہ آیا خدا ہماری

دُعا کوسن بھی رہا ہے یا نہیں۔ یہ حوالہ ہمیں بتاتا ہے کہ خدا کے کان بھاری نہیں کہ ہماری دُعاؤں کو سن نہ سکے۔ یاد رکھیں کہ دُعا کا جواب دینے اور کوئی بھی کام کرنے کا خدا کا اپنا ایک وقت ہے۔ خداوند اپنے وقت پر زکریاہ اور الیشبع کے پاس آیا۔ اُن کے بچے کو ایک خاص بچہ ہونا تھا۔ اُس بچے نے اپنے والدین سے بھی کہیں زیادہ خدمت گزاری کا کام کرنا تھا۔ اُس بچے کا نام تاریخ کا حصہ بننا تھا کیوں کہ خدا اُس کی زندگی کے لئے ایک مقصد اور منصوبہ رکھتا تھا۔ خدا بلاوجہ آپ کی دُعاؤں کا جواب دینے میں تاخیر سے کام نہیں لیتا۔ یہاں پر ہم دیکھتے ہیں کہ خدا نے زکریاہ اور الیشبع کی دُعاؤں کا جواب اِس لئے تاخیر سے دیا تاکہ وہ اُنہیں ایک ایسا فرزند عطا کرے جس نے آنے والے مسیح کی راہ تیار کرنا تھی۔ زکریاہ اور الیشبع جو کہ بڑے دیندار اور خدا پرست کاہن تھے وعدہ شدہ مسیح کی آمد کے منتظر تھے۔ اُن کے لئے اِس بات کا تصور کرنا بھی بڑا مشکل تھا کہ بڑھاپے میں اُن کے اولاد ہوگی۔ لیکن اِس بات کا تصور کرنا کہ اُن کے ہاں پیدا ہونے والا بیٹا مسیح کی راہ تیار کرے گا اُن کی سوچ سے بالاتر تھا۔ ایسی بڑی برکت کا انتظار کرنا کس قدر مشکل کام ہے۔ آپ اندازہ کریں کہ زکریاہ اور الیشبع کے لئے انتظار کی گھڑیاں کس قدر لمبی ہوگئی ہوں گی۔ خدا جانتا تھا کہ وہ کیا کر رہا ہے۔ مجھے معلوم نہیں کہ خدا نے آج تک آپ کی دُعاؤں کا جواب دینے میں کیوں دیر کی ہے لیکن بھروسہ رکھیں کوئی نہ کوئی وجہ تو ضرور ہے۔ اُس پر توکل کریں اور اُس کے منتظر رہیں۔ وہ آپ کو مایوس نہیں کرے گا۔

فرشتہ نے زکریاہ کو بتایا کہ اُن کے ہاں پیدا ہونے والا بچہ خدا کی نظر میں بڑا عظیم ہوگا۔ خدا اُس کے ادا کرنے کے لئے ایک اہم کردار رکھتا تھا۔ اُس بچے کو کبھی بھی مے یا شراب نہیں پینا تھی۔ بعض لوگ اس بات کو ایک نذیر کے عہد کے طور پر دیکھتے ہیں۔ وہ لوگ جو ایسے عہد کے پابند ہوتے تھے اپنے سر کے بال بھی نہیں منڈواتے تھے اور نہ ہی کسی قسم کا نشہ آور مشروب پیتے تھے۔ وہ اِس لئے ایسا کرتے تھے کیوں کہ خدا نے اُنہیں کسی خاص مقصد کے لئے الگ کرلیا ہوتا

تھا۔ (گنتی 6:2-12) سمسون بھی اِسی طرح کے عہد کا پابند تھا۔

فرشتہ نے زکریاہ کو بتایا کہ بچہ ماں کے پیٹ ہی سے روح القدس سے بھر جائے گا۔ روح القدس اُس بچے کو سنبھالے گا اور اُس کی محافظت کرے گا تا کہ وہ خدا کے اُس کام کو پایہ تکمیل تک پہنچا سکے جس کے لئے خدا نے اُسے بلایا ہے۔

خدا نے یوحنا کو بنی اسرائیل کو اس کی طرف رجوع کرنے کے لئے بلایا تھا۔ (16 آیت) بنی اسرائیل گمراہ ہو چکے تھے اور یوحنا نے اُن کی راہنمائی اُن کے نجات دہندہ کی طرف کرنا تھی۔ اُس نے ایلیاہ کے زور اور روح میں نجات دہندہ کے آگے آگے جانا تھا۔ اُس نے والدین کے دل اولاد کی طرف پھیرنے تھے۔ گھرانے بحال ہونے تھے۔ اُس نے نافرمانوں کو خدا کی حکمت اور راستبازی کی طرف پھیرنا تھا۔ جب ہم یوحنا بپتسمہ دینے والی کی خدمت پر نظر کرتے ہیں تو ہم دیکھتے ہیں کہ بلاشبہ خدا کا خاص مسح یوحنا کی زندگی پر تھا۔ ہر طرف سے لوگ یوحنا کی منادی سننے کے لئے آئے۔ اُس نے لوگوں کو اِس بات کا چیلنج دیا کہ وہ خدا کے ساتھ اپنا تعلق درست کرتے ہوئے اپنے گناہوں سے توبہ کریں۔ اُس کی خدمت نے بہتوں کے دلوں کو چھوا۔ ہم صرف تصور ہی کر سکتے ہیں کہ اِن باتوں کا زکریاہ کی زندگی پر کیا اثر ہوا ہوگا۔ وہ سب کچھ جو فرشتہ نے زکریاہ کو بتایا ایک حیرت انگیز خبر تھی۔ اِس قدر حیرت انگیز خبر کا یقین کرنا اُس کے لئے مشکل تھا کہ آیا ایسا بھی ہوسکتا ہے۔ 18 آیت میں اُس نے فرشتہ سے کہا کہ ایک نشان دے کر وہ اِن سب باتوں کی تصدیق کرے۔ زکریاہ نے فرشتہ کو بتایا کہ وہ ایک عمر رسیدہ شخص ہے اور اِسی طرح اُس کی بیوی بھی ضعیف العمر ہے۔ ہمیں یہاں پر زکریاہ کے دل میں شک کا عنصر محسوس ہوتا ہے۔ اگرچہ وہ ایک کاہن تھا اور خدا سے محبت رکھتا تھا تو بھی اُس کے لئے فرشتہ کی باتوں کو سمجھنا اور اُن پر ایمان لانا مشکل تھا۔

وہ فرشتہ جو زکریاہ سے مخاطب ہوا اُس نے زکریاہ کو اپنا تعارف جبرائیل فرشتہ کے طور پر کرایا جو خدا

کی حضوری میں کھڑا رہتا ہے۔فرشتہ کی شکل وصورت ہی زکریاہ کے دل سے شک وشبہات دور کرنے کے لئے کافی ہونی چاہئے تھی۔لیکن وہ اب بھی شک میں مبتلا تھا۔اُس کی بے اعتقادی کے سبب سے فرشتہ نے اُسے کہا کہ جب تک وہ بچہ پیدا نہ ہو جائے وہ گونگا رہے گا۔یہ گونگا پن اِس بات کی علامت تھا کہ اُس نے فرشتہ سے سوال کیا تھا۔اگرچہ زکریاہ نے نشان تو مانگا تھا مگر اِس طرح کا نشان نہیں مانگا تھا تو بھی یہ نشان بڑا مؤثر تھا۔

20 آیت اس بات کو واضح کرتی ہے کہ زکریاہ اِس لئے گونگا ہو گیا کیوں کہ اُس نے فرشتے کی باتوں کا یقین نہیں کیا تھا۔جب زکریاہ فرشتہ سے باتیں کر رہا تھا' تو لوگ باہر زکریاہ کا انتظار کر رہے تھے۔روایتی طور پر کاہن باہر آکر جماعت کو برکت دیتا اور کلام برکات سے اُن کو رخصت کیا کرتا تھا۔چونکہ وہ پاک مقام سے باہر نہیں آرہا تھا اِس لئے لوگ تعجب کر رہے تھے کہ اُسے کیا ہو گیا ہے۔بالآخر وہ باہر تو آ گیا لیکن لوگوں کو برکت دینے کے لئے وہ بول نہ سکا۔وہ صرف اور صرف اشاروں ہی سے باتیں کر سکا۔یہ سب کچھ لوگوں کیلئے بڑی اُلجھن اور زکریاہ کے لئے بڑی پریشانی کا سبب تھا۔

خدا نے اپنے وعدہ کے مطابق الیشبع کا رحم کھولا۔غور کریں کہ الیشبع پانچ ماہ تک خلوت میں رہی۔ اِس کے بارے میں کوئی بات یقین سے نہیں کہی جا سکتی کہ کیوں اُس نے گوشہ نشینی اختیار کر لی۔لیکن ایک بات یقینی ہے کہ تنہائی کا یہ وقت خداوند کی پرستش اور دُعاؤں کے خوبصورت جواب کی شکرگزاری کا وقت تھا۔الیشبع اِس حقیقت سے شادمان تھی کہ خدا نے اُسے ایک فرزند عطا کر کے اُس کی رسوائی دور کی ہے۔اِس باب میں ہم خدا کے ہاتھ کو اپنے عظیم منصوبوں اور مقاصد کو پایۂ تکمیل تک پہنچانے کے لئے کام کرتے ہوئے دیکھتے ہیں۔ہمیں یہاں پر یہ بات دیکھنے کو ملتی ہے کہ خدا کی راہیں ہمیشہ ہماری راہیں نہیں ہوتیں۔وہ اپنے وقت پر دُعاؤں کا جواب دیتا ہے۔وہ ہمارے شک وشبہات اور ذہنی اُلجھنوں کے باوجود ہمیں استعمال کرنے کی قدرت

رکھتا ہے۔اُس کا کان بھاری نہیں کہ وہ ہماری اِلتجاؤں کو سن نہ سکے۔اِس عمر رسیدہ جوڑے کے ہاں پیدا ہونے والے بچے کو خدا نے خاندانوں کو بحال کرنے اور لوگوں کا خدا کے ساتھ رشتہ اور تعلق درست کرنے کے لئے بڑے زبردست طریقے سے استعمال کرنا تھا۔اُس نے لوگوں کو اُس کے مسیح کی آمد کے لئے تیار کرنا تھا۔

چند غور طلب باتیں

☆۔اِس باب کے شروع میں دیا گیا حوالہ ہمیں خدا کی طرف سے دُعاؤں کا جواب ملنے کے بارے میں کیا سیکھاتا ہے؟ کیا خدا ہمیشہ ہی ہماری خواہش اور وقت کے مطابق جواب دیتا ہے؟

☆۔یہ حوالہ ہمیں اُس شخص کی خصوصیات کے بارے میں کیا سکھاتا ہے جسے خدا استعمال کرتا ہے؟

☆۔ہماری خدمت اور شخصی زندگی میں روح القدس کی خدمت کس قدر اہم ہے؟

☆۔یہ باب ہمیں بے اعتقادی کے نتائج کے بارے میں کیا سیکھاتا ہے؟

چند ایک دُعائیہ نکات

☆۔خداوند کی شکر گزاری کریں کہ وہ اپنے وقت پر اور اپنے طریقہ سے ہماری دُعاؤں کا جواب دیتا ہے جو کہ ہمارے وقت اور طریقوں سے کہیں بہتر ہے؟

☆۔خداوند کے حضور اِس بات کے لئے شکر گزار ہوں کہ وہ اُس وقت بھی ہمیں استعمال کرتا ہے جب ہم اپنے ایمان میں ناکام ہو جاتے ہیں اور پورے طور پر اُس کے وعدوں پر توکل اور بھروسہ نہیں کرتے۔

☆۔خداوند کا شکر کریں کہ اُس نے ہمیں اپنا پاک روح دیا ہے تاکہ وہ ہمارا راہنما اور محافظ ہو۔ خداوند سے دُعا کریں کہ وہ اور زیادہ آپ کو اپنے پاک روح سے معمور کرے۔

باب 4

مریم کو اطلاع

لوقا 1:26-38 پڑھیں

پچھلے باب میں ہم نے دیکھا کہ کس طرح خدا کے فرشتہ نے زکریاہ سے کلام کر کے اسے بتایا کہ اُس کے ہاں ایک بیٹا پیدا ہوگا جو خدا کے مسیح کے لئے راہ تیار کرے گا۔ اِس باب میں ہم دیکھیں گے اُسی فرشتہ نے کس طرح یسوع کی ہونے والی ماں مریم سے باتیں کیں۔ جب جبرائیل فرشتہ مریم کے پاس آیا تو اُس وقت الیشبع کو حاملہ ہوئے چھ ماہ ہو چکے تھے۔ اُس وقت مریم گلیل کے ناصرت میں رہ رہی تھی۔

ہمارے لئے اِس بات پر غور کرنا اہم ہے کہ اُس وقت تک مریم کنواری تھی تاہم اُس کی منگنی یوسف نام کے ایک مرد سے ہو چکی تھی۔ لوقا اِس بات کو بیان کرنا اہم سمجھتا ہے کہ یوسف داؤد کی نسل سے تھا۔ یہ بات بڑی اہم ہے کیوں کہ یسوع کو بھی داؤد ابن یسی کی نسل ہی سے ہونا تھا (یسعیاہ 11:10) اگرچہ یوسف خداوند یسوع مسیح کا جسمانی باپ نہیں تھا تو بھی خدا نے اُسے یسوع کی جسمانی پرورش کے لئے مقرر کیا۔ اُس زمانہ کے قانون کے مطابق یوسف خداوند یسوع مسیح کا قانونی طور پر باپ تھا۔

جبرائیل فرشتہ نے مریم پر ظاہر ہو کر اُسے پُر ''فضل عورت'' کہا (28 آیت کو دیکھیں) یہاں یہ سمجھنا ضروری ہے کہ وہ دوسری عورتوں سے افضل اور بہتر ہونے کی بنا پر پُر فضل نہیں تھی۔۔ (اگرچہ وہ خداوند سے محبت رکھتی اور اُس کی عبادت اور پرستش کرتی تھی۔) وہ اِس لئے پُر فضل عورت تھی کیوں کہ خدا نے اُسے ایک خاص مقصد کے لئے چن لیا تھا۔ خدا کی حضوری

بڑے خاص طور سے اُس کے ساتھ تھی۔ خدا نے اُس کو اپنے لئے محفوظ رکھا اور اُس کا حامی و ناصر ہوا تا کہ وہ خداوند یسوع مسیح کی ماں ہونے کی ذمہ داری کو نبھا سکے۔

جو کچھ فرشتہ مریم سے کہہ رہا تھا وہ سب کچھ اُس کی سمجھ سے بالاتر تھا۔ اِس سے پہلے زکریاہ بھی فرشتہ کو دیکھ کر خوفزدہ ہو گیا تھا۔ 29 آیت سے ہم سمجھ سکتے ہیں کہ مریم فرشتہ کی باتیں سن کر گھبرا گئی۔ اُس نے مریم کو بتایا کہ خداوند نے اُس پر خاص مہربانی کی ہے۔ جبرائیل نے مزید اُسے بتایا کہ وہ حاملہ ہوگی اور اُس کے بیٹا ہوگا اور وہ اُس کا نام یسوع رکھے گی۔

جس طرح اُس فرشتہ نے زکریاہ کو بھی اُس کے ہاں پیدا ہونے والے بچے کے بارے میں کچھ بتایا تھا اِسی طرح اُس نے مریم کو بھی اُس کے ہاں پیدا ہونے والے بچے کے بارے میں کچھ معلومات فراہم کیں۔ یہ بچہ خدا تعالیٰ کا بیٹا حق تعالیٰ کا بیٹا کہلائے گا بالفاظ دیگر یہ بچہ خدا کا حقیقی بیٹا ہوگا۔ پیدا ہونے والا بچہ نبوت کی تکمیل ہوگا اور اُس بچے کو داؤد کی نسل سے ہونا تھا۔ داؤد کی نسل سے ہونے کی وجہ سے وہ اپنے لوگوں پر حاکم اور بادشاہ ہوگا۔ (اگرچہ اِس طور سے نہیں جیسا کہ اُس کے لوگ توقع کرتے تھے) اُس کی سلطنت کا آخر نہ ہوگا۔ اُس کی بادشاہت اِس دُنیا کی بادشاہت نہ ہوگی۔ بلکہ یہ روحانی بادشاہت ہوگی۔ وہ لوگ جو اُس بادشاہت سے تعلق رکھتے ہوں گے۔ وہ خداوند کے سامنے گھٹنے ٹیکیں گے۔ خداوند یسوع مسیح اپنے لوگوں کے دلوں اور روحوں کو اپنے لئے فتح کرے گا۔ یہ بادشاہی بدی' شیطان اور اُس کے فرشتگان پر غالب آئے گی۔ خداوند یسوع مسیح کی بادشاہت آج بھی قائم و دائم ہے۔ خداوند یسوع مسیح آج بھی دلوں اور زندگیوں کو اپنے لئے فتح کر رہا ہے۔ ہر روز' مرد' عورتیں اور بچے خدا کی بادشاہت میں شامل ہو رہے ہیں۔ وہ یسوع کے سامنے گھٹنے ٹیکتے ہوئے اپنا آپ یسوع کو دے رہے ہیں۔ یہ بادشاہت اسرائیل سے زمین کے طول و عرض تک پھیل چکی ہے۔ خداوند یسوع مسیح اپنی کلیسیا کو تعمیر کر رہا ہے اور کوئی اُس کام کو روک نہیں سکتا۔

مریم جبرائیل فرشتہ کی باتیں سن کر گھبرا گئی۔ وہ فرشتہ کی باتیں نہ سمجھی۔ وہ ابھی تک کنواری تھی۔ مریم کو اِس بات کی سمجھ آ گئی کہ جو کچھ فرشتہ کہہ رہا ہے اُس کا تعلق اُس کے منگیتر یوسف سے نہیں ہے۔ اگر اُس کی شادی یوسف سے ہو چکی ہوتی اور تب فرشتہ اس کے پاس آ کر ایسی باتیں کرتا تو مریم اُن باتوں کو سمجھ سکتی تھی لیکن یہاں پر صورتحال قطعی مختلف تھی۔

فرشتہ نے اُسے گھبراہٹ اور پریشانی میں دیکھ کر اِس بات کی وضاحت کی کہ روح القدس اُس پر سایہ کرے گا اور حق تعالیٰ کی قدرت اُس پر سایہ کرے گی۔ خدا کی حضوری اُسے گھیر لے گی اور خدا اُسے بڑے پرزور طریقہ سے چھوئے گا۔

زندگی کے خالق اور مالک نے معجزانہ طور سے اُس کے بطن میں ایک بچے کو رکھ دیا۔ یہ بچہ کسی جنسی تعلق کا نتیجہ نہیں ہونا تھا۔ اُس بچے کا کوئی جسمانی باپ نہیں ہونا تھا۔

اُس بچے نے مریم کے بطن میں پڑنا تھا۔ 35 آیت میں جبرائیل فرشتہ نے مریم کو بتایا کہ وہ بچہ پاک ہوگا۔ وہ حق تعالیٰ کا بیٹا کہلائے گا۔

یہ سب کچھ معجزانہ طور سے واقع ہوگا۔ مریم کے لئے اِس طرح کی صورتحال سے دوچار ہونا آسان کام نہیں تھا۔ معاشرہ اُس کی باتیں سمجھ نہیں پائے گا۔ اگرچہ وہ ایک معزز عورت تھی تو بھی اُس نے اپنی عزت اور شہرت کو داؤ پر لگا دیا۔ وہ یوسف کو کیا بتائے گی؟ جو کچھ ہونے کو ہے کیا یوسف اِن باتوں کو سمجھ پائے گا۔ مریم کو سارے وقت اور صورت حال سے گزرنے کے لئے ہر لمحہ خدا کی حضوری اور راہنمائی کی ضرورت تھی۔ ہمارے اِردگرد کے لوگ ہمیشہ ہی خدا کی راہنمائی کو سمجھ نہیں پاتے۔ کئی دفعہ تو ہمیں بھی خدا کی راہنمائی کی سمجھ نہیں آتی۔ کئی لوگوں نے مریم کو قصوروار ٹھہراتے ہوئے اُس پر الزام تراشی کی۔ اگر آپ اُس دَور میں مریم کے دوستوں اور سہیلیوں میں سے ہوتے تو آپ کی مریم کے بارے میں کیا رائے ہوتی؟

ہمارے لئے کچھ دیر کے لئے اِس حقیقت کو علم الٰہیات کی روشنی میں دیکھنا مفید ہوگا کہ یوسف

خداوند یسوع مسیح کا جسمانی باپ نہیں تھا۔علم الٰہیات کی روشنی میں ہم اِس بات کو سمجھتے ہیں کہ اِس دُنیا میں پیدا ہونے والا ہر شخص گناہ گار ہوتا ہے۔ جب آدم نے گناہ کیا تو اُس نے یہ گناہ آلودہ فطرت ہر آنے والی نسل میں منتقل کر دی۔ زبور نویس اس حقیقت کو سمجھ گیا تب ہی تو اُس نے کہا

''دیکھ میں نے بدی میں صورت پکڑی اور میں گناہ کی حالت میں ماں کے پیٹ میں پڑا۔''

﴿زبور 5:51﴾

آدم کی ہر ایک نسل گناہ آلودہ فطرت کے ساتھ پیدا ہوئی۔عہدِ عتیق میں ہم دیکھ سکتے ہیں کہ خدا اپنے لوگوں کے گناہ کے لئے ایک بے عیب برّے کی قربانی کا تقاضا کیا کرتا تھا۔خداوند یسوع مسیح آدم کی نسل سے نہیں تھا بلکہ وہ بڑے منفرد انداز سے مریم کے بطن میں پڑا۔چونکہ وہ نسل انسانی سے نہیں تھے۔ اِس لئے وہ آدم کی گناہ آلودہ فطرت کے ساتھ پیدا نہیں ہوا تھے۔خداوند یسوع مسیح اِس گناہ آلودہ فطرت سے آزاد تھے جو نسل درنسل منتقل ہوتی ہے۔وہی ایک بے عیب برّہ کے طور پر ہمارے گناہوں کے لئے ایک کامل قربانی ہوسکتا تھا۔

جب مریم اِن باتوں پر غور کر رہی تھی جو جبرائیل فرشتہ نے اُس سے کہیں تھیں، تو فرشتہ نے اُس وقت اُسے یہ بھی بتایا کہ الیشبع جو اُس کی رشتہ دار ہے اُس کے بڑھاپے میں بیٹا پیدا ہونے والا ہے۔الیشبع جانتی تھی کہ وہ ایک بانجھ عورت ہے۔ یہ خبر خدا کی طرف سے ایک نشان تھا۔اگر خدا نے الیشبع کو اُس کے بڑھاپے میں ایک بیٹے سے نوازا ہے تو پھر خدا اُس کی زندگی میں بھی اپنے مقصد کی تکمیل کے لئے کام کرسکتا ہے۔

الیشبع کے تعلق سے مریم کو بتا کر فرشتہ نے اُس کو ایک ایسی دوست فراہم کی جو اُس کی صورتحال کو سمجھتے ہوئے، مشکل کی اِس گھڑی میں اُس کے لئے تسلی اور تشفی کا باعث ہوسکتی تھی۔مریم کے لئے اُس وقت ایک ایسی خاتون دوست کا ہونا کس قدر اہم تھا جس کے ساتھ وہ اپنے دل کی بات کر سکتی تھی۔اور جو کچھ ہو رہا تھا وہ سب کچھ سمجھتے ہوئے اُسے قبول کر لیتی۔دوسری طرف الیشبع کے

لئے بھی مریم کے ساتھ گفتگو کرنا مفید تھا۔ الیشبع کا مریم کو اپنے معجزانہ حمل کے بارے میں بتانا بھی اُس کے لئے حوصلہ تسلی اور برکت کا باعث تھا۔

جبرائیل فرشتہ نے مریم کو بتایا کہ خدا کے نزدیک کچھ بھی مشکل اور ناممکن نہیں ہے۔ (37 آیت) 38 آیت میں ہم دیکھ سکتے ہیں کہ مریم نے فرشتہ کی ساری باتیں سن کر اُس کو کیا جواب دیا۔

"مریم نے کہا دیکھ میں خداوند کی بندی ہوں، میرے لئے تیرے قول کے موافق ہو۔"

﴾لوقا 38:1﴿

وہ خدا کی تابعدار بندی ہے۔ وہ اپنے آپ کو بخوشی و رضا پیش کر دیتی ہے تا کہ خدا اُسے اپنے مقصد اور منصوبے کو پایۂ تکمیل تک پہنچانے کے لئے استعمال کرے۔ فرشتہ نے جو کچھ اُسے بتایا اُس کی سمجھ سے بالاتر تھا، اور وہ یہ بھی نہیں جانتی تھی کہ وہ کیسے معاشرے کا سامنا کرے گی لیکن اُس نے دلی رضامندی سے سارا معاملہ خدا کے ہاتھوں میں سونپتے ہوئے اپنے آپ کو خدا کے تابع کر دیا۔ خدا آج بھی اپنے لوگوں کو مریم کی طرح تائب دلی سے خداوند کے لئے آگے بڑھتے ہوئے دیکھنا چاہتا ہے!

چند غور طلب باتیں

☆ ۔ ہم ہر قیمت پر خدا کے جلال کے لئے استعمال ہونے کے لئے مریم کی رضامندی سے کیا سبق سیکھتے ہیں؟

☆ ۔ یہ حصہ ہمیں دوستوں کی اہمیت کے بارے میں کیا سکھاتا ہے؟ مریم اور الیشبع کس طرح ایک دوسرے کی معاون ثابت ہوئیں؟

☆ ۔ یہ بات اِس قدر اہم کیوں ہے کہ یسوع مسیح ایک کنواری سے پیدا ہوئے؟

☆ ۔ اِس باب کے شروع میں مریم کے جواب کا ذکریاہ کے جواب سے موازنہ کریں۔ آپ اِس میں کیا فرق دیکھتے ہیں؟ اگر آپ مریم اور الیشبع کی جگہ پر ہوتے تو آپ فرشتہ کو کیا جواب دیتے؟

☆ ۔ کیا آپ پورے طور پر اپنا آپ خداوند کو دینے کے لئے تیار ہیں تا کہ وہ آپ کو استعمال کر سکے؟

چند ایک دُعائیہ نکات

☆ ۔ دُعا کریں تا کہ آپ اور بھی زیادہ خداوند کے تابع رہتے ہوئے اپنی زندگی کے لئے اُس کے مقصد کے لئے تیار اور رضامند ہو سکیں۔

☆ ۔ خداوند کی شکر گزاری کریں کہ وہ اپنی مہربانی کے ساتھ ہم تک رسائی حاصل کرتا ہے۔ جو مہربانی خداوند نے آپ کی زندگی پر کی ہوئی ہے اُس کے لئے خداوند کے حضور شکر گزاری کی قربانی گزرانیں۔

☆ ۔ خداوند سے اِس فضل اور توفیق کے لئے اُس کے حضور دُعا کریں کہ خواہ دوسرے آپ کے بارے میں کچھ بھی سوچیں آپ مریم کی طرح اُس کے تابع اور فرمانبردار رہیں گے۔

باب 5
مریم اور الیشبع
لوقا 1:39-56 پڑھیں

گزشتہ مطالعہ میں ہم نے دیکھا کہ کس طرح جبرائیل فرشتہ نے مریم کے ساتھ اُس بچے کے بارے بات چیت کی جسے وہ پیدا کرنے والی تھی۔ اُس نے مریم کو اُس کی رشتہ دار الیشبع کے تعلق سے بھی بتایا جو کہ حاملہ تھی۔ مریم نے الیشبع سے ملاقات کرنے میں کسی طرح سے بھی تاخیر سے کام نہ لیا۔ فرشتہ نے مریم کو بتایا کہ الیشبع چھ ماہ سے حاملہ ہے۔ 56 آیت ہمیں بتاتی ہے کہ مریم الیشبع کے ساتھ تین ماہ رہی۔ حمل کا معمول کا دورانیہ 9 ماہ ہوتا ہے۔ اِس کا مطلب یہ ہوا کہ مریم فوری طور پر الیشبع کو ملنے گئی۔

اِن دونوں خواتین نے جو وقت اکٹھے گزارا بڑا خاص وقت تھا۔ اگرچہ اُن کی عمریں ایک دوسرے سے قطعی مختلف تھیں تو بھی مریم اور الیشبع ایک ہی کشتی کی سوار تھیں اور آپس میں ایک ہی موضوع پر بات چیت کر سکتی تھیں۔ اُنہوں نے اپنی اپنی صورتحال کے تعلق سے جی بھر کر باتیں کی ہوں گی۔ وہ ایک دوسرے کے لئے تسلی اور برکت کا باعث ہوئی ہوں گی۔ میں ذاتی طور پر اِس بات کا قائل ہوں کہ دونوں عورتیں اپنی زندگی میں اِن تین مہینوں کی رفاقت کو بڑی قدر کی نگاہ سے دیکھتی ہوں گی۔ یہ جان کر اُنہیں اور بھی حوصلہ اور تقویت ملی ہو گی کہ وہ تنہا نہیں ہیں۔ جبرائیل نے بلا وجہ مریم کو الیشبع کے بارے میں نہیں بتایا تھا۔ خدا نے اُن دونوں خواتین کو زندگی کے اِس خاص وقت میں ایک خاص دوستانہ تعلق میں باندھا۔ یاد رکھیں خدا ہی ہمیں ایک دوسرے کے ساتھ پیار محبت اور رشتے ناطوں کی ڈوریوں سے باندھتا ہے۔ (ہوسیع 11:4)

مقدس لوقا ہمیں بتاتا ہے کہ جب مریم پہلی دفعہ زکریاہ کے گھر پہنچی اور اُس نے الیشبع کو سلام کیا تو الیشبع کے رحم میں بچہ اُچھل پڑا اور وہ روح القدس سے بھر گئی۔ بطور طبیب لوقا اِس بات میں خاص دلچسپی لیتا ہوا دکھائی دیتا ہے۔ وہ سمجھتا ہے کہ مریم کی آواز اور الیشبع کے رحم میں بچے کے اُچھلنے میں ایک تعلق پایا جاتا ہے۔ اِس واقعہ نے بہت سے حقائق کی تصدیق کر دی۔ اِس واقعہ سے اِس بات کی بھی تصدیق ہو گئی جو فرشتہ نے زکریاہ سے بچے کے بطن ہی سے روح القدس سے معمور ہونے کے تعلق سے کہی تھی۔ (لوقا 15:1) اِس واقعہ سے الیشبع کو بھی واضح طور پر اِس بات کی سمجھ آ گئی ہو گی کہ خدا اُس بچے کے تعلق سے ایک خاص مقصد اور منصوبہ رکھتا ہے جسے وہ جنم دینے کو ہے۔

الیشبع کے رحم میں بچے نے مریم کے بطن میں موجود بچے کو پہچان لیا' یہ حقیقت تو اور بھی زیادہ اِس بات کی ٹھوس تصدیق تھی کہ وہ بچہ بھی بڑا خاص بچہ تھا۔

جب الیشبع روح القدس سے بھر گئی تو اُس نے نبوت کرنا شروع کر دی۔ ہمیں اِس بات کو بھی سمجھنا چاہئے کہ ہمیں یہاں پر کوئی ایسا ثبوت نہیں ملتا کہ مریم نے اپنے حاملہ ہونے کے بارے میں الیشبع کو کچھ بتایا تھا۔ الیشبع نے روح القدس سے معمور ہو کر وہی بات کہی جو خدا نے اُس کو بولنے کی توفیق بخشی۔ اِن باتوں سے مریم کو اُن سب باتوں کی تصدیق ہو گئی کہ جو کچھ جبرائیل فرشتہ نے اُس سے کہا تھا وہ سچ ہے۔ الیشبع کو کبھی بھی اِن باتوں کی جانکاری نہ ہو پاتی اگر خدا کا روح اُس پر یہ سب کچھ ظاہر نہ کرتا۔

مریم نے الیشبع کو بتایا کہ وہ عورتوں میں مبارک ہے اور وہ بچہ جسے وہ جنم دینے کو تھی وہ بھی مبارک ہو گا۔ الیشبع نے اُسے بتایا کہ وہ بھی اپنے آپ کو مبارک سمجھتی ہے کیوں کہ اُس کے خداوند کی ماں اُس کے گھر میں آئی ہے۔ اُسے معلوم تھا کہ مریم حاملہ ہے۔

اُسے یہ بھی معلوم تھا کہ اُس کے بطن میں موجود بچہ مسیح ہے۔ الیشبع نے مریم کو بتایا کہ جونہی اُس

نے اُس کی آواز سنی تو بچہ مارے خوشی کے اُس کے رحم میں اچھل پڑا۔ یوحنا جو ابھی پیدا نہیں ہوا تھا' اُسے مادر بطن ہی سے اپنے ارد گرد حالات اور واقعات کے بارے میں آگاہی ہوگئی۔ اُس بچے کو جو ابھی پیدا نہیں ہوا تھا خدا نے اُسے روح القدس کے وسیلہ سے استعمال کیا۔ وہ اپنے طور سے ہی جانتا تھا کہ وہ اپنے خداوند کی ماں کے قریب ہے۔ پیدا ہونے سے قبل ہی اُس کے احساسات اور شعور و آگاہی نے کام کرنا شروع کر دیا تھا۔

45 آیت میں الیشبع نے مریم کو بتایا کہ وہ مبارک ہے کیوں کہ جو کچھ خداوند نے اُسے بتایا وہ اُن سب باتوں پر ایمان لائی۔ میں پھر کہنا چاہوں گا کہ روح القدس کے مکاشفہ کے بغیر کوئی اور صورت نہیں تھی کہ الیشبع اِن سب باتوں کو معلوم کر پاتی۔

خدا مریم کے اعتقاد پہ خوش تھا اگر چہ جو کچھ اُسے بتایا گیا تھا وہ سب کچھ اُس کے لئے بعید از عقل تھا۔ ہمارے لئے یہ سب کچھ باعثِ حیرت ہے کہ جب گفتگو کا یہ سلسلہ جاری تھا تو اُس وقت زکریاہ صاحب کہاں تھے۔ جبرائیل کی باتوں کا یقین نہ کرنے کے سبب سے زکریاہ بول نہیں سکتا تھا یعنی جب جبرائیل فرشتہ نے اُسے بتایا کہ اُس کے بیٹا ہوگا تو اُس نے اُس کی باتوں کا یقین نہ کیا۔ مریم کی موجودگی اور خداوند پر اُس کا توکل زکریاہ کے لئے بطور ایک روحانی راہنما اور کاہن ایک سرزنش تھی۔ مریم کی موجودگی نہ صرف الیشبع کے لئے ایک حوصلہ افزاء بات تھی بلکہ اِس سے زکریاہ کو اُس کے ایمان میں ایک چیلنج ملا۔

جب مریم نے الیشبع کی باتیں سنیں' تو اُس کا دل خداوند کی شکر گزاری اور حمد و تعریف سے بھر گیا۔ اُس نے محسوس کیا کہ خدا نے اُسے ایک خاص کام کے لئے چن لیا ہے۔ اُس کی روح کو تقویت ملی اور وہ اپنے خداوند میں خوش و مسرور ہونے لگی۔ درج ذیل آیات میں آپ اُس کے خوش ہونے کی وجوہات کو دیکھ سکتے ہیں۔

خدا اپنے فروتن خادموں کا خیال رکھتا ہے

مریم اِس بات پر حیران ہے کہ خدا شخصی طور پر اُس تک پہنچا ہے۔ اُس کی کیا حیثیت ہے کہ خدا نے اُس پر توجہ کی ہے؟ اُس کا کیا مقام ہے کہ آنے والی نسلیں بھی اُسے مبارک کہیں گی؟ خداوند کی خوشنودی اِس بات میں ہے کہ وہ فروتنوں کو سرفراز کرے۔ ہم میں سے کوئی بھی اِس بات کا مستحق نہیں کہ خدا اِس قدر پُرزور طریقے سے ہمارے وسیلہ سے اپنی قدرت کو ظاہر کرے۔ لیکن یہ کس قدر خوشی کی بات ہے کہ ہم اُسے ایسا کرتے ہوئے دیکھتے ہیں۔ مریم شادمان ہوئی کیوں کہ خدا نے اُس کے لئے بڑے بڑے کام کئے تھے۔ اُس نے اُس کے نام کی تعریف کی کیوں کہ وہ قدوس خدا ہے جس نے اُس کی خبر لی تھی۔ (49 آیت)

خداوند سے ڈرنے والوں پر اُس کی رحمت

مریم یہ بات سمجھتی تھی کہ خدا کا بیش بہا فضل اور اُس کی بے انتہا رحمت نہ صرف اُس پر ہوئی ہے بلکہ اُس کا رحم اُن سب پر ہوتا ہے جو اُس کے نام کا خوف مانتے ہیں۔ (50 آیت) اُس کی رحمت اور شفقت آج بھی ہم پر ہے۔ چونکہ وہ رحم اور ترس سے بھرا ہوا ہے اِس لئے اپنا پُرفضل ہاتھ بڑھانے میں اُس کی خوشنودی ہے۔ اُس کا رحم اور فضل ہم پر اور ہماری اولاد کے لئے دستیاب ہے۔

وہ مغروروں کو پراگندہ کرتا ہے

51 آیت ہمیں بتاتی ہے کہ اُس نے بڑے بڑے کام کئے اور جو اپنے تئیں بڑا سمجھتے تھے اُن کو پراگندہ کیا۔ قابل غور بات کہ جس تکبر اور غرور کا یہاں پر ذکر ہوا ہے وہ اندرونی تکبر ہے جو خیالات میں ہوتا ہے۔ ممکن ہے کسی دوسرے کو یہ تکبر نظر نہ آئے۔ یہ تکبر انسان کے باطن اور خیالات کی گہرائیوں میں کہیں چھپا ہوتا ہے اور کبھی دوسروں کو نظر نہیں آتا۔ خدا اِس تکبر کو دیکھ کر اُسے رد کر دیتا ہے۔

''وہ تو زیادہ توفیق بخشتا ہے' اِس لئے یہ آیا ہے کہ خدا مغروروں کا مقابلہ کرتا ہے مگر فروتنوں کو توفیق بخشتا ہے۔'' ﴿یعقوب 6:4﴾

یہی بات ہے جو مریم یہاں پر بیان کر رہی ہے۔ خدا ایسے لوگوں کی کھلم کھلا مخالفت کرتا ہے جو مغرور ہوتے ہیں لیکن فروتنوں کو سرفراز کرنا اُس کی خوشنودی ہے۔

کوئی بھی ایسی بڑی ہستی نہیں جسے خدا پست نہیں کر سکتا۔ مریم ہمیں یہاں پر بتا رہی ہے کہ خدا اُن سب کو جو اپنے تیئں بڑا سمجھتے ہیں نیچا دکھانے کی قدرت رکھتا ہے۔ جبکہ خدا مغروروں کو پست کرتا ہے 53 آیت ہمیں بتاتی ہے کہ وہ بھوکوں کو اچھی چیزوں سے سیر کرتا اور دولتمندوں کو خالی ہاتھ لوٹا دیتا ہے۔

مریم جانتی تھی کہ خداوند نہ صرف اُس تک بلکہ سب تک پہنچتا ہے۔ اُس نے اپنے رحم میں موجود بچے کو خدا کے اُس وعدہ کی تکمیل کے طور پر دیکھا جو اُس نے ابراہام سے کیا تھا کہ وہ اُس کے وسیلہ سے زمین کی سب قوموں کو برکت دے گا۔ خداوند مریم کو اِس بات کی واضح سمجھ عطا کر رہا تھا کہ جو کچھ اُس کے ساتھ ہو رہا ہے کس طرح اُس کی قوم اور پوری دُنیا کے لئے اُس کے مقصد اور منصوبے کا حصہ ہے۔

خدا نے مریم کے اُس وقت کو جو اُس نے الیشبع کے ساتھ گزارا اُس کی حوصلہ افزائی کے لئے استعمال کیا۔ مریم کو اِس رفاقت سے ایمان میں تقویت ملی اور اُس کی زندگی کے لئے خدا کا جو منصوبہ تھا اُس کے لئے اُسے اور بھی زیادہ اعتماد حاصل ہوا۔ خدا ہمیں اُس کام کو کرنے کے لئے تیار بھی کرتا ہے جس کے لئے وہ ہمیں بلاتا ہے۔

چند غور طلب باتیں

☆ ۔آپ کے خیال میں کس طرح خدا نے مریم کا الیشبع کے ساتھ گزارا ہوا وقت الیشبع کی حوصلہ افزائی کے لئے استعمال کیا اور اُسے حمل کے باقی ایام کے لئے تیار کیا؟ آپ کی زندگی میں خدا نے کس طرح ضرورت کے وقت لوگوں کو بھیجا؟

☆ ۔یہاں پر ہم تکبر کے گناہ کی بارے میں کیا سیکھتے ہیں؟ خدا کی نظر میں تکبر اِس قدر بھیانک کیوں ہے؟

☆ ۔اِس حقیقت سے آپ کی کس طرح حوصلہ افزائی ہوئی ہے کہ خدا فروتنوں پر ترس کھاتا ہے؟

☆ ۔غور کریں کہ مریم کس قدر فروتن شخص ہے اور پھر یہ کہ وہ ایک ایسی شخصیت ہے جسے خدا نے بڑے زبردست طریقہ سے استعمال کیا۔ حقیقی فروتنی اور جھوٹی فروتنی میں کیا فرق ہے جو کسی طور پر بھی خدا کے استعمال کے قابل نہیں ہوتی۔ جبکہ حقیقی فروتنی پورے طور پر اپنے آپ کو خدا کے تابع کر دیتی ہے کہ جس طرح اُس کو موزوں اور مناسب لگے اُس شخص کو استعمال کرے۔

چند ایک دُعائیہ نکات

☆ ۔خداوند سے درخواست کریں کہ وہ ہر اُس تکبر اور غرور کو آپ پر منکشف کرے جو آپ کے اور خداوند کے درمیان حائل ہے۔

☆ ۔خداوند سے درخواست کریں کہ وہ آپ کو حلیم اور فروتن ہونے کی تعلیم دے۔

☆ ۔خداوند کے شکرگزار ہوں کہ وہ اُس وقت بھی ہم تک پہنچتا ہے جب ہم قطعی طور پر اُس کی توجہ کے مستحق نہیں ہوتے۔

☆ ۔خداوند کی شکرگزاری کریں کہ جب اُس نے ہمیں اپنے کام کے لئے بلایا ہے تو پھر وہ اُس کام کو سرانجام دینے کے لئے ہماری ضروریات کو بھی پورا کرے گا۔

باب 6
یوحنا بپتسمہ دینے والے کی پیدائش
لوقا 1:57-80 پڑھیں

وعدہ کے مطابق الیشبع نے بیٹے کوجنم دیا 58 آیت میں غور کریں کہ جب خدا نے الیشبع پر فضل کیا تو اُس کے پڑوسیوں نے یہ سارا ماجرہ دیکھا۔ بچوں کو جنم دینا عورت پر خدا کے فضل اور اُس کی برکت کی علامت سمجھا جاتا تھا۔اُس بیٹے کی پیدائش سے الیشبع کی رسوائی دُور ہوگئی۔اُس کے ہمسایوں نے بھی بڑی خوشی منائی ہوگی اور اُس کے گھر میں بھی بڑی شادمانی اور خوشی کا سماں تھا۔ جب بچہ آٹھ دن کا ہوا تو دستور کے موافق اُس بچے کو ہیکل میں پیش کیا گیا تا کہ اُس کا ختنہ ہو۔اُس بچے کا باپ اپنی بے اعتقادی کے سبب نو ماہ تک بول نہیں سکا تھا۔خاندان نے فیصلہ کیا کہ بچے کا نام اُس کے باپ کے نام پر رکھا جائے۔ یہ زکریاہ کے لئے بڑی عزت افزائی کی بات تھی۔ یاد رہے کہ فرشتہ نے زکریاہ سے کہا تھا کہ اُس بچے کا نام یوحنا رکھا جائے۔(13:1) ظاہر ہے کہ زکریاہ نے کسی نہ کسی طرح سے اپنی بیوی کو یہ بتا دیا تھا۔

جب الیشبع نے سب کو بتایا کہ وہ اُس بچے کا نام یوحنا رکھنا چاہتے ہیں تو تمام عزیز واقارب اِس بات سے حیران ہوئے کیوں کہ اُن کے خاندان میں کسی کا بھی یہ نام نہیں تھا۔اُنہوں نے اشارہ کرکے زکریاہ سے پوچھا کہ وہ اُس چھوٹے بچے کا کیا نام رکھنا چاہتا ہے۔(62 آیت) بعض مفسرین اِس حقیقت کو بڑی اہمیت کی نگاہ سے دیکھتے ہیں کہ رشتہ داروں نے زکریاہ کو اشارے سے پوچھا۔بعض یہ کہتے ہیں کہ ممکن ہے کہ وہ بہرہ بھی ہو گیا ہو۔

زکریاہ نے ایک تختی منگوا کر اُس پر لکھا''اِس بچے کا نام یوحنا ہے۔''اور سب کو دکھایا۔ جو نہی اُس

نے تختی پر اُس بچے کا نام لکھا اُس کی زبان کی گرہ کھل گئی اور وہ بولنے لگا۔ بچے کا نام رکھنے اور زکریاہ کی شفا میں ایک تعلق پایا جاتا ہے۔ کسی نہ کسی طور پر بچے کا نام یوحنا رکھنا زکریاہ کے لئے ایک امتحان تھا۔ خدا کی تابعداری نے اُس کی زبان کی گرہ کھول دی اور وہ بولنے لگا۔ فرشتہ نے واضح طور پر کہہ دیا تھا کہ اُس بچے کا نام یوحنا رکھا جائے۔ زکریاہ کے لئے بڑے یہ شرف کی بات تھی کہ بچے کا نام اُس کے نام پر رکھا جائے لیکن اُس نے اُس عزت اور وقار کی قربانی دی اور وہی کیا جو خدا نے اُسے فرشتہ کی معرفت کہا تھا۔ ہمارے لئے یہ حیرت کی بات ہے کہ اگر زکریاہ اپنے رشتہ داروں کو اِس بات کی اجازت دے دیتا کہ وہ اُس بچے کا نام اُس کے نام پر رکھ دیں تو پھر کیا ہوتا۔

یہاں پر ہم بڑا قابل قدر سبق سیکھتے ہیں جو ہمیں کبھی بھولنا نہیں چاہیئے۔ زکریاہ کی شفا فرماں برداری کے ایک سادہ سے کام کا نتیجہ تھی۔ میں تو فرماں برداری کے اِس سادہ سے عمل کی قدرت سے محوِ حیرت ہوں۔ کیا ممکن ہے کہ ایسے لوگ بھی ہیں جو شکست خوردہ زندگیاں بسر کرنا جاری رکھتے ہیں اور اِس بات کے لئے تیار نہیں ہوتے کہ اپنے گناہ کو ترک کر کے اپنی زندگی کے سادہ معاملات میں خداوند کی تابعداری کریں؟ کیا فرماں برداری کا سادہ سا عمل برسوں کی جدوجہد اور لعنتوں کو ختم کر کے خدا کی برکات کے دروازے کھول دیتا ہے؟

پڑوسی یہ سب کچھ دیکھ کر حیرت میں ڈوبے ہوئے تھے۔ ہوسکتا ہے کہ اُنہوں نے اِس بات کی اُمید اور توقع کرنا بھی چھوڑ دیا ہو کہ زکریاہ کبھی دوبارہ بول سکے گا۔ گردونواح میں یہ خبر پھیل گئی۔ لوگوں نے زکریاہ کی شفا کے تعلق سے ایک دوسرے کو بتانا شروع کر دیا۔

وہ اِس بات پہ حیران تھے کہ اگر بچے کے باپ کے ساتھ اتنا بڑا معجزہ ہوا ہے تو یہ بچہ کیسا ہوگا۔ 66 آیت میں لوگوں کے ردِعمل کو دیکھیں۔

''اور سب سننے والوں نے اُن کو دل میں سوچ کر کہا' تو یہ لڑکا کیسا ہونے والا ہے؟ کیوں کہ خدا کا

ہاتھ اُس پر تھا۔'' (لوقا 66:1)

خدا نے زکریاہ کی معجزانہ شفا سے لوگوں کو یوحنا بپتسمہ دینے والی کی خدمت کے لئے تیار کیا۔ جبکہ بنیادی طور پر زکریاہ کی خاموشی اُس کی بے اعتقادی کے سبب سے تھی۔ خدا نے اُسے بھی اپنے جلال کے لئے استعمال کیا۔ ہوسکتا ہے کہ آپ بھی اپنی زندگی میں نافرمانی اور بے اعتقادی کے سبب سے کسی ایسی ہی صورت حال سے دوچار ہوں۔ ہوسکتا ہے کہ خدا آپ کی بھی تادیب کر رہا ہو۔ یہ حوالہ ہمیں بتاتا ہے کہ خدا اس تنبیہ کو آپ کی بھلائی کے لئے استعمال کرسکتا ہے۔

جب زکریاہ کی زبان کی گرہ کھل گئی تو اُس نے خدا کے نام کی حمد کرنا شروع کردی اور اپنے اردگرد کے لوگوں سے نبوت کی روح سے باتیں کرنے لگا۔ آئیں اِن باتوں پر غور کریں جو زکریاہ نے نبوت کی روح سے بیان کیں۔

زکریاہ نے خدا کی حمد کرنے سے آغاز کیا کیوں کہ خدا نے اپنی اُمت پر توجہ کرکے اُسے چھٹکارا دیا۔ (68 آیت) اگرچہ یہ چھٹکارا اُس کے بیٹے یوحنا کے وسیلہ سے نہیں تھا بلکہ یہ چھٹکارا تو اُس بچے کے وسیلہ سے تھا جو مریم کے بطن میں آچکا تھا۔ اپنے لوگوں کے گناہ معاف کرنے اور اپنی قوم کو چھٹکارا (دشمن سے واپس خریدنا) دینے کا مقصد اب پورا ہونے کو تھا۔ 69 آیت میں زکریاہ نے اردگرد موجود لوگوں کو بتایا کہ خدا نے اپنے لوگوں کے لئے ایک سینگ نکالا ہے۔ سینگ طاقت اور قوت کی علامت ہے۔ سینگ ہی سے جانور اپنے دشمن سے اپنا دفاع کرتا ہے۔ خدا نے پہلے ہی وہ نجات دہندہ دے دیا ہے جو اپنے نبیوں کی معرفت وعدہ شدہ نجات دینے کی قدرت رکھتا ہے۔

زکریاہ کی نبوت نے لوگوں کو یاد دلایا کہ وہ دن آرہا ہے جب خدا انہیں اُن کے دشمنوں اور سب کینہ رکھنے والوں کے ہاتھ سے چھڑائے گا۔ اِس بات کو یہودیوں نے اِس طور سے لیا کہ گویا خداوند اُنہیں سیاسی طور پر آزاد کرائے گا۔

تاہم مسیح روحانی طور پر دشمن ابلیس سے ہمیں مخلصی اور رہائی دینے کے لئے آیا۔ خداوند یسوع شیطان، گناہ اور قبر پر فتح بخشنے کے لئے اِس دُنیا میں آئے۔ وہ تو اِس لئے آئے تھے کہ گناہ گاروں پر جو سزا کا حکم خدا کی طرف سے ہو چکا ہے اُس سے اُنہیں مخلصی اور رہائی دیں۔ وہ تو اُن پر ترس کھانے اور اس عہد کی تکمیل کے لئے آئے تھے جو خدا نے ان کے باپ دادا سے کیا تھا۔ مسیح کے وسیلہ سے اُنہیں عظیم لوگ بن جانا تھا۔ اُنہوں نے اپنے دشمن کے خوف سے آزاد ہو کر عمر بھر پاکیزگی اور راستبازی سے خداوند کی عبادت اور پرستش کرنا تھی۔

میرا ایمان ہے کہ وہ دن آ رہا ہے جب ہم خدا کے ہاتھ کو یہودی قوم میں زبردست طریقے سے کام کرتا ہوا دیکھیں گے۔ ایک بات یہاں پر بالکل واضح ہے کہ اُمید اور نجات اسرائیل کے وسیلہ ہی سے پوری دُنیا کو حاصل ہوگی۔ مسیح کے بارے میں سچائی اور نجات پوری دُنیا میں پھیل رہی ہے۔ ہر روز لوگ مسیح کے پاس آ رہے ہیں۔ وہ اپنے روحانی دشمنوں سے رہائی پا رہے ہیں۔ اُنہیں خدا کی حضوری سے ابدیت کے لئے ایک اُمید حاصل ہو رہی ہے کہ مسیح جو پہلے ہی اِس زمین پر آ چکا ہے انقلابی حد تک اُن کے دلوں اور زندگیوں کو تبدیل کر کے اُنہیں فتح اور نجات کی اُمید بخشے گا۔

یسوع مسیح کے تعلق سے نبوت کرنے کے بعد زکریاہ نے اپنے بیٹے کی طرف دیکھا اور نبوت کی روح سے بیان کیا کہ وہ بچہ حق تعالیٰ کا نبی کہلائے گا۔ اور خداوند کی راہ تیار کرنے کو اُس کے آگے آگے جائے گا۔ وہ نجات اور گناہوں کی معافی کے تعلق سے لوگوں کو بتائے گا جو یسوع اپنے لوگوں کو دینے کے لئے آیا۔ یوحنا نے خدا کی شفقت اور اُس کے لوگوں پر اُس کے رحم اور ترس کی خبر دینا تھی۔ اُس نے لوگوں کو بتانا تھا کہ عالم بالا کا آفتاب رحمت اور برکت کے لئے اُن پر طلوع ہوگا۔ اُس آفتاب کی روشنی اُن پر پڑنی تھی جو گہری تاریکی میں پڑے ہوئے تھے اُس نے اپنے لوگوں کو سلامتی کی راہ پر ڈالنا تھی۔

خداوند یسوع ہمارے ساتھ اِسی طور سے پیش آنا چاہتا ہے جیسا کہ بالائی سطور میں بیان کیا گیا ہے۔ وہ ہم پر باپ کی شفقت اور رحمت نچھاور کرنا چاہتا ہے۔ وہ چاہتا ہے کہ ہم پر باپ کا نور چمکے اور ہم تاریکی سے آزاد ہوں۔ وہ اطمینان، شادمانی اور گناہوں کی معافی کی طرف ہماری راہنمائی کرنا چاہتا ہے۔ یہی وہ حیرت انگیز اور خوبصورت پیغام تھا جس کی یوحنا نے منادی کرنا تھی۔ اُس نے لوگوں کی مسیح کی طرف راہنمائی کرنا تھی۔ ایک سیاسی راہنما کے طور پر نہیں بلکہ ایک کفارہ اور قربانی کے طور پر تا کہ اُن سب پر خدا کی برکات نازل ہوں جو مسیح کو قبول کریں گے۔

ہم 80 آیت سے سیکھتے ہیں کہ یوحنا بڑا ہوا اور روح میں قوت پاتا چلا گیا۔ روح القدس اُس کی پیدائش ہی سے اُس پر تھا تو بھی اُسے روح میں قوت پانے کی ضرورت تھی۔ اُسے اِس بات کی ضرورت تھی کہ وہ تابعداری اور روح کی راہنمائی حاصل کرنا سیکھے۔ یوحنا نے ایک بچے کے طور پر روحانی نشوونما پائی۔ بالاخر خدا کی بلاہٹ اُس کی زندگی پر اِس قدر عظیم تھی کہ یوحنا پورے طور پر خدمت گزاری کے کام کے لئے تیار ہو گیا۔ خدا نے اُسے ایک خاص کام کے لئے چنا ہوا تھا۔ اُسے زندگی کے ابتدائی ایام ہی میں خدا کی بلاہٹ کا علم ہو گیا اور اُس نے پورے طور پر اپنی زندگی اُس عظیم بلاہٹ کے تابع کر دی۔

چند غور طلب باتیں

☆۔اِس حصہ میں ہم اپنی زندگیوں میں خدا کی برکات اور تابعداری میں کیا تعلق دیکھتے ہیں؟ اِس حصہ میں زکریاہ اُس برکت کا ذکر کرتا ہے جو خداوند یسوع مسیح کے وسیلہ سے ملے گی۔جب سے آپ نے یسوع کو اپنے شخصی نجات دہندہ کی طور پر جانا ہے آپ نے کون سی برکت کا تجربہ کیا ہے؟

☆۔خدا نے کس طرح زکریاہ کے گونگے پن کو اپنے جلال کے لئے استعمال کیا؟ کیا خدا نے کبھی کسی ایسی بات کو بھی بھلائی اور نیکی کے لئے استعمال کیا ہے جو بظاہر آپ کو بہت المناک دکھائی دیتی ہو؟

☆۔یہ حصہ ہمیں یوحنا کی بلاہٹ کے تعلق سے اُس کی عقیدت اور وفاداری کے بارے میں کیا سکھاتا ہے؟ اِس سے آپ کی شخصیت میں کیا چیلنج پیدا ہوتا ہے؟ زندگی میں خدا کی طرف سے آپ کے لئے کیا چیلنج ہے؟

چند ایک دُعائیہ نکات

☆۔خداوند کی شکرگزاری کریں کہ وہ ہمارے دُکھ درد اور ہماری کشمکش کو بھی اپنے جلال کے لئے استعمال کرسکتا ہے جیسا کہ اُس نے زکریاہ کی زندگی میں کیا۔

☆۔خداوند سے درخواست کریں کہ وہ آپ کی زندگی میں کوئی ایسا کونہ اور گوشہ ظاہر کرے جہاں پر آپ کی زندگی میں نافرمانی پائی جاتی ہے۔اُس سے فضل مانگیں کہ آپ ہر قیمت پر اُس کے تابعدار اور فرمانبردار ہوسکیں۔☆۔جس طرح یوحنا کی بلاہٹ میں ایک قائلیت اور وفاداری تھی خداوند سے درخواست کریں کہ آپ کی زندگی میں بھی ایسی ہی قائلیت اور وفاداری پیدا کرے۔

☆۔دُعا کریں کہ خدا آپ کی زندگی میں بلاہٹ کو بالکل واضح اور نمایاں کرے۔

باب 7

یوسف کو اطلاع

متی 1:18-25 پڑھیں

اب ہم مسیح کی پیدائش کی خبر یوسف کو ملنے کے نکتہ پر بات کریں گے۔ یوسف کو بھی اپنی مریم منگیتر کی زندگی میں خدا کے اُس کام کے تعلق سے بڑی جدوجہد اور کشمکش سے گزرنا پڑا۔ یہ بہت ضروری تھا کہ یوسف اُس کام کو سمجھتا جو خدا مریم کی زندگی میں کر رہا تھا۔ اِس حصہ میں خدا نے اپنے فرشتہ کو یوسف کے پاس بھیجا تا کہ وہ اُس کی بیوی کے لئے الٰہی مقصد کے بارے میں بتا سکے۔

18 آیت میں ہمیں بتاتی ہے کہ مریم کی منگنی یوسف کے ساتھ ہو چکی تھی۔ اُس دوَر کے رسم و رواج کے بارے میں کچھ باتیں سمجھنا مفید ہوگا۔ جب کسی عورت کی منگنی کسی مرد سے ہو جاتی تھی تو یہ رشتہ قانونی حیثیت اختیار کر کے اٹوٹ ہو جاتا تھا۔

شادی سے ایک سال قبل منگنی کی رسم ہوا کرتی تھی۔ جب کسی عورت کی منگنی کسی مرد سے ہو جاتی تھی تو توقع کی جاتی تھی کہ وہ عورت اُسی مرد کے لئے اپنے آپ کو محفوظ رکھے۔ اگرچہ وہ میاں بیوی کی حیثیت سے اکٹھے تو نہیں رہتے تھے لیکن وہ قانونی طور پر ایک بندھن میں بندھ جاتے تھے۔ اِس ایک سال کے عرصہ کے دوران جوڑا اپنے آپ کو ایک دوسرے کے ساتھ زندگی بسر کرنے کے لئے تیار کرتا تھا۔ اُس دن کے لئے ایک گھر تیار کیا جاتا تھا جب اُن دونوں نے ایک دوسرے کے ساتھ میاں بیوی کے طور پر رہنا ہوتا تھا۔

اگر ہم غور کریں تو اصل میں یہ خداوند کے ساتھ ہمارے رشتے کی عکاسی ہے۔ ہماری منگنی بھی

یسوع کے ساتھ ہو چکی ہے۔اب وہ اپنی دلہن کے لئے گھر تیار کر رہا ہے۔اَب ہم سے یہی توقع ہے کہ ہم صرف اور صرف اُسی کے لئے اپنے آپ کو محفوظ رکھیں۔ہم اُس دن کے بڑے مشتاق اور منتظر ہیں جب ہم خداوند یسوع مسیح کو روبرو دیکھیں گے اور ہمیشہ اُس کے ساتھ رہیں گے۔

منگنی کے دوران ہی فرشتہ مریم کے پاس آیا تا کہ اُسے خبر دے کہ اُس کے ہاں ایک بیٹا پیدا ہوگا۔

یہاں اِس بات پر غور کرنا بڑا اہم ہے۔18 آیت واضح کرتی ہے کہ یوسف اور مریم کے اکٹھے ہونے سے پہلے مریم حاملہ پائی گئی۔اُس کے رحم میں موجود بچہ روح القدس کا اُس کی زندگی میں کام تھا نا کہ یوسف اور مریم کے درمیان کسی جنسی تعلق کا نتیجہ۔

یوسف اور مریم کے اکٹھے ہونے سے پہلے مریم حاملہ پائی گئی' یہ حقیقت یوسف' مریم اور پورے معاشرے کے لئے ایک بڑا مسئلہ تھا۔مریم ایک بڑی مشکل میں تھی۔یہ کسی بھی شخص کے لئے سمجھنا بڑا مشکل کام تھا کہ مریم خدا کے کام کرنے کے سبب سے حاملہ ہوئی ہے۔اور یہ کہ اُس نے یوسف کے ساتھ کوئی بے وفائی نہیں کی۔ثبوت اُس کے خلاف تھا۔اِس طرح کی صورتِ حال میں موسوی شریعت یہ بیان کرتی ہے کہ یوسف مریم کو طلاق نامہ دینے کے لئے آزاد تھا۔ہم استثنا24:1-4 پڑھتے ہیں۔

''اگر کوئی مرد کسی عورت سے بیاہ کرے اور پیچھے اُس میں کوئی ایسی بیہودہ بات پائے جس سے اُس عورت کی طرف سے اُس کی التفات نہ رہے تو وہ اُس کا طلاق نامہ لکھ کر اُس کے حوالہ کرے۔اور اُسے اپنے گھر سے نکال دے۔اور جب وہ اُس کے گھر سے نکل جائے تو وہ دوسرے مرد کی ہوسکتی ہے۔پر اگر دوسرا شوہر بھی اُس سے ناخوش رہے اور اُس کا طلاق نامہ لکھ کر اُس کے حوالہ کرے۔اور اُسے اپنے گھر سے نکال دے۔یا وہ دوسرا شوہر جس نے اُس سے بیاہ کیا ہو۔مر جائے تو اُس کا پہلا شوہر جس نے اُسے نکال دیا تھا اُس عورت کے ناپاک ہو جانے کے بعد پھر اُس سے بیاہ نہ کرنے پائے۔کیونکہ ایسا کام خدا کے نزدیک مکروہ ہے۔سو تو اُس ملک

کو جسے خداوند تیرا خدا میراث کے طور پر تجھ کو دیتا ہے گناہ گار نہ بنانا۔"

یہاں اِس بات پر توجہ کرنا بڑا اہم ہے' چونکہ منگنی ایک قانونی بندھن ہوتا تھا۔ منگنی توڑنے کے لئے بھی طلاق نامہ کی ضرورت ہوتی تھی خواہ منگنی شدہ جوڑے کی باقاعدہ شادی نہ بھی ہوئی ہو اور وہ میاں بیوی کے طور پر اکٹھے نہ بھی رہے ہوں۔

جب مریم کے حاملہ ہونے کی خبر یوسف تک پہنچی تو وہ بڑا پریشان ہوا۔ ایک راستباز شخص ہوتے ہوئے' وہ اُسے رسوا کرنا نہیں چاہتا تھا۔ پس اُس نے فیصلہ کیا کہ وہ چپکے سے اُسے طلاق دے دے گا۔ اُس نے سوچا کہ چند ایک گواہوں کی موجودگی میں وہ ایسا کر دے گا اور اِس بات کا ڈھنڈورا نہیں پیٹے گا۔ ایسا کرنے سے مریم کی عزت بھی بچی رہے گی۔ اور یوں وہ ہر خاص و عام میں زلیل و رسوا ہونے سے بچ جائے گی۔

جب یوسف نے مریم کو طلاق دینے کی ٹھان لی تو پھر ایک فرشتہ یوسف پر ظاہر ہوا۔ خدا نے کچھ دیر کے لئے یوسف کو اِس معاملہ کے بارے کشمکش سے دوچار ہونے دیا۔ اور پھر اُس سے کلام کیا۔ یوسف نے وہی کیا جو اُسے اچھا اور درست محسوس ہوا۔ اُس نے مریم کے لئے نیک جذبات کا اظہار کرتے ہوئے ایسا قدم اُٹھانے کی سوچی جس سے وہ بدنام بھی نہ ہو۔ لیکن اُس کے خیال میں اب صورتحال کچھ ایسی تھی کہ وہ اُس سے شادی نہیں کر سکتا تھا۔ اِس سے پہلے کہ یوسف اپنے سوچے سمجھے منصوبے کو پایہ تکمیل تک پہنچاتا خدا نے اپنا فرشتہ اُس کے پاس بھیجا۔ خدا ہمارے منصوبوں اور ارادوں کو دیکھتا اور جانچتا پرکھتا ہے۔ اگر ہم اُس کی راہنمائی حاصل کرنے کے لئے تیار اور رضامند ہوں تو پھر وہ ہمیں غلط راہ پر جانے سے روک لیتا ہے۔ یقیناً جب ہم اُس کی راستبازی اور راہنمائی کے طالب ہوتے ہیں تو وہ ہمیں غلط فیصلوں سے بچا لیتا ہے۔

20 آیت میں فرشتہ نے یوسف کے پاس آ کر اُس سے کہا کہ وہ مریم کو اپنی بیوی کے طور پر لے آنے سے خوفزدہ نہ ہو کیوں کہ مریم نے اُس کے ساتھ کوئی بیوفائی نہیں کی۔ جو بچہ مریم کے پیٹ

میں ہے وہ روح القدس کی قدرت سے ہے۔ اِس بات کو سمجھنا یوسف کے لئے بڑا ضروری تھا۔ خدا نے اپنا فرشتہ بھیج کر یوسف کو اُن باتوں کی تصدیق کی جو مریم نے اُسے پہلے سے بتا دی تھیں۔

فرشتہ نے یوسف کو اُس بچے کی اہمیت کے بارے میں جانکاری دی جو اُن کے ہاں پیدا ہونے والا تھا۔ اُنہوں نے اُس کا نام یسوع رکھنا تھا۔ کیوں کہ اُسی نے اپنے لوگوں کو اُن کے گناہوں سے نجات دینا تھی۔ ''یسوع'' نام یونانی کے نام ''یشوع'' سے ہے۔ اِس نام کا معنی ہے ''خداوند نجات دیتا ہے۔'' اُس بچے نے خداوند کی نجات کو پوری دُنیا تک پہنچانا تھا۔

فرشتہ نے یوسف کو بتایا کہ جو کچھ بھی واقع ہونے کو ہے دراصل اُس نبوت کی تکمیل ہے جس میں کہا گیا تھا کہ ایک کنواری حاملہ ہوگی اور بیٹا جنے گی اور اُس کا نام ''عمانوایل'' رکھیں گے۔ جس کا مطلب ہے خدا ہمارے ساتھ۔ (یسعیاہ 14:7) یوسف کو اِس بات سے کس قدر حوصلہ ملا ہوگا کہ جو کچھ ہو رہا ہے وہ سب خدا کے عظیم یسعیاہ نبی کی معرفت کی گئی پیش گوئی کی تکمیل ہے۔ اُس روز یوسف کا سر کس قدر فخر سے بلند ہو گیا ہوگا۔

فرشتہ کے آنے سے یوسف اور مریم کے درمیان جاری کشمکش اور ناخوشگوار اور تلخ صورتحال یکسر بدل گئی۔ فرشتہ کی بات سن کر یوسف نے مریم کو اپنی بیوی کے طور پر قبول کرنے کا فیصلہ کر لیا۔ 24 آیت کے متن سے ہمیں یہ بات سمجھ آتی ہے کہ یوسف نے فوری طور پر اپنے ردِعمل کا اظہار کیا۔ 24 آیت بیان کرتی ہے کہ ''یوسف نے نیند سے جاگ کر ویسا ہی کیا جیسا خداوند کے فرشتہ نے اُسے حکم دیا تھا'' مریم کو اِس بات سے کتنا حوصلہ ملا ہوگا! جب یوسف نے اُسے اپنی بیوی کے طور پر قبول کر لیا ہوگا۔ اِس سے معاشرے میں بھی مریم کے تعلق سے غلط فہمیاں ختم ہو گئیں ہوں گی۔ اور اُس کو قبول کرنے کے لئے حالات بھی معمول پر آ گئے ہوں گے۔ مریم کے لئے بہ حیثیت ایک کنواری حاملہ ہونا بڑا مشکل مرحلہ تھا۔ جب کہ ایک شادی شدہ عورت کا حاملہ

ہونا ایک الگ کہانی ہے۔

متی اِس بات کو بڑی احتیاط اور وضاحت سے بیان کرتا ہے کہ جب تک یسوع کی پیدائش نہ ہوئی یوسف نے مریم کے ساتھ کسی قسم کا کوئی جنسی تعلق قائم نہ کیا۔ مریم یسوع کو جنم دینے تک کنواری رہی۔ یہ عہدِ عتیق کی پیش گوئیوں کے مطابق تھا جن میں کہا گیا تھا کہ ایک کنواری حاملہ ہوگی۔ یوں اِس معجزانہ پیدائش کے بارے میں تمام شک وشبہات ختم ہوگئے۔ اگر اِس دوران یوسف مریم کے ساتھ کسی قسم کا جنسی تعلق قائم کر لیتا تو لوگ بڑی آسانی سے کہہ دیتے کہ یہ بچہ تو یوسف کا ہے۔ لیکن ایسا کچھ نہ ہوا۔ جب بچہ پیدا ہوگیا تو فرشتہ کے کہنے کے مطابق مریم اور یوسف نے اُس کا نام یسوع رکھا۔

چند غور طلب باتیں

☆۔خدا نے کس طرح یوسف کو ایک غلط فیصلہ کرنے سے باز رکھا؟ اگر ہم خداوند کی رہنمائی کے طالب ہوں تو کیا خداوند ہمارے لئے بھی ایسا ہی کرے گا؟ اِس سے آپ کی کیا حوصلہ افزائی ہوتی ہے؟

☆۔یوسف کا مریم کے ساتھ روّیہ ہمدردانہ اور نرم مزاجی کا تھا۔ اِس سے ہمیں اپنے دوَر میں رد کئے ہوئے اور گناہ میں گرے ہوئے لوگوں سے کیسا برتاؤ کرنے کا سبق ملتا ہے؟

☆۔عہدِ جدید میں منگنی کی رسم خداوند کے ساتھ ہمارے تعلق اور رشتہ کے بارے میں کیا سکھاتی ہے؟

☆۔یہ بات کس قدر اہم ہے کہ متی واضح طور پر بیان کرتا ہے کہ جب تک یسوع مسیح پیدا نہ ہو گئے اُس وقت تک اُن کے درمیان کوئی جنسی تعلق پیدا نہ ہوا؟

چند ایک دُعائیہ نکات

☆۔خداوند سے درخواست کریں کہ وہ آپ کو ایسی نرم مزاجی عطا کرے جیسی نرم مزاجی کا مظاہرہ یوسف نے اِس حصہ میں کیا۔ تاکہ آپ بھی معاشرے کے رد کئے اور گرے ہوؤں سے نرم مزاجی سے پیش آسکیں۔

☆۔خداوند کی شکرگزاری کریں کہ ہم اُس کے ساتھ ایک عہد و پیمان میں بندھے ہوئے ہیں اور وہ ہمارے لئے ایک ایسی جگہ تیار کررہا ہے جہاں ہم ابدالاباد اُسکے ساتھ رہیں گے۔

☆۔اِس بات کے لئے خداوند کی شکرگزاری کریں کہ وہ ہم سادہ اور فروتن لوگوں کو اپنے خادم کے طور پر استعمال کرنے کے لئے تیار رہتا ہے۔☆۔خداوند سے دُعا کریں کہ آپ کو فضل دے کہ آپ اپنی زندگی میں اُس کی بلاہٹ کے لئے وفادار رہ سکیں۔

باب 8

بیت لحم

لوقا 2:1-21 پڑھیں

مقدس لوقا ہمیں خداوند یسوع مسیح اور اُس کی پیدائش کی ابتدائی معلومات فراہم کرتا ہے۔ اِس واقعہ کا آغاز روم کے شہنشاہ قیصر اوگوستس کے دَور سے شروع ہوتا ہے جس نے یہ فرمان جاری کیا تھا کہ سارے روم کی مردم شماری کی جائے۔ روم نے اسرائیل کو فتح کر لیا تھا اور یوں اسرائیل بھی اِس مردم شماری کا پابند تھا۔ بہت سے علمأ اِس بات پر یقین رکھتے ہیں کہ اِس مردم شماری کا تعلق محصول سے تھا۔

2 آیت ہمیں بتاتی ہے کہ جب کورینیس سوُریہ کا گورنر تھا تو یہ پہلی مردم شماری اُس کے دَور میں ہوئی۔ علمأ اِس بات پر یقین رکھتے ہیں کہ مسیح کی پیدائش کے تقریباً دس سال بعد کورینیس شام کا گورنر بنا۔ تاہم مسیح کی پیدائش کے موقع پر یہ مردم شماری واقع ہوئی۔ اِس بات کا جواب لفظ ''پہلی'' میں دیکھا جا سکتا ہے۔ اِس لفظ کی کئی ایک ممکنہ تفاسیر ہیں۔ یوحنا 15:1 میں یوحنا رسول اِسی یونانی لفظ کو استعمال کرتے ہوئے بیان کرتا ہے۔

''یوحنا نے اِس کی بابت گواہی دی اور پکار کر کہا ہے کہ یہ وہی ہے جس کا میں نے ذکر کیا کہ جو میرے بعد آتا ہے وہ مجھ سے مقدم ٹھہرا۔ کیوں کہ وہ مجھ سے پہلے تھا۔'' (یوحنا 15:1)

یہ جملہ ''مجھ سے پہلے'' لوقا 2:2 میں ''پہلی'' کیا گیا ہے۔ یوحنا اپنے قارئین کو یہ بتا رہا ہے کہ یسوع اِس لحاظ سے پہلے ہے کیوں کہ وہ اپنی ہستی کے اعتبار سے اُس سے پہلے ہے۔ اِس سے مفسرین نے یہ سمجھا کہ لوقا 2:2 میں لفظ ''پہلی'' کا ترجمہ ''سے مقدم'' یا ''سے پہلے'' بالفاظ دیگر

اِس آیت کو یوں پڑھا جا سکتا ہے۔ کہ یہ مردم شماری سوریہ کے گورنر کورینیس سے پہلے واقع ہوئی۔ ہر کسی کو اِس مردم شماری میں اپنا نام درج کروانے کے لئے اپنے آبائی گاؤں، قصبے یا شہر آنا تھا۔ یہ بہت بڑی ذمہ داری تھی۔ اِس فرمان کی تابعداری میں، یوسف بھی ناصرت سے روانہ ہو کر بیت لحم میں آیا جہاں اُسے مردم شماری کے لئے اندراج کروانا تھا۔ مریم بھی اُس کے ساتھ تھی۔

جب وہ بیت لحم میں تھے تو وقت آ گیا کہ مریم اپنے بیٹے کو جنم دے۔ اِس بات پر غور کرنا دلچسپی کا حامل ہے کہ نبیوں نے پہلے ہی سے اِس بات کی پیش گوئی کر رکھی تھی کہ مسیح بیت لحم میں پیدا ہو گا۔ اوگوستس کے وہم وگمان میں بھی یہ بات نہیں تھی کہ اُس کا جاری کیا گیا فرمان کسی نبوت کی تکمیل ہے۔ خدا اپنے مقاصد کو پایہ تکمیل تک پہنچانے کے لئے بڑے عجیب ذرائع استعمال کرتا ہے۔

اِس مردم شماری کے سبب، بیت لحم کی تمام سرائیں بھری ہوئی تھیں۔ یوسف کو پناہ کے لئے صرف اور صرف ایک اصطبل مل سکا۔ ہم تصور کر سکتے ہیں کہ مریم کو اِس حالت میں اُس اصطبل میں ٹھہراتے ہوئے یوسف کے احساسات کیسے ہوں گے۔ مریم مسیح کو جنم دینے والی تھی۔ اُس وقت یوسف مریم کو یہی بہترین جگہ فراہم کر سکا۔ اُسے مریم کے رحم میں موجود بچے کی اہمیت کا علم تھا۔ اُسے معلوم تھا کہ یہ بچہ خدا کا بیٹا ہے۔ وہ تو بیت لحم کی سب سے بہترین سرائے کا مستحق ہے۔ اپنی ساری کاوشوں کے باوجود یوسف اُس بچے کی پیدائش کے لئے کوئی جگہ تلاش نہ کر سکا۔ ہم صرف تصور ہی کر سکتے ہیں کہ اُس رات جانوروں کے اصطبل میں قیام کرتے ہوئے اُس جوڑے کے دل پر کیا گزری ہو گی۔

اِسی اصطبل میں خداوند یسوع مسیح کو جنم لینا تھا۔ مریم اور یوسف کے پاس کوئی جھولا نہیں تھا۔ پس اُنہوں نے ایک چرنی کو استعمال کر لیا جو کہ جانوروں کو چارہ کھلانے کے لئے استعمال کی جاتی ہے۔ اُنہوں نے اُس چرنی میں اپنے لختِ جگر کو رکھا۔ یہی سب سے بہترین ماحول تھا جو اُنہیں اُس رات میسر آیا۔

یسوع کی پیدائش بھی اُس کی زندگی کی طرح بالکل سادہ تھی۔ اِس سے ہمیں یہ معلوم ہوتا ہے کہ وہ دیگر بادشاہوں کی طرح نہیں آیا۔ وہ اپنے آپ سے نہیں آیا تھا۔ وہ اُن کے لئے آیا جن کے پاس کچھ نہیں ہے۔ وہ اِس لئے آیا تا کہ اسے رد کیا جائے' اُسے ٹھٹھوں میں اڑایا جائے۔ سرائے میں اُس کے لئے جگہ نہ تھی۔ حتیٰ کہ آج بھی اُس کے لئے لوگوں کے دلوں میں جگہ نہیں ہے۔

اصطبل میں اِن سب باتوں کے آغاز ہی میں آسمان کے فرشتگان بھی مصروف ہو گئے۔ 8 آیت ہمیں بتاتی ہے کہ قریبی کھیتوں میں چرواہے بھی رات کے وقت اپنی بھیڑوں کی گلہ بانی کر رہے تھے۔ پھر فرشتہ اُن پر ظاہر ہوا۔ 9 آیت ہمیں بتاتی ہے کہ جب فرشتہ اُن سے ہم کلام ہوا تو خدا کا جلال اُن کے گرداگرد چمکا۔ خدا بڑے خاص انداز سے اپنی حضوری اُن پر ظاہر کر رہا تھا۔ جب چراوہوں نے اُس جلال کو دیکھا تو وہ خوفزدہ ہو گئے۔ اُن کے خوف کو دیکھ کر فرشتہ نے کہا' ڈرو مت' کیوں کہ اُس کے پاس اُن کو دینے کے لئے ایک بڑی خوشی کی خبر تھی۔ اِس خبر سے سب لوگوں کو بڑی خوشی اور خرمی حاصل ہونی تھی۔ جب وہ توجہ سے فرشتہ کی باتیں سن رہے تھے تو اُس نے اُنہیں بتایا کہ آج تمہارے لئے داوٗد کے شہر میں ایک منجی پیدا ہوا ہے یعنی مسیح خداوند۔ فرشتے کے اِس بیان میں ہمارے لئے سمجھنے کے لئے بہت سی اہم باتیں پائی جاتی ہیں۔

پوری قوم میں سے چرواہوں نے سب سے پہلے اِس خوش خبری کو سنا۔ فرشتے کاہنوں یا سرکاری افسران بالا کے پاس نہیں گئے۔ بلکہ وہ بالکل عاجز اور کم تر چرواہوں کے پاس گئے۔ فرشتوں نے اُنہیں بتایا کہ یہ منجی اُن کے لئے پیدا ہوا ہے۔

غور کریں کہ یہ منجی مسیح تھا۔ ''مسیح'' کی اصطلاح کا مطلب ہے ''مسح کیا ہوا''۔ اُس بچے کو خدا کی طرف سے مسح کیا گیا تھا تا کہ وہ اُس کے لوگوں کے لئے اُس کی نجات کا بندوبست کرے۔ ہم صرف تصور ہی کر سکتے ہیں کہ جب چرواہے مسیح کی پیدائش کی حیرت انگیز اور نا قابل یقین خبر سن رہے تھے تو اُس وقت وہ کیا سوچ رہے ہوں گے۔

گویا کہ اپنی باتوں کی تصدیق کیلئے فرشتہ نے چرواہوں کو ثبوت کے طور پر بتایا کہ وہ ایک بچے کو کپڑے میں لپٹا اور چرنی میں پڑا ہوا پائیں گے۔ بلاشبہ یہ سب کچھ عجیب معلوم ہوتا تھا۔ کون سی ماں ہے جو اپنے نئے پیدا شدہ بچے کو جانوروں کے چارہ کھانے کی جگہ پر رکھے گی؟ جب اُنہوں نے اپنی آنکھوں سے یہ سب کچھ دیکھ لیا تو پھر اُنہیں اور بھی یقین ہو گیا کہ جو کچھ فرشتہ نے اُن سے کہا تھا واقعی سچ ہے۔

جب وہ اُن سب باتوں پر غور و فکر کر رہے تھے تو اُنہوں نے آسمانی لشکر کی ایک گروہ اپنے اوپر ظاہر ہوتی دیکھی۔ فرشتے اُس بچے کی پیدائش پر نغمہ سراں تھے اور خدا کی حمد و ثنا کر رہے تھے۔ یہاں پر ہمیں فرشتوں کے دل پر نظر کرنے کی ضرورت ہے۔ فرشتے بنی نوع انسان کے لئے اُس کی نجات کے منصوبے پر خوشی سے معمور تھے۔ وہ اِس لئے خوش تھے کیوں کہ خدا از خود انسان کو بچانے کے لئے اُن تک پہنچا تھا۔ خدا خود اپنے لوگوں کو اُن کے گناہوں سے نجات نافرمان روّیوں سے رہائی دینے کے لئے اُتر آیا تھا۔ یہ فرشتے ہماری نجات کے لئے خدا جیسے دل کا روّیہ رکھتے تھے۔

''میں تم سے کہتا ہوں کہ اِسی طرح ایک توبہ کرنے والے گناہ گار کے باعث خدا کے فرشتوں کے سامنے خوشی ہوتی ہے۔'' ﴿لوقا 15:10﴾

اُس بچے کی پیدائش پر فرشتوں نے خدا کو جلال دیا۔ جن پر خدا کی مہربانی ہوگی' اُن سب کے لئے یہ بچہ سلامتی کا باعث ہوگا۔ خدا کے لوگوں کی زندگیوں اور دلوں پر اُس کی مہربانی ہوگی۔ وہ اپنے گناہوں کی معافی پا کر خداوند کے ساتھ اپنے رشتہ میں بحال اور مضبوط ہو جائیں گے۔ اِس بات پر غور کریں کہ یہ سلامتی صرف اُن کے لئے ہوگی جن سے وہ راضی ہوگا' جن پر اُس کی مہربانی ہوگی۔ ہر کوئی صلح کے اِس پیغام کو سمجھ نہیں پائے گا اور یہ سب کے لئے نہیں ہوگا بلکہ اُن کے لئے جس پر اُس کی مہربانی اور فضل ہوگا۔ مسیح سب کے دلوں میں جگہ نہیں پائے گا بلکہ کچھ ایسے بھی

لوگ بھی ہوں گے جو اُسے رد کردیں گے۔

16 آیت ہمیں بتاتی ہے کہ اُنہوں نے جلدی سے اُس بچے کو تلاش کیا۔ اُنہوں نے جلدی سے جا کر مریم اور یوسف کو دیکھا اور اُس بچہ کو چرنی میں پڑا ہوا پایا جیسا کہ فرشتہ نے اُن سے کہا تھا۔ اُن کے ذہنوں میں بچے کے خاص ہونے کے تعلق سے کوئی شک وشبہ نہیں تھا۔

17 آیت ہمیں بتاتی ہے کہ یہ سادہ لوح چرواہے ہی پہلے مبشر تھے۔ اُنہوں نے یسوع کے تعلق سے یہ خبر عام کردی۔ اُنہوں نے اُس خاص بچے کے تعلق سے فرشتوں کی معرفت جو کچھ سنا اور دیکھا تھا سب کو بتایا۔ ہم اندازہ کر سکتے ہیں کہ بیت لحم کے علاقہ میں یہ خبر کس قدر خاص خبر ہوگی۔ سب سننے والے چرواہوں کی کہانی سن کر محوِ حیرت تھے۔

19 آیت ہمیں بتاتی ہے کہ مریم اِن سب باتوں کو اپنے دل میں رکھ کر سوچتی رہی۔ وہ اِن سب باتوں کو اپنے دل میں رکھتی رہی' اِس سے ظاہر ہوتا ہے کہ یہ سارے واقعات اُس کے لئے کس قدر حوصلہ افزائی کا باعث ہوئے ہوں گے۔ ایک بار پھر خدا نے اِس بات کی تصدیق کردی کہ وہ بچہ ایک خاص بچہ ہے۔ وہ تمام واقعات جو مسیح کی پیدائش کے دوران ہوئے معجزانہ طور پر ہوئے۔ وہ اِن سب باتوں پر غور کر کے خدا کے عجیب منصوبے اور کاموں پر حیران ہوتی رہی۔ وہ حیرت زدہ تھی کہ خدا نے کس طرح اُسے اپنے منصوبہ کو تکمیل تک پہنچانے کے لئے استعمال کیا۔

جہاں تک چرواہوں کی بات ہے وہ اپنی بھیڑ بکریوں کی گلہ بانی کرنے کے لئے اپنے کھیتوں کی طرف لوٹے لیکن وہ پہلے جیسے نہ رہے۔ اُن کے دل خداوند کی ستائش اور اُس کے نام کو اُن کاموں کے لئے جلال دینے کے لئے معمور تھے جو اُنہوں نے دیکھی اور سنی تھیں۔ بلاشبہ اُنہوں نے آنے والے کئی سالوں میں بہتوں کو یہ سب کچھ بتایا ہوگا۔ ایک گواہ وہ ہوتا ہے جو وہی کچھ بیان کرتا ہے جو کچھ اُس نے دیکھا یا سنا ہو۔ آپ اُس وقت تک گواہ نہیں ہو سکتے جب تک آپ نے کچھ دیکھا یا سنا نہ ہو۔ آپ نے اپنی زندگی میں خداوند کے کون سے کام دیکھیں ہیں؟ اُس نے

آپ سے کیا کلام کیا ہے؟ اگر آپ کے دل اور زندگی میں کوئی بھی گواہی نہیں ہے تو پھر ضرورت اِس بات کی ہے کہ آپ از سرِ نو خدا کے طالب ہوں۔ بعض اوقات ہم اِس لئے بھی خداوند کے اچھے اور مؤثر گواہ نہیں بن پاتے کیوں کہ ہم نے حقیقی طور پر اُس کا ایسا تجربہ نہیں کیا ہوتا جیسا کہ ہمیں کرنا چاہئے۔ چرواہوں کے لئے اُن باتوں کو دوسرے کے سامنے بیان کرنا ایک فطری عمل تھا جو اُنہوں نے اپنے درمیان دیکھی اور سنی تھیں۔ خدا کرے کہ ہم بھی اُن چرواہوں کی طرح گواہی کے کام کو شخصی تجربہ کے ساتھ ایک فطری عمل کے طور پر کرنے والے بن جائیں۔ اُس دوَر کے رواج کے مطابق، مریم اور یوسف یسوع کو لے کر ہیکل میں گئے تا کہ اُس کا ختنہ ہو اور اُس کا نام رکھا جائے۔ ''یسوع'' نام کا معنی ہے ''خدا نجات دیتا ہے۔'' جیسا کہ فرشتہ نے اُنہیں بتایا تھا۔

چند غور طلب باتیں

☆۔ یہاں اِس حوالہ میں خداوند نے ایک غیر ایماندار شہنشاہ کی طرف سے جاری کردہ ایک فیصلہ کو استعمال کیا تا کہ مسیح کے بیت لحم میں پیدا ہونے کی پیشن گوئی پوری ہو سکے۔ اِس سے ہمیں اُن ذرائع کے بارے میں کیا سیکھنے کو ملتا ہے جنہیں خدا اپنے مقاصد کی تکمیل کے لئے استعمال کرتا ہے۔

☆۔ خداوند مسیح کا انکساری اور فروتنی کی حالت میں پیدا ہونا ہمیں مسیح کی خدمت کی نوعیت کے بارے میں کیا سکھاتا ہے؟

☆۔ یہ حصہ ہماری نجات اور ہمارے بارے میں آسمان پر فرشتوں کی دلچسپی کے بارے میں کیا سکھاتا ہے؟

☆۔ چرواہے گواہی دینے کے بارے میں ہمیں کیا سکھاتے ہیں؟ آپ نے کیا سنا اور کیا دیکھا ہے؟ جو کچھ خدا نے آپ کو دکھایا اور سکھایا ہے کیا اُسے دوسروں تک پہنچانے کے لئے آپ کی

زندگی میں جوش وجذبہ پایا جاتا ہے؟

چند ایک دُعائیہ نکات

☆۔ خداوند کا شکر کریں کہ وہ سچائی کو دوسروں تک پہنچانے کیلئے چرواہوں جیسے سادہ لوگوں کو بھی استعمال کر سکتا ہے۔

☆۔ اگر آج آپ یسوع کو جانتے ہیں۔ چند لمحات کے لئے اِس حقیقت کے لئے اُس کی شکر گزاری کریں کہ آپ پر اُس کی مہربانی ہوئی ہے۔

☆۔ خداوند سے دُعا کریں کہ وہ آپ کو چرواہوں جیسا دل عطا کرے تاکہ آپ خوشخبری کو دوسروں تک پہنچا سکیں۔

☆۔ اِس بات کی شکر گزاری کریں کہ وہ رومی قیصر کو بھی اپنے وعدوں کی تکمیل کیلئے استعمال کر سکتا ہے۔ اِس بات کے لئے خداوند کی شکر گزاری کریں کہ وہ حاکمِ مطلق ہے اور ہر چیز پر قوی اور قادر خدا ہے۔

باب 9

ہیکل میں پیش کیا جانا

لوقا 2:22-38 پڑھیں

موسوی شریعت نے اِس بات کو بیان کیا کہ جو عورت کسی بچے کو جنم دے اُسے طہارت کے مرحلہ سے گزرنا پڑے گا۔ اور پھر اِس کے بعد وہ معمول کی زندگی بسر کر سکے گی۔ احبار 12:2-4 میں اِس بات کو اور بھی تفصیل سے بیان کیا گیا ہے۔

''بنی اسرائیل سے کہہ کہ اگر کوئی عورت حاملہ ہو اور اُس کے لڑکا ہو تو وہ سات دن ناپاک رہے گی۔ جیسے حیض کے ایام میں رہتی ہے۔ اور آٹھویں دن لڑکے کا ختنہ کیا جائے۔ اِس کے بعد تینتیس دن تک وہ طہارت کے خون میں رہے۔ اور جب تک اُس کی طہارت کے ایام پورے نہ ہوں تب تک نہ تو کسی مقدس چیز کو چھوئے اور نہ مقدّس میں داخل ہو۔''

جہاں تک مریم کی بات ہے۔ اُس نے پورے چالیس دن تک اپنی طہارت اور پاکیزگی کے لئے انتظار کیا۔ طہارت کے دن پورے ہونے پر ایک عورت کو خداوند کے حضور نذرانہ لے کر آنا پڑتا تھا۔ شریعت کے مطابق گناہ کی قربانی کے لئے خداوند کے حضور وہ ایک یکسالہ برّہ یا پھر قمریوں کے دو بچے لائے۔ تاہم جو لوگ برّہ لانے کی توفیق نہ رکھتے ہوں اُن کے لئے بھی متبادل انتظام موجود تھا۔ احبار 12:8 میں خدا کا کلام بیان کرتا ہے۔

''اور اگر اُس کو برّہ لانے کا مقدور نہ ہو۔ وہ دو قمریاں یا کبوتر کے دو بچے ایک سوختنی قربانی کے لئے اور دوسرا خطا کی قربانی کے لئے لائے۔ یوں کاہن اُس کے لئے کفارہ دے تو وہ پاک ٹھہرے گی۔''

24 آیت میں ایک بات قابل غور ہے کہ مریم یا تو کبوتر کے دو بچے یا پھر قمریوں کے دو بچے لے کر آئی۔ اِس کا مطلب ہے کہ مریم اور یوسف نہایت غریب تھے۔

اِس حوالہ میں کچھ اور بھی ہے جو ہمیں سمجھنے کی ضرورت ہے۔ خداوند یسوع مسیح پہلوٹھا تھا۔ شریعت میں پہلوٹھے نر بچے کی پیدائش کے تعلق سے ایک خاص قانون تھا۔ موسیٰ کے دنوں میں خدا نے مصری خاندانوں کے تمام پہلوٹھے بچوں کو ہلاک کر دیا تھا لیکن اسرائیل کے خاندان کے ہر ایک پہلوٹھے کو بچا لیا جنہوں نے اپنے دروازوں کی چوکھٹوں پر برّے کا خون لگایا تھا۔ (خروج 12 باب دیکھیں) اُس وقت سے لے کر خدا نے اسرائیل کے خاندان کے پہلوٹھوں اور ہر ایک جانور کے پہلوٹھوں کو اپنے لئے مخصوص کر لیا۔ یہ خداوند کے لئے مخصوص تھے۔ ہم خروج 2:13 میں پڑھتے ہیں۔

"سب پہلوٹھوں کو یعنی جو بنی اسرائیل میں خواہ انسان ہوں خواہ حیوان پہلوٹھی کے بچے ہوں اُن کو میرے لئے مقدس ٹھہرا کیوں کہ وہ میرے ہیں۔"

چونکہ پہلوٹھے خداوند کی ملکیت تھے۔ لازم تھا کہ وہ خداوند کے پاس لا کر چھڑائے جاتے۔ گنتی 18:15-16 میں ہم پڑھتے ہیں۔

"اُن جانداروں میں سے جن کو وہ خداوند کے حضور گزرانتے ہیں جتنے پہلوٹھی کے بچے ہیں۔ خواہ وہ انسان کے خواہ حیوان کے وہ سب تیرے ہوں گے پر انسان کے پہلوٹھوں کو فدیہ لے کر اُن کو ضرور چھوڑ دینا اور ناپاک جانوروں کے پہلوٹھے بھی فدیہ لے کر چھوڑ دئے جائیں۔ اور جن کا فدیہ دیا جائے جب وہ ایک مہینہ کے ہوں تو اُن کو اپنی ٹھہرائے ہوئی قیمت مقدس کی مثقال کے حساب سے جو بیس جیرے کی ہوتی ہے چاندی کی پانچ مثقال لے کر چھوڑ دینا۔"

پہلوٹھے کے والدین سے یہ تقاضا کیا جاتا تھا کہ وہ شریعت کے مطابق بچے کو لے کر خداوند کے حضور حاضر ہو کر اِس بات کو تسلیم کریں کہ پہلوٹھے خداوند کے ہیں۔ خداوند کے سامنے پیش

کرنے کے بعد اُسے وہ خداوند سے پانچ مثقال چاندی کے عوض واپس خرید سکتے تھے۔ اِسی لئے سے مریم اور یوسف ہیکل میں گئے تھے۔

25 آیت پر غور کریں، جب وہ ہیکل میں تھے اُن کی ملاقات شمعون نام کے ایک شخص سے ہوئی۔ یہ آدمی راستباز شخص تھا جو اسرائیل کی ''تسلی'' کا منتظر تھا۔ اسرائیل کی تسلی مسیح تھا۔ شمعون اپنے لوگوں کے گناہ آلودہ طرزِ زندگی پر شکستہ دل تھا اور اِس بات کا منتظر تھا کہ مسیح آ کر اُنہیں رہائی بخشے۔ ہمیں یہاں پر بتایا گیا ہے کہ روح القدس نے شمعون پر منکشف کیا تھا کہ وہ اُس وقت تک نہیں مرے گا جب تک وہ خدا کے مسیح کو نہ دیکھ لے۔ وہ ہر روز اِس انتظار میں زندگی بسر کر رہا تھا کہ کب اُسے خداوند کے وعدہ شدہ مسیح کو دیکھنے کا موقع ملے گا۔

مریم اور یوسف کے ہیکل کے صحن میں آنے سے پہلے، روح القدس شمعون کی زندگی میں کام کر رہا تھا۔ ایک دن، وہ ہیکل کے صحن میں موجود تھا جب مریم اور یوسف اپنے بچے یسوع کو ساتھ لے کر وہاں پر آئے۔ جب وہ ہیکل کے صحن میں داخل ہوئے تو خداوند نے شمعون پر ظاہر کر دیا کہ یہی موعودہ بچہ ہے۔ شمعون نے یسوع کو اُس کے والدین سے لے کر اپنی گود میں اُٹھا لیا۔

جب اُس نے یسوع بچے کو اپنی گود میں اُٹھایا تو شمعون کا دل خداوند کی شکرگزاری اور ستائش سے بھر گیا۔ (28) اُس نے اِس بات کے لئے خداوند کی شکرگزاری کی کہ اُس نے اپنے وعدہ کے مطابق اپنے مسیح کو اُس پر ظاہر کیا۔ اب جبکہ وہ اُس بچے کو دیکھ چکا تو وہ اُس دُنیا سے رخصت ہونے کے لئے تیار تھا۔ اب وہ سلامتی سے اِس دُنیا سے رخصت ہونے کے لئے تیار تھا۔ کیوں کہ اُس نے اپنے بازوؤں میں اُس بچے کی صورت میں شخصی طور پر خداوند کی نجات دیکھ لی تھی۔ شمعون کو خداوند یسوع یسوع اور اُس کام کے تعلق سے کوئی شک وشبہ نہیں تھا جو اُس نے سرانجام دینا تھا۔

شمعون نے اِس بات کی پیش گوئی کی تھی کہ یہ بچہ سب قوموں کے لئے ہوگا۔ یعنی کہ وہ نہ صرف

یہودی لوگوں کا بلکہ غیر قوموں کا نجات دہندہ بھی ہوگا۔ وہ غیر قوموں کے لئے روشنی کا باعث ہوگا۔ یعنی اُن کے لئے جو خدا کی نجات کے تعلق سے غفلت میں زندگی بسر کر رہے تھے۔(32 آیت)

آپ تصور کر سکتے ہیں، مریم اور یوسف نے جو کچھ اُس دن سنا اُس پر وہ کس قدر حیرت میں ڈوب گئے ہوں گے۔ اگر روح القدس شمعون پر یہ سب باتیں ظاہر نہ کرتا تو کیسے ممکن تھا کہ یہ سب باتیں اُس پر ظاہر ہو پاتیں؟ شمعون کی باتوں نے اُن سب باتوں کی تصدیق کر دی جو بہت پہلے فرشتہ نے اُن سے کہیں تھیں۔ وہ اِس بات سے مزید حلیم اور فروتن ہو کر شکر گزاری سے بھر گئے کہ یہ بچہ اُنہیں عطا ہوا۔

شمعون نے مریم اور یوسف کو برکت دی۔ شمعون نے خاص طور پر مریم سے مخاطب ہو کر کہا اِس بچے کے تعلق سے بہت سی باتیں کہیں۔ ہمیں فرداً فرداً اِن پیش گوئیوں کا جائزہ لینا چاہیے۔

اول۔ شمعون نے مریم کو بتایا کہ یہ بچہ اسرائیل میں بہتوں کے گرنے اور اُٹھنے کے لئے مقرر ہوا ہے۔(24 آیت) یعنی ہر کوئی اُس کی خدمت کو قبول نہیں کرے گا۔ بعض ایسے بھی ہوں گے جو اُس کی پیش کردہ نجات قبول نہیں کریں گے۔ وہ گر پڑیں گے اور کبھی نہ اُٹھ سکیں گے۔ دوسری طرف، کچھ ایسے بھی ہوں گے جو اُس کی پیش کردہ رہائی اور مخلصی کا تجربہ کریں گے اُس کی خدمت لوگوں میں تقسیم کا باعث ہوگی۔

دوم۔ یہ بچہ ایک ایسا نشان ہوگا جس کے خلاف باتیں ہوں گی۔ بہت سے لوگ یسوع کو رد کر دیں گے۔ وہ اُسے خدا کی مہربانی کے طور پر سمجھ نہیں پائیں گے۔ اگرچہ وہ خدا کا بیٹا اور مسیح تھا تو بھی بہتوں نے اُسے رد کرنا تھا۔ اُس کا مذاق اڑایا جانا تھا۔ ہر طرح سے اُس کی مخالفت ہونا تھی۔ بہتوں نے اُس کے تعلق سے کفر بکنا اور اُس کی خدمت کا انکار کرنا تھا۔

سوم۔ اُس کے سبب سے بہتوں کے خیالات کھل جانے تھے۔(35 آیت) یسوع نے اپنے

دور کے مذہبی راہنماؤں کی ریاکاری کو ظاہر کرنا تھا۔کوئی اُنہیں مذہبی پارسائی کے ظاہری نمود سے دھوکہ نہیں دے پائے گا۔خداوند یسوع مسیح نے انسانی دلوں کی گناہ آلودہ حالت اور بنی نوع انسان پر یہ ظاہر کرنا تھا کہ اُنہیں ایک نجات دہندہ کی ضرورت ہے۔

آخری بات۔شمعون نے مریم کو بتایا کہ وہ دن آرہا ہے جب اُس کی اپنی جان بھی تلوار سے چھد جائے گی۔(35 آیت) بالفاظ دیگر، وہ دن آئے گا جب مریم کو اِس بچے کے تعلق سے گہرے دُکھ کا تجربہ کرنا پڑے گا۔ہم یہ سمجھتے ہیں کہ یہ بات یسوع کی مصلوبیت کی طرف اشارہ ہے۔مریم کا دل یسوع کی مصلوبیت سے زخمی ہونا تھا۔

اگرچہ یہ باتیں سمجھنے کے لئے مریم کے لئے آسان نہ تھیں۔لیکن ضروری تھا کہ وہ اپنے آپ کو اِن سب باتوں کے لئے تیار کرے۔شمعون کی باتوں نے یہ ظاہر کر دیا کہ وہ بچہ مسیح ہے۔بطور مسیح بہت سے لوگ اُسے رد کر دیں گے اور بالاخر اُسے مار ڈالیں گے۔شمعون پر یہ ساری باتیں واقع ہونے سے بہت سے پہلے نبوتی طور پر ظاہر ہوئیں۔اگرچہ مریم کو یہ سب باتیں سمجھ نہ آئیں کہ کیسے اُس بچے کی زندگی میں یہ سب باتیں پوری ہوں گی۔شمعون کی باتوں نے مریم کو ہونے والی باتوں کے لئے تیار کر دیا۔

اُس روز ہیکل میں ایک اور شخصیت بھی موجود تھی۔حناہ ایک بزرگ نبیہ تھی۔اُس کی شادی تو ہوئی مگر اُس کا شوہر وفات پا گیا۔وہ اپنا وقت ہیکل میں عبادت کرتے ہوئے گزارتی تھی۔وہ دُعا اور روزہ کے ساتھ خدا کے دیدار کے طالب ہوتی تھی۔وہ بھی مریم اور یوسف کے پاس آئی۔جب اُس نے اُسے دیکھا، تو خداوند کی شکر گزاری کی۔اُس نے بھی اُس بچے کو پہچانا کہ وہ بچہ مسیح ہے۔یسوع بچے کو دیکھنے کے بعد، حناہ نے خدا کا شکر کیا اور ہیکل میں موجود لوگوں کو بچے کے تعلق سے بتایا۔اُس نے لوگوں کی توجہ اُس بچے یسوع کی طرف مبذول کرائی اور کہا کہ یہ اسرائیل کی اُمید ہے۔

ہم صرف اِس بات کا تصور ہی کر سکتے ہیں کہ اُس روز مریم اور یوسف کا ہیکل میں جانا کیسا رہا۔ بلاشبہ اُن کے ذہنوں میں یہ بات تھی کہ وہ بچہ بڑا خاص بچہ ہے۔ بار بار خدا اُن پر اِس بات کو منکشف کر رہا تھا کہ وہ بچہ اُس کا بیٹا ہے۔

چند غور طلب باتیں

☆ ۔مریم اور یوسف کو اپنا پہلوٹھا بچہ خداوند سے چھڑانا پڑا۔ کیا وہ سب کچھ جو آج ہمارے پاس ہے خداوند کا نہیں ہے؟ وہ کون سی چیز ہے جو واقعی ہماری ہے؟

☆ ۔شمعون نے یہ پیشن گوئی کی تھی کہ یسوع کے زمانہ کے لوگ اُسے رد کریں گے۔ اُنہوں نے اُسے کیوں رد کر دیا؟ آج بھی لوگ اُسے کیوں رد کرتے ہیں؟

☆ ۔غور کریں کہ حناہ اور شمعون کس قدر روح القدس کی رہنمائی کے لئے حساس تھے۔ کیا آپ روحانی طور پر اِس مقام پر ہیں کہ روح القدس آپ کی اِسی طور پر رہنمائی کر سکے جس طرح اُس نے اُن کی رہنمائی کی تھی؟

☆ ۔آپ کے خیال میں مریم اور یوسف نے ہیکل میں سارا دن گزارنے کے بعد کیسا محسوس کیا؟ آپ کے خیال میں خدا نے کیوں اِس بات کی بار بار تصدیق کی کہ یسوع ایک خاص بچہ تھا؟ کیا آپ کی زندگی میں ایسے اوقات آتے ہیں جب آپ کو اپنی بلاہٹ کی تصدیق کی ضرورت پیش آتی ہے؟ کس طرح خدا نے آپ کی بلاہٹ کی تصدیق کی ہے؟

چند ایک دُعائیہ نکات

☆ ۔ حناہ اور شمعون کے دل میں خداوند کی عقیدت اور محبت پر غور کریں۔ خداوند سے درخواست کریں کہ وہ آپ کو اُن جیسی عقیدت اور محبت کا جذبہ عطا فرمائے۔

☆ ۔ دُعا کریں کہ خداوند آپ کی زندگی میں روح القدس کی خدمت اور راہنمائی کے تعلق سے حساسیت میں اضافہ کرے تا کہ آپ بھی شمعون اور حناہ کی طرح واضح طور پر اُس سے راہنمائی پا سکیں۔

☆ ۔ خداوند کا شکر کریں کہ اُس نے یوسف اور مریم جیسے غریب اور عاجز اور منکسر المزاج لوگوں پر اپنے آپ کو ظاہر کیا۔

☆ ۔ اِس بات کے لئے خداوند کی شکر گزاری کریں کہ وہ ہماری اِس ضرورت کو سمجھتا ہے کہ ہمیں تصدیق کی ضرورت ہے اور جب کبھی ہمیں تصدیق کی ضرورت پیش آئے گی تو وہ ضرور اپنے روح القدس کے وسیلہ سے ہمیں اپنی تصدیق مہیا کرے گا۔

باب 10

مجوسیوں کی آمد

متی 2:1-12 پڑھیں

ہم نے دیکھا کہ کس طرح مریم اور یوسف کی زندگی میں خدا کی بلاہٹ کی تصدیق مختلف لوگوں سے ہوئی۔ اُن کے پاس فرشتے آئے اور پھر الیشبع، شمعون اور حناہ کے وسیلہ سے نبوتی طور پر ہر ایک بات کی تصدیق ہوئی۔ چرواہوں کی آمد سے بھی اِس بات کی تصدیق ہوگئی کہ وہ بچہ موعودہ مسیح ہے۔ اِس حصہ میں ہم مجوسیوں کی آمد کے بارے میں دیکھیں گے۔

ہیرودیس کے زمانہ میں مشرق سے مجوسی مسیح کی تلاش میں یروشلیم آئے۔ بہت امکان ہے کہ یہ مجوسی نجومی ہوں جو ستاروں کا مطالعہ کرتے ہیں۔ مفسرین اِس بات پر ایمان رکھتے ہیں کہ وہ مجوسی فارس یا بابل کے علاقہ سے آئے جو کہ اسرائیل کے مشرق میں ہے۔ اُنہوں نے آسمان پر ایک خاص ستارہ دیکھا تھا۔ اِس کے بارے میں یقینی طور پر کچھ نہیں کہا جا سکتا کہ کیسے اُنہیں اِس بات کا علم ہو گیا کہ یہ ستارہ کیا ظاہر کر رہا ہے لیکن خدا نے اُس ستارے کے وسیلہ سے اُن پر واضح تفصیلات منکشف کیں تھیں۔ وہ سمجھ گئے کہ ایک خاص بادشاہ پیدا ہوا ہے۔ یہ بادشاہ پرستش اور عبادت کے لائق تھا۔ اُنہوں نے اِس بات کا مصمم ارادہ کر لیا کہ وہ اُسے دیکھنے کے لئے لمبا سفر کر کے اُسے اپنے تحائف پیش کریں گے۔

اگرچہ وہ مجوسی جانتے تھے کہ بادشاہ پیدا ہوا ہے تو بھی اُنہیں اِس بات کا علم نہیں تھا کہ یہ بادشاہ کہاں پیدا ہوا ہے اور پھر یہ کہ وہ کیا کام سرانجام دے گا۔ کئی باتیں اُن کی عقل اور فہم سے بالاتر تھیں۔ ہمارے سیکھنے کے لئے یہ بات ہے کہ خدا اپنے لوگوں تک پہنچنے کے لئے کسی بھی ذریعہ کو

استعمال کرتے ہوئے اُنہیں سچائی کی خبر دے سکتا ہے۔اگرچہ مجوسیوں کو یروشلیم کی طرف سفر کرنے کے لئے کافی معلومات تھیں تو بھی اُن کے سامنے ساری تصویر واضح نہیں تھی۔ ہمارے دوَر میں بھی کئی ایک ایسے لوگ پائے جاتے ہیں۔خدا کا پاک روح اُنہیں اپنی طرف کھینچ رہا ہے لیکن ضرورت اِس بات کی ہے کہ اُنہیں خدا کے کلام سچائی کی تعلیم دے کر شاگرد بنایا جائے تاکہ اُنہیں پورا فہم وادراک حاصل ہو۔

کس قدر حیرت کی بات ہے کہ ہیرودیس کو یسوع کی پیدائش کے تعلق سے کچھ بھی علم نہیں تھا۔ جب مجوسیوں نے اُسے ایک بادشاہ کی خبر سنائی تو وہ بڑا مضطرب اور پریشان ہوا۔سیاسی نکتہ نظر سے ہیرودیس حیران اور پریشان ہوا ہوگا۔یہودی لوگ رومی عہدِ حکومت کو پسند نہیں کرتے تھے۔اُنہیں یہودی قیادت کی حمایت کے لئے تیار کرنے کے لئے زیادہ قائلیت کی ضرورت نہ تھی۔اِس بات پر اُن کا قوی ایمان تھا کہ یہودی قیادت اُنہیں رومیوں پر فتح اور غلبہ عطا کرے گی۔ہیرودیس اِس بات کی کھوج لگانا چاہتا تھا۔

ہیرودیس نے تمام سردار کاہنوں اور شریعت کے عالموں کو فراہم کیا تاکہ اُن سے ساری معلومات حاصل کر سکے۔وہ اِس بات کو جانتا تھا کہ یہودی ایک مسیح کے منتظر ہیں۔اُسے معلوم تھا کہ سردار کاہن اور شرع کے معلم ہی اُسے مسیح کے بارے میں معلومات فراہم کر سکتے ہیں۔اُس نے اُن سے پوچھا کہ کتابِ مقدس کی پیش گوئیوں کے مطابق مسیح کو کہاں پیدا ہونا چاہیے۔

یہاں پر یہ بات قابل غور ہے کہ بیت لحم کے لوگوں کو چرواہوں نے مسیح کی خبر دی تھی۔لیکن اب مجوسیوں نے یروشلیم شہر کے مذہبی اور سیاسی راہنماؤں تک اِس خبر کو پہنچانا تھا۔

ایک بار پھر یہ دیکھنا حیرت انگیز ہے کہ خدا نے غیر ملکی مجوسیوں کو اِس خبر کو عام کرنے کے لئے استعمال کیا۔ہم خدا کو محدود نہیں کر سکتے۔شاید ہم اِس اہم خبر کو یروشلیم میں عام کرنے کے لئے غیر ملکی نجومیوں کا انتخاب نہ کرتے خدا کی راہیں، طریقے اور وسیلے ہمیشہ ہمارے انتخاب اور سوچ

سے مختلف ہوتی ہیں۔خدا عجیب وسیلوں اور عجیب لوگوں کو دوسروں تک سچائی کو پہنچانے کے لئے استعمال کرتا ہے۔اِس سے مزید حلیم اور فروتن ہونے کے ساتھ ساتھ ہمارے حوصلے بھی بلند ہونے چاہیئے۔خدا کو بڑے زبردست قسم کے لوگوں کی ضرورت نہیں ہے جو اُس کے کلام کی گہرائیوں سے واقف ہوں۔وہ کسی بھی شخص کو اپنے مقصد کی تکمیل کے لئے استعمال کرسکتا ہے۔

یروشلیم کے یہودی لوگوں نے ہیرودیس کو بتایا کہ کتاب مقدس بتاتی ہے کہ مسیح کی پیدائش یہودیہ کے بیت لحم میں ہوگی۔6 آیت میں اُنہوں نے میکاہ کی کتاب سے حوالہ دیا۔

''لیکن اَے بیت لحم افراتاہ اگرچہ تو یہوداہ کے ہزاروں میں شامل ہونے کے لئے چھوٹا ہے تو بھی تجھ میں سے ایک شخص نکلے گا اور میرے حضور اسرائیل کا حاکم ہوگا۔اور اُس کا مصدر زمانہ سابق ہاں قدیم الایام سے ہے۔'' (میکاہ 2:5)

جب ہیرودیس نے یہ معلوم کرلیا کہ مسیح کی پیدائش بیت لحم میں ہوگی تو اُس نے چپکے سے مجوسیوں کو بلا کر اُن سے بات چیت کی۔اُس نے اُن سے پوچھا کہ اُنہوں نے کس وقت ستارہ دیکھا تھا۔جب ہیرودیس مجوسیوں سے ہر طرح کی ممکنہ جانکاری حاصل کرچکا تو اُنہوں نے مجوسیوں کو بیت لحم یہ کہہ کر بھیجا کہ جب وہ بچے کو تلاش کرلیں تو واپس آکر اُسے بھی بتائیں۔اُس نے اُنہیں کہا کہ وہ بھی چاہتا ہے کہ اُس نئے پیدا شدہ بادشاہ کو سجدہ کرے۔لیکن درحقیقت ہیرودیس نے اُس بچے یسوع کو ایک خطرہ کے طور پر دیکھا۔وہ اُس بچے سے چھٹکارا پانا چاہتا تھا۔

مجوسی یروشلیم روانہ ہوئے۔یہ بات دلچسپی کی حامل ہے کہ وہ ستارہ جو اُنہوں نے دیکھا تھا اُنہیں ٹھیک اُس جگہ پر لے گیا جہاں پر بچہ موجود تھا۔خدا نے شروع ہی میں اُن کی راہنمائی بیت لحم کی طرف کیوں نہ کی تاکہ وہ ہیرودیس سے بچ جاتے؟ یوں لگتا ہے کہ اُنہیں مذہبی راہنماؤں اور اربابِ اختیار کو مسیح کی آمد کی خبر دینے کے لئے یروشلیم جانے کی ضرورت تھی۔

خدا درجہ بدرجہ ہماری راہنمائی کرتا ہے۔وہ فوری طور پر ہمیں ساری تصویر پیش نہیں کردیتا۔اِس

سے پہلے کہ خدا دوسرے درجہ میں ہماری راہنمائی کرے ہمیں پہلے مرحلہ میں فرماں برداری دکھانے کی ضرورت ہوتی ہے۔ آپ خدا کی راہنمائی محسوس نہیں کر رہے' کیا اِس کی یہ وجہ ہو سکتی ہے کہ ابھی مناسب وقت نہیں آیا؟ کیا ممکن ہے کہ جہاں اِس وقت آپ موجود ہیں وہاں پر خدا کسی چیز کا تقاضا کر رہا ہے؟ ایک بات یقینی ہے اور وہ یہ کہ جب آپ اُس کام کو تابعداری سے کر چکے جس کے لئے خدا نے آپ کو بلایا ہے' تو تب ہی خدا آپ پر باقی صورتحال کو واضح کرے گا۔

ایک اور وجہ تھی جس کے باعث مجوسیوں کو یروشلیم جانے کی ضرورت پیش آئی۔ یہی وہ مقام تھا جہاں مسیح کے تعلق سے عہدِ عتیق کی پیش گوئیوں کے بارے میں اُن کی راہنمائی ہوئی۔ اُن کے فہم وادراک میں موجود کمی یہاں پر ہی پوری ہوئی۔

ستارہ ٹھیک اُنہیں اُسی جگہ پر لے گیا جہاں پر یسوع موجود تھا۔ اِس سے اُنہیں اِس بات کی تصدیق ہوگئی کہ اُنہوں نے اُس بچے کو تلاش کرلیا ہے جس کی تلاش میں وہ نکلے تھے۔ وہ یسوع کو دیکھ کر باغ باغ ہو گئے۔ خداوند نے مجوسیوں کی سمجھ کے مطابق اُن سے کلام کیا۔ اُس نے ستاروں کی معرفت اُن سے کلام کیا۔ ایک بار پھر ہمارے لئے اُن ذرائع پر غور کرنا حیرت کا باعث ہے جنہیں خدا پیغام رسانی کے لئے استعمال کرسکتا ہے۔

11 آیت پر غور کریں' مجوسیوں نے ایک گھر میں مریم اور یوسف کو تلاش کرلیا۔ یوں لگتا ہے کہ جب مجوسی مریم اور یوسف کے پاس پہنچے تو اُس وقت وہ اصطبل میں نہیں تھے۔ جب مردم شماری کے لئے آئی بھیڑ اپنے اپنے آبائی شہر اور گاؤں کو لوٹ گئی تو پھر یوسف نے اپنی بیوی کے لئے بیت لحم میں مناسب رہائش کا ترجیحی بنیادوں پر بندوبست کیا ہوگا۔

جب وہ گھر میں داخل ہوئے' مجوسیوں نے جھک کر اُس بچے کو سجدہ کیا۔ سجدہ کرنے کے بعد اُنہوں نے اپنے تحائف اُس کو پیش کیے۔ اُنہوں نے یسوع کو سونا' مر اور بخور پیش کیا۔ بہت سی ایسی چیزیں ہیں جو ہمیں اِن تحائف کے تعلق سے یہاں پر بیان کرنے کی ضرورت ہے۔

بعض تراجم لبان کا ذکر کرتے ہیں۔لبان ہیکل میں پیش کی جانے والی قربانی کے ہدیہ جات میں استعمال کیا جاتا تھا۔مثال کے طور پر ہم احبار کی کتاب میں پڑھتے ہیں۔

''اور کاہن اُس کی یادگاری کے حصہ کو یعنی تھوڑے سے مل کر نکالے ہوئے دانوں کو اور تھوڑے سے تیل کو اور سارے لبان کو جلادے۔یہ خداوند کے لئے آتشین قربانی ہوگی۔''

﴾احبار 16:2﴿

وہ دن آنا تھا جب خداوند نے آ کر ہمارے گناہوں کے لئے قربان ہونا تھا۔کیا یہ ممکن ہے کہ یہ لبان اُس قربانی کا نشان ہے جو اُس نے ہمارے گناہوں کے لئے دینی تھی؟

مُر ہیکل کی تقریبات میں مسح شدہ تیل میں استعمال کیا جاتا تھا(خروج 30:23-24) مُر لاش کو دفنانے کے لئے استعمال کیا جاتا تھا۔ہم مرقس 15:22-23 میں ہمیں خدا کا کلام بتاتا ہے۔

''اور وہ اُسے مقامِ گلگتا پر لائے جس کا ترجمہ کھوپڑی کی جگہ ہے۔اور مُر ملی ہوئی مے اُسے دینے لگے۔مگر اُس نے نہ لی۔''

مفسرین سونے کو بادشاہت کی علامت کے طور پر دیکھتے ہیں۔اگرچہ تحائف کے تعلق سے بہت زیادہ نہیں لکھا ہوا۔تو بھی یہ تحائف ہمیں بڑی اہمیت کے حامل نظر آتے ہیں۔یوں لگتا ہے کہ جیسے یہ تحائف اِس بات کی طرف اشارہ کرتے ہیں کہ بہ حیثیت ایک بادشاہ یسوع ہمارے گناہوں کے لئے اپنی جان قربان کرے گا۔یہ بات یقینی طور پر نہیں کہی جاسکتی کہ مجوسی خداوند یسوع مسیح کی زندگی اور خدمت کے بارے میں کس حد تک سمجھتے تھے۔لیکن اُن کا ہر ایک کام نبوتی عمل تھا۔

جب بیت لحم میں اُن کا وقت ختم ہوگیا تو خدا نے مجوسیوں کو بتایا کہ ہیرودیس کے پاس واپس نہ جائیں بلکہ کسی دوسرے راستہ سے ہو کر اپنے ملک کو لوٹ جائیں۔یوں خدا نے یسوع بچے کی محافظت کی اور اُسے ہیرودیس کے ہاتھ سے بچایا جو بچے کی جان لینا چاہتا تھا۔

چند غور طلب باتیں

☆ ۔ایک ستارے نے مجوسیوں کی خداوند یسوع تک راہنمائی کی لیکن ساتھ ہی ساتھ یروشلیم کے مذہبی راہنماؤں کی طرف سے دی جانی والی صاف اور واضح نبوتی تعلیم بھی اِس سلسلہ میں راہنما اور معاون ثابت ہوئی۔ اِس سے ہمیں خدا کے کلام کی اہمیت کے بارے میں کیا سیکھنے کو ملتا ہے؟

☆ ۔خدا نے ایک ستارے کے وسیلہ سے مجوسیوں کی راہنمائی کی' اِس سے ہمیں اپنے معاشرے کے لوگوں تک پہنچنے کی ضرورت کے بارے میں کیا سیکھنے کو ملتا ہے؟ کیا ہم غیر ایمانداروں کو سادہ اور عام فہم انداز سے کلام سنا رہے ہیں؟ ہم آج کے ایمانداروں کو کس طرح مؤثر اور بہتر طور پر خدا کا کلام سنا سکتے ہیں؟

☆ ۔آپ کے خیال میں سیدھا بیت لحم کی بجائے خدا نے مجوسیوں کی یروشلیم کی طرف کیوں راہنمائی کی؟ کیا خدا ہمیشہ ہم پر اپنی راہنمائی کی ساری تفصیلات ایک ہی دفعہ ظاہر کر دیتا ہے؟

☆ ۔مجوسی خداوند یسوع مسیح کے لئے جو تحائف لے کر آئے وہ ہمیں اُس کی خدمت کے بارے میں کیا سکھاتے ہیں؟

☆ ۔کس قسم کے لوگوں کو خدا استعمال کرتا ہے' اِس کے بارے میں یہاں ہم کیا سیکھتے ہیں؟

☆ ۔مجوسیوں کی آمد نے مریم اور یوسف پر بچے کی اہمیت کو کس طرح ظاہر کیا؟

چند ایک دُعائیہ نکات

☆ ۔جس طور سے خداوند قدم بہ قدم ہماری راہنمائی کرتا ہے‘ اُس کے لئے خداوند کی شکرگزاری کریں۔خداوند سے درخواست کریں کہ جس کام کے لئے اُس نے آپ کو بلایا ہے اِس کیلئے آپ کو تابعدار اور وفادار رہنے کی توفیق قوت بخشے۔

☆ ۔خداوند سے درخواست کریں کہ وہ آپ کو خدا کے کلام کا طالب ہونے کی توفیق دے۔تا کہ اُس کے منصوبے اور مقصد کو سمجھنے کے لئے آپ کی عقل اور فہم میں کوئی کمی باقی نہ رہے۔خدا ہم میں اپنے کلام کو سیکھنے کی اشتہا (گہری طلب) پیدا کرے۔

☆ ۔اِس حقیقت کیلئے خداوند کی شکرگزاری کریں کہ وہ آپ کے گناہوں کے لئے قربان ہونے کیلئے پیدا ہوا۔

☆ ۔دُعا کریں کہ خداوند آپ کی زندگی میں اپنی راہنمائی کو سمجھنے کیلئے آپ میں روحانی حساسیت پیدا کرے جیسا کہ اِس حصہ میں مجوسی اُس کی راہنمائی کے لئے حساس تھے۔

☆ ۔خداوند کی شکرگزاری کریں کہ وہ ہماری سمجھ کے مطابق ہم سے کلام کرتا ہے۔

باب 11

مصر کو بھاگ جانا

متی 2:13-23 لوقا 2:39-40 پڑھیں

مجوسی خداوند یسوع کے پاس آئے اور پھر خدا نے اُن کو آگاہ کیا کہ وہ یروشلیم کو واپس نہ لوٹیں۔ ہیرودوس نے اُنہیں بیت لحم جانے کے لئے اُبھارا کہ وہ جا کر بچے کو تلاش کریں جس کا ستارہ اُنہوں دیکھا تھا۔ اُس نے اُنہیں حکم دیا کہ جب وہ بچہ اُنہیں مل جائے تو واپس آ کر اُس کی خبر دیں۔ مجوسیوں نے ہیرودیس کی بہ نسبت خدا کے حکم کی تابعداری کی اور اپنے ملک کو لوٹ گئے۔ جونہی مجوسی روانہ ہوئے ایک فرشتہ یوسف اور مریم پر خواب میں ظاہر ہوا۔ اُس نے خواب میں دکھائی دے کر یوسف سے کہا کہ وہ بچے اور اُس کی ماں کو لے کر مصر کو بھاگ جائے۔ فرشتہ نے یوسف کو مطلع کیا کہ ہیرودیس اُس بچے کو ہلاک کرنے کے لئے اُس کی تلاش میں ہے۔

یوسف اور مریم کے لئے یہ کوئی اچھی خبر نہ تھی۔ وہ تو اُس بچے کو حاصل کر کے بڑے شادمان ہوئے تھے۔ اُنہیں مختلف طریقوں سے اِس بات کی تصدیق ہوئی تھی کہ یہ مسیح ہے۔ جب وہ اُس بچے کے باعث بڑے خوش وخرم اور شادمان تھے تو یہ خبر ملی کہ بچے کی زندگی خطرے میں ہے۔ اچانک احساسات اور جذبات یکسر بدل گئے۔ اور یوسف اور مریم نے محسوس کیا کہ ہر کوئی اُس کی زندگی اور اُس بچے کی اہمیت کو نہ سمجھے گا۔

متی 2:14 ہمیں بتاتی ہے کہ یوسف آدھی رات کے وقت اُٹھا اور بچے اور اُس کی ماں مریم کو لے کر مصر کو روانہ ہو گیا۔ فرشتے کا پیغام بلا تاخیر عمل کا تقاضا کر رہا تھا۔ اُس رات کسی نے بھی اُنہیں رخصت نہ کیا۔ وہ چپکے سے وہاں سے چل دیئے۔ اگر ہیرودیس کے سپاہی اُنہیں کہیں

راستے میں مل جاتے اور اِس جوڑے سے کوئی سوال کرتے تو وہ لاجواب ہو جاتے۔ متی رسول اِس بات کو واضح کرتا ہے کہ اُس رات جو کچھ ہوا بلاشبہ ایک نبوت کی تکمیل تھا۔

''جب اسرائیل ابھی بچہ ہی تھا' میں نے اُس سے محبت رکھی اور اپنے بیٹے کو مصر سے بلایا۔''

﴾ہوسیع 1:11﴿

مذکورہ حوالہ خدا کے لوگوں کی طرف ایک اشارہ ہے جو ملکِ مصر سے نکل کر آئے۔ یوں لگتا ہے کہ جیسے متی کے ذہن میں خدا کے لوگوں کے ملک مصر میں غلامی میں جانے کے واقعہ اور خداوند یسوع مسیح کے ملک مصر میں جانے میں ایک تعلق پایا جاتا ہے۔ ملک مصر خدا کے لوگوں کے لئے غلامی کا ایک نشان ہے۔ خداوند یسوع مسیح ہمارے لئے اِسی مقام پر گیا۔ اُس نے اپنے لوگوں کے ساتھ مشابہت پیدا کی۔ اِس بات کی حقیقت اپنی ایک روحانی اہمیت رکھتی ہے کہ خداوند یسوع مسیح بطور ایک بچہ ملک مصر کو گیا۔

جیسا کہ فرشتہ نے پہلے ہی اِس بات کی پیش گوئی کر دی تھی۔ ہیرودیس نے جب محسوس کیا کہ مجوسیوں نے اُسے چکمہ دیا ہے تو بہت غصے ہوا۔ اُس نے اپنے قہر وغضب میں اِس بات کا حکم دیا کہ بیت لحم میں تمام لڑکے جن کی عمر دو سال یا اِس سے کم ہو۔ انہیں قتل کر دیا جائے۔ ہیرودیس نے یہ فیصلہ اُن معلومات کی بنیاد پر کیا جو مجوسیوں نے اُس ستارے کو دیکھنے کے وقت کے تعلق سے فراہم کی تھیں۔ اِس بات سے ہم اندازہ لگا سکتے ہیں کہ جب یسوع بچہ مصر کو گیا تو اُس کی عمر دو سال سے زیادہ نہیں تھی۔

اِس بات پر غور کریں کہ یہودی ننھے بچوں کے قتل کی پیش گوئی بھی یرمیاہ نبی نے پہلے سے کر دی تھی۔ متی رسول نے اپنی انجیل میں اس پیش گوئی کا حوالہ دیا ہے۔

''خداوند یوں فرماتا ہے کہ رامہ میں ایک آواز سنائی دی۔ نوحہ اور زار زار رونا' راخل اپنے بچوں کو رو رہی ہے۔ وہ اپنے بچوں کے بارے تسلی پذیر نہیں ہوتی۔ کیوں کہ وہ نہیں ہیں۔''

(یرمیاہ 15:31)

پرانے عہد نامہ میں راخل یوسف کی ماں تھی۔ کتابِ مقدس ہمیں بتاتی ہے کہ وہ بیت لحم کے علاقہ میں دفن ہوئی۔(پیدائش 19:35 دیکھیں) راخل کی تصویر کشی کچھ اِس طرح سے کی گئی ہے کہ گویا وہ اپنی قبر ہی میں بیت لحم میں بچوں کے قتل و غارت پر غمزدہ ہے۔ اُس کی اولاد کو ہیرودیس قتل کررہا ہے۔ المناک قتل و غارت پہ وہ کسی طور پر بھی تسلی قبول نہیں کرتی۔

ہمیں یہ تو نہیں بتایا گیا کہ اُن دنوں کتنے بچے قتل ہوئے۔ تاہم یہ بات بالکل واضح ہے کہ ہیرودیس یسوع کو قتل کرنے میں کامیاب نہ ہوسکا۔ اُس کے آسمانی باپ کا ہاتھ اُس کی محافظت اور نگہبانی کے لئے اُس کے اُوپر تھا۔ اور وہ ہیرودیس کی پہنچ سے دُور بالکل محفوظ رہا۔

جب ہیرودیس مرگیا' ایک دفعہ پھر فرشتہ نے خواب میں یوسف کو دکھائی دے کر اُس سے کہا کہ اب وہ بچے اور اُس کی ماں کو لے کر اسرائیل واپس چلا جائے۔(متی 2:19-20) مفسرین ہمیں بتاتے ہیں کہ ہیرودیس ایک المناک اور بھیانک موت مرا۔ اُسے اپنے نہایت بُرے کاموں کی سزا اِس دُنیا میں بھی ملی۔

جب یوسف نے سنا کی ہیرودیس کا بیٹا ارخلاؤس یہودیہ میں حکومت کررہا ہے تو وہ وہاں جانے سے ڈرا۔ خدا نے ایک اور خواب کے وسیلہ سے یوسف کی فکرمندی کی تصدیق کردی۔ اُس نے خواب میں اُسے آگاہ کردیا کہ وہ یہودیہ کو نہ جائے۔ پس یوسف نے گلیل ہی میں قیام کرنے کا فیصلہ کرلیا۔ اُس نے بظاہر ایک غیر اہم دکھائی دینے والے قصبے کا چناؤ کیا جسے ناصرت کہتے تھے۔ متی رسول اپنے قارئین کو یاد دلاتا ہے کہ اِس تعلق سے بھی کتاب مقدس میں پہلے سے پیش گوئی کی گئی تھی۔(23 آیت)

مقدس لوقا خداوند یسوع مسیح کی زندگی کے اِس حصے کے تعلق سے کوئی بات نہیں کرتا۔ وہ خداوند یسوع مسیح کے ہیکل میں پیش کئے جانے اور واپس ناصرت آنے پر توجہ مرکوز کرتا ہے۔

(لوقا2:38-39) مقدس لوقا ہمیں بتاتے ہیں کہ یسوع بڑھتا اور قوت پاتا گیا۔ (لوقا2:40) حتیٰ کہ ناصرت میں بطور ایک بچے کے، وہ حکمت سے معمور ہوتا گیا۔ اُس کی زندگی پر خدا کے فضل کے شواہد موجود تھے۔

چند غور طلب باتیں

☆ ۔آپ کو اِس حقیقت سے کیا حوصلہ ملتا ہے کہ مسیح کی زندگی کے کٹھن دَور کی ساری تفصیلات کے واقع ہونے سے قبل اُن کے بارے میں بہت عرصہ پہلے نبیوں نے پیشن گوئی کی تھی؟ یہاں پر ہمیں کون ہر طرح کے حالات اور واقعات پر غالب اور قوی وقادر نظر آتا ہے؟

☆ ۔غور کریں کہ کس طرح خدا کے فرشتہ نے یوسف سے ہم کلام ہو کر اُسے آنے والے خطرہ سے آگاہ کیا۔ کیا خدا آج بھی ہمیں اِسی طرح سے خبردار کر کے ہماری محافظت کرتا ہے؟

☆ ۔یوسف نے اُس وقت یسوع کی زندگی میں کیا کردار ادا کیا؟ کیا آپ کے ذہن میں یہ بات آتی ہے کہ خدا نے اپنے بیٹے یسوع کو بچانے کے لئے یوسف کو استعمال کیا؟ اگر یسوع خدا کا بیٹا تھا تو اُسے کیوں تحفظ کی ضرورت تھی؟

☆ ۔بچپن ہی سے دشمنوں کے ہاتھ سے بچانے کے لئے خدا کا ہاتھ یسوع پر تھا۔ کیا خدا کی محافظت کا ہاتھ آپ کے بچوں پر بھی ہے؟ کیا خدا آپ کے بچوں کی زندگی کیلئے بھی کوئی مقصد رکھتا ہے؟

چند ایک دُعائیہ نکات

☆۔ جس طور سے وہ ہماری راہنمائی کرتا اور ہمیں خطروں کے وقت محفوظ رکھتا ہے اِس بات کے لئے خداوند کے شکر گزار ہوں۔

☆۔ خداوند سے دُعا کریں کہ وہ آپ کی زندگی کے لئے اپنے مقصد کو ظاہر کرے۔

☆۔ خداوند کا شکر کریں کہ وہ اپنے مقصد کے لئے آپ کو سنبھالے رکھے گا اور آپ کی محافظت کرے گا۔

☆۔ خداوند کی شکر گزاری کریں کہ تاریخ کے تمام حالات و واقعات پر اُس کا اختیار اور تسلط ہے اور وہ ہر ایک چیز پر قوی اور قادر ہے۔ اِس کے لئے کوئی بات، واقعہ یا حالات کسی طور پر حیرت کا باعث نہیں ہوتے۔ وہ سب کچھ جانتا ہے۔

☆۔ چند لمحات کے لئے خداوند سے دُعا کریں کہ وہ آپ کے خاندان کو اپنی حضوری کے بادل میں چھپا لے اور اُنہیں ہر طرح کے بُرے حالات اور خطرات سے محفوظ رکھے۔

باب 12

نوعمر یسوع ہیکل میں

لوقا 2:41-52 پڑھیں

خداوند یسوع مسیح کی زندگی کے بارہ سال گزر گئے۔ رواج تھا کہ اِس عمر میں یہودی لڑکا ہیکل کی عبادات میں جا کر کچھ سیکھے۔ اب یسوع لڑکپن سے بلوغت کی طرف بڑھ رہا تھا۔ جیسا کہ وہاں پر اُس زمانہ میں رواج تھا۔ مریم اور یوسف ہر سال عیدِ فسح منانے کے لئے یروشلم جایا کرتے تھے۔ ممکن ہے کہ پہلی دفعہ یسوع نے اُس عید میں شمولیت کی ہو۔ عیدِ فسح ایک یادگاری کی عید تھی۔ یہ عید اُس دن کی یادگاری کے طور پر منائی جاتی تھی جس دن موت کا فرشتہ اسرائیل سے آگے گزر گیا اور اُس نے مصری پہلوٹھوں کو ہلاک کیا۔ یہ عید ملک مصر سے غلامی سے آزادی کی یادگاری کے طور پر بھی منائی جاتی تھی۔

عید کی تقریبات کے بعد یہ خاندان یروشلم سے واپس اپنے گھر کی طرف روانہ ہوا۔ یوسف اور مریم کو بالکل خبر نہ ہوئی کہ یسوع پیچھے شہر ہی میں رہ گیا ہے۔ (43 آیت) 44 آیت ہمیں بتاتی ہے کہ یوسف اور مریم نے یہ خیال کیا کہ یسوع اُن کے کسی عزیز و اقارب یا دوست احباب کے ساتھ ہی ہوگا جو واپس ناصرت جا رہے ہیں۔ جب وہ اُسے تلاش نہ کر پائے تو واپس یروشلم کو لوٹے۔

تین دن کے بعد اُنہوں نے یسوع کو تلاش کر لیا۔ جب وہ اُنہیں ملا تو وہ ہیکل میں اُستادوں کے ساتھ بیٹھا ہوا اُن کی باتیں سن رہا تھا اور اُن سے سوال بھی کر رہا تھا۔ سیکھنے کے لئے اُس کی زندگی میں گہری بھوک پیاس پائی جاتی تھی۔ اُس روز جو وہاں پر لوگ موجود تھے اُس کے سوالوں کو سن

رہے تھے اور اُس کی عقل اور فہم وفراست پر دنگ تھے۔حتیٰ کہ یسوع جب مریم اور یوسف کو ملا تو وہ بھی حیران پریشان تھے۔ یہ لفظ بڑی حد تک ایک مضبوط لفظ ہے۔کئی ایک ممکنہ تراجم ہیں۔ New Living Translation کے مطابق اُس کے والدین شش و پنج کا شکار تھے۔یہ بات قابل غور ہے کہ یسوع کو ہماری طرح سیکھنے کی ضرورت تھی۔اُس کا باپ کے ساتھ گہری قربت کا رشتہ اور تعلق تھا تو بھی اُسے اپنے دور کے معلمین سے سننے اور سیکھنے کی ضرورت تھی۔

بڑی فکرمندی کا اظہار کرتے ہوئے مریم نے پوچھا ''تو نے ہم سے ایسا کیوں کیا؟'' تین دن سے وہ اپنے بیٹے کی تلاش میں نکلے ہوئے تھے۔ ہر ایک والدین جانتا ہے کہ مریم اور یوسف کے لئے یہ کس قدر مشکل اور پریشان کن مرحلہ تھا۔ مریم نے یسوع کو بتایا کہ وہ کس قدر پریشانی کی حالت میں گزشتہ تین دنوں سے اُس کی تلاش میں لگے ہوئے ہیں۔

یسوع کا جواب بڑا اہم ہے۔ اُس نے بڑے تعجب کا اظہار کیا کہ اُس کے والدین کو خبر ہی نہیں کہ وہ کہاں پر ہے۔ ''تم مجھے کیوں ڈھونڈتے تھے؟ کیا تم کو معلوم نہ تھا کہ مجھے اپنے باپ کے ہاں میں ہونا ضرور ہے۔'' (49) کیا یسوع اُس وقت اپنی زندگی میں اپنی بلاہٹ سے آگاہ اور واقف تھے؟ اُس کی زندگی میں خدا کی بلاہٹ اِس قدر واضح اور زبردست تھی کہ یسوع نے محسوس کیا کہ اُس کے والدین کو اِس بات کا علم ہونا چاہئے کہ اُسے سیکھنے اور عبادت کی جگہ سے کس قدر لگاؤ اور دلچسپی ہے۔ اگرچہ یسوع کی نوعمری میں اُس کے والدین اُس کی زندگی میں بلاہٹ کی شدت کو نہیں سمجھتے تھے۔ 51 آیت ہمیں بتاتی ہے کہ مریم نے خاص طور پر اُن سب باتوں کو اپنے دل میں رکھا۔ اِس سے مریم کو اپنے بیٹے کی شخصیت اور اُس کی زندگی کے بارے میں ایک جھلک دیکھنے کو ملی۔ خداوند یسوع مسیح اپنے والدین کے ساتھ ناصرت آ گیا۔ مقدس لوقا اپنے قارئین کو بتاتا ہے کہ وہ اپنے والدین کے تابع رہا۔ لوقا کی طرف سے بڑا اہم بیان ہے۔ اِس واقعہ سے بعض قارئین شاید یہ خیال کریں کہ یسوع اپنے والدین کا نافرمان تھا۔ مقدس لوقا یہ چاہتا ہے کہ

اُس کے قارئین اس بات کو سمجھیں کہ یسوع سب باتوں میں اپنے والدین کے تابع تھا اور اُن کا فرماں بردار رہا۔ اگلے سالوں میں یسوع نے سیکھنا اور جسمانی طور پر نشو و نما پانا جاری رکھا۔ وہ اپنے اردگرد موجود لوگوں اور خدا کی مقبولیت میں ترقی کرتا گیا۔

اِس سے پہلے کہ خداوند یسوع مسیح اپنی خدمت کا آغاز کرتے' اُنہیں علم میں ترقی کرنے کی ضرورت تھی۔ اُسے خدا کے کلام کی سچائیوں میں مضبوط ہونے کی ضرورت تھی۔ ایسا صرف اور صرف کتاب مقدس کے مطالعہ سے ہی ممکن ہوسکتا تھا۔ حتیٰ کہ خداوند یسوع مسیح کو باپ کے کلام کے ساتھ وقت گزارنے کی ضرورت تھی تاکہ وہ خدا کے کلام کو سمجھ سکے۔ یسوع کو میری اور آپ کی طرح سیکھنے کی ضرورت تھی۔

یسوع کو خدا کی مقبولیت میں بھی بڑھنے کی ضرورت تھی۔ ہمارے لئے اِس بات کو سمجھنا انتہائی اہم ہے۔ اِس سے پہلے کہ خداوند یسوع مسیح خدمت میں آگے بڑھتے' اُن کے لئے بہت ضروری تھا کہ وہ باپ کے ساتھ اپنے رشتہ میں بھی مضبوط ہوتے۔ بعض اوقات ہماری زندگی میں یہ تاثر پایا جاتا ہے کہ یہ سب چیزیں خداوند یسوع مسیح کی زندگی میں از خود موجود تھیں۔ لیکن حقیقت یہ ہے کہ خداوند یسوع مسیح کو یہ سیکھنا پڑا کہ کس طرح اس نے باپ کی آواز سننا اور اس کی راہنمائی میں چلنا ہے۔ ۔ اگر ہمیں اُس طرح سے خدا کی خدمت کرنی ہے جس طور سے کہ وہ چاہتا ہے کہ ہم اُس کی خدمت کریں۔ تو پھر نہ صرف ہمیں خدا کے کلام کے فہم اور فراست میں ترقی کرنے کی ضرورت ہے بلکہ ہمیں باپ کے ساتھ اپنے رشتہ میں بھی مضبوط ہونے کی ضرورت ہے۔ یہ ممکن ہے کہ کسی کے پاس خدا کے کلام کی اچھی سمجھ بوجھ ہو' لیکن پھر بھی اُس کا باپ کے ساتھ اچھا رشتہ نہ ہو۔ یسوع نے اِن دونوں حصوں میں ترقی کی۔

تیسرا حصہ جس میں یسوع کو ترقی کرنے کی ضرورت تھی وہ لوگوں کے درمیان مقبولیت تھی۔ اِس کا مطلب یہ نہیں تھا کہ یسوع کو ہر کام لوگوں کو خوش کرنے کے لئے کرنا تھا۔ ہمیں اُن لوگوں سے

محبت کرنے کی ضرورت ہے جن کے درمیان ہم خدمت کرتے ہیں۔ اگر آپ اُن لوگوں سے اظہارِ محبت نہیں کرتے جن کے درمیان آپ خدمت کرتے ہیں تو پھر آپ اپنی خدمت میں ناکام ہو جائیں گے۔ خداوند یسوع مسیح کو اِس قابلیت اور صلاحیت میں بھی ترقی کرنے کی ضرورت تھی کہ کس طرح اُنہوں نے لوگوں کے ساتھ محبت اور تعلقات کو قائم رکھنا ہے۔ اور کس طرح باپ کے ساتھ اپنی محبت کو قائم رکھنا ہے۔ بہت سے خادمین اور مسیحی کارکن اِس وجہ سے خدمت میں ناکامی سے دو چار ہوتے ہیں کیوں کہ اُنہیں معلوم ہی نہیں ہوتا کہ کس طرح اُنہوں نے محبت اور ترس کے ساتھ لوگوں کے ساتھ پیش آنا ہے ایسی صورت میں پھر پھل دار خدمت کیسے ممکن ہو سکتی ہے؟

اگر آپ وہی کچھ بننا چاہتے ہیں جو خدا آپ کو بنانا چاہتا ہے تو پھر آپ کو بھی اُن حصوں میں نشوونما پانے کی ضرورت ہے۔ اگر آپ کو خدا کے کلام کی گہری سمجھ بوجھ نہیں ہے تو آپ مؤثر طور پر ترقی نہیں کر سکتے۔ اگر آپ کو اِس بات کا فہم و ادراک حاصل نہیں کہ آپ نے کس طرح محبت اور شفقت کے ساتھ لوگوں کے ساتھ پیش نہیں آنا۔

ہمارے لئے اِس بات کو دیکھنا بڑا اہم ہے کہ یسوع کو ہماری طرح سیکھنا پڑا۔ اُس کی ابتدائی زندگی کے سال تیاری کے سال تھے۔ بارہ سال کی عمر میں، یسوع نے اپنی زندگی میں خدمت کی بڑی شدت سے بلاہٹ محسوس کی۔ لیکن ابھی اُس کا وقت نہیں آیا تھا۔ اگلے اٹھارہ سال تک اُس نے نشوونما پانا، بڑھنا اور خدمت کے لئے سیکھنا جاری رکھا۔ شاید آپ اِس بات کا انتظار کرتے رہیں ہیں کہ خدا آپ کو خدمت اور بلاہٹ میں آگے بڑھنے کی توفیق دے۔ خداوند یسوع مسیح جانتا ہے کہ انتظار کرنا کیسا ہوتا ہے۔ خدا کرے کہ ہم بھی یسوع کی طرح سیکھنا اور بڑھنا جاری رکھیں تا کہ خدمت میں فتح مندی سے پیش قدمی کر سکیں۔ یوں ہم ضرور ہی اُس کی خدمت کے لئے تیار ہو جائیں گے۔

چند غور طلب باتیں

☆۔ ہمارے لئے خدمت کے لئے تیار ہونا کس قدر اہم ہے؟ خداوند یسوع مسیح کو اپنی زندگی کے کن حصوں میں ترقی کرنے کی ضرورت تھی؟ کیا آپ اُن علاقہ جات میں نشوونما پا چکے ہیں؟ آپ کن علاقہ جات میں کمزور ہیں؟ اِس سے آپ کی خدمت پر کیا اثرات مرتب ہوئے ہیں؟

☆۔ کیا آپ نے خود کو رہائی کے لئے خدا کا منتظر پایا ہے؟ خداوند کے وقت کا انتظار کرنا کیوں آسان معلوم نہیں ہوتا؟ انتظار کی گھڑیوں میں خدا آپ کی زندگی میں کیا کام کر رہا ہوتا ہے؟

☆۔ خداوند یسوع مسیح کو خدا اور انسان کی مقبولیت میں ترقی کرنے کی ضرورت تھی۔ آپ کا خدا کے ساتھ رشتہ کیسا ہے؟ آپ کا لوگوں کے ساتھ تعلق کیسا ہے؟

☆۔ خدا کے کلام کا علم کس قدر اہم اور ضروری ہے؟ خداوند یسوع مسیح نے کس طرح اپنے باپ کے کلام کی بھوک اور پیاس کا اظہار کیا؟ کیا آپ کے دل میں بھی خدا کے کلام کے لئے ایسی ہی بھوک پیاس پائی جاتی ہے؟

☆۔ آپ کی زندگی میں خدا کی کیسی بلاہٹ پائی جاتی ہے؟ کیا آپ نے اُس بلاہٹ کی تابعداری کی ہے؟

چندایک دُعائیہ نکات

☆ ۔خداوند سے درخواست کریں کہ وہ آپ کی زندگی کے اُن علاقہ جات میں نشونما اور ترقی کرنے میں آپ کی مدد کرے جہاں آپ کو کام کرنے کی ضرورت ہے۔(خدا اور انسان کی مقبولیت میں ترقی)

☆ ۔خداوند کی شکرگزاری کریں کہ یسوع بخوشی اپنی رضامندی سے ہر ایک چیز سے دستبردار ہو کر ایک لڑکا بن گیا جسے فرمانبرداری سیکھنا اور علم اور مقبولیت حاصل کرنا پڑی۔

☆ ۔خداوند کا شکر کریں کہ وہ آپ جیسی ہر ایک اُس کشمکش میں سے گزرا جس کا آج آپ کو سامنا ہے۔

☆ ۔خداوند سے دُعا کریں کہ وہ اُس وقت آپ کو صبر وتحمل عطا فرمائے جب آپ اپنی خدمت گزاری کے کاموں اور زندگی کی مشکلات سے دوچار ہو کر اُس کا انتظار کرتے ہیں۔

باب 13

یوحنا اپنی خدمت کا آغاز کرتا ہے

متی 3:1-6 مرقس 1:2-6 لوقا 3:1-6 پڑھیں

اِس واقعہ کو بہت سال گزر گئے جب نوعمر لڑکے یسوع نے ہیکل میں راہنماؤں سے باتیں کیں تھیں ۔اب منظر یوحنا بپتسمہ دینے والے کی طرف منتقل ہو گیا ۔ یوحنا کچھ عرصہ جنگل میں بھی رہا۔ جہاں اُسے اُس دن کے لئے تیار کیا گیا جب اُسے یسوع مسیح کو اِس دُنیا میں متعارف کرانا تھا۔ ہمیں یہ نہیں بتایا گیا کہ یسوع نے 12 برس کی عمر سے تیس (30) سال کی عمر کے دوران کیا کیا۔ یہی ظاہر ہوتا ہے کہ اُس نے ایک بالغ شخص کے طور پر معمول کی زندگی بسر کی اور کام کاج بھی کیا۔ اُس نے لوگوں کے درمیان کام کاج کرتے اور زندگی بسر کرتے ہوئے خدمت گزاری کے کام کے لئے خود کو تیار کیا۔ اِس کے برعکس یوحنا رسول کو جنگل میں رکھ کر خدمت گزاری کے کام کے لئے تیار کیا گیا۔ ہم میں سے ہر ایک کو خدمت کے اُس کام کے لئے تیار کرنے کے لئے خدا کا اپنا ایک طریقہ ہے جس کے لئے اُس نے ہمیں بلایا ہے۔

لوقا 3:1-2 کا حوالہ ہمیں یوحنا کے جنگل سے باہر آنے کی تاریخ دیتا ہے۔ ہمیں یہ بتایا گیا ہے کہ تبریاس قیصر کے عہد حکومت کے دوران خدا کا کلام یوحنا پر نازل ہوا۔ اُس وقت پنطس پیلاطس یہودیہ کا گورنر تھا۔ ہیرودیس گلیل میں تھا جبکہ ہیرودیس کا بھائی فلپس اتوریہ اور ترخونی تس کا اور لسانیاس ابلینے کا حاکم تھا۔

مقدس لوقا ہمیں یہ بھی بتاتا ہے کہ اُس وقت حناہ اور کائفہ بطور سردار کاہن خدمت سرانجام دے رہے تھے۔ تاریخ کے اُس نازک دَور میں خدا کا کلام یوحنا پر نازل ہوا اور اُس نے اُسے منادی

کے لئے بلایا۔ یوحنا کی خدمت کے تعلق سے بڑی تفصیلی باتیں ہیں جو اناجیل کے مصنفین ہم تک پہنچانا چاہتے ہیں۔

نبوت میں یوحنا کی خدمت

اناجیل کے تینوں منصنفین چاہتے ہیں کہ ہم اِس بات کو سمجھیں کہ یوحنا کے جنگل سے نکل آنے سے بہت پہلے یوحنا بپتسمہ دینے والے کی خدمت کے بارے پیش گوئی کی گئی تھی۔ وہ ہمیں یاد دلاتے ہیں کہ یسعیاہ نے اِس بات کی پیش گوئی کی تھی کہ خدا مسیح سے پہلے اپنے پیامبر کو بھیجے گا۔ تاکہ وہ اُس کے لئے راہ تیار کرے۔ (یسعیاہ 40:3-5) اُس پیامبر کو بیابان میں پکارنے والی کی آواز کے طور پر دیکھا گیا۔ (متی 3:3 ' مرقس 1:3 'لوقا 3:4) اِس حقیقت کے باوجود یوحنا کے جنگل میں رہنے کے بارے بھی بہت پہلے پیش گوئی کی گئی تھی۔ یہ اہم آواز کسی ہیکل یا یروشلم کے کسی مذہبی سنٹر سے نہیں آئی تھی۔ بلکہ اِس آواز کو پیش گوئیوں کے مطابق ویران اور سنسان بیابان سے آنا تھا۔

نبوت میں یہ بھی بیان کیا گیا تھا کہ پیامبر مسیح کے لئے راہ تیار کرے گا اور اُس کے راستوں کو سیدھا بنائے گا۔ (متی 3:3 ' مرقس 1:3 لوقا 3:4) جب ہم موریشیس انڈین اوشن کے مقام پر رہتے تھے' کسی بھی وقت کوئی غیر ملکی حاکم اعلیٰ آجاتا اور پولیس کے دستے کا اہتمام کیا جاتا۔ یہ پولیس والے اُس حاکم اعلیٰ کے آگے آگے چلتے اور اِس بات کا جائزہ لیتے کہ آیا کوئی ایسی رکاوٹ تو نہیں جو اُس کی راہ میں حائل ہوگی۔ کاریں اور دیگر ٹریفک رُک جاتی تاکہ پہلے وہ حاکم اعلیٰ بلا رکاوٹ گزر جائے۔ ایک لحاظ سے یوحنا کو بھی کچھ اِسی طرح کا کام کرنے کے لئے بھیجا گیا تھا۔ یوحنا کو اِس لئے بھیجا گیا تاکہ وہ لوگوں کے ذہنوں اور دلوں کو مسیح سے ملنے کے لئے تیار کرے۔ لوگوں کو توبہ کر کے اپنے آپ کو اُس سے ملاقات کے لئے تیار کرنا تھا۔ ہر طرح کی روحانی رکاوٹوں کا گرایا جانا ضروری تھا۔

یوحنا کی خدمت کے تعلق سے نبیوں نے پہلے ہی بتادیا تھا۔ وہ بالکل اِسی طور پر آیا جیسا اُس کے حق میں بتایا گیا تھا۔ یہ بھی اِس بات کی تصدیق ہے کہ یسوع ہی حقیقی مسیح ہے۔

وہ شخصیت جس کی یوحنا نے اطلاع دی

مقدس لوقا 3:5-6 ہمیں یسعیاہ کی وہ پیش گوئی یاد دلاتا ہے کہ جب مسیح آئے گا

تو ہر ایک وادی بھر دی جائے گی

اور ہر ایک پہاڑ اور ٹیلہ نیچا کیا جائے گا۔

اور جو ٹیڑھا ہے سیدھا اور جو اونچا نیچا ہے، ہموار راستہ بنے گا۔

کیا یسوع اِسی کام کو سرانجام دینے کے لئے نہیں آئے تھے؟ وہ اپنے اطمینان اور سلامتی سے ہماری زندگیوں کی خالی وادیوں کو بھرنے کے لئے آئے۔ وہ ہماری زندگی میں پہاڑ کی مانند اونچے تکبر کو نیچا کرنے کے لئے آئے۔ وہ گناہ کی ٹیڑھی راہوں اور کجروی کو سیدھا کرنا چاہتے ہیں۔ وہ ہماری زندگی کے بے رنگ حصوں میں اپنے رنگ بھرنا چاہتے ہیں۔ خداوند یسوع زمین کی انتہا تک اپنی نجات کو ظاہر کرنے کے لئے آئے۔ (لوقا 3:6) اگر چہ اِس سے پہلے کہ یہودی مسیحی اُس کو قبول کرتے، مقدس لوقا سمجھتا تھا کہ یہ منصوبہ صرف یہودی لوگوں کے لئے نہیں بلکہ پوری دُنیا کے لئے ہے۔ مسیح جو خداوند یسوع کی شخصیت میں آیا وہی تمام لوگوں (بلا امتیاز رنگ و نسل اور قومیت) کے لئے نجات کا باعث ہوگا۔

یوحنا کا پیغام

یوحنا کا پیغام کیا تھا؟ یہ وہ پیغام تھا جس کے بارے میں یسعیاہ نبی نے پیش گوئی کی تھی۔ اُس کا پیغام توبہ کا پیغام ہوگا۔

"توبہ کرو کیوں کہ آسمان کی بادشاہی نزدیک آگئی ہے۔" (متی 3:2) خداوند یسوع مسیح کی شخصیت میں روحانی بادشاہت آرہی تھی۔ وہ نئی روحانی بادشاہی کا بادشاہ تھا۔ اُس کے لوگوں کو

اُسے بطور نجات دہندہ اور بادشاہ قبول کرنے کے لئے توبہ کرنے کی ضرورت تھی۔ اُنہیں اپنے گناہ سے پھرنے کی ضرورت تھی کیوں کہ خدا نے اُن کے درمیان اپنے نجات دہندہ کو بھیجا تھا۔ گناہ ہی خدا اور انسان کے درمیان سب سے پہلی رکاوٹ ہے۔ خدا نے ہمیشہ ہی اپنے نبیوں کے وسیلہ سے اپنے لوگوں کو روحانی طور پر اِس بات کی بلاہٹ دی کہ وہ اپنے گناہوں سے توبہ کریں۔ جب گناہ کو دُور کر دیا گیا تو خدا نے بڑے زوردار طریقہ سے جنبش کی۔ خداوند یسوع مسیح کی خدمت کی تیاری میں، یوحنا نے لوگوں کو توبہ کی بلاہٹ دی۔

یوحنا نے نہ صرف توبہ کے اِس پیغام کی منادی کی بلکہ اُس نے لوگوں کو توبہ کے موافق پھل لانے کے لئے بھی بلایا۔ اُس کی منادی نے ردِعمل کا تقاضا کیا۔ یوحنا اِس بات کا تقاضا اور توقع کر رہا تھا کہ جتنوں نے اُس کے پیغام کو سنا ہے وہ یسوع کے پیچھے چلنے کا فیصلہ کریں۔ اِس فیصلے کے عملی اظہار کی صورت میں یوحنا نے اُنہیں بپتسمہ لینے کے لئے کہا۔

یوحنا کا حلیہ

متی اور مرقس دونوں ہی یوحنا کے ظاہری حلیے کے بارے میں بیان کرنا اہم سمجھتے ہیں۔ اُس کا لباس اونٹ کی کھال کا بنا ہوا تھا۔ اور وہ چمڑے کا کمر بند اپنی کمر پر لپیٹے ہوتا تھا۔ یہ بات بڑی اہم ہے کہ ایلیاہ بھی ایسا ہی لباس پہنتا تھا۔

''اُنہوں نے اُسے جواب دیا کہ وہ بہت بالوں والا آدمی تھا۔ اور چمڑے کا کمر بند اپنی کمر پر کسے ہوئے تھا۔'' ﴿2 سلاطین 8:1﴾

یوحنا کوئی امیر آدمی نہیں تھا۔ اُس کے پاس افراط سے تو نہیں تھا پر جو کچھ اُس کے پاس تھا اُسی پر وہ خوش اور مطمئن تھا۔ اُس کی تمام تر توجہ اِس فانی دُنیا کی چیزوں پر نہیں بلکہ خدا کی بادشاہی پر مرکوز تھی۔

ہمیں یہاں پر اِس بات پر غور کرنے کی ضرورت ہے کہ یوحنا کی خدمت خدا کی طرف سے

بابرکت تھی۔ روح القدس کی قدرت اور مسح واضح طور پر یوحنا کی زندگی اور خدمت میں دیکھا جا سکتا تھا۔ لوگ یروشلم ' یہودیہ اور یردن کے علاقہ سے آئے تا کہ یوحنا کی منادی کو سن سکیں۔
(متی 5:3 مرقس 5:1) یوحنا کی زندگی پر روح القدس کی قدرت اِس قدر چھائی ہوئی تھی کہ لوگوں نے اپنے گناہوں کا اقرار کر کے توبہ کرنا اور بپتسمہ لینا شروع کر دیا۔ درحقیقت' یہاں پر ہم ایک بیداری کو دیکھتے ہیں۔ خدا کی قدرت لوگوں کے درمیان جنبش کر رہی تھی۔ جب وہ آئے تو خدا کی قدرت نے اُنہیں چھوا اور وہ اپنے گناہوں پر دل شکستہ ہو گئے۔
یوحنا رسول کی خدمت عہد عتیق کے نبیوں کی نبوتوں کی تکمیل تھی۔ اُس نے خدا کے لوگوں کو توبہ کر کے اُس کے مطابق اپنا طرز زندگی اپنانے اور پھل لانے کے لئے بلایا۔ یوحنا کوئی موٹا تازہ آدمی نہیں تھا بلکہ اُس نے سادہ زندگی بسر کی۔ تو بھی خدا نے اُس کی خدمت کو زبردست مسح سے برکت دی ہوئی تھی۔ اور بہتوں نے اپنی زندگی میں خدا کی قدرت کو کام کرتے ہوئے محسوس کیا اور اُس کے مطابق اپنا ردعمل ظاہر کرتے ہوئے توبہ کی۔

چند غور طلب باتیں

☆۔ یہ حصہ ہمیں گناہ کے بارے میں کیا سیکھاتا ہے؟ خداوند کے ساتھ ہمارے رشتہ میں یہ کس طرح سے ایک رکاوٹ ہے؟ یہ کس قدر اہم ہے کہ ہم اپنے گناہوں سے توبہ کریں؟ کیا ہمارے دَور میں توبہ کا یہ پیغام کمزور ہو چکا ہے؟ کیوں؟

☆۔ یوحنا نے لوگوں کو توبہ کرنے اور اپنے گناہوں کو فوری طور پر چھوڑنے کے لئے بلایا۔ خدا کے ساتھ اپنے معاملات کو درست کرنے کی راہ میں کون سی چیز آپ کی زندگی میں رکاوٹ بنی ہوئی ہے؟ یوحنا نے اپنی منادی کے لئے عملی قدم اُٹھانے کا تقاضا کیا؟ کیا آپ توقع کرتے ہیں کہ خدا آپ کی منادی اور گواہی کو اُن لوگوں کی زندگیوں میں اپنا مقصد کو پورا کرنے کیلئے استعمال کرے گا جو آپ کی منادی اور گواہی سنیں گے؟

☆۔ یوحنا رسول اِس دُنیا کی چیزوں کے گرویدہ اور دلدادہ نہ ہوئے۔ اُنہوں نے ایک سادہ زندگی بسر کی اور خدا نے اُس کو زبردست طریقہ سے استعمال کیا۔ کیا آپ کی زندگی میں کچھ ایسی چیزیں ہیں جن کو خدا کے تابع کرنا آپ کو مشکل محسوس ہوتا ہے؟

چند ایک دُعائیہ نکات

☆۔خداوند سے دُعا کریں کہ وہ آپ کی زندگی میں اُس گناہ کو ظاہر کرے جو خداونداور آپ کے رشتہ میں ایک رکاوٹ بنا ہوا ہے۔

☆۔خداوند سے دُعا کریں کہ وہ آپ کی خدمت پر برکت نازل کرے تاکہ یہ اور بھی زیادہ پھل دار بن جائے۔

☆۔خداوند سے دُعا کریں کہ اِس دُنیا کے ساتھ آپ کے لگاؤ، وابستگی اور دلچسپیوں سے آپ کو آزاد کرے جو اُس کے جلال کے لئے پھل دار ہونے کے راہ میں رکاوٹ کا باعث ہوئی ہیں۔

☆۔خداوند سے دُعا کریں کہ وہ ہمارے دوَر کی کلیسیا میں توبہ کے پیغام کو بحال کرے۔

☆۔خداوند سے اُن اوقات کے لئے معافی مانگیں جب ہم نے کلیسیا اور معاشرے میں گناہ کو سنجیدگی سے نہ لیا؟

☆۔خداوند سے التجا کریں کہ وہ آپ کی کلیسیا اور معاشرے میں توبہ کی روح کو نازل فرمائے۔

باب 14

یوحنا کا پیغام

متی 3:7-10 اور لوقا 3:7-14 پڑھیں

پچھلے مطالعہ میں ہم نے یوحنا بپتسمہ دینے والے کی خدمت اور اُس کی زندگی پر خدا کے مسح کے بارے میں دیکھا۔ اِس باب میں ہم یوحنا کے اُس پیغام پر غور کریں گے جس کی اُس نے منادی کی۔ متی رسول بیان کرتے ہیں کہ بہت سے لوگ یوحنا کی منادی سننے کے لئے آئے۔ ایک موقع پر بعض فریسی اور صدوقی اُس کی باتیں سننے کے لئے آئے۔ یوحنا نے اُنہیں آتے دیکھ کر اُنہیں افعی کے بچے کہا' افعی ایک زہریلا سانپ ہوتا تھا۔ یوحنا نے فریسیوں اور صدوقیوں کو اِس طور سے دیکھا۔ وہ زہریلے سانپ تھے جو دوسرے لوگوں کو اپنی زہریلی تعلیم اور بُری رسم و رواج سے کاٹ رہے اور اُن پر اپنا اثر انداز ہو رہے تھے۔ وہ لوگ جو اُن کا شکار ہوئے تباہ و برباد ہو کر رہ گئے۔

فریسیوں اور دصدوقیوں کی تعلیم اگرچہ موسوی شریعت پر مبنی تھی۔ لیکن اِس تعلیم کو اور ہی شکل دے دی گئی تھی اور اب یہ تعلیم ضابطہ پرستی کا رنگ اختیار کر چکی تھی۔ یہ راہنما اپنے آپ کو بڑا مذہبی ظاہر کرتے تھے لیکن اصل میں یہ بڑے مغرور لوگ ہوتے تھے۔ وہ چاہتے تھے کہ لوگ اُن کی مذہبی سرگرمیوں کو دیکھیں اور اُن کی تعریف کریں۔ اُنہوں نے بہت سے لوگوں کو ریاکاری اور اعمال کے مذہب کی طرف پھیر دیا۔ یوحنا بڑے سیدھے سادھے اور بالکل صاف اور واضح انداز میں اُن کے طور طریقوں کو رد کرتا ہے۔ ''...... تم کو کس نے جتا دیا کہ آنے والے غضب سے بھاگو؟'' (متی 3:7)

اُن کا طرزِ زندگی قطعی طور پر اِس بات کی عکاسی نہیں کرتا تھا کہ وہ اِس بات کو سمجھتے تھے کہ ایک دن

اُنہیں اپنے کام اور کلام کے تعلق سے خدا کے حضور جواب دہ ہونا ہے۔ ہم صرف تصور ہی کر سکتے ہیں کہ یوحنا کی اُن سخت اور ترش باتوں کے جواب میں اُن مذہبی راہنماؤں نے کیسے ردِ عمل کا اظہار کیا ہوگا۔ یوحنا نے اُنہیں ریاکار لوگوں کے طور پر بے نقاب کیا۔ یہ سب کچھ اُنہیں قطعی طور پر اچھا نہیں لگا ہوگا۔

یوحنا نے اُن سب لوگوں کو جو اُس وقت موجود تھے اِس بات کا چیلنج دیا کہ وہ توبہ کے موافق پھل لائیں۔ اگر ہم نے واقعی توبہ کی ہے تو پھر ہمارے طرزِ زندگی میں ایک تبدیلی آئے گی۔ اگر ہم اپنے گناہوں پر محض پچھتاتے اور اظہارِ افسوس ہی کرتے رہیں اور ساتھ ہی اُن گناہوں میں زندگی بسر کرنا جاری رکھیں، تو پھر اِس سے واضح ہوتا ہے کہ ہماری توبہ سچی اور حقیقی نہیں ہے۔ سچی اور حقیقی توبہ ہمیں یہ توفیق دے گی کہ ہم گناہوں سے پھریں۔ ہمارے طرزِ زندگی سے ہی حقیقی توبہ کے شواہد نظر آ جائیں گے۔ وہ لوگ جو اُس کی منادی سننے آئے یوحنا اُن کی زندگی سے توبہ کے حقیقی پھل کو دیکھنا چاہتا تھا۔ وہ تبدیل شدہ زندگیاں دیکھنے کا آرزومند تھا۔

بہت سے لوگ اِس حقیقت پر انحصار کر رہے تھے کہ وہ پیدائشی یہودی ہیں۔ وہ محسوس کرتے تھے کہ اُن کے باپ دادا خدا پر ایمان رکھتے تھے، یہی اِس بات کی ضمانت ہے کہ اُن کا بھی خدا کے ساتھ ایک اچھا تعلق اور رشتہ ہے۔ آج بھی اِس قسم کے لوگ موجود ہیں۔ اُن کا ایمان اور سوچ کچھ اس طرح کی ہوتی ہے، وہ اچھی کلیسیا میں رفاقت رکھتے ہیں، یا پھر اچھے مسیحی خاندان سے اُن کا تعلق ہے اِس لئے وہ تو سیدھے خدا کے فردوس میں جائیں گے۔

کوئی چیز بھی سچائی کی دسترس سے باہر نہیں ہو سکتی۔ یوحنا نے اُنہیں یہ باور کرایا کہ خدا ابراہام کے لئے اُن پتھروں سے اولاد پیدا کر سکتا ہے جو اُن کے اردگرد ہیں۔ اُس نے سننے والوں کو اِس بات کا چیلنج دیا کہ وہ خدا کے ساتھ شخصی رابطہ قائم کریں۔ وہ اپنے آباؤاجداد پر ہی بھروسہ نہ کرتے رہیں بلکہ اپنے خدا کے ساتھ شخصی تعلق اور رابطہ قائم کریں۔ ہر کسی کو خدا کے ساتھ شخصی تعلق اور

رشتہ قائم کرنے کی ضرورت ہے۔ یوحنا نے سب کو خدا کے ساتھ شخصی رشتہ قائم کرنے کی دعوت دی۔

یوحنا نے اپنے سامعین کو یہ بھی یاد دلایا کہ ایک دن اُنہیں خدا کے سامنے اپنی زندگیوں کے لئے جواب دہ ہونا پڑے گا۔ اُس نے اُنہیں بتایا کہ خدا کی عدالت اُن پر اِس طرح سے آ رہی ہے جس طرح درختوں کی جڑ پر کلہاڑا رکھا جاتا ہے۔ وہ واجب اور مناسب پھل پیدا کریں وگرنہ اُنہیں کاٹ کر آگ میں جھونک دیا جائے گا۔

یہاں پر ہم خداوند کے لئے پھل پیدا کرنے کی اہم اور فوری ضرورت کو دیکھتے ہیں۔ کیا ہم اپنی زندگیوں میں پھل پیدا کر رہے ہیں؟ ہم نے اپنی زندگی کا کتنا عرصہ بغیر پھل پیدا کئے گزار دیا؟ کون سی چیز خدا کو ہماری بے پھل زندگی کی عدالت کرنے سے روکے ہوئے ہیں؟ جب ہم بے پھل زندگی گزارتے ہیں تو اِس وجہ سے کتنے لوگ ہلاک ہو جاتے ہیں؟ چونکہ ہم اِس طور سے زندگی بسر نہیں کر رہے جس طور سے ہمیں کرنی چاہئے، اِس وجہ سے خدا کی بادشاہی میں اُس طور سے کام نہیں ہو رہا جس طرح خدا چاہتا ہے کہ ہو۔ یہ معاملہ ہماری فوری توجہ اور عملی قدم کا تقاضا کرتا ہے۔

مقدس لوقا یہ بتانا چاہتے ہے کہ لوگ یوحنا کی منادی سن کر ششدر رہ گئے۔ اُس کی منادی سن کر ''لوگوں نے اُس سے پوچھا پھر ہم کیا کریں؟'' ﴿لوقا 10:3﴾ یوحنا کا پیغام اُن کے دلوں میں اُتر گیا۔ وہ اِس بات کو جاننا چاہتے تھے کہ آنے والی عدالت کی روشنی میں کس طرح کا طرزِ زندگی اختیار کریں۔

یوحنا نے بڑے سادہ اور عملی انداز سے اُن کے سوال کا جواب دیا۔ اُس نے اُنہیں بتایا اگر آپ کے پاس دو کرُتے ہوں تو ایک اُس کو دے دو جس کے پاس ایک بھی نہیں ہے۔ اگر آپ کے پاس کھانے کو ہے تو اُنہیں بھی دو جو بھوکے ہیں۔ (لوقا 11:3) اُس نے اُنہیں اِس بات

کے لئے اُبھارا کہ اردگرد کے لوگوں کی ضروریات پر نظر کریں۔ اُنہیں دوسروں کے لئے ترس اور رحم سے کام لیتے ہوئے اپنی خودی کا انکار کرنا تھا تاکہ خدا اُنہیں ضرورت مندوں اور محتاجوں کی خدمت کے لئے استعمال کر سکے۔ ہم اپنی زندگی اور خدا کی طرف سے دی گئی نعمتوں اور برکات کے لئے خدا کے حضور جواب دہ ہیں۔

جب محصول لینے والے یوحنا کے پاس آئے اور اُن سے پوچھا کہ وہ کیا کریں۔ اُس نے اُن سے کہا کہ جو واجب اور مناسب ہے وہی لیں اور اُس سے زیادہ نہ لیں۔ اور لوگوں کی مجبوریوں سے فائدہ نہ اُٹھائیں۔ اُنہیں دوسروں کے ساتھ اپنے روّیے اور لین دین میں دیانتداری سے کام لینا تھا۔

جب سپاہیوں نے یوحنا سے پوچھا کہ اُنہیں کیا کرنا چاہئے۔ یوحنا نے اُنہیں بتایا کہ وہ لوگوں سے پیسہ بٹورنے کے لئے اپنے اختیارات کا ناجائز استعمال نہ کریں۔ اور دیانتداری کے روّیوں کے ساتھ زندگی گزاریں اور لوگوں پر جھوٹی الزام تراشی سے پرہیز کریں۔ اُس نے اُنہیں اِس بات کا چیلنج دیا کہ وہ اپنی تنخواہ پر ہی قناعت کریں۔ یہ سپاہی مالی پوزیشن کو مستحکم کرنے کے لئے اپنے اختیارات کا ناجائز استعمال کر رہے تھے۔ وہ جن لوگوں پر محافظ مقرر تھے اُن ہی کو دونوں ہاتھوں سے لوٹ رہے تھے۔

یوحنا کا پیغام انتہائی عملی تھا۔ اُس نے ریاکاری کے خلاف کلام کیا۔ اُس نے لوگوں کو بتایا کہ اگر واقعی اُنہوں نے توبہ کر لی ہے تو اُن کے طرزِ زندگی سے ظاہر ہو جائے گا۔ اُس نے اُنہیں اِس بات کا چیلنج دیا کہ اُنہیں خدا کی عدالت کی حقیقت کو مدنظر رکھتے ہوئے زندگی بسر کرنی چاہئے۔ اُس نے اُنہیں اِس بات کے لئے اُبھارا کہ وہ اپنے اردگرد کے لوگوں کے لئے ترس اور محبت کا روّیہ اختیار کرتے ہوئے میل جول سے رہیں۔ اگر آپ واقعی خدا کے لوگ ہیں تو آپ کے اردگرد لوگوں کو اِس بات کا علم اور احساس ہونا شروع ہو جائے گا۔ قصہ مختصر ' یوحنا کا چیلنج

یہی ہے کہ ہم اُس ایمان کے مطابق زندگی بسر کریں جس کا ہم اقرار ہم کرتے ہیں۔

چند غور طلب باتیں

☆۔آپ خدا کی بادشاہی کے لئے کیسا پھل پیدا کر رہے ہیں؟

☆۔کیا یہ بات فوری اہمیت کی حامل ہے کہ ہم خداوند کے لئے پھل پیدا کریں؟ کیوں؟

☆۔جب آپ نے توبہ کر کے خداوند کو اپنی زندگی میں نجات دہندہ قبول کیا' تو آپ نے اپنی زندگی میں کون سی تبدیلی دیکھی؟ کیا آپ اب بھی اُس تبدیلی کے شواہد اپنی زندگی میں دیکھتے ہیں؟

☆۔یوحنا کی منادی میں موجود جرأت اور دلیری کے بارے میں ہم یہاں پر کیا سیکھتے ہیں؟ کیا آپ اپنے نام اور شہرت کی قیمت ادا کر کے حق بات کرنے کے لئے رضامند اور تیار ہوں گے؟

چند ایک دُعائیہ نکات

☆۔خداوند سے کہیں کہ وہ آپ پر اُس خدمت اور بلاہٹ کو واضح کرے جس کیلئے اُس نے آپ کو بلایا ہے۔ خداوند سے فضل اور توفیق مانگیں تاکہ آپ اپنے اردگرد کے لوگوں پر اپنے ایمان کی گواہی واضح کر سکیں۔

☆۔اِس حقیقت کے باوجود کہ آپ ہمیشہ وفاداری سے اپنی زندگی میں توبہ کے موافق پھل لانے سے قاصر رہے' تو بھی خداوند نے آپ کے تعلق سے بڑے صبر اور تحمل کا مظاہرہ کیا اِس بات کیلئے خداوند کی شکر گزاری کریں۔

☆۔خداوند سے فضل اور توفیق مانگیں کہ وہ آپ کو اپنی گواہی میں جرأت اور دلیری سے کام لینے کی توفیق اور قوت بخشے۔

باب 15

یوحنا یسوع کو متعارف کراتا ہے

متی 3:11-12   مرقس 1:7-8   لوقا 3:15-18 پڑھیں

یوحنا بپتسمہ دینے والے کی خدمت بڑی زبردست اور پُر قدرت خدمت تھی۔ لوگ گردونواح سے اُس کی منادی سننے کے لئے آرہے تھے۔ خدا کا روح اُس کی منادی کے وسیلہ سے کام کر رہا تھا۔ خدا کے روح کی قدرت کے وسیلہ سے لوگ دل شکستہ ہو گئے اور اُنہوں نے اپنے گناہوں سے توبہ کی۔ یوحنا کا پیغام واقعی نہایت عملی قسم کا پیغام تھا۔ اُس نے یہ تعلیم دی کہ اگر لوگ واقعی سچی توبہ کر لیں تو اُن کا طرزِ زندگی یکسر بدل جائے۔ صرف اُس نے یہی تعلیم نہیں دی۔ اُس کی خدمت کا مرکزی نکتہ آنے والے مسیح کے لئے راہ تیار کرنا تھا۔ اکثر اُس نے یسوع مسیح کے تعلق سے بات کی۔ اُس نے اعلانیہ اِس بات کا اعلان کیا کہ یسوع ہی موعودہ مسیح ہے۔

ہم پہلے ہی یہ دیکھ چکے ہیں کہ یوحنا کی خدمت اُن لوگوں کو بپتسمہ دینا تھی جو اپنے گناہوں سے توبہ کرتے تھے۔ یاد رہے کہ یہ وہ بپتسمہ نہیں تھا جس کا آغاز یسوع مسیح نے اپنی خدمت میں بعد ازاں کیا۔ یہ کافی حد تک پرانے عہد نامہ میں طہارت کی شریعت کے طرز پر تھا۔ بالکل اسی طرح جس طرح ایک کاہن اپنے درمیان خدا کے کام کے لئے لوگوں کو رسمی طور پر پاک کرتا تھا۔ اسی طرح یوحنا نے بھی آنے والے مسیح کے لئے لوگوں کو تیار کیا۔

یوحنا نے اُن لوگوں کو بتایا کہ وہ تو اُنہیں توبہ کے لئے پانی سے بپتسمہ دیتا ہے مگر اُس کے بعد آنے والا اِس سے کہیں عظیم تر ہے۔ وہ اُنہیں روح اور آگ سے بپتسمہ دے گا۔ یوحنا نے اُنہیں بتایا کہ وہ تو اِس لائق نہیں کہ اُس کے جوتوں کے اُٹھا سکے (لوقا 3:16 مرقس 1:7) یا اُن کا تسمہ ہی

کھول سکے۔(متی 2:11)یوحنا نے اُس وقت یہ باتیں کیں جب اُنہوں نے اُس کے مسیح ہونے پر شک کیا۔اُس نے خود کو مسیح کے مقابلہ میں ایک نہایت کم تر اور غیر اہم شخص سمجھا۔وہ نہیں چاہتا تھا کہ لوگ اُسی پر اپنی ساری توجہ مرکوز کر لیں۔

یوحنا نے اُن لوگوں کو بتایا جو اُس کے پاس بپتسمہ لینے کے لئے آئے کہ وہ بپتسمہ جو یسوع مسیح لائے گا اُس کے بپتسمہ سے کہیں زیادہ عظیم ہو گا۔خداوند یسوع مسیح اُنہیں آگ سے بپتسمہ دے گا۔جس بپتسمہ کی یوحنا یہاں پر بات کر رہا ہے وہ پانی کا بپتسمہ نہیں ہے۔اُس کا بپتسمہ قوت دینے اور صاف کرنے والا تھا۔یوحنا یہاں پر پانی کے بپتسمے کی بات نہیں کر رہا بلکہ روح القدس کے بپتسمہ کی بات کر رہا ہے۔صلیب پر اُس کی خدمت کے وسیلہ سے خداوند یسوع مسیح نے اُن لوگوں پر روح القدس کے نزول کی راہ تیار کی جو اُس پر ایمان لائے تھے اور جنہوں نے اپنے گناہ سے توبہ کی تھی۔روح القدس اُن لوگوں پر قوت اور پاکیزگی کے مقصد کے لئے نازل ہونا تھا۔روح القدس کے اِس بپتسمہ اور معموری سے زندگیاں یکسر بدل گئیں۔

جب پینتیکوست کے روز روح القدس کلیسیا پر نازل ہوا' تو اُن کی زندگیوں میں ایک انقلابی تبدیلی پیدا ہوئی۔شاگرد خدمت کے کام کے لئے قوت سے معمور ہو کر تیار ہو گئے۔اب وہ اِس قابل تھے کہ بدی اور گناہ پر فتح پا سکتے۔وہ جنہیں روح القدس کا بپتسمہ دیا گیا اُنہیں عالمِ بالا سے قوت کا لباس ملا تا کہ وہ خدا کی مرضی اور تقاضے کے مطابق زندگی بسر کرتے ہوئے اُس کی خدمت کر سکیں۔

یوحنا بپتسمہ دینے والے نے اپنے سننے والوں کو یاد دلایا کہ خداوند یسوع مسیح اپنے ہاتھ میں چھاج لے کر آئے گا تا کہ بھوسے کو گندم سے الگ کرے۔یوحنا بپتسمہ دینے والا خداوند یسوع کو ایک کسان کے طور پر پیش کرتا ہے جو آ کر گندم کو بھوسی سے الگ کرے گا۔وہ اُن لوگوں کو اپنے پاس فراہم کرے گا جو اُس کے ہیں۔لیکن بے اعتقادوں اور بے ایمانوں کو جلنے کیلئے بھٹی میں پھینک

دے گا۔غور کریں لوقا 3:17 میں اُس آگ کو ایسی آگ کے طور پر بیان کیا گیا ہے جو کبھی بجھنے کی نہیں۔ یہ تا ابد تک جلتی رہے گی۔ یہ اُن لوگوں پر خدا کی عدالت کی یاد دہانی ہے جو اُس کی نجات کی پیش کش کو قبول نہیں کرتے۔

آنے والی عدالت کی روشنی میں، یوحنا نے لوگوں کو یہ چیلنج دیا کہ وہ مسیح پر نظر کریں جو کہ جلد ظاہر ہوا چاہتا ہے۔وہ اُس کی طرف اپنی پشت نہ پھیریں۔اُنہیں ایک زبردست چیز کی پیش کش کی گئی تھی۔

وہ مسیح کے پاس آ کر قوت پا سکتے اور روح القدس اور آگ کے بپتسمہ سے پاک ہو سکتے تھے۔یا پھر اُس کے ابدی قہر وغضب کے شعلوں کا سامنا کر سکتے تھے۔یوحنا کی باتیں بڑی زبردست ہیں۔خدا کے روح القدس کی خدمت کے تابع ہو جاؤ یا پھر تا ابد اُس کی سزا کا سامنا کرو۔

جب یوحنا نے اُن زبردست باتوں کی منادی کی، خداوند یسوع مسیح گلیل سے اُس کے پاس دریائے یردن پر یوحنا سے ملنے کو آئے۔

اِس بات پر غور کریں کہ وہ عام لوگوں کی طرح یوحنا سے بپتسمہ لینے کے لئے خود آئے۔یسوع کا یوحنا سے بپتسمہ پانا بڑی اہمیت کا حامل ہے۔غور کریں کہ اگرچہ اُس نے کبھی کوئی گناہ نہیں کیا تھا پھر بھی یسوع نے یوحنا سے اُن گناہ گار لوگوں کی طرح بپتسمہ لیا جو اُس دن وہاں بپتسمہ لینے آئے تھے۔وہ دن قریب تھا جب یسوع نے ایک اور بپتسمہ پانا تھا۔لوقا 12:50 میں یسوع اپنی موت کو بپتسمہ سے تشبیہ دیتے ہیں۔

یہاں پر اِسے علامتی طور پر بیان کیا گیا ہے اور ہم اُسے نظر انداز نہیں کر سکتے۔یسوع مسیح بپتسمہ پانے کے سبب سے گناہگاروں میں شمار ہوا۔اور یوں اُس نے اُن کی خاطر اپنے آپ کو مصلوب ہونے کے لئے پیش کر دیا۔

یوحنا نے اپنے آپ کو اِس قابل نہ سمجھا کہ وہ یسوع کو بپتسمہ دے۔اُس نے محسوس کیا کہ ضرورت

ہے کہ یسوع اُسے بپتسمہ دے۔ یسوع نے اُسے یاد دلایا کہ لازم ہے کہ وہ یوحنا سے بپتسمہ پائے تا کہ خدا کا مقصد اور اُس کا منصوبہ اُس کے وسیلہ سے پایہ تکمیل تک پہنچے۔ یوحنا یسوع کو بپتسمہ دینے کے لئے راضی اور متفق ہو گیا اور یسوع کو بپتسمہ دیا۔

خداوند یسوع کے بپتسمہ کا نتیجہ یوحنا کی توقعات اور تصورات سے کہیں بالاتر تھا۔ جب یسوع پانی سے اوپر آیا اُس کے لئے آسمان کھل گیا اور خدا کا روح سب کے دیکھتے ہوئے اُس پر نازل ہوا۔ ہم صرف تصور ہی کر سکتے ہیں کہ کس طرح آسمان کے کھلنے اور روح کے نزول نے وہاں پر موجود لوگوں کی زندگیوں پر اثر کیا ہوگا۔

خدا کا روح جسمانی صورت میں ایک کبوتر کی شکل میں اس پر نازل ہوا۔ روح القدس کیوں ایک کبوتر کی شکل میں اُس پر نازل ہوا؟ کبوتر کی بھی اپنی ایک اہمیت ہے۔ کبوتر کو ایک عرصہ سے امن اور عاجزی کی علامت کے طور پر دیکھا جاتا تھا۔ یسوع امن اور سلامتی کا شہزادہ بن کر آئے۔ اُس نے بڑی عاجزی سے خدمت گزاری کا کام سرانجام دینا تھا۔ اِس سے بھی کہیں بڑھ کر یہ کہ وہاں پر موجود لوگ جسمانی صورت میں روح القدس کو اُس پر نازل ہوتے دیکھ لیں تا کہ انہیں اِس بات کی تصدیق ہو جائے کہ اُس کی خدمت اور زندگی پر باپ کی طرف سے مہر تھی۔

اِس بپتسمہ سے یسوع نے اس خدمت کو قبول کیا جس کے لئے باپ نے اُسے بلایا تھا۔ اس نے اعلانیہ کہا کہ وہ گناہ گاروں کے ساتھ مشابہت پیدا کر کے خدا باپ کی خدمت کرے گا اور گناہ گاروں کی سزا اپنے اوپر لے لے گا۔

خدا نے یسوع مسیح کی بطور اس کا چنا ہوا وسیلے قبولیت کی تصدیق کر دی۔ اور اُسے روح القدس سے مسح اور معمور کیا۔ اِس پر زور دینے کے لئے' دیدنی نزول کے ساتھ آسمان سے باپ کی قابل سماعت آواز بھی آئی۔ ''یہ میرا پیارا بیٹا ہے جس سے میں خوش ہوں۔'' (متی 3:17) وہاں پر موجود لوگوں کے دلوں میں کوئی شک باقی نہیں رہا ہوگا۔ آسمان کا کھلنا' روح القدس کی دیدنی صور

ت میں نزول اور آسمان سے آسمانی باپ کی بالکل واضح اور صاف آواز جو اُس روز سنی گئی' اُن سب چیزوں نے دیکھتی آنکھوں اور سنتے کانوں کو اِس بات کی تصدیق کر دی کہ بلاشبہ وہی خدا کا مسیح ہے۔ یہ وہی تھا جس کے بارے میں یوحنا نے لوگوں کو بتایا تھا کہ وہ تمہیں آگ اور روح القدس سے بپتسمہ دے گا۔ یہ وہی ہے جس کے پاس دُنیا کی عدالت کا اختیار بھی ہے۔

اس متن میں ایک اور بھی تفصیل ہے جسے یہاں پر بیان کرنا چاہیئے۔ یہ لازمی تھا کہ خداوند یسوع مسیح روح القدس سے قوت اور قدرت پاتے۔ اب تک یسوع نے ویسی ہی زندگی بسر کی تھی جیسی زندگی آسمانی باپ نے اُسے گزارنے کے لئے بلاہٹ دی تھی۔

جب خداوند یسوع مسیح نے اپنی زندگی کے ابتدائی تیس برس گزارے تو بلاشبہ خدا کا روح پہلے ہی خداوند یسوع مسیح پر تھا۔ اِس کے باوجود' جب خداوند یسوع مسیح نے جب بپتسمہ لیا تو ایک نئے طور پر ایک نئی تازگی کے ساتھ خدا کا روح اِس پر نازل ہوا۔ روح القدس کا نزول یہاں پر اُسے خدمت کے لئے قوت دینے کیلیئے تھا۔ اِس نکتہ سے آگے' خداوند یسوع مسیح روح کی ایک خاص قوت کے ساتھ اُس خدمت میں آگے بڑھے جس کے لئے انہیں بلایا گیا تھا۔

مجھے تو یوں لگتا ہے کہ ہم سب کو اپنی خدمت میں ایک خاص مسح اور نئی قوت کی ضرورت ہوتی ہے۔ اگرچہ خدا کا روح بڑے خاص طور پر اُنہیں خدمت گزاری کے کام کے لئے قوت اور قدرت سے مسلح کر رہا تھا۔ بالکل اسی طرح جس طرح کاہنوں کو ایک خاص خدمت کے لئے مسح کئے جانے کے وسیلہ سے الگ اور مخصوص کیا جاتا تھا۔ پس اسی طرح ضرور ہے کہ ہم بھی اس خاص خدمت کے لئے جس کے لئے خدا نے ہمیں بلایا ہے خدا کے روح کے وسیلہ خدمت گزاری کے کام کے لیے زور اور قوت پائیں۔

ہوسکتا ہے کہ آپ کو یہ مسح خدمت کے کسی خاص کام کے لئے کیا جائے۔ مثال کے طور پر بشارت کا کام یا پھر خدا کے کلام کی منادی تا کہ آپ قوت اور قدرت سے اُس کے کلام کو پیش کر سکیں۔ ہو

سکتا ہے کہ یہ مسح آپ پر راہنمائی اور یا انتظامی امور کو سنبھالنے کے لئے ہو۔ آپ کو جلد ہی محسوس ہو جائے گا کہ خدا کا ہاتھ آپ کی زندگی کے کسی خاص حصہ پر ہے۔ آپ یہ بھی سمجھیں گے کہ جس کام کے لئے خدا نے آپ کو بلایا ہے۔ وہ کام انسانی حکمت اور قوت سے سرانجام نہیں دیا جا سکتا۔ لیکن اُس کے روح کے کام کرنے کے وسیلہ سے آپ کی زندگی پر خدا کی بلاہٹ اور برکت موجود ہو گی۔

چند غور طلب باتیں

☆۔ کیا آپ کی زندگی میں کبھی ایسی آزمائش آئی ہے جس میں آپ یہ چاہتے ہوں کہ لوگ یسوع پر نہیں بلکہ آپ پر ہی توجہ مرکوز کریں؟ یوحنا نے ہمیں پیروی کے لئے کیسا نمونہ دیا ہے؟

☆۔ یوحنا کا بپتسمہ کس بات کی علامت ہے؟ اِس کا کیا مقصد تھا؟

☆۔ آپ کی زندگی میں روح القدس کی موجودگی اور قوت اور قدرت کا کون سا ثبوت پایا جاتا ہے؟ اُس کا کام کیوں ضروری ہے؟ یسوع کے بپتسمہ میں کون سا ثبوت پایا جاتا ہے جس نے یہ ثابت کیا کہ یسوع واقعی وہی ہے جیسا اُس نے اپنے بارے میں کہا تھا۔

چند ایک دُعائیہ نکات

☆۔ خداوند سے کہیں کہ وہ آپ کی خدمت کو روح القدس سے مسح کرے۔ خداوند سے معافی مانگیں کہ آپ اِس خدمت کو اپنی قوت اور زور سے چلانے کی کوشش کرتے رہے۔

☆۔ اِس بات کے لئے خداوند کی شکر گزاری کریں کہ یسوع نے ہماری نجات کے لئے بخوشی باپ کی بلاہٹ کو قبول کر لیا۔

☆۔ خداوند سے درخواست کریں کہ لوگوں کو یسوع کے پاس لانے کے لئے آپ کو بھی یوحنا کی طرح توفیق اور فضل بخشے۔

باب 16

یسوع کی آزمائش

متی 4:1-11 مرقس 1:12-13 لوقا 4:1-13 پڑھیں

بپتسمہ پانے کے بعد خداوند یسوع مسیح روح کی راہنمائی سے بیابان میں گئے تا کہ ابلیس سے آزمائے جائیں ۔(لوقا 1:4) مقدس لوقا ہمیں بتاتے ہیں کہ جب وہ بیابان میں گئے تو روح سے بھرے ہوئے تھے۔ جب ہم روح سے معمور ہونے اور اُس کی راہنمائی میں چلنے کی بات کرتے ہیں تو پھر ہم آزمائشوں اور مصائب کا تصور بھی نہیں کرتے تھے۔ یہاں پر ہم دیکھتے ہیں کہ روح القدس خداوند یسوع مسیح کی از خود راہنمائی کر رہا تھا تا کہ وہ آزمائش کے دور سے گزرے۔ اگر چہ یہ بات سچ ہے کہ شیطان ہی آزمائش کا وسیلہ تھا۔لیکن روح القدس نے خداوند کی راہنمائی کی تا کہ وہ آزمائش کی جگہ پر جائے اور اُسے قوت دی تا کہ وہ اپنی زندگی کے مشکل ترین مرحلہ سے فتح مندی سے گزر سکے۔خداوند یسوع مسیح کی خدمت کی تیاری کے لئے یہ بڑا اہم حصہ تھا۔

کیا آپ نے کبھی دشمن کی آزمائشوں کا سامنا کرنے سے انکار کرتے ہوئے روح القدس کے مقصد اور مرضی کی راہ میں رکاوٹ پیدا کی ہے؟ ہماری زندگی میں ایسے وقت بھی آئیں گے جب خدا ہمیں ایسی جگہوں پر لے جائے گا جہاں ہم آزمائیں جائیں گے اور ہماری جانچ پرکھ ہوگی۔

آزمائشوں کا مقصد ہمیں روحانی طور پر مضبوط کرنا اور خدمت کے کام کے لئے تیار کرنا ہوتا ہے۔ اِس سے ہم اور بھی زیادہ خدا کی قربت میں چلے جاتے ہیں۔ خدا ہماری زندگیوں میں اپنے مقصد کی تکمیل کے لئے دشمن کو بھی استعمال کرسکتا ہے۔

یہاں پر یہ بات بالکل واضح نہیں ہے کہ اُن پہلے چالیس دنوں میں کس قسم کی آزمائش واقع ہوئی۔ تاہم مقدس لوقا بیان کرتے ہیں کہ چالیس دنوں کے دوران ابلیس یسوع کو آزماتا رہا۔(لوقا2:4)

اِس دوران یسوع دُعا اور روزے میں ٹھہرے ہوئے تھے۔وہ جانتے تھے کہ اُنہیں دشمن پر فتح کہاں سے ملے گی۔چالیس دن روزے میں ٹھہر کر وہ خداباپ کے دیدار کے طالب ہوئے۔اِس دوران خداوند یسوع نے کچھ نہ کھایا۔جسمانی طور پر وہ کمزور تو ہو چکے تھے لیکن اِس جنگ کا انحصار جسمانی طاقت پر نہیں تھا۔دشمن نے اپنی ساری قوت اُس پر صرف کر دی۔یسوع نے روح القدس سے قوت اور تقویت پا کر خدا باپ کو پکارا۔

بعض مفسرین بنی اسرائیل کے بیابان میں چالیس سال گزارنے اور خداوند یسوع مسیح کے چالیس دن بیابان میں گزارنے کے درمیان ایک تعلق دیکھتے ہیں۔وہ اُسی جگہ پر کامیاب ہوئے جہاں وہ ناکام ہوئے تھے۔

چالیس دن کے بعد ابلیس یسوع کے پاس آیا۔تب تک خداوند یسوع بڑے کمزور ہو چکے تھے اور اُنہیں بھوک بھی لگی ہوئی تھی۔ابلیس نے اُن کی جسمانی بھوک کو بھانپتے ہوئے اُن سے کہا کہ اگر وہ خدا کا بیٹا ہے تو اِن پتھروں کو حکم دے کہ وہ اُس کے لئے روٹیاں بن جائیں۔ظاہری طور پر ابلیس کے اِس بیان میں حکمت کی بات نظر آتی ہے۔کچھ کھانے کے لئے پتھروں کو روٹیاں بنانے میں کیا خرابی تھی؟ یہاں پر بہت سی ایسی چیزیں ہیں جو ہمارے سمجھنے کے لئے ضروری ہیں۔

خداوند یسوع روح القدس کی راہنمائی کے ساتھ بیابان میں گئے۔یہی خدا کے روح کا مقصد تھا کہ خداوند اُس جگہ پر پرکھے اور آزمائے جائیں مناسب وقت پر خدا کے روح نے اُنہیں آزمائش سے رہائی بھی دینا تھی۔خداوند یسوع وقت سے پہلے کوئی آسان راستہ اختیار کرنا نہیں چاہتے تھے۔کتنی ہی بار ہم مشکلات سے جلد چھٹکارا حاصل کرتے ہوئے آسانی سے اپنی منزل کو

حاصل کرنا پسند کرتے ہیں؟لیکن یاد رکھیں کہ مسائل،مشکلات،آزمائشوں اورامتحانوں سے گزر کر ہی ہم اصل میں وہ کچھ بنتے ہیں جو خدا درحقیقت ہمیں بنانا چاہتا ہے۔جب ہماری بے تابی اور انتظار نہ کرنے کی عادت ہم پر غالب آجاتی ہے تو ہم اُن برکات کو کھو دیتے ہیں جو خدا ہمیں دینا چاہتا ہے۔مزید یہ کہ ہم اُن اسباق کو بھی سیکھ نہیں پاتے جو خدا اِن آزمائشوں اور امتحانوں سے گزار کر ہمیں سکھانا چاہتا ہے۔

ایک اور مسئلہ بھی ہماری توجہ کا مستحق ہے۔ابلیس خداوند یسوع مسیح کو یہ کہہ رہا تھا کہ وہ اپنی قوت اور قدرت کا اظہار کر کے خدا کا بیٹا ہونے کو ثابت کرے۔شیطان نے اُس سے کہا''اگر تو خدا کا بیٹا ہے تو اِن پتھروں کو حکم دے کہ یہ تیرے لئے روٹیاں بن جائیں۔''یہ بات سچ ہے کہ روح سے معمور ہونے کا مطلب تھا کہ خداوند یسوع مسیح بڑے خاص طور پر روح کی قوت اور قدرت سے معمور ہو گئے تھے اور خدا کی طرف سے معجزات اور کرامات دکھا سکتے تھے۔ دشمن نے اُنہیں یہ قوت اور قدرت استعمال کرنے کا ایک چیلنج دیا۔

تاہم یہ چیلنج خدا باپ کی مرضی کے بغیر اُس کی دی ہوئی قدرت اور اختیار کو استعمال کرنے کا چیلنج تھا۔شیطان یہ چاہتا تھا کہ خداوند یسوع مسیح خدا کی بادشاہی کی بجائے اُس قوت اور اختیار کو اپنے لئے استعمال کرے۔خداوند نے روح القدس کی واضح راہنمائی کے بغیر اُس قوت اور اختیار کو استعمال کرنے سے انکار کیا۔جی ہاں ایسا ہو سکتا ہے کہ ہم خدا کی طرف سے دی گئی نعمتوں کو خدا کے روح کی راہنمائی اور مرضی کے بغیر اپنی سمجھ اور عقل سے استعمال کرنے کی آزمائش میں پڑ جائیں۔کچھ کر دکھانے کے لئے آپ کے پاس خدا کی طرف سے قدرت اور اختیار ہو بھی سکتا ہے لیکن آپ اِس اختیار کو اپنی مرضی اور اپنے جلال کے لئے استعمال نہیں کر سکتے۔

اِس حوالہ سے ہم سیکھتے ہیں کہ خدا کی طرف سی دی گئی قوت،قدرت اور نعمتیں اِس لئے نہیں ہوتیں کہ ہم اُنہیں اپنے مفاد اور اپنی مرضی کے مطابق استعمال کرتے پھریں۔اِن نعمتوں،قدرت اور

اختیار کو استعمال کرنے کے لئے ہمیں خدا کی واضح راہنمائی حاصل کرنی چاہئے۔

خداوند یسوع مسیح نے شیطان کو یاد دلایا کہ آدمی صرف روٹی ہی سے جیتا نہ رہے گا بلکہ ہر اُس بات سے جو خداوند کے منہ سے نکلتی ہے۔ (متی 4:4) بالفاظ دیگر، اہم یہ تھا کہ خداوند یسوع مسیح آسمانی باپ کی مرضی اور منصوبے کے تابع رہتے۔ خداوند کی طرف سے دیئے گئے اختیار اور قدرت کو نامناسب موقع پر اپنی مرضی سے خدا کی واضح راہنمائی کے بغیر استعمال نہ کیا۔ اُنہوں نے خدا باپ کی آواز کے شنواہ ہونے کا چناؤ کیا اور وفادار رہے نہ کہ اپنی خاص ضرورت کو مدنظر رکھتے ہوئے خدا کی قدرت اور اُس کے دیئے ہوئے اختیار کو اپنے مفاد کے لئے استعمال کیا۔

لوقا اور متی کی اناجیل میں آزمائش کا بیان ایک دوسرے سے مختلف ہے۔ یہاں پر بیان اور ترتیب اہم نہیں ہے۔ متی رسول ہمیں بتاتے ہیں کہ ابلیس یسوع کو مقدس شہر میں ہیکل کی کنگرے پر لے گیا۔ اُس نے اُنہیں کہا کہ اگر وہ خدا کا بیٹا ہے تو اپنے تئیں نیچے گرا دے تو خدا کے فرشتے اُسے اپنے ہاتھوں پر اُٹھا لیں گے۔ یہاں پر ابلیس نے کتاب مقدس میں سے ایک حوالہ استعمال کیا۔ تا کہ جو کچھ وہ کہہ رہا تھا ثابت کرے کہ کلام مقدس کے عین مطابق ہے۔ شیطان نے خدا کے کلام کو غلط استعمال کیا اور یسوع سے کہا کہ وہ ہیکل کے کنگرے سے اپنے تئیں نیچے گرا دے تو فرشتے اُس کی محافظت کریں گے۔ اُس نے اپنی مرضی کے مطابق بات کرنے کے لئے خدا کے کلام کو تبدیل کر کے استعمال کیا۔

شیطان حملہ آور ہونے کے لئے خدا کے کلام کے تعلق سے شک وشبہات پیدا کرنے، خدا کے کلام کو تبدیل کر کے اپنی مرضی سے استعمال کرتے ہوئے حملہ آور ہونے کی ہر ممکن کوشش کرتا ہے۔ آج پوری دُنیا میں جب پاسبان، مسیحی کارکنان اور راہنما خدا کے کلام کو غلط استعمال کر رہے ہیں تو اِسکے پیچھے ابلیس کا ہاتھ ہے۔ ابلیس لوگوں کے ذہنوں میں خدا کے کلام کی سچائی کے تعلق سے شک وشبہات اور سوالات پیدا کرتا ہے۔ اُسے معلوم ہے کہ اگر وہ خدا کے کلام کے تعلق سے

شک وشبہات پیدا کرنے اور اُس کے کلام کو غلط استعمال کرنے میں کامیاب ہو گیا تو خدا کے لوگ گناہ کے بیابان میں غیر محفوظ ہو جائیں گے۔ اگر وہ اِس بات میں کامیاب ہو جائے تو ہم گ خدا کے کلام سے دستبردار ہو جائیں اور اُس کو غلط استعمال کرنا شروع کر دیں تو پھر وہ کلیسیا میں کسی بھی ایسی چیز کو لا سکتا ہے جو اُس کے ناپاک منصوبے اور اُس کی خطرناک مرضی کے مطابق ہوگی۔ ایسے لوگوں نے کتنا زیادہ نقصان کیا ہے جو خدا کے کلام کی غلط تفاسیر کرتے اور خدا کے کلام کو اپنی بُری خواہشوں اور بُرے منصوبوں اور ارادوں کی تکمیل اور تسکین کیلئے بگاڑ دیتے ہیں اور اپنے آپ کو راستباز اور درست ثابت کرتے ہیں۔

خداوند یسوع ابلیس کے بچھائے ہوئے جال میں نہیں پھنسے۔ وہ جانتے تھے کہ یہ حوالہ جات جنہیں ابلیس استعمال کر رہا ہے قطعی طور پر ایسے مقاصد کے لئے نہیں ہیں۔ اُنہوں نے ابلیس کو بتایا کہ خدا کے کلام کو اِس طرح سے استعمال کرنے کا مطلب خدا کی آزمائش کرنا ہے۔ اگرچہ خدا آزمائشوں اور مشکلات میں ہماری محافظت کرے گا تو بھی اُس نے ہمیں مقابلہ کرنے کے لئے بلایا ہے۔ یہ تو سراسر بیوقوفی اور حماقت ہے کہ ہم خدا کو آزمانے کے لئے خود کو کسی آگ میں کود جائیں۔

جب خداوند نے اِس دوسری آزمائش کا مقابلہ کیا، تو پھر ابلیس اُنہیں کسی اونچی جگہ پر لے گیا اور اُسے دُنیا کی تمام سلطنتیں دکھائیں۔ اُسے سجدہ کرنے کے عوض یسوع کو اُن ساری سلطنتوں کی پیش کش کی گئی۔ شیطان نے لاتعداد قوموں کو اپنے جھوٹ کے بندھنوں میں جکڑا ہوا تھا۔ یہ قومیں اُس کے اختیار اور تسلط کے نیچے تھیں۔ شیطان نے یسوع سے کہا کہ اگر وہ اپنا دل اُسے دے دے تو وہ دُنیا کو آزاد کر دے گا۔ وہ اِس لئے اِس دُنیا میں آیا تا کہ وہ ہمارے گناہوں کے لئے قربان ہو اور ہم دشمن کی قدرت اور اختیار سے آزاد ہو جائیں۔ شیطان نے اُنہیں یہ پیش کش کی اگر وہ اُس کے سامنے جھک جائے تو وہ قوموں پر سے اپنی گرفت ختم کر دے گا۔ اگر وہ اپنی

وفاداری اور راستبازی سے دستبردار ہو جاتے تو قوموں کو حاصل کر سکتے تھے۔
کتنی بار دشمن نے ہماری زندگی میں بھی کچھ اِس طرح کی کوشش کی ہے؟ اگر آپ اپنے وقار، اپنے تحفظ، خودی اور مقام کو قربان کر دیں گے تو خدا آپ کو کامیابی اور کامرانی سے نوازے گا۔
اِس آزمائش کے جواب میں، خداوند یسوع ایک بار پھر کتاب مقدس کی طرف رجوع ہوئے۔ اُنہوں نے خداوند کے کلام سے وفادار رہنے کا انتخاب کیا۔ اُنہوں نے اپنی وفاداری کو نہیں چھوڑا۔ اُنہوں نے ابلیس کے سامنے ہتھیار نہیں ڈالے یا پھر اُس کی ناپاک مرضی اور مکاری کے سامنے نہیں جھکے۔ اگر اُس وقت خداوند یسوع مسیح اپنے آسمانی باپ کو نظر انداز کر دیتے تو پھر وہ کبھی بھی ہمارے گناہوں کے لئے اپنی جان قربان کرنے کے قابل نہ ہوتے۔ خداوند یسوع مسیح جان دینے تک وفادار رہے۔ یہی ہماری اُمید اور دلیری ہے۔

چند غور طلب باتیں

☆۔ کیا روح کی راہنمائی میں چلنے اور اُس سے زور حاصل کرنے کا یہ مطلب ہے کہ ہم کبھی دُکھ سے دوچار نہیں ہوں گے؟ یہ باب ہمیں اِس تعلق سے کیا سکھاتا ہے؟
☆۔ یہ حصہ پوری دیانتداری سے خدا کے ساتھ چلنے کے بارے میں ہمیں کیا سکھاتا ہے؟
☆۔ کیا ہم بہ حیثیت ایماندار لوگ اِن آزمائشوں اور امتحانوں سے مستثنیٰ ہیں؟ اِن آزمائشوں میں روح القدس کا کیا کردار ہے؟
☆۔ خدا کے کلام کی درست تفسیر اور تشریح کس قدر اہم ہے؟ دشمن ابلیس کس طرح ہمیں آزمانے اور گمراہ کرنے کے لئے خدا کے کلام کو استعمال کر سکتا ہے؟
☆۔ کیا آپ کبھی اپنے ایمان سے مفاہمت / سمجھوتہ کرنے کی آزمائش میں پڑے ہیں؟

چند ایک دُعائیہ نکات

☆۔ خداوند سے درخواست کریں کہ وہ آپ کو ایسا دل عطا کرے جو اُس کے حضور دیانت دار، وفادار اور مخلص ہو۔ اُس سے فضل مانگیں کہ آپ اپنے ایمان پر سمجھوتہ کرنے کی آزمائش میں نہ پڑیں۔

☆۔ خداوند سے کہیں کہ وہ اُن آزمائشوں میں بھی آپ کو سکھائے جن سے آپ گزر رہے ہیں۔

☆۔ اِس بات کے لئے خداوند کی شکر گزاری کریں کہ وہ اِس بات سے بخوبی واقف اور آگاہ ہے کہ آزمائش میں پڑنا اور پرکھے جانا کیا ہوتا ہے۔

☆۔ خداوند کے شکر گزار ہوں کہ اُس نے دشمن کی آزمائش کے آگے ہتھیار نہیں ڈالے۔ شکر گزاری کریں کہ وہ جان دینے تک وفادار رہا اور یہی وجہ ہے کہ وہ ہماری ابدی نجات کی اُمید ہے۔

باب 17

یسوع گلیل کو جاتا ہے

متی 4:12-17 مرقس 1:14-15 لوقا 3:19-20 ,4:14-30

خدا کا روح یوحنا پر تھا جو اُسے خدمت کے لئے سنبھالے ہوئے تھا اور اُس کی محافظت کر رہا تھا۔ دُنیا کو یسوع کا تعارف کرانے کے بعد' ابھی زیادہ عرصہ نہیں گزرا تھا کہ یوحنا کی زندگی مشکلات کا شکار ہونا شروع ہوگئی۔ مقدس لوقا ہمیں بتاتے ہیں کہ یوحنا نے ہیرودیس کو اُس کے طرز زندگی پر سرزش کی۔ بالخصوص اُس نے اُسے اُس کی بیوی ہیرودیاس کے سبب سے سرزش کی۔

ہیرودیاس پہلے ہیرودیس کے بھائی فلپس کی بیوی تھی۔ ہیرودیس اُس کی زلف کا اسیر ہوگیا اور پھر ہیرودیاس نے اپنے جیون ساتھی فلپس سے بے وفائی کرتے ہوئے اُسے ہمیشہ کے لئے خدا حافظ کہہ دیا۔ بعدازاں وہ ہیرودیس کی بیوی بن گئی۔ ہم متی کی انجیل میں اِس کے تعلق سے مزید پڑھتے ہیں۔

''کیوں کہ ہیرودیس نے اپنے بھائی فلپس کی بیوی ہیرودیاس کے سبب سے یوحنا کو پکڑ کا باندھا اور قید خانہ میں ڈال دیا تھا۔ کیوں کہ یوحنا نے اُس سے کہا تھا کہ اِس کا رکھنا تجھے روا نہیں۔''

(متی 14:3-4)

مقدس لوقا 14:3-4 ہمیں بتاتے ہیں کہ یہی نہیں اِس کے علاوہ بھی اُس نے کچھ بُرے کام کئے۔ یوحنا نے اُس کے بُرے طرز زندگی پر بھی تنقید کی۔ ظاہر ہے یوحنا نے اُسے توبہ کے لئے کہا۔ ہیرودیس نے توبہ تو نہ کی اِس کے برعکس یوحنا کو قید خانہ میں ڈال دیا۔ اور پھر اِس کہانی کا

اختتام یوحنا کے قتل پر ہوا۔ یوحنا اُس قید کوٹھری سے کبھی بھی باہر نہ آسکا اور لوگوں کے درمیان یوحنا کی خدمت کی کتاب ہمیشہ کے لئے بند ہوگئی۔

اِس حوالہ میں یوحنا کے تعلق سے ہمارے سمجھنے کے لئے بہت سی باتیں ہیں۔اول۔ہمیں اُس کی بہادری سے حوصلہ ملتا ہے۔ ہر کسی کو ایسی خدمت نہ ملی۔ آخر کار اُسے دلیری سے منادی کرنے پر قتل کر دیا گیا۔ وہ موت سے نہیں ڈرا۔خدا کا روح اُس کی زندگی میں بڑے زوردار طریقہ سے کام کر رہا تھا کہ اُس نے اپنے تحفظ کو نظر انداز کرتے ہوئے خدا کے کلام کی منادی کی۔

دوم۔ جونہی یوحنا کی خدمت اختتام پذیر ہوئی وہ اِس دُنیا سے رخصت ہوگیا۔ اُس نے اِس دُنیا کو یسوع کا تعارف کرایا اور پھر منادی کے باعث اُسے قید خانہ میں ڈال دیا گیا جہاں آخر کار اُسے قتل کر دیا گیا۔ بظاہر تو یہ سب کچھ نامناسب دکھائی دیتا ہے۔ایک ایسی زندگی کے لئے ایسا اجر جس نے خداوند کے لئے خدمت کی اور راستبازی کی زندگی بسر کی۔ہمیں اِس بات کو سمجھنا چاہیے کہ یوحنا اِسی مقصد کے لئے پیدا ہوا تھا۔اُس کی زندگی کا مقصد کلی یہی تھا کہ وہ دُنیا کو یسوع کا تعارف کرائے۔ جب اُس کا کام مکمل ہوگیا تو وہ خداوند کے پاس پہنچا دیا گیا جو کہ اُس کے لئے انتہائی بہتر تھا۔خدا نے آپ کو اِس دُنیا میں کیوں رکھا ہوا ہے؟ وہ آپ کی زندگی کے لئے کیا مقصد رکھتا ہے؟ اُس نے آپ کو کون سی نعمتیں عطا کی ہیں؟ ہمارے لئے یہ بات کس قدر اہم ہے کہ ہم اپنی زندگی کے لئے خدا کے مقصد کو سمجھیں اور اُس کے لئے اپنی زندگی وقف کر دیں۔

جب یسوع نے یہ سنا کہ ہیرودیس نے قید خانہ میں اُس کا سر قلم کروا دیا ہے تو گلیل کو واپس لوٹے۔ یوں محسوس ہوتا ہے کہ یسوع شروع میں ناصرت ٹاؤن میں آئے جہاں پر اُن کی پرورش ہوئی تھی۔

یسوع کے تعلق سے خبر پورے علاقہ میں پھیل گئی۔ جو کچھ یسوع تعلیم دے رہا اور جس طرح کے معجزات یسوع دکھا رہا تھا اُن کے وسیلہ سے یسوع کی خبر اِس سے پہلے وہاں پر پہنچی۔ یسوع نے

گلیل کے عبادت خانہ میں تعلیم دی۔(لوقا 4 : 15)لوگ یسوع کی باتیں سن کر متاثر ہوئے۔اُس کا کلام قدرت اور اختیار سے تھا۔مقدس لوقا ہمیں ایک واقعہ کے بارے میں بتاتے ہیں جب یسوع ناصرت کے ایک عبادت خانہ میں گئے۔

جب یسوع عبادت خانہ میں تھے۔تو وہ یسعیاہ نبی کی کتاب میں سے پڑھنے کے لئے کھڑے ہوئے۔اُنہوں نے طومار اپنے ہاتھ میں لے کر یسعیاہ 61:1-2 سے پڑھا۔ ہمارے لئے مقدس لوقا نے وہ حوالہ بیان کیا ہے جو یسوع نے اُس روز ناصرت کے عبادت خانہ میں پڑھا۔

''خداوند کا روح مجھ پر ہے۔اس لئے کہ اُس نے مجھے غریبوں کو خوشخبری دینے کے لئے مسح کیا۔ اُس نے مجھے بھیجا ہے کہ قیدیوں کو رہائی' اور اندھوں کو بینائی پانے کی خبر سناؤں۔کچلوں ہوؤں کو آزاد کروں۔اور خداوند کے سال مقبول کی منادی کروں۔'' ﴿لوقا 4:18-19﴾

غریبوں کو خوشخبری سنائیں۔

قیدیوں کو رہائی پانے کی خبر سنائیں۔

اندھوں کو بینائی پانے کی خبر سنائیں۔

کچلے ہوؤں کو آزاد کریں۔

خداوند کے سالِ مقبول کی منادی کریں۔''

پھر وہ کتاب بند کر کے اور خادم کو واپس دے کر بیٹھ گیا اور جتنے عبادت خانہ میں تھے سب کی آنکھیں اُس پر لگی تھیں۔اور وہ اُن سے کہنے لگا آج یہ نوشتہ تمہارے سامنے پورا ہوا۔اُنہیں یہ بتانے سے کہ یہ نوشتہ اُس روز پورا ہوا یسوع اُنہیں یہ بتا رہا تھا کہ وہ ہی مسیح ہے جس کے بارے میں کتابِ مقدس میں لکھا گیا ہے۔

لوگوں کے ردِعمل پر غور وفکر کرنے سے پہلے' ہمیں اِس حوالہ پر غور کرنے کی ضرورت ہے جو اُس روز یسوع نے پڑھا۔یسعیاہ نے یہ پیش گوئی کی تھی کہ مسیح کو پانچ رُخی خدمت سرانجام دینے کے

لئے خدا کے روح سے مسح کیا جائے گا۔

غریبوں کے لئے خوشخبری کی منادی

یہاں پر جس خوشخبری کی بات کی گئی ہے وہ نجات کا پیغام ہے جو یسوع اپنی صلیبی موت کے وسیلہ سے پیش کرنے کے لئے آئے۔ اِس بات پر غور کریں کہ یہ پیغام غریبوں کو سنایا گیا۔ ہمیں اِس سے مراد مادی چیزوں کے لحاظ سے غریب نہیں سمجھنا چاہیئے۔ جن غریبوں کی یسوع بات کر رہے ہیں اِس سے مراد وہ لوگ ہوتے ہیں جن کے پاس خدا کے حضور گزراننے کے لئے کچھ نہیں ہوتا۔ وہ روحانی طور پر کنگلے لوگوں کی بات کر رہے ہیں جو ایک نجات دہندہ کے بغیر کھوئی ہوئی حالت میں ہیں۔

اُنہیں اِس بات کا احساس ہوا کہ وہ اپنی حکمت اور طاقت سے خدا کی بادشاہی میں داخل نہیں ہو سکتے۔ اُنہیں ایک نجات دہندہ کی ضرورت تھی۔ جنہوں نے اپنی اِس ضرورت کو سمجھ اور پہچان لیا' اُن کے لئے یسوع اِس بات کی منادی کرنے کے لئے آئے کہ وہ اُن کے قرض چکانے اور اُنہیں وہ نجات دینے کے لئے آیا ہے جن کی اُنہیں واقعی اشد ضرورت ہے۔

قیدیوں کے لئے رہائی

جب خداوند یسوع مسیح اِس دُنیا میں آئے تو وہ قیدیوں کو رہائی دینے کے لئے آئے۔ ہمارے گناہ نے ہمیں باندھ رکھا تھا اور ہم شیطان کی گرفت میں تھے۔ ہم کسی اُمید کے بغیر ابدیت میں جہنم کے وارث تھے۔ یسوع گناہ کی قوت کے زور اور تسلط کو توڑنے کے لئے آئے۔ وہ معافی کو پیش کرنے اور اُن کے لئے معافی کا اعلان کرنے کیلیئے آئے جو گناہ کی قید میں پڑے ہوئے تھے۔ اُس نے ہماری مخلصی کے لئے قیمت ادا کر دی ہے۔

اندھوں کے لئے بینائی

نہ صرف ہم گناہ میں جکڑے ہوئے اندھیر کوٹھری میں پڑے تھے بلکہ خدا کی روحانی برکات اور اُس کے عرفان کے تعلق سے بھی روحانی طور پر اندھے تھے۔ کتنی ہی بار آپ نے خدا کے کلام کی منادی سنی تو بھی آپ کچھ سمجھ نہ پائے؟ یہ سب کچھ آپ کو احمقانہ باتیں لگتی تھیں۔ کوئی بھی آپ کو اِس بات کے لئے قائل نہ کر سکا کہ آپ مسیحی ہو جائیں کیوں کہ جو کچھ آپ سے کہا گیا آپ کی سمجھ سے بالاتر تھا۔ دراصل آپ روحانی طور پر نابینا تھے۔ پھر ایک دن روح القدس نے آپ کو روحانی بینائی سے نوازا۔ آپ نے خدا کے کلام کو سنا اور آپ کو سمجھ آ گئی۔ آپ نے یہ سب کچھ پہلی دفعہ دیکھا۔ اب آپ اپنے ماضی پر نظر ڈالتے ہیں تو آپ کو حیرت ہوتی ہے کہ کیسے آپ اندھوں کی طرح زندگی بسر کرتے تھے۔ یسوع اِس لئے آیا تا کہ آپ گناہوں کی معافی پا کر روح القدس حاصل کریں۔ جو ہمیں خدا کی برکات اور اُس کے عرفان اور اُس کی صداقتوں اور حقائق کے بارے میں بصیرت اور فہم عطا فرماتا ہے۔ خداوند یسوع مسیح روحانی اندھوں کو روحانی نور دینے کے لئے آئے تھے۔

کچلے ہوئے لوگوں کے لئے آزادی

بہت سے ایسے لوگ تھے جو بُری روحوں اور طرح طرح کی بیماریوں سے دُکھ اُٹھا رہے تھے۔ یسوع ایسے لوگوں کو دشمن کی گرفت سے آزاد کرنے کیلئے آئے تھے۔ خداوند یسوع مسیح کے وسیلہ سے بے شمار لوگوں نے اپنی زندگی میں ابلیس کی گرفت سے رہائی پائی۔ نیا عہد نامہ ایسی بہت سی گواہیوں سے بھرا ہوا ہے جہاں پر ہم دیکھ سکتے ہیں کہ یسوع کے نام سے لوگ بدروحوں کے تسلط اور جسمانی کمزوریوں اور بیماریوں سے آزاد ہوئے۔ سب سے بڑھ کر یہ کہ لوگوں نے گناہ کی ابدی سزا اور تسلط سے مخلصی پائی۔

خداوند کے سالِ مقبول کی منادی

یہی وہ دن تھا جسے نبی دیکھنے کے مشتاق اور منتظر تھے۔ یہی فتح، مخلصی اور نجات کا دن تھا۔ یسوع اِسی سالِ مقبول کو لانے کے لئے آئے۔ خدا کی اعلیٰ ترین برکات خدا کے بیٹے یسوع مسیح کے وسیلہ سے اِس زمین پر نازل ہونا تھیں۔

اُس روز یسوع نے جو کچھ کہا اُس پر ناصرت کے لوگوں کا ملا جلا ردِ عمل تھا۔ کچھ ایسے بھی تھے جنہوں نے یسوع کی باتوں کو سراہا اور کچھ ایسے بھی تھے جو اُس کی باتوں پر حیران تھے۔ اِس کا یہ مطلب نہیں تھا کہ اُنہوں نے اُسے قبول کر لیا بلکہ وہ صرف اُس کی باتوں پر حیران تھے۔ دیگر ایسے بھی تھے جو کسی طور پر بھی اُس کی باتوں کو قبول کرنے کے لئے تیار نہ تھے۔ وہ اِس حقیقت پر ہی اڑے رہے کہ یسوع یوسف کا بیٹا ہے۔ وہ سمجھتے تھے کہ یوسف کا بیٹا مسیح نہیں ہو سکتا۔ وہ یسوع اور اُس کے گھرانے کو بخوبی جانتے تھے۔ وہ کیوں کر کہتا ہے کہ وہ خدا کا بیٹا ہے۔

جو کچھ وہ کہہ رہے تھے اُن سب باتوں کو سمجھتے ہوئے یسوع نے اُس دور کا ایک مشہور مقولہ بیان کیا۔ ''اَے طبیب پہلے اپنے تئیں ٹھیک کر۔ یہاں پر مرکزی نقطہ یہ ہے کہ طبیب دوسروں کی شفا کے کام میں اِس قدر مصروف ہوتا ہے کہ اُسے اپنی صحت اور آرام کا خیال ہی نہیں رہتا۔

ناصرت کے لوگ دراصل یسوع کو یہ کہہ رہے تھے کہ جو معجزات اور نشانات وہ اِدھر اُدھر کے علاقوں میں دکھا رہا ہے اُس نے اپنے آبائی شہر میں کیوں نہیں دکھائے۔ وہ یہ چاہتے تھے کہ یسوع ناصرت میں بھی یہ سارے معجزات اور نشانات دکھا کر اپنے تئیں ثابت کرے کہ وہ واقعی خدا کا بیٹا ہے۔ درحقیقت' یہ درخواست بھی کسی حد تک ویسی ہی تھی جو ابلیس نے آزمائش کے دوران یسوع سے کی تھی۔ اگر تو واقعی خدا کا بیٹا ہے تو کوئی خوبصورت سا معجزہ دکھا۔ اپنی قوت اور قدرت کا مظاہرہ کرتا کہ ہم تجھ پر ایمان لے آئیں۔ یہ تھا ناصرت کے لوگوں کا ردِ عمل اور روّیہ۔ یسوع نے اُنہیں بتایا کہ کوئی نبی اپنے وطن میں عزت نہیں پاتا۔ یسوع نے اُنہیں یاد دلایا کہ ایلیاہ کے دنوں

میں جب ساڑھے تین سال بارش نہ ہوئی تو وہاں پر بڑا سخت قحط پڑا۔ اُس وقت ایلیاہ کو اپنے علاقہ کے کسی گھر میں نہیں بلکہ صیدا کے علاقہ میں صارپت کی ایک بیوہ کے پاس بھیجا گیا پھر اُس نے اُنہیں یہ بھی یاد دلایا کہ اسرائیل میں بہت سے کوڑھی تھے۔ الیشع کو اُن میں سے کسی کے پاس نہ بھیجا گیا بلکہ اُسے نعمان سوریانی کے پاس بھیجا گیا۔ ناصرت کے علاقہ کے لوگ اِس بات پر ایمان نہ لا سکے کہ یسوع ہی مسیح ہے۔ اُن کی بے اعتقادی اور ایمان کی کمی کے باعث یسوع وہاں پر خدمت گزاری کا کام نہ کر سکا۔

یسوع کی باتیں سن کر عبادت خانہ میں بیٹھے ہوئے لوگ خفا ہوئے۔ کیوں کہ یسوع نے اُن پر بے اعتقادی اور ایمان کی کمی کا الزام لگایا تھا۔ لوگ یوسف کے بیٹے کی اُن باتوں کو قبول کرنے کے لئے تیار نہیں تھے۔ انہوں نے اُسے شہر سے باہر نکال دیا۔ وہ اِس قدر برہم تھے کہ اُسے پہاڑ کی چوٹی پر لے گئے تا کہ اُسے اوپر سے گرا کر مار ڈالیں۔ یہاں پر مجھے وہ وقت یاد آتا ہے جب ابلیس یسوع کو ہیکل کے اونچے مقام پر لے گیا اور اُسے کہا کہ وہ خود کو نیچے گرا دے تو فرشتے اُس کو ہاتھوں پر اُٹھانے کے لئے آئیں گے۔ اگر لوگ اُسے پہاڑ کی چوٹی سے گرا دیتے اور وہاں پر فرشتے اُسے ہاتھوں پر اُٹھانے کے لئے آجاتے تو کیا ہوتا؟

کیا اِس معجزے کا یہی خوبصورت وقت نہیں تھا؟ جب یسوع بیابان میں تھے تو وہ دشمن کی آزمائش کی خاطر نہیں گرے اور نہ ہی وہ یہاں پہاڑ کی چوٹی پر سے گرے۔ اس کے برعکس وہ چپکے سے اُس بھیڑ کی نظروں سے بچ کر نکل گئے۔ ہمیں یہ تو نہیں پتہ کہ کیسے یسوع اُن کی نظروں سے بچ کر نکل گئے۔ لیکن یہ بات بالکل واضح ہے کہ آسمانی باپ کا ہاتھ اُس کی محافظت کے لئے ہمیشہ اُس کے ساتھ تھا۔ یسوع بے اعتقاد لوگوں پر اپنی دھاک بٹھانے اور اُنہیں یہ ثابت کرنے کیلئے کہ وہ واقعی خدا کا بیٹا ہے، خدا کی قوت اور قدرت اور اختیار کو استعمال کرنے میں دلچسپی نہیں رکھتے تھے۔ متی 13:4 ہمیں بتاتے ہیں کہ یسوع ناصرت سے کفرنحوم میں گئے۔

یہ بھی یسعیاہ نبی کی پیش گوئی کی تکمیل تھی۔

"زبولون اور نفتالی کا علاقہ دریا کی راہ یردن کے پار۔غیر قوموں کی گلیل یعنی جو لوگ اندھیرے میں بیٹھے تھے اُنہوں نے بڑی روشنی دیکھی۔اور جو موت کے ملک اور سایہ میں بیٹھے تھے۔اُن پر روشنی چمکی۔" (متی 4:15-16)

اپنے ہی شہر میں جب لوگ اُس پر ایمان نہ لائے' تو پھر زبولون کے علاقہ کے لوگوں نے بڑی روشنی دیکھی۔خداوند یسوع مسیح کے اِس علاقہ میں آنے سے بہت مدت پہلے یسعیاہ نبی نے پیش گوئی کی تھی۔ہم یہاں پر دیکھتے ہیں کہ ساری تفصیلی باتیں اُس پیش گوئی کو واضح طور پر پیش کرتی ہیں جو یسعیاہ نبی کی معرفت کی گئی تھی۔اپنے ہی شہر کے لوگوں نے جب اُسے رد کر دیا تو یسوع گرد ونواح کے علاقہ میں منادی کے لئے گئے اور لوگوں کو بتایا کہ اُنہیں توبہ کی ضرورت ہے کیوں کہ خدا کی بادشاہی قریب آ گئی ہے۔اِسی پیغام کی یوحنا نے بھی منادی کی تھی۔ہمارے لئے اِس بات کو سمجھنا انتہائی اہم ہے کہ اگرچہ ہیرودیس نے یوحنا کو قید خانہ میں ڈال دیا تو بھی وہ اِس پیغام کی منادی کو روک نہ سکا۔جب خدا اپنے ایک خادم سے کام لے لیتا ہے تو دوسرے کو کھڑا کر دیتا ہے۔

چند غور طلب باتیں

☆۔اِس حصہ میں چند لمحات کے لئے یوحنا کی دلیری پر غور کریں۔کیا آپ میں بھی یہی دلیری پائی جاتی ہے؟ کون سی بات آپ کو دلیر ہونے سے روکے ہوئے ہے؟

☆۔یسعیاہ نبی نے یہ پیشن گوئی کی تھی کہ مسیح اسیروں کو رہائی دینے کیلئے آئے گا اور اُنہیں نئی بینائی اور روشنی عطا کرے گا۔یسوع نے یہ سب کچھ کیسے آپ کی زندگی میں کیا ہے؟

☆۔یوحنا کی زندگی میں ایک خاص بلاہٹ تھی اور جب اُس بلاہٹ کا مقصد پورا ہو گیا تو وہ اِس دُنیا سے رخصت ہو گیا۔خدا نے آپ کی زندگی میں کون سی بلاہٹ رکھی ہے؟

☆۔یسعیاہ نبی ہمیں آنے والے مسیح کی خدمت کے بارے میں کیا بتاتا ہے؟ کس طرح مسیح نے کامل طور پر اپنا کردار ادا کرتے ہوئے سونپے گئے کام کو مکمل کیا؟

☆۔کیا آپ کو کبھی رد ہونے کا تجربہ ہوا ہے؟ آپ کی اِس حصہ سے کیا حوصلہ افزائی ہوئی ہے۔

چند ایک دُعائیہ نکات

☆۔خداوند سے کہیں کہ وہ آپ کی رویا کو بالکل واضح کرے۔خداوند سے کہیں کہ راہ کی دشواری' مخالفتوں اور رکاوٹوں کے باوجود آپ کو دی گئی بلاہٹ میں وفادار رہنے کا فضل اور توفیق بخشے۔

☆۔خداوند کی شکرگزاری کریں کہ اُس نے بخوشی ہمارے لئے رد کیا جانا قبول کیا۔

☆۔خداوند کے حضور شکرگزار ہوں کہ وہ ہمیں اُس وقت تک محفوظ رکھے گا جب تک ہم اُس کام کو پورا نہیں کر لیتے جس کے لئے ہمیں اُس نے بلایا ہے۔

☆۔خداوند کی شکرگزاری کریں کہ اُس نے آپ کی آنکھیں کھول کر آپ کی زندگی کو گناہ کے زور سے رہائی بخش دی ہے۔

باب18

پطرس، اندریاس، یعقوب اور یوحنا

متی 4:18-20 مرقس 1:16-20 اور لوقا 5:1-11 پڑھیں

اِس وقت تک خداوند یسوع اکیلے ہی خدمت کرر ہے تھے۔ اِس حصہ میں ہم دیکھیں گے کہ یسوع کی ملاقات پہلے چار شاگردوں سے کس طرح ہوئی اُنہوں نے اُنہیں اپنے پیچھے چلنے کے لئے کہا۔

خداوند یسوع مسیح گلیل کی جھیل کے علاقہ میں خدمت کرر ہے تھے۔ مقدس لوقا ہمیں بتاتے ہیں کہ ایک بڑی بھیڑ اُس کی باتیں سننے کے لئے جمع تھی۔ خداوند یسوع نے جھیل کے کنارے دو کشتیوں کو دیکھا جنہیں ماہی گیر کنارے پر چھوڑ کر اپنے جال دھور ہے تھے۔ ماہی گیر دن بھر کے کام کاج کو اختتام پذیر کرتے ہوئے اپنے اپنے گھروں کو لوٹنے کی تیاری کرر ہے تھے۔

خداوند یسوع مسیح شمعون نام کے ایک شخص کی کشتی میں سوار ہو گئے۔ اُنہوں نے شمعون سے کہا کہ کشتی کو کنارے سے ہٹالے۔ جب شمعون نے کشتی کنارے سے ہٹائی، یسوع اُس میں بیٹھ کر لوگوں کو تعلیم دینے لگے۔ اُس کی آواز اُس جھیل میں سے اُس بھیڑ تک بڑی آسانی سے پہنچ سکتی تھی جو اُس کی باتیں سننے کے لئے وہاں پر فراہم ہوئی تھی۔ چونکہ خداوند یسوع بھیڑ سے دُور پانی کی سطح پر کشتی میں بیٹھے ہوئے تھے اِس لئے ساحل پر موجود لوگ اُنہیں بڑی آسانی سے دیکھ اور سن سکتے تھے۔

جیسا کہ متی رسول نے بیان کیا ہے۔ ہم سمجھ سکتے ہیں کہ اندریاس شمعون پطرس کا کاروباری شریک تھا۔ ممکن ہے کہ اُس دن شمعون پطرس اور اندریاس دونوں یسوع کے ساتھ کشتی میں

ہوں۔تاہم معلوم ہوتا ہے کہ شمعون پطرس کے تعلق سے یہاں پر خاص طور پر بیان کیا گیا ہے۔چونکہ شمعون پطرس کشتی میں تھا اِس لئے اُسے بھی یسوع کی تعلیم سننا پڑی۔ یہ دن شمعون کے لئے کوئی خوشگوار دن نہیں تھا۔لوقا 5:5 ہمیں بتا تا ہے کہ اُس نے سارا دن اور ساری رات بڑی محنت کی پر کوئی مچھلی ہاتھ نہ آئی۔کیا خداوند یسوع مسیح اُس کی مایوسی اور بے دلی سے واقف اور آگاہ تھے؟ اگر یسوع شمعون کی کشتی کو استعمال کرنے کے لئے نہ کہتے تو کیا وہ یسوع کی باتیں سننے کے لئے وہاں ٹھہرتا؟ یا پھر دن بھر کی محنت کے بعد مایوس اور پریشان حال اپنے گھر کو لوٹ جاتا؟ ہمارے پاس اِس کا کوئی جواب نہیں۔شمعون کو مجبور کیا گیا کہ وہ وہیں پر ٹھہرے اور یسوع کی باتیں سنیں۔

ہمیں یہ معلوم نہیں کہ اُس دن یسوع نے بھیڑ کو کیا کلام سنایا لیکن جب وہ بھیڑ سے باتیں کر چکا تو اُس نے شمعون پطرس کی طرف مخاطب ہو کر اُس سے کہا کہ کشتی کو گہرے میں لے جائے اور مچھلیاں پکڑنے کے لئے پانی میں جال پھینکے۔شمعون کو معلوم نہ تھا کہ اب کی بار جال ڈالنے سے کیا فائدہ ہوگا' کیوں وہ ساری رات اور سارا دن محنت کرتا رہا پر کوئی مچھلی نہ پکڑ سکا۔تو بھی یسوع کی عزت اور احترام کو مدنظر رکھتے ہوئے اُس نے فرماں برداری کی۔

''شمعون نے جواب میں کہا۔اے استاد ہم نے رات بھر محنت کی اور کچھ ہاتھ نہ آیا' مگر تیرے کہنے سے جال ڈالتا ہوں۔''(لوقا 5:5)

شمعون پطرس کشتی کو گہرے پانی میں لے گیا اور پانی میں جال ڈالا۔اُس شام شمعون نے اِس قدر مچھلیاں پکڑیں کہ جال پھٹنے لگے۔اُس نے اپنے ہم پیشہ ساتھیوں کو اشارے سے اپنی طرف بلایا کہ وہ آ کر مچھلیاں سمیٹنے میں اُس کی مدد کریں۔جب اُس کے مددگار ساتھی آئے تو اُنہوں نے دونوں کشتیاں مچھلیوں سے بھر دیں مقدس لوقا نے ہمیں بتایا ہے کہ کشتیاں اِس قدر مچھلیوں سے بھر گئیں کہ ڈوبنے لگیں۔

اِس معجزہ نے شخصی طور پر شمعون پطرس کی زندگی کو چھوا۔ اُس دن اُسے سمجھ آ گئی کہ یسوع ایک پاک شخص ہے۔ شمعون پطرس نے اُس دن اپنی حالت کو سمجھا۔ "شمعون پطرس یہ دیکھ کر یسوع کے پاؤں میں گرا اور کہا اَے خداوند میرے پاس سے چلا جا کیوں کہ میں گناہ گار آدمی ہوں۔"

﴾لوقا 8:5﴿ اِس وقت ہمارے سامنے خداوند کی محبت اور فضل کی تصویر ہے۔ پطرس ایک سادہ لوح اور ان پڑھ ماہی گیر تھا۔ اُس روز وہ خدا کی برکات سے معمور کشتی میں بیٹھا ہوا تھا۔ خداوند یسوع نے خاص طور پر اُسے چنا کہ اُس کے ساتھ رہے۔ اُس روز کنارے پر بہت بڑی بھیڑ تھی لیکن یسوع نے (سب لوگوں میں سے) خاص طور پر پطرس کے ساتھ وقت گزارنے کا چناؤ کیا۔ یسوع نے پطرس میں وہ کچھ دیکھا جو پطرس اپنے آپ میں نہ دیکھ سکا۔ یسوع کو پطرس پر یقین تھا جبکہ پطرس کو اپنے آپ پر کوئی اعتماد اور یقین نہیں تھا۔ یسوع کی اِس خصوصی توجہ سے پطرس پر گہرا اثر ہوا۔

اُس روز پطرس کے ساتھی، یعقوب اور یوحنا بھی اِس طرح سے مچھلیوں کے شکار پر حیرت میں ڈوبے ہوئے تھے۔ یہ معجزے سے کم نہیں تھا۔ لوقا 10:5 سے ہمیں اِس بات کی سمجھ آتی ہے کہ یعقوب اور یوحنا بھی پطرس کی طرح یسوع کی موجودگی سے خوفزدہ تھے۔ وہ بھی اِس بات سے بخوبی واقف تھے کہ اُن کے درمیان خدا کی بڑی قدرت ظاہر ہوئی ہے۔ وہ خداوند یسوع مسیح کی حضوری میں اچھا محسوس نہیں کر رہے تھے۔ اُن کے خوف کو محسوس کرتے ہوئے یسوع نے انہیں کہا ڈرو مت۔ کیوں کہ آج سے تم ماہی گیر نہیں بلکہ آدم گیر بن جاؤ گے۔ یہ کہتے ہوئے خداوند یسوع اُنہیں اپنے شاگرد ہونے کے لئے بلا رہے تھے۔ اِس حیرت انگیز تجربہ کے بعد وہ اپنی کشتیاں کناروں پر لائے اور اُنہیں وہیں چھوڑ کر یسوع کے پیچھے ہو لئے۔ اُنہوں نے اپنا سب کچھ چھوڑنے میں کسی طرح کی ہچکچاہٹ سے کام نہ لیا۔ یسوع اُنہیں اِس سے بھی کہیں عظیم ترین پیش کش کر رہے تھے۔

ہمارے لئے یہ نکتہ اہم ہے کہ خداوند یسوع کے پہلے شاگرد ماہی گیر تھے۔ وہ تربیت یافتہ کاہن یا مذہبی راہنما نہیں تھے۔ یسوع عام لوگوں کو اپنے شاگرد ہونے کے لئے چن لیتا ہے۔ یہ بات کس قدر حوصلہ افزا ہے۔ ہم جیسے بھی ہیں خدا ہمیں اپنے جلال اور دوسروں کی برکت کے لئے استعمال کر سکتا ہے۔ وہ ہماری تعلیم اور تجربہ کو نہیں دیکھتا۔ اسے صرف اور صرف ہماری دستیابی اور تابعداری کی ضرورت ہے۔ یہ ماہی گیر اپنا سب کچھ چھوڑ کر یسوع کے پیچھے چلنے کے لئے تیار اور رضامند تھے۔ یسوع کا پیروکار ہونا کوئی آسان نہیں تھی۔ وہ نہیں جانتے تھے کہ اُن کا مستقبل کیسا ہوگا۔ وہ فوری طور پر اپنے جال چھوڑ کر اُس کے پیچھے ہو لئے اور اُس دن سے آدم گیر بن گئے۔

چند ایک غور طلب باتیں

☆ کیا آپ خداوند کے لئے دستیاب ہیں کہ وہ آپ کو استعمال کر سکے؟ کیا آپ پورے طور پر اُس کے پیروکار بننے کے لئے سب کچھ چھوڑ دینے کے لئے تیار ہوں گے؟ اُس کی بلاہٹ کے تابع ہونے میں کون سی چیز آج آپ کی راہ میں رکاوٹ بنی ہوئی ہے؟

☆ آپ کو اِس حقیقت سے کیا حوصلہ ملتا ہے کہ یسوع نے سادہ ماہی گیروں کو اپنے شاگرد ہونے کے لئے چن لیا؟

☆ کیا آپ نے پطرس کی طرح خود کو اِس طور سے دیکھا اور محسوس کیا ہے کہ آپ خداوند کی توجہ کے مستحق نہیں ہیں؟ اِس حصہ سے ہم سادہ اور بے وجود لوگوں کے بارے میں اُس کی دلچسپی کے تعلق سے کیا سیکھتے ہیں؟

☆ آپ کس چیز کو خداوند کے لئے چھوڑنے میں دشواری محسوس کرتے ہیں؟

☆ کیا آپ نے خود کو ایسے لوگوں کی عدالت کرتے ہوئے پایا ہے جنہیں آپ بے وجود اور حقیر سمجھتے ہیں؟ یہ حصہ ہمیں دوسروں کو قبول کرنے کی ضرورت کے بارے میں کیا سکھاتا ہے؟

چند ایک دُعائیہ نکات

☆ ۔☆ ۔خداوند کی اُس طریقۂ کار کے لئے شکر گزاری کریں جس کے وسیلہ سے وہ آپ تک پہنچا۔جس طرح اُس نے پطرس' اندریاس' یعقوب اور یوحنا تک رسائی حاصل کی۔

☆ ۔آپ ایسے موقعوں کے لئے اُس کے حضور معافی کے طلبگار رہوں جب آپ نے اُس کی کامل مرضی کو پورا ہونے کی را

ہ میں مختلف چیزوں کو حائل ہونے دیا۔

☆ ۔خداوند سے فضل مانگیں تا کہ آپ اپنے ارد گرد کے لوگوں کو ایسے ہی قبول کر سکیں جس طرح اُس نے اُنہیں قبول کر لیا ہے۔

☆ ۔خداوند سے اِس بات کے لئے معافی مانگیں کہ آپ دوسروں کو اِس نگاہ سے دیکھتے رہے کہ گویا وہ خداوند کے حضور قابلِ قبول اور منظورِ نظر نہیں ہیں۔اِس طور سے دوسروں کی عدالت کرنے کیلئے خداوند کے حضور معافی مانگیں۔

باب 19

کفرنحوم

متی 8:14-17 مرقس 1:21-34 لوقا 4:31-41 پڑھیں

پچھلے باب میں ہم نے دیکھا کہ کس طرح یسوع نے اپنے پیچھے چلنے اور اپنی خدمت کے لئے اپنے شاگردوں کا انتخاب کیا۔ یسوع اکیلا بھی خدمت کرسکتا تھا لیکن اُس نے دوسروں کے ساتھ مل کر کام کرنے کا چناؤ کیا۔ اِس کی بھی ایک وجہ ہے۔ اور وہ یہ کہ یسوع جانتے تھے کہ اُن کے آسمان پر صعود فرما جانے کے بعد کلیسیا کی تعمیر و ترقی کی ذمہ داری اُن کے شاگردوں کے کندھوں پر آئے گی۔ یہی باپ کے دل کی منشا تھی۔ اُن کے ساتھ کام کرنے کے وسیلہ سے' اُس نے اُنہیں خدمت کے کام کی تربیت دی کہ کس طرح اُنہوں نے خدمت سرانجام دینی ہے۔ اُن کے ساتھ خدمت کا وقت گزار کر اُس نے اُنہیں دکھایا کہ کلیسیا کی تعمیر و ترقی اجتماعی کاوشوں کے نتیجہ میں ہی ممکن ہے۔ خدا نے ہمیں ایک ٹیم کے طور پر کام کرنے کے لئے بلایا ہے۔ اُس نے ہمیں ایسی نعمتوں اور برکات سے نوازہ ہوا ہے جو ایک دوسرے کی تعمیر و ترقی اور روحانی فائدہ کے لئے ہیں۔ یاد رکھیں کہ یسوع نے دوسروں کے ساتھ مل کر خدمت کرنے کا چناؤ کیا۔

یسوع اپنے چار شاگردوں کے ساتھ کفرنحوم کے علاقہ میں گیا۔ سبت کے روز یسوع اُنہیں عبادت خانہ میں لے گیا۔ وہاں یسوع نے تعلیم دینا شروع کر دی۔ لوگ اُس کی تعلیم سن کر حیران ہوئے۔ سب سے زیادہ وہ اِس بات سے حیران تھے کہ وہ اُنہیں صاحبِ اختیار کی طرح تعلیم دیتا تھا۔ اُنہوں نے شریعت کی تعلیم بھی پائی تھی لیکن کبھی کسی شرع کے معلم نے اُنہیں اِس اختیار کے ساتھ تعلیم نہیں دی تھی جس طرح یسوع اُنہیں صاحبِ اختیار کی طرح تعلیم دیتا تھا۔

یہ اختیار یسوع مسیح کی زندگی میں روح القدس کے کام کی وجہ سے تھا۔ جب یسوع کلام کرتا تھا تو اصل میں خدا اُس میں سے ہو کر کلام کرتا تھا۔ روح القدس اُسے خدا کے دل کی آواز لوگوں تک پہنچانے کے لئے ایک وسیلہ کے طور پر استعمال کر رہا تھا۔ اُس دوَر میں ہمیں اِس قسم کی منادی کی کس قدر زیادہ ضرورت ہے۔ ممکن ہے کہ خدا کے کلام کی صداقت کو بیان تو کیا جائے لیکن اِس میں خدا کے روح کا مسح اور اُس کی قدرت موجود نہ ہو۔ اگر سننے والے لوگ ہماری منادی میں خدا کے اختیار کو دیکھیں تو اِس سے کیسا زبردست فرق پڑے گا؟ یسوع نے خدا کا نمائندہ بن کا کلام کیا۔ اُس نے روح سے معمور ہو کر خدا کا کلام لوگوں تک پہنچایا۔ جو کچھ اُس نے کہا اُس کو رد کرنا گویا خدا کو رد کرنا تھا۔

اِس مسح شدہ منادی کے نتیجہ پر غور کریں۔ عبادت خانہ میں ایک ایسا شخص تھا جو بدروح گرفتہ تھا۔ ہمیں یہ تو نہیں بتایا گیا کہ وہ شخص باقاعدگی سے عبادت میں آتا تھا یا پھر اُسی دن عبادت میں آیا تھا۔ یہ بات یقینی طور پر نہیں کہی جا سکتی کہ وہ شخص کیوں وہاں پر آیا ہوا تھا۔ شاید وہ خدا کو اپنی مدد کے لئے پکارنے آیا ہو۔ جب یسوع نے بری روح سے کلام کیا تو

"وہ یوں کہہ کر چلایا کہ اَے یسوع ناصری ہمیں تجھ سے کیا کام؟ کیا تو ہم کو ہلاک کرنے آیا ہے؟ میں تجھے جانتا ہوں کہ تو کون ہے۔ خدا کا قدوس ہے۔" ﴿مرقس 24:1﴾

بُری روح اِس طرح کی قدرت اور اختیار کی موجودگی میں بڑی بے چینی اور تکلیف محسوس کر رہی تھی۔ اُس کی آہ و پکار سے یسوع کی منادی میں مداخلت پیدا ہوئی ہوگی۔ خداوند یسوع نے اُس بُری روح کو فوری طور پر خاموش رہنے اور اُس آدمی میں سے نکل آنے کے لئے کہا۔ یسوع نے اُس بدروح سے کوئی بات چیت نہ کی۔ وہ صرف اور صرف اُسے خاموش کرانے میں دلچسپی رکھتے تھے۔ وہ چاہتے تھے کہ وہ کچھ نہ بولے۔ شیطان اور اُس کی بدروحوں کے پاس ہمارے سننے کے لئے کچھ بھی نہیں ہے۔ بُری روح کو یسوع مسیح کی آواز کی تابعداری کرنا تھی۔ حتیٰ کہ تاریکی کی

قوتیں بھی اُس کے اختیار کے نیچے تھیں۔بدروح گرفتہ شخص بڑے زور سے کانپنے لگا۔لوقا 4:35 میں خدا کا کلام ہمیں بتاتا ہے کہ بدروح نے اُس شخص کو زمین پر نیچے گرا دیا۔پھر بدروح بڑی چیخ مار کر اُس میں سے نکل گئی۔اگرچہ بدروح بڑی قوت کے ساتھ ظاہر ہوئی تو بھی اُس شخص کو جسمانی طور پر کوئی نقصان نہ پہنچا سکی۔(لوقا 4:35)

بدروح کے اِس طرح سے ظاہر ہونے سے عبادت خانہ میں جاری عبادت میں خلل پیدا ہو گیا ہوگا۔جب لوگ عبادت خانہ میں ایسا منظر دیکھنے کی توقع نہیں کر رہے تھے۔لوگ شش و پنج میں پڑے ہوئے تھے۔بعض لوگ حیران تھے کہ یہ کیسی تعلیم ہے۔(مرقس 1:27)اِس سے ہمیں اندازہ ہوتا ہے کہ یہ واقعہ معمول کا واقعہ نہیں تھا۔اگرچہ جو کچھ اُنہوں نے دیکھا تھا اُس کا تو وہ انکار نہیں کر سکتے تھے۔تو بھی یہ بات اُنہیں سمجھ نہیں آ رہی تھی کہ وہ کس بات پر ایمان لائیں۔اِس واقع کی خبر گلیل کے گردونواح میں پھیل گئی۔

یہاں پر ہم خداوند یسوع مسیح کی تعلیم اور منادی کے اختیار اور قدرت کو دیکھتے ہیں۔اُس کا پیغام اختیار اور قدرت سے معمور تھا۔ایسا کہ بدروحیں بھی تکلیف محسوس کرنا شروع کر دیتی تھیں۔اُس دن جو کچھ شاگردوں نے دیکھا' اُس کے جواب میں اُن کا ردعمل کیسا ہوگا۔یہ سب کچھ دیکھ کر اُن کے ایمان میں اضافہ ہوا ہوگا۔جیسے جیسے وہ اُس علاقہ میں اُس کے ساتھ خدمت کرنے کے لئے گئے' ہر قدم پر اُن کے ایمان کو تقویت ملی ہوگی۔

ہم مرقس 1:29 میں دیکھتے ہیں کہ عبادت خانہ سے نکل کر یسوع اور اُس کے شاگرد اندریاس اور شمعون پطرس کے گھر گئے۔جب وہ پطرس کے گھر پہنچے تو پطرس کی ساس بخار کی وجہ سے بستر پر پڑی ہوئی تھی۔جب یسوع نے پطرس کی ساس کو دیکھا تو اُس نے ہاتھ پکڑ کر اُسے اُٹھایا۔اور تپ اُس پر سے اُتر گئی اور وہ اُن کی خدمت کرنے لگی۔(لوقا 4:39) شفا کے ردِعمل میں اُس نے خداوند یسوع مسیح اور اُس کے شاگردوں کی خدمت کرنا شروع کر دی۔گویا کہ وہ اظہار تشکر کے

طور پر اُن کی خدمت کر رہی تھی۔

جب لوگوں کو یہ معلوم ہوا کہ یسوع اُسی علاقہ میں ہے تو وہ اُس گھر میں آ پہنچے جہاں پر وہ موجود تھا۔اُس شام یسوع اور اُس کے شاگردوں کو آرام کرنے کے لئے بھی بہت کم وقت ملا ہوگا۔لوگ بدروح گرفتہ اور بیمار لوگوں کو اُس کے پاس لانے لگے۔اُس نے اُن سب کو اچھا کر دیا جو اُس کے پاس آئے اور اُن میں موجود بدروحوں کو بھی نکال دیا۔بدروحیں صرف یہ کہہ کر اُس میں سے نکل گئیں۔"تو خدا کا بیٹا ہے۔" (لوقا 4:41) یسوع نے اُنہیں جھڑک کر چپ کرا دیا۔

مقدس لوقا ہمیں بتاتے ہیں کہ یسوع نے بدروحوں کو اِس لئے چپ کرا دیا کیوں کہ وہ جانتی تھیں کہ وہ مسیح ہے۔اکثر بدروحیں چلاتی تھیں کہ وہ مسیح ہے۔جو کچھ بدروحیں کہتی تھیں بلاشبہ سچ تھا۔اگر یہ بدروحیں سچ ہی بول رہیں تھیں تو کیوں خداوند یسوع مسیح اُنہیں خاموش کرانا چاہتے تھے؟ بعض مفسرین اِس بات پر متفق ہیں کہ یسوع اُنہیں اِس لئے خاموش کرانا چاہتے تھے کیوں کہ لوگ اُس پیغام کو قبول کرنے کیلئے تیار نہیں تھے۔فی الواقع صورتحال تو ایسی ہی تھی۔یسوع نے خود بھی اِس بات کو نہیں چھپایا تھا کہ وہ خدا کا بیٹا اور مسیح ہے۔جو معجزات وہ کر رہا تھا وہاں پر موجود لوگوں کے لئے اِس بات کا ثبوت تھا کہ وہی مسیح ہے۔

ہمیں یہاں پر یہ سمجھنے کی ضرورت ہے کہ یسوع اپنے اور بدروحوں میں واضح فرق کرنا چاہتا تھا۔اُس نے اُن کی سننے سے انکار کر دیا۔اُس نے خود کو اُن سے الگ کر لیا اور اُنہیں خاموش کرا دیا۔اُس نے انہیں مزید کچھ بھی کہنے نہ دیا۔بدروحیں دھوکہ باز تھیں بدروحوں کو بولتا دیکھ اور سن کر لوگوں کو بڑا اچھا لگتا ہوگا۔کئی لوگ یہ سب کچھ دیکھ کر بدروحوں کے گرویدہ ہو گئے۔خداوند یسوع مسیح ہمیں یہ سیکھا رہے ہیں کہ ہمیں بدروحوں کی باتیں نہیں سننا۔یہ بات اُن سب کے لئے بڑی اہمیت کی حامل ہے جو بدروحوں سے رہائی دینے کی خدمت سرانجام دے رہے ہیں۔اِس کے ساتھ ہی اُن کے لئے بھی سیکھنا لازم ہے جو بدروح گرفتہ لوگوں کو آزاد کرتے ہیں۔ہمارے

دوَر میں بھی بدروحیں کئی طرح سے کلام کرتی ہیں۔ بدروحیں ٹیلی ویژن، فلموں، کتب اور رسالوں کے ذریعہ سے ہم کلام ہورہی ہیں۔ ہمیں کبھی بھی بدروحوں کو بولنے اور اپنے ذہنوں اور طرزِ فکر پر اثر انداز ہونے کا موقع نہیں دینا چاہئے۔ کسی شخص کو کسی بھی قسم کا نقصان پہنچانے کیلئے اُنہیں مختصر سا وقت بھی کافی ہوتا ہے۔ ہوسکتا ہے کہ بدروحیں لمحہ بھر کیلئے سچ بولیں۔ لیکن اُن کے منہ میں دھوکہ، جھوٹ اور فریب ہی ہوتا ہے۔ اِس سے پہلے وہ ہمیں کوئی نقصان پہنچائیں، ضرور ہے کہ ہم اُنہیں خاموش کردیں۔

اُس دن کفرنحوم میں بڑے معجزات ہوئے۔ بہت سے لوگوں نے بدروحوں سے رہائی اور بیماریوں سے شفا پائی۔ بڑے زبردست طریقہ سے یسوع کی قدرت وہاں پر ظاہر ہوئی۔ متی اپنے قارئین کو بتاتا ہے کہ اِن تمام واقعات کے تعلق سے یسعیاہ نبی نے پیش گوئی کی تھی۔

"تاکہ جو یسعیاہ نبی کی معرفت کہا گیا تھا۔ وہ پورا ہو کہ اُس نے آپ ہماری کمزوریاں لے لیں اور بیماریاں اُٹھالیں۔" (متی 17:8)

اِس میں شک کی کوئی گنجائش نہیں کہ یسوع کو شیطان پر قدرت اور اختیار حاصل ہے۔ اُس روز کفرنحوم میں موجود لوگوں کے درمیان یسوع نے ثابت کردیا کہ درحقیقت وہی خدا کا بیٹا ہے۔

چند ایک غور طلب باتیں

☆۔ کیا آپ نے اپنے دور میں مستند، معتبر اور با اختیار منادی کا ثبوت دیکھا ہے؟

☆۔ کیوں ہمیں اپنی منادی اور تعلیم میں روح القدس کی ضرورت ہے؟ ہماری منسٹری میں روح القدس کیا فرق پیدا کر سکتا ہے؟

☆۔ یہ حصہ ہمیں اِس دوَر میں بدروحوں کے خطرہ کے بارے میں کیا تعلیم دیتا ہے؟ اُنہیں خاموش کرنے کی کیا ضرورت ہے؟

☆۔ اِس دوَر میں بدروحیں کس طرح بولتی ہیں؟ ہمارے اِس ٹیکنالوجی کے دوَر میں بدروحیں کون سے طریقے استعمال کرتی ہیں؟ اِس دَور میں ہم کس طرح اُن کی آواز سننے کے قصوروار ہوئے ہیں؟

چند ایک دُعائیہ نکات

☆۔ بدی کی قوتوں پر خداوند کے اختیار اور قدرت کے لئے خداوند کا شکر ادا کریں۔ اُس کا شکر کریں کہ وہ شیطان اور اُس کی بدروحوں پر غالب ہے۔

☆۔ اِس بات کے لئے خداوند کے شکرگزار رہوں کہ وہ بدی کی اِن قوتوں سے ہمیں آزاد کرنے کے لئے آئے۔

☆۔ خداوند سے دُعا کریں کہ آپ اِس دَور میں دوسرے لوگوں کو بدی کی قوتوں سے آزاد کرنے کے لئے اُس کا چنا ہوا وسیلہ بننے کے قابل ہوسکیں۔

☆۔ خداوند سے دُعا کریں کہ وہ آپ کی شخصی خدمت کو مسح کرے۔ اِس بات کے لئے اُس کا شکریہ ادا کریں کہ وہ خدمت کے اُس کام کے لئے آپ کو مسح اور قوت دینے کے لئے بخوشی تیار ہے جس کے لئے اُس نے آپ کو بلایا ہے۔

☆۔ خداوند سے فضل اور توفیق مانگیں تا کہ آپ شیطان کی اُن قوتوں کا مقابلہ کر سکیں جو آپ سے مخاطب ہوتی ہیں۔

باب 20

کوڑھی کا شفا پانا

متی 8:2-4، 4:23-25 مرقس 1:35-45 لوقا 4:42-44 پڑھیں

گزشتہ مطالعہ میں ہم نے دیکھا کہ کس طرح شمعون پطرس کے گھر پر ایک بڑی بھیڑ جمع تھی ۔ جہاں خداوند یسوع مسیح نے بیماروں کو شفا دی جو طرح طرح کی بیماریوں اور تکالیف میں مبتلا تھے۔ ہم یقینی طور پر کہہ سکتے ہیں کہ سارا دن کی مصروفیت کے باعث یسوع اور اُس کے شاگرد تھک گئے ہوں گے۔ ظاہری تھکن کے باوجود، مرقس ہمیں بتاتا ہے کہ صبح سویرے، جب ابھی اندھیرا ہی تھا یسوع بیدار ہوئے اور گھر سے کسی ویران جگہ پر دُعا کرنے کے لئے چلے گئے۔ (مرقس 1:35)

یسوع عموماً تنہائی اور خاموشی کی جگہ پر دُعا کرنے جایا کرتے تھے۔ اُن میں موجود قوت اور قدرت آسمانی باپ کے ساتھ رفاقت اور تعلق کی بنا پر تھی۔ خدا باپ کے ساتھ تنہائی کا یہ وقت اُس کی مرضی دریافت کرنے اور اُس سے قوت پانے کا وقت ہوتا تھا۔ اگرچہ یسوع روح سے معمور تھے تو بھی اُنہیں خدا باپ کے ساتھ وقت گزارنے کی ضرورت ہوتی تھی۔ وہ خدمت گزاری کے کام کے لئے روح سے معمور ہوئے تھے۔

لیکن اُسے خدمت میں کس سمت میں آگے بڑھنا ہے۔ اِس کے لئے اُسے خدا باپ سے راہنمائی کی ضرورت ہوتی تھی۔ خدا کے ساتھ تنہائی میں گزارے ہوئے اوقات میں اُسے اِس بات کی راہنمائی، فہم اور حکمت ملتا تھا کہ کس طرح اُس نے خدا کی طرف سے دی گئی قوت اور اختیار کو استعمال کرنا ہے۔ ہمارے لئے بڑا آسان ہے کہ اُس کی راہنمائی کے طالب نہ ہو کر ہم روح کو

بجھا دیں۔ یہ آزمائش اور خطرہ بھی خارج از امکان نہیں کہ ہم خدا کی قوت اور قدرت اور اس کے دیئے ہوئے اختیار کو اپنے لئے اور اپنی حکمت سے استعمال کرنا شروع کر دیں۔ یسوع خدا باپ کی حضوری میں وقت گزارتے تھے تا کہ اُس کی مرضی اور مقصد کو معلوم کر سکیں۔ ہمارے لئے اچھا ہوگا کہ ہم بھی اُس کے نمونے پر چلیں۔ ضرور ہے کہ ہم بھی اُسی طرح چلیں جس طرح وہ چلتا تھا۔ جلد ہی بھیڑ دوبارہ جمع ہونا شروع ہوگئی۔ مقدس لوقا ہمیں بتاتا ہے کہ بھیڑ یسوع کو تلاش کرتی ہوئی آئی۔ (لوقا 42:4) جب اُنہوں نے یسوع کو وہاں نہ پایا تو شمعون اور دوسرے شاگرد یسوع کی تلاش میں نکلے۔ جب وہ انہیں ملا تو اُنہوں نے اُسے کہا کہ سب لوگ اُنہیں تلاش کر رہے ہیں۔ شاگرد بھیڑ کی کوئی مدد نہ کر سکے۔ ایسا کرنا اُن کی دسترس سے باہر تھا۔ اُن کے پاس ایسی کوئی خوبی، صلاحیت یا لیاقت نہیں تھی کہ اُس بھیڑ کی کچھ مدد کر سکتے۔ اُن میں ایسی روحانی شکتی نہ تھی کہ لوگوں کی ضروریات پوری کرنے کے لئے کچھ کر سکتے۔ بعد ازاں اُنہیں بھی ایسی ہی خدمت سر انجام دینا تھی۔ لیکن فی الوقت وہ اِس بات کا تصور بھی نہیں کر سکتے تھے کہ جو کچھ یسوع کر رہا ہے وہ بھی کر سکیں۔

جب شاگردوں نے یسوع کو بتایا کہ لوگ اُنہیں ڈھونڈ رہے تھے تو یسوع نے اُن سے کہا کہ اُسے دوسرے دیہاتوں میں بھی جانا ضرور ہے تا کہ لوگ اُس کے پیغام کو سن سکیں۔ یسوع کا کوئی ارادہ نہیں تھا کہ اُسی گاؤں میں رہیں۔ یسوع اور اُس کے شاگرد وہاں سے روانہ ہوئے اور گلیل کے علاقہ سے سفر کرتے ہوئے آئے اور عبادت خانہ میں تعلیم دینے لگے۔ اُنہوں نے وہاں پر بدروحوں کو نکالا اور بہت سے بیماروں کو اچھا کیا۔ متی 24:4 کے مطابق لوگ چاروں طرف سے اُن بیماروں کو اُس کے پاس لائے جو طرح طرح کی بیماریوں اور بدروحوں میں جکڑے ہوئے تھے۔ بعض شدید درد میں مبتلا تھے۔ کچھ بدروح گرفتہ تھے۔ کچھ مفلوج اور اپاہج بھی تھے جبکہ کچھ بیماریوں کے شدید حملہ کے نیچے تھے۔ یسوع نے اُن سب کو اچھا کر دیا خواہ اُن کی بیماری اور

کمزوری کیسی بھی تھی۔اُس علاقہ کے گردونواح سے ایک بڑی بھیڑ اُس کے پیچھے ہولی کیوں کہ شفا بخشنے کی قدرت اُس کی زندگی میں کام کررہی تھی۔

ایک خاص موقع پر' ایک کوڑھی نے یسوع کے پاس آ کر اُس کے سامنے گھٹنے ٹیکے۔ہم اِس بات کے تعلق سے صرف تصور ہی کر سکتے ہیں کہ اُس وقت لوگوں کے ذہنوں میں کیا بات ہوگی کہ ایک کوڑھی جوکہ انتہائی ناپاک ہے یسوع کے قریب آ گیا ہے۔یہ شخص تو ناپاک ہے۔اُسے تو بھیڑ سے دُور ہی رہنا چاہیئے۔بھیڑ نے خوشی سے اُس کا استقبال نہ کیا بلکہ اُس کا آنا اُنہیں بالکل اچھا نہ لگا۔یہ کوڑھی بھی بھیڑ کے احساسات اور خیالات سے واقف اور آگاہ تھا۔پر کیا کرتا ہے' وہ جانتا تھا کہ صرف یسوع ہی اُس کی واحد اُمید ہے۔اُس نے سن رکھا تھا کہ یسوع ہر طرح کے بیماروں اور کمزوروں کو شفا دیتا ہے۔وہ اِس بات پر ایمان لے آیا کہ یسوع اُسے بھی اچھا کر سکتا ہے۔

کوڑھی نے یسوع کو سجدہ کیا اور کہا'' خداوند اگر تو چاہیئے تو مجھے پاک صاف کر سکتا ہے۔'' (متی 2:8) یسوع کو اُس پر ترس آیا۔اگرچہ بھیڑ اُسے نگاہ نفرت سے دیکھ رہی تھی۔تو بھی یسوع نے اُس پر رحم اور ترس بھری نظروں سے دیکھا۔یسوع نے ہاتھ بڑھا کر اُسے چھوا اور کہا میں چاہتا ہوں تو پاک صاف ہو جا۔وہ فوراً کوڑھ سے پاک صاف ہو گیا۔'' ایسا کسی نے بھی نہیں کیا تھا۔کوڑھی کو چھونے سے لوگ ناپاک ہو جاتے تھے۔

کیا آج بھی ہمارے معاشرے میں ایسے لوگ نہیں ہیں؟ یہ لوگ بڑے گناہ اور بدی کے قصوروار ہوئے ہیں۔ہم اُن کے قریب بھی نہیں جانا چاہتے۔ہمیں اِس بات کے لئے خداوند کا شکرگزار ہونا چاہیئے کہ وہ ہم سے قطعی مختلف ہے۔اُس کے شکرگزار ہوں کہ وہ ہماری نالائقی' ناپاکی اور گناہ آلودہ حالت کے باوجود ہمیں چھوتا ہے۔خداوند کسی اور بھی طریقے سے اُس کوڑھی کو شفا دے سکتا تھا۔ضروری نہیں تھا کہ خداوند یسوع اُس کوڑھی کو چھو کر ہی شفا دیتے۔اُس نے اُسے چھوا تا کہ ہمیں کچھ خاص سبق سکھا سکیں۔اُنہوں نے اُسے چھو کر یہ ثابت کیا کہ اُس کوڑھی کی قدر و قیمت

اُس کی نگاہ میں بہت زیادہ ہے۔ اُسے ناپاک ہونے کا کوئی خوف وخطرہ نہیں تھا۔ کاش کہ خدا ہمیں بھی ایسا ہی دل عطا فرمائے۔

اُس کوڑھی کو اُس کے کوڑھ سے شفا دینے کے بعد' اُس نے اُسے کہا کہ جو کچھ ہوا ہے کسی کو نہ بتانا۔ تاہم اُسے یہ کہا گیا کہ وہ اپنے تئیں جا کر کاہن کو دکھائے۔ اور پاکیزگی اور طہارت کے تعلق سے جو مجوزہ قربانی ہے اُسے گزرانے۔ مقدس مرقس ہمیں بتاتا ہے کہ اُسے ''بڑی تاکید'' کی کہ وہ اُس کے بارے کسی کو نہ بتائے۔ ہمارے ذہنوں میں یہ سوال پیدا ہوسکتا ہے کہ کیوں خداوند نے اُس شفا پانے والے سے یہ کہا تھا کہ کسی کو اُس معجزے کے بارے میں نہ بتائے؟ اِس سوال کا جواب اِس بات میں دیکھا جاسکتا ہے جب اُس نے یسوع کے حکم کی نافرمانی کی۔

جو کچھ یسوع نے کہا' کوڑھی نے اُس پر کان نہ لگایا۔ اِس کے برعکس اُس نے باہر جا کر سب کو اُس معجزے کے بارے میں بتانا شروع کر دیا۔ جہاں کہیں گیا اُس نے سب کو اپنی شفا کے بارے بتانا شروع کر دیا۔ اِس کے نتیجہ میں بہت سے لوگ یسوع کے پاس شفا پانے کے لئے آنا شروع ہوگئے۔ ایسا کہ یسوع سرعام اُس شہر میں داخل نہ ہوسکا۔ اُسے بھیڑ سے بچنے کے لئے باہر ہی ٹھہرنا پڑا۔ اِن سب کاوشوں کے بعد' پھر بھی لوگ یسوع کے پاس آتے رہے۔ دُعا کرنے کے لئے یسوع کو وہاں سے چپکے سے کہیں دور تنہائی کی جگہ پر جانا پڑا۔ اِسی وجہ سے تو یسوع نے کوڑھی کو تاکید کر کے کہا تھا کہ وہ کسی کو نہ بتائے۔ بھیڑ اُس سے وہ سب کچھ لینے کے لئے آئی جو کچھ اُس سے مل سکتا تھا۔ جب تک یسوع اُن کی ضروریات پوری کرتا رہا' وہ اُس کے پیچھے آتے رہے۔ جب اُنہوں نے محسوس کیا کہ اب اُس سے کچھ نہیں مل سکتا۔ تو پھر اُس بھیڑ نے اُس کی طرف پشت پھیر دی اور اُسے رد کر دیا۔

ہم خداوند یسوع کے بے انتہا رحم اور ترس کوڑھی کو چھو کر شفا دینے میں دیکھ سکتے ہیں۔ یسوع جانتے تھے کہ لوگوں میں عزت افزائی اور مقبولیت کیا ہوتی ہے۔ وہ اُس کے اردگرد مکھیوں کی

طرح رہتے تھے تاکہ جو کچھ بھی اُس سے مل سکے' حاصل کرلیں۔ خداوند یسوع مسیح نے آگے بڑھ کر ہر کسی کو شفا اور برکت نہ دی۔ کئی دفعہ خداوند یسوع مسیح لوگوں کو ویسے ہی چھوڑ کر آگے بڑھ جاتے تھے۔

یسوع خدا باپ کے ساتھ تنہائی میں وقت گزارنے سے قوت پاتے تھے۔ بہت سے مختلف اور فوری توجہ کے کام کاج ہماری توجہ اور وقت چرا لیتے ہیں جبکہ وہی وقت ہمیں آسمانی باپ کے ساتھ گزارنے کی ضرورت ہوتی ہے۔ بہت سی ضروریات ہیں' بہت سے ایسے لوگ ہیں جن کی ہمیں بات توجہ سے سننی چاہیئے۔ انسان ہوتے ہوئے ہمارے وسائل بہت محدود ہیں۔ جس طور سے خدا چاہتا ہے کہ ہم اُس کے لئے خدمت گزاری کا کام کریں' اُس کے لئے ہمیں خدا کی طرف سے حکمت اور دانائی کے ساتھ ساتھ روح کی قوت اور راہنمائی کی ضرورت ہوتی ہے۔ ایسا تب ہی ہوگا جب ہم خداوند کے ساتھ وقت گزار کر اُس سے طاقت اور قوت پائیں گے۔ خداوند ہمیں یسوع مسیح کے نمونے پر عمل پیرا ہونے کی توفیق عطا فرمائے۔

چند ایک غور طلب باتیں

☆ ـ ناپاک رد کئے ہوئے لوگوں کے لئے خداوند کے ترس کے بارے میں یہ حصہ ہمیں کیا سکھاتا ہے؟

☆ ـ یہ حصہ ہمیں آسمانی باپ کے ساتھ وقت گزارنے کی ضرورت کے بارے میں کیا تعلیم دیتا ہے؟ کیا آپ کی خدمت خدا کے ساتھ گزارے وقت کا نتیجہ ہوتی ہے؟

☆ ـ کیا ہم ہر اُس شخص کے لئے خدمت گزاری کا کام کر سکتے ہیں جو ہمارے پاس آتا ہے؟ یہ حصہ ہمیں بعض اوقات خدمت سے دُور رہنے کی ضرورت کے بارے میں کیا سکھاتا ہے؟

چند ایک دُعائیہ نکات

☆ ـ خداوند سے دُعا کریں کہ اُس کے ساتھ تنہائی میں وقت گزارنے میں آپ خوشی محسوس کر سکیں۔ خداوند کے ساتھ تنہائی میں وقت گزارنے کی توفیق مانگیں تاکہ ہمیں خدمت کے لئے حکمت اور تازگی مل سکے۔

☆ ـ اِس بات کے لئے خداوند کی شکر گزاری کریں کہ وہ میرے اور آپ جیسے لوگوں کی ناپاکی اور گندگی کی حالت کے باوجود اُن تک پہنچتا اور اُنہیں چھوتا ہے۔

ـ خداوند سے اُس شخص کے لئے رحم اور ترس مانگیں جسے محبت کرنا بڑا دشوار معلوم ہوتا ہے۔

☆ ـ خداوند سے درخواست کریں کہ وہ آپ کی خدمت میں خاص طور پر آپ کی راہنمائی کرے۔ ایسے وقتوں کے لئے خداوند سے معافی مانگیں جب آپ نے اپنی حکمت، دوڑ دھوپ اور طاقت سے سب کچھ کرنا چاہا۔

باب 21

مفلوج

متی 9:1-8 مرقس 2:1-12 لوقا 5:17-26 پڑھیں

مفلوج کو شفا دینے کے بعد یسوع کشتی میں سوار ہو کر کفرنحوم کے علاقہ میں آئے۔ مفسرین ہمیں بتاتے ہیں کہ ناصرت سے نکالے جانے کے بعد خداوند یسوع مسیح نے کفرنحوم میں بسیرا کر لیا تھا۔ شاید اِسی وجہ سے' مرقس 2:1 میں گھر واپس لوٹتے ہوئے نظر آتے ہیں۔ جب لوگوں نے سنا کہ وہ آ چکا ہے۔ تو وہ اُس گھر میں جمع ہوئے جہاں یسوع موجود تھا۔ اِس قدر لوگ جمع ہوئے کہ وہاں تل دھرنے کی جگہ نہ تھی۔ مرقس 2:2 میں ہمیں خدا کا کلام بتاتا ہے کہ دروازے کے باہر تک کوئی جگہ نہ تھی۔ یسوع نے وہاں پر منادی کرنا شروع کر دی۔ لوقا 5:17 میں ہم دیکھتے ہیں کہ وہاں پر شرع کے عالم اور فریسی بھی موجود تھے۔

لوقا 5:17 میں ہماری دلچسپی اور بھی بڑھ جاتی ہے۔ چونکہ خدا کی قدرت یسوع مسیح میں کام کرتی تھی اس لئے وہ شفا دینے کا کام کرتا تھا۔ کیا یہ قوت ہمیشہ ہی یسوع کے ساتھ نہیں ہوتی تھی؟ مقدس لوقا اُس خاص کام سے بخوبی واقف تھا جو وہاں پر ہو رہا تھا۔ وہ اِس بات سے آگاہ تھا کہ خدا کی قدرت اور مسح یسوع پر تھا۔ باپ کا کام کرنے کے لئے یسوع باپ کے مسح پر ہی بھروسہ کرتے تھے۔ اگرچہ ہمیں لوقا 4:18-19 میں واضح طور پر بتایا گیا ہے کہ خدا کا روح پہلے سے ہی خوشخبری کی منادی کرنے اور بیماروں کو شفا دینے کے لئے یسوع پر تھا' لوقا یہاں پر ایک خاص قسم کے مسح کا ذکر کرتے ہیں۔ بعض اوقات یسوع خدا باپ کی مرضی اور اُس کے خاص مقصد کو پورا کرنے کے لئے خاص قوت اور اُس کی خاص راہنمائی محسوس کرتے تھے۔ آج شفا کا

دن تھا۔ اُس روز خدا کے روح کا مسح اور بھی قوت اور قدرت سے اُن کی زندگی پر کام کر رہا تھا۔ خدا کے ذہن میں ایک خاص مقصد تھا۔

اِس خاص مسح کی وجہ بھی واضح اور نمایاں ہوگئی۔ جب یسوع منادی کر رہے تھے، مرقس ہمیں بتاتا ہے کہ اُس مفلوج کو چار آدمی اُٹھا کر لائے۔ (مرقس 3:2) اُن آدمیوں نے مفلوج کو اُس گھر میں لانے کی کوشش کی جہاں پر یسوع موجود تھے۔ لیکن ہجوم کے سبب سے وہ اُس گھر میں داخل نہ ہو سکے۔ یہ آدمی جانتے تھے کہ یسوع ہی اُن کے دوست کی آخری اُمید ہے۔ درپیش رکاوٹیں اُن کی کوششیں جاری رکھنے کے لئے اُنہیں بے دل اور مایوس نہ کر سکیں۔ جب وہ دروازے سے یسوع تک نہ پہنچ سکے، اُنہوں نے اپنے دوست کو یسوع تک پہنچانے کے لئے اوپر جا کر چھت ادھیڑ دی۔

ہم کتنی بار یسوع تک پہنچنے کی کوشش تو کرتے ہیں لیکن راہ کی دشواریاں ہمیں بے دل اور بے حوصلہ کر دیتی ہیں۔ لاتعداد ایسی چیزیں ہیں جو ہماری راہ میں رکاوٹ کا باعث ہوتی ہیں۔ بعض اوقات یہ رکاوٹیں اتنی بڑی دکھائی دیتی ہیں کہ ہمیں کوئی حل نظر نہیں آتا۔ اِس مفلوج کے چار دوست ہمیں ثابت قدم رہنے کی تلقین کرتے ہیں۔ اُنہوں نے ہمت نہ ہاری۔ اُن کی بس ایک ہی سوچ اور ارادہ تھا کہ اُن کا دوست شفا پا جائے۔ وہ اپنے دوست کو یسوع تک پہنچانے کے لئے سب کچھ کرنے کا مصمم ارادہ کئے ہوئے تھے۔ اُن کی ثابت قدمی اور پختہ ارادے کے باعث وہ سرخرو اور کامیاب ہوئے۔ سوال یہ ہے کہ آپ کتنی بڑی فتح پانا چاہتے ہیں؟

اِس سوال کا جواب آپ کے لئے کس قدر اہم ہے؟ اگر آپ بڑی فتح پانے کے لئے مصمم ارادہ کئے ہوئے ہیں تو آپ کبھی بھی پیچھے نہیں ہٹیں گے۔ آپ اُس وقت تک ثابت قدم رہیں گے جب تک آپ فتح حاصل نہیں کر لیں گے۔ آپ کو ایمان کے موافق اجر ملے گا۔ جو کچھ مفلوج کے چار دوستوں نے کیا تھا، اُسے دیکھ کر یسوع کے دل پر گہرا اثر ہوا۔ یسوع نے چھت سے نیچے

لٹکائے گئے آدمی سے کہا کہ اُس کے گناہ معاف ہوئے۔ جو کچھ یسوع نے کہا' اُس پر غور کریں۔ یسوع ہمیں یہاں پر یہ نہیں کہہ رہے کہ ہر قسم کی بیماری گناہ اور بدی کا نتیجہ ہوتی ہے۔ بلکہ وہ ہمیں یہ بتا رہے ہیں کہ اُس شخص کی بیماری اور اُس کے گناہ میں ایک خاص تعلق پایا جاتا تھا۔ کچھ ایسی بیماریاں بھی ہوتیں ہیں جو شخصی گناہ کا نتیجہ ہوتی ہیں۔ ہمیں یہاں پر یہ سمجھنے کی ضرورت ہے کہ اُس روز جسمانی شفا سے بھی بڑھ کر کچھ ہوا۔ اُس روز جسمانی شفا کے ساتھ ساتھ اُس کی روح کی شفا اور بحالی کا کام بھی ہوا۔

یہ بڑی اہم بات ہے کہ یسوع نے اُس دن جسمانی شفا کی بات نہیں کی بلکہ سب سے پہلے گناہ کے مسئلہ کو حل کیا۔ اُس شخص کی جسمانی شفا سے بڑھ کر اُس شخص کے گناہوں کی معافی زیادہ اہم تھی۔ ہوسکتا ہے کہ ایک شخص جسمانی طور پر تو شفا پا جائے لیکن اُس کا خدا کے ساتھ رشتہ استوار نہ ہو۔ بعض اوقات جسمانی بیماریوں اور کمزوریوں کا مقصد ہمیں اِس بات کی یاد دہانی کرانا ہوتا ہے کہ ہمیں گہری روحانی شفا کی ضرورت ہے۔ کیا ممکن ہے کہ خدا نے اُس بیماری کو استعمال کیا تا کہ اُس مفلوج پر یہ ظاہر کرے کہ اُسے اپنی زندگی میں گناہ کے مسئلہ کو بھی حل کرنا ہے۔

شرع کے عالموں اور فریسیوں کے ردِعمل پر غور کریں۔ جب اُنہوں نے یسوع کو یہ کہتے سنا کہ اُس شخص کے گناہ معاف ہوئے تو اُنہوں نے اُس پر کفر کہنے کا الزام لگایا۔ صرف خدا ہی گناہ معاف کرسکتا ہے۔ اُس شخص کے گناہوں کی معافی کا اعلان کر کے خداوند یسوع مسیح خدا کا کردار ادا کر رہے تھے۔ یہاں یہ بات بالکل واضح ہو جاتی ہے کہ وہاں پر موجود مذہبی راہنما یسوع مسیح کی زندگی اور اُس کی خدمت کے بارے میں شک وشبہات میں مبتلا تھے۔ اُنہوں نے اُسے مسیح کے طور پر نہیں پہچانا تھا۔ یسوع اُن کے خیالوں اور سوچوں سے آگاہ اور واقف تھے۔ اور اُن سے مخاطب ہوئے۔ ''آسان کیا ہے یہ کہنا کہ تیرے گناہ معاف ہوئے یا یہ کہنا کہ اُٹھ اور چل پھر؟'' (متی 5:9)

فریسیوں نے یسوع پر کفر کہنے کا الزام لگایا تھا۔ کیوں کہ اُس نے کہا تھا کہ اُس شخص کے گناہ معاف ہوئے۔ لیکن جب اُنہوں نے یہ کہا کہ اُٹھ اور چل پھر تو پھر اُنہوں نے کچھ بھی نہ کہا اور خاموش رہے۔ یسوع نے اس شخص کے گناہ معاف کیئے اور اسے جسمانی شفا بھی دی یہ دونوں کام یہ صرف خدا ہی کر سکتا ہے۔

یسوع نے اِس بات کو واضح طور پر محسوس کیا اور دیکھا کہ اُس شخص کی جسمانی بیماری اور کمزوری اور اُس کے گناہ میں ایک تعلق پایا جاتا ہے۔ اُس شخص کی جسمانی شفا کے لئے ضروری تھا کہ پہلے اُس کے گناہ کے مسئلہ کو حل کیا جاتا۔ اُس شخص کے گناہ اُسے بندھنوں میں جکڑے ہوئے تھے۔ صرف اور صرف گناہوں کی معافی ہی اُسے آزاد کر سکتی تھی۔ آج بھی بہت سے ایسے لوگ ہیں جو گناہ کے سبب سے جسمانی اور جذباتی بندھوں میں جکڑے ہوئے ہیں۔ ایسے بہت سے ممالک ہیں جو معاشی اور ثقافتی بندھوں میں گرفتار ہیں۔ کیوں کہ اُن کا خدا کے ساتھ تعلق درست نہیں ہے۔ صرف اور صرف یسوع کے پاس آنے کے وسیلہ سے ہی اُنہیں اُس بڑی شفا کی ضرورت کا احساس ہو سکتا ہے جس کی اُنہیں ترجیحی بنیادوں پر ضرورت ہے۔ یہی وہ بات تھی جنہیں شرع کے عالم اور فریسی اُس دن سمجھ نہ پائے۔

خداوند یسوع مسیح جانتے تھے کہ اِس معجزے کا کوئی مقصد ہے۔ اِس معجزے کا مقصد وہاں پر موجود لوگوں پر یہ بات واضح کرنا تھا کہ ابن آدم کے پاس گناہ معاف کرنے کا بھی اختیار ہے۔ (متی 6:9) اِس اختیار کا عملی مظاہرہ کرنے کے لئے یسوع نے اُس مفلوج سے کہا' اُٹھ اور اپنی چار پائی اُٹھا کر اپنے گھر چلا جا۔ جتنے وہاں پر موجود تھے اُن سب کے سامنے وہ مفلوج اپنی چار پائی اُٹھا کر اپنے گھر چلا گیا۔ یہ خدا کی طرف سے ایک واضح نشان تھا۔

جتنوں نے یہ معجزہ دیکھا حیران ہو کر خدا کی بڑائی کر رہے تھے۔ اُنہوں نے گناہ پر یسوع کے اختیار اور قدرت کے عملی مظاہرے کو دیکھا۔ ہمیں اِس سے کیا حوصلہ ملتا ہے؟ یسوع نہ صرف ہمیں

گناہوں سے آزاد کر سکتے ہیں۔ بلکہ زندگی میں گناہ کے اثرات سے بھی ہمیں مخلصی اور رہائی دے سکتے ہیں۔ خداوند یسوع مسیح ہمیں نہ صرف گناہ کی ابدی سزا سے رہائی دیتے ہیں بلکہ اُن بندھنوں سے بھی رہائی دیتے ہیں جنہیں ہم گناہ کے سبب سے اپنی زندگی میں محسوس کرتے ہیں۔ مفلوج کی شفا کے معجزے کا مقصد وہاں پر موجود لوگوں پر صرف یہ ثابت کرنا نہیں تھا کہ یسوع کو گناہ پر اختیار اور قدرت حاصل ہے بلکہ اِس بات کو سمجھنے میں ہماری مدد کرنا ہے کہ ہماری شخصی اور معاشرتی زندگی پر گناہ کے کیا اثرات مرتب ہوتے ہیں۔

چند ایک غور طلب باتیں

☆۔یہاں پر ہم اپنے معاشرے میں گناہ‘ جسمانی‘ جذباتی‘ معاشی اور ثقافتی بندھنوں کے بارے میں کیا سیکھتے ہیں؟

☆۔ہم اُن آدمیوں کی ثابت قدمی اور استقلال کے بارے میں کیا سیکھتے ہیں جو اپنے دوست کو یسوع کے پاس لائے؟

☆۔کیا آپ نے کسی خاص خدمت کیلیئے مسح محسوس کیا ہے؟اِس سے ہم روح القدس پر انحصار کرنے کی ضرورت‘ اُس کے خاص وقت‘ اپنے خیالات اور اپنی قوت کے بارے میں کیا سیکھتے ہیں؟

☆۔بہ حیثیت ایک معاشرہ گناہ کس قدر ہم پر اثر انداز ہوتا ہے؟ گناہ اپنے ساتھ کیسے بندھن لے کر آیا ہے۔

چند ایک دُعائیہ نکات

☆۔خداوند کی شکرگزاری کریں کہ یسوع کو ہماری زندگی میں موجود گناہ اور اُس کے اثرات پر قدرت حاصل ہے۔

☆۔خداوند سے دُعا کریں کہ وہ آپ کو اُن آدمیوں جیسی ثابت قدمی عطا فرمائے جو اپنے دوست کو یسوع کے پاس لے کر آئے تھے۔

☆۔خداوند سے دُعا کریں کہ وہ آپ کو شخصی زندگی کے کسی بھی حصہ میں سے گناہ کے اثرات سے مخلصی اور رہائی بخشے۔

باب 22

متی

متی 9:9-13   مرقس 2:13-17   لوقا5:27-32

مفلوج کو شفا دینے کے بعد' مقدس مرقس ہمیں بتاتے ہیں کہ یسوع جھیل کے کنارے گیا۔ چلتے ہوئے اُن کی ملاقات ایک لاوی سے ہوئی۔ جو بعدازاں متی کی انجیل کا مصنف اور متی رسول کے طور پر پہچانا گیا۔

متی ایک محصول لینے والا تھا۔ محصول لینے والوں کو معاشرے میں عزت کی نگاہ سے نہیں دیکھا جاتا تھا۔ اِس کی کئی ایک وجوہات تھیں۔ پہلی وجہ۔ رومی لوگ محصول اکٹھا کرتے تھے۔ متی نے اُن رومیوں سے گٹھ جوڑ بنالیا تھا جنہیں نفرت کی نگاہ سے دیکھا جاتا تھا۔ وہ یہودی لوگوں سے محصول اکٹھا کر کے رومی لوگوں کو دیتے تھے۔ دوسری وجہ۔ متی محصول کے پیسوں سے ہی مالدار ہوا ہوگا۔ اکثر اوقات محصول لینے والے مقرر کردہ محصول سے زیادہ بھی لے لیتے تھے اور یوں اپنی دیہاڑیاں لگایا کرتے تھے۔ وہ دن دیہاڑے اپنے یہودی بھائیوں کی جیبیں کاٹتے رہتے تھے۔ بہ حیثیت ایک محصول لینے والا' متی رومی ظلم و ستم کی علامت تھا۔ متی کا شمار معاشرے کے رد کئے اور دھتکارے ہوئے لوگوں میں ہوتا تھا۔

جب یسوع پاس سے گزرے تو متی اپنی ڈیوٹی پر موجود تھا۔ یسوع نے اُسے اپنے پیچھے چلنے کے لئے کہا' یہاں پر ہمیں یسوع اور متی کے درمیان کوئی گفتگو نظر نہیں آتی۔ متی اُٹھا' اپنا کام کاج وہیں پر چھوڑا اور یسوع کے پیچھے ہولیا۔ لوقا 5:28 واضح طور پر بیان کرتا ہے کہ متی اُس روز اپنا سب کچھ چھوڑ کر یسوع کے پیچھے ہولیا۔

یہ بات بڑی اہمیت کی حامل ہے کہ یسوع اِس خاص شخص تک پہنچے۔ یسوع اُن پر نگاہ کرتے ہیں جو دل کے افسردہ، رد کئے ہوئے اور دُکھی ہوتے ہیں۔ اُس کے دل میں ایسے لوگوں کے لئے خاص جگہ ہے۔ اگرچہ متی بڑا دولتمند تھا تو بھی معاشرے کا رد کیا ہوا شخص تھا۔

لوقا29:5 سے ہم یہ سمجھتے ہیں کہ متی نے یسوع کے لئے ایک بڑی ضیافت کا اہتمام کرنے کا فیصلہ کیا۔ متی نے اُس ضیافت میں اپنے دوستوں کو بھی مدعو کیا۔ متی کے گھر میں یسوع کی موجودگی میں محصول لینے والوں کی ایک بڑی تعداد موجود تھی۔ "گناہ گار" سمجھے جانے والے بھی وہاں پر موجود تھے۔ ہمیں یہ تو معلوم نہیں کہ اُن لوگوں کے گناہ کی نوعیت کیسی تھی جس وجہ سے اُنہیں "گناہ گار" سمجھا جاتا تھا۔ متی کے گھر میں یسوع کے لئے کی گئی ضیافت میں اُس علاقہ کے بدترین لوگ موجود تھے۔ وہ سب دھوکہ باز، ٹھگ اور ایسا طرزِ زندگی رکھنے والے لوگ تھے جو کسی طور پر بھی خدا کو پسند نہیں آتے۔ اُس روز وہاں پر ایک بڑی بھیڑ جمع ہوئی ہوگی۔

فریسی اور شرع کے عالموں نے دیکھا کہ کون کون اُس ضیافت میں شریک ہوا ہے۔ اُن کے خیال میں یسوع کو ایسے لوگوں کے درمیان نہیں آنا چاہئے تھا۔ اُنہوں نے اُس کے شاگردوں سے کہا کہ یسوع ایسے بدترین گناہ گاروں کے ساتھ کیوں کھاتا پیتا ہے؟ اِس قسم کی رائے کے پیچھے یہ خیال اور سوچ پائی جاتی ہے کہ مذہبی اور متقی لوگوں کو گناہ گاروں اور بدکاروں سے کچھ واسطہ نہیں رکھنا چاہئے۔ اُنہیں ایسے لوگوں سے کوئی تعلق نہیں رکھنا چاہئے جو اُن کی طرح مذہبی اور پارسا نہیں ہیں۔ فریسیوں اور شرع کے عالموں نے محسوس کیا کہ ضیافت میں موجود لوگوں سے دُور رہنا چاہئے اور کسی طور پر بھی اُن کے ساتھ میل جول نہیں رکھنا چاہئے۔ شرع کا حقیقی عالم کبھی بھی ایسے لوگوں کے ساتھ اٹھتا بیٹھتا نہیں ہوگا۔

یسوع نے فریسیوں اور شرع کے عالموں کی باتیں سنیں، اُس نے اُنہیں جتایا کہ تندرست کو طبیب کی ضرورت نہیں ہوتی بلکہ بیمار کو۔ اُن گناہ گاروں کو کسی ایسے شخص کی ضرورت تھی جو اُن کی

راہنمائی نجات کی راہ پر کر سکے۔ وہ گناہوں میں کھوئے ہوئے تھے اور اُنہیں خدا کی طرف سے معافی کی ضرورت تھی۔ اُس روز یسوع جی نے اُن فریسیوں اور شرع کے عالموں کو بتایا کہ وہ گناہ گاروں اور ناراستوں کو توبہ کے لئے بلانے آیا ہے۔ متی کے انجیلی بیان میں، یسوع نے فریسیوں اور شرع کے عالموں سے پوچھا کہ جو کچھ ہوسیع نبی نے کہا اِس کا کیا مطب ہے۔

''کیوں کہ میں قربانی نہیں بلکہ رحم پسند کرتا ہوں۔ اور خدا شناسی کو سوختنی قربانیوں سے زیادہ چاہتا ہوں۔'' ﴿ہوسیع 6:6﴾ وہاں پر موجود مذہبی راہنماؤں کو یسوع کیا کہہ رہے تھے؟ ہوسیع نے لوگوں کو بتایا کہ خدا قربانی نہیں بلکہ رحم پسند کرتا ہے۔ یہ فریسی اور شرع کے عالم قربانیاں گزراننے میں ایک دوسرے پر سبقت رکھتے تھے۔ وہ موسیٰ کی شریعت کے بڑے پابند اور اُس پر بلا تقصیر چلتے تھے۔ وہ ہر روز ہیکل میں اپنی قربانیاں لے کر آتے تھے۔ وہ خدا کے احکام کی تابعداری میں بڑے وفادار اور پابند تھے لیکن رحم اور ترس سے عاری تھے۔

وہ گناہ میں کھوئے ہوئے لوگوں تک پہنچنے کی بجائے وہ قربانیاں گزراننے میں وقت صرف کر رہے تھے۔ وہ اپنی مذہبی سرگرمیوں میں لگے ہوئے تھے جبکہ باقی سب لوگ خدا کے بغیر ابدیت جہنم میں گزراننے کی تیاری کر رہے تھے۔ کھوئے ہوئے لوگوں پر اُنہیں کبھی رحم اور ترس نہیں آتا تھا۔ یسوع نے اُنہیں کہا کہ اگر وہ حقیقی طور پر ہوسیع کی معرفت بیان کی گئی بات کو سمجھ جائیں تو پھر وہ بڑے رحم اور ترس کے ساتھ اُن لوگوں تک پہنچیں جنہیں ایک نجات دہندہ کی ضرورت ہے۔

متی کو بلانے سے، یسوع کھوئے ہوئے لوگوں کے لئے رحم اور ترس بھرا دل ظاہر کر رہے تھے۔ ہمیں اُن لوگوں تک پہنچنے سے خوفزدہ نہیں ہونا چاہئے جنہیں نجات دہندہ کی ضرورت ہے۔ میری دُعا ہے کہ خدا ہم سب کو رحم اور ترس بھرا دل عطا فرمائے جو اُن لوگوں کے لئے شفاعت کرتے ہوئے عملی طور پر اُن تک پہنچ بھی سکے جنہیں ایک نجات دہندہ کی ضرورت ہے۔

چند ایک غور طلب باتیں

☆۔ یہ حصہ گناہ کی دلدل میں دھنسے اور رد کئے ہوئے لوگوں کے تعلق سے خداوند یسوع مسیح کے رحم اور ترس کے بارے میں کیا سکھاتا ہے؟

☆۔ یسوع نے متی کو اپنے پیچھے چلنے کیلئے بلایا جو کہ ایک رد کیا ہوا شخص تھا۔ اِس سے ہمیں، خداوند کے چناؤ اور لوگوں کو استعمال کرنے کے بارے میں سیکھنے کو کیا ملتا ہے؟ اِس حصہ سے آپ کی کیا حوصلہ افزائی ہوتی ہے؟

☆۔ آپ کے معاشرہ میں رد کئے ہوئے لوگ کون ہیں؟ خدا کس طرح سے چاہتا ہے کہ آپ ایسے لوگوں تک پہنچیں؟

☆۔ ہمارے لئے یہ کس قدر آسان ہے کہ ہم فریسیوں جیسی ذہنیت اپنائیں جن کی ساری توجہ مذہبی سرگرمیوں پر مرکوز تھی۔ اور اُنہیں ایسے لوگوں پر مطلق رحم اور ترس نہ آتا تھا جنہیں نجات دہندہ کی ضرورت تھی؟ کیا آپ ایسی کلیسیاؤں سے واقف ہیں؟

چند ایک دُعائیہ نکات

☆۔ خداوند کے حضور شکر گزاری کریں کہ وہ آپ کی نااہلی اور نا قابلیت کے باوجود آپ تک پہنچا۔

☆۔ اپنے معاشرہ میں گناہ کی تاریکیوں میں کھوئے ہوئے لوگوں کے لئے اور زیادہ ترس اور رحم کو مانگیں۔ ☆۔ خداوند سے ایسے وقتوں کیلئے معافی مانگیں جب معاشرے میں آپ کھوئے ہوئے اور رد کئے ہوئے لوگوں کے لئے رحم، ترس اور ہمدردانہ روّیہ اپنانے میں ناکام رہے۔

☆۔ خداوند سے دُعا کریں کہ وہ آپ کو تعصب سے آزاد کرے۔ تاکہ کھوئے ہوؤں تک پہنچنے کے لئے آپ کی خدمت اور بھی زیادہ مؤثر اور کارگر ثابت ہو سکے۔

باب 23

پرانی مشکیں

متی 9:14-17 مرقس 2:18-22 اور لوقا 5:33-39 پڑھیں

یسوع نے ہمیشہ لوگوں کی توقع کے مطابق کام نہیں کیا تھا۔ پچھلے باب میں ہم نے دیکھا کہ فریسی اور شرع کے عالم اِس حقیقت کی کشمکش میں پڑے ہوئے تھے کہ وہ گناہگاروں اور محصول لینے والوں کے ساتھ میل جول کیوں رکھتا ہے۔ بہ حیثیت مذہبی راہنما اور علما اُن کے لئے یہ صورتحال بڑی تکلیف دہ اور ناخوشگوار تھی۔ اُن کے طرز فکر کے مطابق ایک مذہبی راہنما کو اُن لوگوں سے دُور ہی رہنا چاہئے جو سرعام گناہ میں زندگی بسر کر رہے ہیں۔ اِس کی برعکس یسوع ایسے لوگوں تک انجیل کا پیغام لے کر پہنچ رہے تھے۔ اُنہیں اِس بات کا کوئی ڈر نہ تھا کہ لوگ اُنہیں ایسے لوگوں کے درمیان دیکھیں گے۔ اِس نئے باب میں ہم روزہ کے تعلق سے یسوع کے نقطہ نظر پر اٹھنے والے سوال پر غور کریں گے۔ اِس بار کسی فریسی یا شرع کے عالم نے سوال نہیں کیا بلکہ یوحنا بپتسمہ دینے والے کے شاگردوں نے اُس سے پوچھا۔ اُن شاگردوں نے دیکھا کہ یسوع کے شاگرد روزہ نہیں رکھتے۔ یوحنا کے شاگرد اور فریسی تو روزہ رکھتے تھے۔ اُنہیں اِس بات کی سمجھ نہ آئی کہ یسوع کے شاگرد اُن کی طرح روزہ کیوں نہیں رکھتے۔ اُنہوں نے یسوع سے اِس کے بارے میں پوچھا۔

یسوع نے اپنے بیان کی وضاحت کے لئے شادی کی مثال کو استعمال کیا۔ دلہا کے دوست اُس وقت ماتم نہیں کرتے جب تک دُلہا اُن کے ساتھ ہوتا ہے۔ جب دُلہا اُن سے جدا ہوتا ہے تو پھر وہ اُداس اور پریشان ہوتے ہیں، تب وہ روزہ رکھتے ہیں۔ اس بات سے یسوع کا کیا مطلب

تھا؟ یوں لگتا ہے کہ یسوع کہہ رہے تھے کہ اب روزہ رکھنے اور گریہ زاری کا وقت نہیں ہے۔ شاگرد یسوع کے پاس تھے۔ جو کہ نبوت کی تکمیل تھی۔ یہی وہ وقت تھا جسے نبی دیکھنے کے مشتاق تھے۔ خدا نے اُن کی دعاؤں کا جواب دیا تھا۔ اُنہوں نے مسیح کی صورت میں اُن کی التجاؤں کا جواب دیا تھا۔ روزہ رکھنے کی بجائے یہ وقت شادمانی اور بڑی خوشی کا وقت تھا۔

یہاں پر ایک بات بڑی افسوسناک ہے۔ یہاں پر ہم یوحنا بپتسمہ دینے والے کے شاگردوں اور فریسیوں کو خدا کی حضوری میں بڑے دُکھ اور کرب کی حالت میں یہ التجا کرتے ہوئے دیکھ رہے ہیں کہ وہ اُنہیں شخصی اور اجتماعی طور پر برکت دے۔ اُن کی دُعاؤں کا جواب اُن کے سامنے تھا مگر وہ اُسے پہچاننے سے قاصر تھے۔ بعض اوقات ہمیں دُعا اور روزہ میں ٹھہرنے کی بجائے اپنی آنکھیں کھول کر دُعا کا جواب دیکھنا چاہیئے جو خدا نے پہلے ہی دے دیا ہوتا ہے۔ کیا ممکن ہے کہ ہم اِس قدر مصروف ہو جائیں کہ اپنی دُعا کا جواب دیکھنے کی بھی فرصت نہ ملے؟

ہمارے لئے اِس بات کو پہچاننا بہت اہم ہے کہ یسوع یہاں پر روزہ کی ضرورت کی نفی یا تردید نہیں کر رہے۔ اُنہوں نے یہاں پر یوحنا کے شاگردوں کو بتایا کہ اُس کے جانے کے بعد اُس کے شاگرد روزہ رکھیں گے۔ دُعا اور روزہ کا بھی ایک خاص وقت ہوتا ہے جب ہم آسمانی باپ کی مرضی معلوم کرنے کے لئے اُس کے دیدار کے طالب ہوتے ہیں۔ جب کہ خدا کی طرف سے دُعاؤں کا جواب مل جانے پر خدا کی حضوری میں شکرگزاری اور خوشی منانے کا بھی ایک وقت ہوتا ہے۔

خداوند یسوع مسیح روزہ کے سوال سے کہیں زیادہ گہرائی میں اِس سوال کی جڑ تک پہنچے۔ یوحنا کے شاگرد اور فریسی شریعت کے تحت زندگی بسر کر رہے تھے۔ شریعت پر عمل کرنے کے سبب سے وہ خدا کے حضور راستباز نہیں ٹھہر سکتے تھے۔ عہدِ عتیق میں بیان کردہ قربانیاں ہماری زندگی میں گناہ کے مسئلہ کو حل نہیں کر سکتیں۔ یسوع اُنہیں ایسی زندگی دینے کے لئے آئے جو خدا کی حضوری میں

مقبول ٹھہرتی ہے۔ خداوند یسوع نے اپنی بات کو ثابت کرنے کے لئے دو مثالیں دیں۔ اول۔ یسوع نے پرانے کپڑوں کی مثال دی جنہیں پیوند لگانے کی ضرورت ہوتی ہے۔ کوئی شخص بھی پرانے کپڑوں میں کورے کپڑے کا پیوند نہیں لگاتا۔ اِس کے نتیجے میں وہ پیوند پوشاک میں سے کچھ کھینچ لیتا ہے اور اُس کی حالت پہلے سے بھی بدتر ہو جاتی ہے۔ دوسری مثال پرانی مشکوں کی ہے۔ اُس دَور میں مے اُن مشکوں میں ڈالی جاتی تھیں جو لچکدار ہوتی تھیں اور وقت گزرنے کے ساتھ وہ مشکیں سوکھ ہو جاتی تھیں۔ جوش دلائی ہوئی تازہ مے جب پرانی مشکوں میں ڈالی جاتی تھی تو اِس سے مشکیں مزید پھیل جاتی تھیں۔ جب مشکوں میں لچک ختم ہو جاتی تھی تو پھر وہ پھٹ جاتیں اور مے اُن میں سے بہہ جاتی تھی۔ نئی مے نئی مشکوں میں ہی ڈالی جانی چاہئے جو کہ لچکدار ہوتی ہیں تاکہ مے اُن میں سے بہہ نہ جائے۔

اِن دو مثالوں میں یسوع مسیح یوحنا بپتسمہ دینے والے کے شاگردوں کو کیا بتانے کی کوشش کر رہے ہیں؟ جب یسوع نے اُن لوگوں پر نگاہ کی جنھوں نے روزہ کے بارے میں سوال کیا تھا۔ انہیں یک ایسی جماعت نظر آئی جو شریعت پر عمل پیرا ہونے کے سبب سے خدا کے حضور مقبول ٹھہرنے کی کوشش کر رہی تھی۔ یسوع نے اُنہیں بتایا کہ شریعت کے علاوہ بھی ایک راہ ہے جس پر چل کر وہ خدا کے منظورِ نظر ہو سکتے ہیں۔ اُنہوں نے اُن لوگوں کو بتایا کہ دُلہا آچکا ہے۔ یسوع جو کہ دلہا ہے اُن کے لئے ایک نیا دن لائے گا۔ اُس کے وسیلہ سے وہ شریعت پر عمل کئے بغیر خدا کی نظر میں مقبول ٹھہریں گے۔ پرانے کپڑے اور پرانی مشکیں عہد عتیق میں خدا کی شریعت کی عکاسی کرتے ہیں۔ یہ شریعت اُنہیں وہ نجات نہ دے سکی جس کے وہ منتظر تھے۔ پرانے کپڑے یا پرانی مشکوں کی طرح، اُس کی مرمت ممکن نہ تھی۔ ضرور ہے کہ اِس کا متبادل ڈھونڈا جاتا۔ یوحنا کے شاگرد اب بھی شریعت کے پابند ہو کر خدا کی نظر میں راستباز اور مقبول ٹھہرنے کی کوشش کر رہے تھے۔ درحقیقت، اُنہوں نے اپنی مذہبی کاوشیں پرانی مشکوں میں ڈالنے کی کوشش کی۔ آخرکار

مشکیں پھٹ جاتی تھیں اور اُنہیں کچھ حاصل نہ ہونا تھا۔

خداوند یسوع مسیح بالکل نئی چیز پیش کر رہے تھے۔ وہ اُنہیں نئی مشکیں اور نئے کپڑے پیش کر رہے تھے۔ وہ اُنہیں موسوی شریعت کی پرانی مشک کے علاوہ ایک ایسا طریقہ بتا رہے تھے جس کے وسیلہ سے وہ خدا کے مقبول اور راستباز لوگ ٹھہر سکتے تھے۔ وہ اُنہیں راستبازی کا ایسا لباس تجویز کر رہے تھے جو موسیٰ کی شریعت کے علاوہ تھا۔ وہ اُنہیں ایسی راستبازی پیش کر رہے تھے جو صلیب پر اُس کے کام پر ایمان لانے سے حاصل ہونا تھی۔

دونوں طریقوں کو ایک دوسرے سے خلط ملط (مکس کرنا) نہیں کیا جا سکتا۔ نئی مے پرانی مشکوں میں نہیں ڈالی جا سکتی۔ پرانے کپڑے میں پیوند لگانے کے لئے نیا کپڑا استعمال نہیں کیا جا سکتا۔ اگر یسوع نے ہماری نجات کے لئے پوری قیمت ادا کر دی ہوئی ہے تو پھر کسی بھی اور چیز کی ضرورت باقی نہیں رہی۔ ہماری ملاقات ایسے لوگوں سے ہوتی ہے جو اِس بات کو نہیں پہچانتے کہ خواہ وہ کیسے بھی ہیں مسیح یسوع میں قبول کئے جا چکے ہیں۔ بہت سے ایسے بھی ہیں جو خدا کی بادشاہی کے لئے بڑی جہد و جہد اور محنت سے کام کر رہے ہیں۔ وہ یہی سمجھتے اور ایمان رکھتے تھے کہ اگر وہ خداوند کے لئے کچھ کریں تو تب ہی وہ اس کے حضور مقبول اور منظور ٹھہریں گے۔ جو کچھ وہ کر رہے ہیں، اگر نہ کریں تو اُنہیں کوئی تحفظ اور اطمینان محسوس نہیں ہوتا۔ ابھی تک وہ کاموں کے پرانا لباس کو زیب تن کئے ہوئے ہیں۔ وہ اِس پرانے لباس کو اُتار کر ایمان اور راستبازی کا نیا لباس پہننے کے لئے بالکل تیار نہیں ہیں۔ بلکہ وہ مقبول ٹھہرنے کی غرض سے خداوند کی پرستش و عبادت اور خدمت گزاری کے کام میں لگے ہوئے ہیں۔

اِس حوالہ میں یسوع روزہ رکھنے یا کسی بھی شریعت کی بات پر عمل پیرا ہونے کی تردید اور نفی نہیں کر رہے۔ بلکہ وہ ہمیں اپنی نیت اور محرکات کا جائزہ لینے کی ترغیب دے رہے ہیں۔ یوحنا کے شاگرد اپنی انسانی کاوشوں کے ذریعہ سے خدا کے حضور مقبول ٹھہرنے کی کوشش کر رہے تھے۔ وہ لوگ جو

یسوع کو جانتے ہیں اُنہیں معلوم ہے کہ اِس بات کی کوئی ضرورت باقی نہیں رہی کہ وہ خدا کے حضور مقبول و منظور ٹھہرنے کیلئے مذہبی سرگرمیوں میں لگے رہیں۔ بلکہ وہ تو خدا کی محبت اور اُس کے احترام کی بنا پر دلی چاہت سے خداوند کی عبادت اور پرستش اور اُس کی خدمت گزاری کا کام کرتے ہیں جس نے اُنہیں مسیح یسوع میں راستباز ٹھہرا کر قبول کر لیا ہے۔ ہم پہلے ہی راستباز اور مقبول ٹھہر چکے ہیں۔ پس مقبول اور راستباز ٹھہرنے کی غرض سے کچھ بھی کرنا دانش مندی نہ ہوگی۔

چند ایک غور طلب باتیں

☆۔ اپنی دُعائیہ درخواستوں پر غور کریں۔ کیا ایسا ممکن ہے کہ آپ ایسی چیزوں کے لئے دُعا کر رہے ہیں جو اُس نے پہلے ہی آپ کو عطا کی ہوئی ہیں مگر آپ اُنہیں پہچاننے سے قاصر رہے ہیں؟

☆۔ کیا آپ خداوند کے حضور مقبول ٹھہرنے کی غرض سے خدمت گزاری کا کام کر رہے ہیں یا پھر اپنے کاموں کی بنا پر اُس کے حضور مقبول ٹھہرنے کی کوشش کر رہے ہیں؟ ایسی سوچ اور روّیے سے مسیح کے صلیبی کام کی اہمیت کس طرح کم ہو جاتی ہے؟

☆۔ ''میں مسیح کے وسیلہ سے خداوند کے حضور مقبول ٹھہر چکا ہوں'' کیا اِس حقیقت کا مطلب ہے کہ میں اُس کی خدمت کم کروں یا پھر اِس حقیقت سے اور بھی زیادہ خدمت کرنے کی تحریک ملتی ہے؟

☆۔ مسیح میں مکمل طور پر قبول کئے جانے کی صداقت سے مجھے مسیح کی خدمت کرنے کے لئے کیا تحریک ملتی ہے؟

☆۔ کیا مسیح میں مکمل قبولیت کا یہ مطلب ہے کہ اب آئندہ مجھے اُس کی فرمانبرداری کے تعلق سے محتاط ہونے کی ضرورت نہیں ہے؟ وضاحت کریں۔

چند ایک دُعائیہ نکات

☆۔ اِس بات کیلئے خداوند کی شکر گزاری کریں کہ جتنوں نے مسیح یسوع کو قبول کر لیا ہے وہ پورے طور پر اُس میں قبول کئے جا چکے ہیں۔

☆۔ خداوند سے ایسے وقتوں کیلئے معافی مانگے جب آپ نے اُس کی محبت کے باعث نہیں بلکہ اور کسی غرض سے اُس کی خدمت گزاری کا کام کیا۔

☆۔ کسی ایسے شخص کے لئے کچھ دیر کے لئے دُعا کریں جس کو ابھی اِس بات کی مکمل سمجھ نہیں آئی کہ وہ مسیح کے صلیبی کام کے وسیلہ سے پورے طور پر قبول کیا جا چکا ہے۔

باب 24

اناج کا کھیت

متی 12:1-8 مرقس 2:23-28 لوقا 6:1-5 پڑھیں

اُس دوَر کے مذہبی راہنما یسوع اور اُس کے شاگردوں پر نظر رکھے ہوئے تھے۔ ہم پہلے ہی دیکھ چکے ہیں کہ کس طرح وہ اُس کی تعلیم اور دیگر چیزوں کے بارے سوال کرتے تھے۔ اُنہیں خداوند یسوع مسیح کی باتیں سمجھ نہیں آتی تھیں۔ بہتوں کے لئے ایمان محض اصول وضوابط اور مذہبی قوانین تک محدود تھا۔ اور وہ ہر کسی کو اِسی کسوٹی پر جانچتے اور پرکھتے تھے۔

اِس موقع پر یسوع سبت کے روز کھیتوں میں سے ہو کر گزر رہے تھے۔ شاگردوں کو بھوک لگی ہوئی تھی اور اُنہوں نے بالیاں توڑ کر کھانا شروع کر دیں۔ ہمیں اِس بات پر متعجب نہیں ہونا چاہئے کہ شاگردوں نے کسی کے کھیت سے بالیاں توڑیں۔ موسیٰ کی شریعت نے اِس کی اجازت دی ہے۔ ہم استثنا کی کتاب میں پڑھتے ہیں۔

"جب تو اپنے ہمسایہ کے کھڑے کھیت میں جائے تو اپنے ہاتھ سے بالی توڑ سکتا ہے پر اپنے ہمسایہ کے کھڑے کھیت کو ہنسوا نہ لگانا۔" ﴿استثنا 23:25﴾

جب فریسیوں نے شاگردوں کو بالیاں توڑتے ہوئے دیکھا، تو اُنہوں نے یسوع سے اِس تعلق سے بات چیت کی۔ فریسیوں کو یہ فکر نہیں تھی کہ وہ بالیاں کیوں کھا رہے ہیں بلکہ اُنہیں اِس بات سے پریشانی ہو رہی تھی کہ وہ سبت کے روز بالیاں توڑ رہے ہیں۔ فریسیوں کے مطابق بالیاں توڑنا بھی ایک کام تھا اور موسیٰ کی شریعت نے سبت کے روز کام کاج سے منع کیا تھا۔

موسیٰ کی شریعت کی مطابق سبت کے روز کسی کام کاج کی اجازت نہیں ہوتی تھی۔ فریسیوں نے

اِس بات کی تفسیر یوں کی کہ اگر آپ سبت کے روز کھیتوں میں سے ہو کر گزر رہے ہیں تو آپ کھانے کے لئے بالیاں نہیں توڑ سکتے۔ فریسیوں کے نزدیک اِس مسئلہ پر بات چیت کرنے کی کوئی گنجائش ہی نہیں تھی۔ اُنہوں نے شاگردوں پر سبت توڑنے کا الزام لگایا۔ دراصل وہ سبت کے قانون کے تعلق سے فریسیوں کی تفسیر کی حکم عدولی کر رہے تھے۔ کتاب مقدس میں کوئی بھی ایسی مخصوص آیت نہیں جو سبت کے روز کسی بھوکے شخص کو کھیتوں میں سے بالیاں توڑنے سے منع فرماتی ہو۔ فریسیوں کا خیال تھا کہ شریعت کی طرح اُن کی تفسیر کو بھی معتبر اور مستند سمجھا جانا چاہئے۔

ہم سب اپنی سمجھ اور طریقۂ کار سے کلام کی تفسیر کرتے اور اپنی زندگیوں پر کلام کا اطلاق کرتے ہیں۔ کتنی دفعہ ایسے لوگوں کی وجہ سے روحانی طور پر بڑا نقصان ہوتا ہے جنہیں اِس بات کا علم نہیں ہوتا کہ وہ کس طرح خدا کے کلام کی تفسیر کر رہے ہیں اور خدا کا کلام کس طرح اپنی تفسیر اور تشریح کرتا ہے؟ بلا شبہ خدا کا کلام از کود اپنی تفسیر اور تشریح بھی کرتا ہے۔ ہم کئی ایسے ایمانداروں سے ملتے ہیں جو اپنی تفسیر و تشریح کو درست مانتے اور دوسری کو بھی اِس بات کے لئے قائل کرتے ہیں کہ وہ اُسے درست تسلیم کریں۔ وہ توقع کرتے ہیں کہ لوگ اُن کی تفسیر اور تشریح کو خدا کے کلام کی طرح معتبر اور مستند سمجھیں۔

یسوع نے فریسیوں کی باتیں سنیں اور داؤد کے اوراقِ زندگی سے ایک مثال دے کر اِس بات کی وضاحت کی۔ اُنہوں نے اُنہیں وہ وقت یاد دلایا جب داؤد اور اُس کے ساتھی ساؤل بادشاہ سے جان بچانے کیلئے بھاگے جا رہے تھے۔ (1 سموئیل 21:1-6) داؤد اور اُس کے ساتھی خدا کے گھر میں داخل ہوئے، اُنہیں بھوک لگی ہوئی تھی۔ اُس روز ابیاتر کاہن کہانت کے فرائض سرانجام دے رہا تھا۔ اُس وقت صرف ہیکل میں صرف مقدس کھانا دستیاب تھا جو اُن کے سامنے رکھا گیا۔ موسیٰ کی شریعت کے مطابق صرف کاہن ہی وہ کھانا کھا سکتا تھا۔ (احبار 24:8-9)

"وہ سدا ہر سبت کے روز اُن کو خداوند کے حضور ترتیب دیا کریں۔ کیوں کہ یہ بنی اسرائیل کی جانب سے ایک دائمی عہد ہے۔ اور یہ روٹیاں ہارون اور اُسکے بیٹوں کی ہوں گی۔ وہ اُن کو کسی پاک جگہ میں کھائیں۔ کیوں کہ وہ ایک جاودانی عہد کے مطابق خداوند کی آتشین قربانیوں میں سے ہارون کے لئے نہایت پاک ہیں۔ " ﴿احبار 24:8-9﴾

اُس روز ابیاتر کاہن کو ایک فیصلہ کرنا تھا۔ کہ آیا وہ ضرورت مندوں کو وہ روٹیاں دینے سے انکار کرے یا پھر موسیٰ کی شریعت میں اُن روٹیوں کے تعلق سے جو کچھ لکھا ہوا ہے اُسے بالائے طاق رکھتے ہوئے اُنہیں وہ روٹیاں پیش کردے۔ ابیاتر کاہن نے رحم اور ترس کو مدنظر رکھتے ہوئے خطا کرنے کا چناؤ کیا۔ اُس نے خداوند کے لئے مخصوص کی گئی روٹیاں لے کر داؤد اور اُسکے آدمیوں کو دیں۔

جب متی رسول نے اِس واقعہ کو بیان کیا ہے تو یہاں پر یسوع نے فریسیوں کو سبت کے روز ہیکل میں واقع ہونے والا یہ کام یاد دلایا۔ کاہن کو نہ صرف سبت کے روز معمول کی قربانیاں تیار کرنا ہوتی تھیں بلکہ سبت کی خاص قربانیوں کی تیاری بھی اُس کی ذمہ داری ہوتی تھی۔ جانوروں کو ذبح کرنا، اُن کی کھال اُتارنا اور پھر جانوروں کی قربانی گزراننا یہ سب بہت زیادہ کام ہوتا تھا۔ یوحنا 7:22 میں بیان کیا گیا ہے کہ یہودی بچوں کا ختنہ بھی سبت کے روز ہی کیا کرتے تھے۔ اِس وضاحت سے فریسیوں کو بڑی پریشانی ہوئی اور اُن کی شریعت پرستی اور تفسیر و تشریح کو ایک جھٹکا لگا۔ وہ یہ کہہ رہے تھے کہ سبت کے روز جانور ذبح کرنا اور حتیٰ کہ بچے کا ختنہ کرنا یہ سب روا ہے پر سبت کے روز بالیاں توڑ کر کھانا روا نہیں ہے۔ یسوع نے اُن پر ظاہر کیا کہ وہ شریعت پرستی میں اِس قدر آگے بڑھ گئے ہیں کہ اُن کے دل سخت اور دوسروں کے تعلق سے بے فکر ہو گئے ہیں۔ اُن کے دلوں میں رحم اور ترس نام کی کوئی چیز نہیں تھی۔

متی 12:6 میں یسوع نے فریسیوں کو بتایا کہ کوئی ایسی چیز بھی ہے جو ہیکل اور شریعت پرستی کے

تقاضوں سے بڑھ کر ہے۔ بعض لوگ اس کا مطلب کچھ اِس طرح سے لیتے ہیں۔ یسوع ازخود ہیکل اور اُس کے تقاضوں سے بڑھ کر تھا۔ اور اُس کے شاگرد اُس کے تابع تھے۔ ہوسکتا ہے کہ اُس روز یسوع فریسیوں کو یہ بتا رہے ہوں کہ اُنہیں کسی اور چیز کی بھی اشد ضرورت ہے۔

دراصل انہیں رحم اور ترس کی ضرورت تھی جس کی اہمیت ان کی زندگی کی تفسیر وتشریح سے کہیں زیادہ تھی۔ یسوع مسیح اُن فریسیوں کو یہ بتا رہے تھے کہ اُنہیں شریعت کے گہرے معاملات کی تفسیر اور تفصیل سے آگے بھی دیکھنے کی ضرورت ہے۔ جب یسوع نے اُنہیں ہوسیع 6:6 کا حوالہ دیا تو اُنہیں یہ کہا کہ وہ اِس کے معنی دریافت کریں کہ خداوند قربانی نہیں بلکہ رحم پسند کرتا ہے۔ یسوع فریسیوں کو یہ بتا رہے تھے کہ خداوند شریعت کی ضابطہ پرستی سے بڑھ کر رحم اور ترس کو زیادہ اہمیت دیتا ہے۔ جب شریعت، رحم اور ترس کے درمیان کشمکش کا سامنا ہو تو پھر بہتر ہے کہ آپ رحم اور ترس کا چناؤ کرتے ہوئے شریعت کی حکم عدولی کر دیں۔ خدا کے اخلاقی قوانین مذہبی رسوم اور فرائض سے زیادہ اہمیت کے حامل ہوتے ہیں۔

یسوع نے مرقس 2:27 میں سے فریسیوں کو مزید بتایا کہ سبت آدمی کے لئے بنا ہے نا کہ آدمی سبت کے لئے۔ بالفاظ دیگر سبت کا مقصد لوگوں کی خدمت کرنا تھا نا کہ اُنہیں اپنے تسلط میں لانا سبت کا مقصد خدا کے لوگوں کی خدمت اور بھلائی تھا۔ اور اُس کا مقصد خدا کے لوگوں کو اُس کے قریب لانا تھا۔

یسوع نے فریسیوں کو یہ بات یاد دلاتے ہوئے اِس بحث کو ختم کیا کہ ابن آدم سبت کا بھی مالک ہے۔ بالفاظ دیگر وہ سبت اور اُس کی پابندیوں سے بھی عظیم تھا۔ مسیح کو جاننا اور اُس کے ساتھ چلنا سبت کو پاک ماننے سے کہیں زیادہ اہم ہے۔ فریسی شریعت اور اُس کے تقاضوں کے غلام بنے ہوئے تھے۔ لیکن وہ گناہ میں کھوئے ہوئے تھے۔ وہ شریعت پرستی میں مبتلا تھے اور اُس کے تقاضوں کے پابند۔ اُن کے دل رحم اور ترس سے عاری تھے۔ اِس وجہ سے یسوع نے اُن کی

مذمت کی۔

چند ایک غور طلب باتیں

☆ ۔یہ حصہ ہمیں خدا کی شریعت کے بارے میں کیا تعلیم دیتا ہے۔اور یہ کیوں دی گئی تھی؟

☆ ۔کیا یہ ممکن ہوسکتا ہے کہ ہم کلام مقدس کے عملی اطلاق کے تعلق سے اِس قدر ضابطہ پرست ہو جائیں کہ ہمارے دلوں میں اپنے اردگرد کے لوگوں کے لئے رحم اور ترس کم ہونا شروع ہو جائے؟ ایک مثال دیں۔خداوند یسوع مسیح کو اِس حوالہ میں اِس کے بارے میں کیا کہنا پڑا۔

☆ ۔کتاب مقدس کی واضح تعلیم اور اِس کلام کی شخصی تفسیر اور عملی اطلاق میں کیا فرق ہے؟

☆ ۔یہ حوالہ ہمیں رحم اور ترس کے بارے میں کیا تعلیم دیتا ہے؟ کیا رحم کلام کے ضابطہ پرستی کی حد تک فرمانبرداری سے زیادہ اہم ہے؟ کیا ایسے وقت بھی آتے ہیں جب ہمیں کلام کے اطلاق کے تعلق سے ضابطہ پرستی کی حد سے واپس آنے کی ضرورت ہوتی ہے تاکہ ہم مسیح میں اپنے مسیحی بہن بھائیوں کیلئے رحم اور ترس کا مظاہرہ کرسکیں۔ہیکل میں داؤد اور اُس کے آدمیوں کا نذر کی روٹیاں کھانے کا واقعہ ہمیں اِس بارے میں کیا تعلیم دیتا ہے۔

☆ ۔خدا کے کلام کی صداقت کی خاطر لڑنے اور رحم اور ترس کا عملی اظہار کرنے میں کیا فرق ہے؟

چند ایک دُعائیہ نکات

☆ ۔خداوند سے درخواست کریں کہ وہ دوسروں کے ساتھ تعلقات میں رحم اور ترس کی اہمیت کے بارے میں آپ کو سکھائے۔

☆ ۔ایسے وقتوں کے لئے خداوند سے معافی مانگیں جب آپ نے تعلیم دیتے ہوئے رحم اور ترس کے حوالہ جات کا عملی اطلاق نہ کیا۔☆ ۔خداوند سے ایسے لوگوں کو قبول کرنے کیلئے رحم اور ترس مانگیں جن کا طرز فکر اور دیکھنے کا انداز آپ سے قطعی مختلف ہے۔

باب 25

سوکھا ہوا ہاتھ شفا پا گیا

متی 12:9-14 مرقس 3:1-6 لوقا 6:6-11 پڑھیں

پچھلے باب میں خداوند یسوع مسیح نے فریسیوں سے سبت کے بارے میں بات چیت کی۔ کئی دفعہ یسوع اور فریسیوں میں سبت کے موضوع پر بحث و تکرار ہوئی۔

اِس موقع پر یسوع سبت کے روز عبادت خانہ میں تھے۔ وہاں پر ایک شخص بھی موجود تھا جس کا ہاتھ سوکھا ہوا تھا۔ فریسیوں اور مذہبی راہنماؤں نے جب اُس سوکھے ہاتھ والے شخص کو دیکھا تو انہیں یسوع کو پھنسانے کا ایک موقع مل گیا۔ متی رسول ہمیں بتاتے ہیں کہ اُنہوں نے یسوع کے پاس آ کر اُس سے پوچھا کیا سبت کے روز شفا دینا روا ہے؟ متی (12:10) اِس سوال کا جواب بالکل واضح ہے۔ وہ اپنے عقیدے کے مطابق اِس معاملہ کے بارے میں پہلے سے ہی جانتے تھے۔

یسوع اُن کے ارادوں اور دلی محرکات سے بخوبی واقف اور آگاہ تھے۔ متی رسول ہمیں بتاتے ہیں کہ یسوع نے سبت کے روز گڑھے میں گرنے والی بھیڑ کو بچانے کے تعلق سے بات کی۔ فریسیوں کو گڑھے میں گری ہوئی بھیڑ کو سبت کے روز بچانے میں کوئی مشکل اور رکاوٹ محسوس نہ ہوتی تھی۔ مگر اُس شخص کا سبت کے روز شفا پانا اُنہیں برداشت نہیں ہو رہا تھا۔ یسوع نے اُنہیں اُن کی ریاکاری جتائی۔ انسان کی زندگی تو ایک بھیڑ سے کہیں زیادہ قیمتی ہے۔ شریعت پرستی ہمیشہ ایسے ہی روّیوں کو جنم دیتی ہے

یسوع نے یہ تعلیم دی تھی کہ رحم قربانی سے بڑھ کر ہے۔ فریسی اِس بات پر ایمان رکھتے تھے کہ سبت

کے روز شفا نہ دینے پر خدا کی نظر میں اُن کی بڑی قدر و منزلت ہو گی۔ اُس شخص کو سبت کے روز شفا نہ دینے سے گویا وہ کہہ رہے تھے کہ وہ شخص اُسی دُکھ تکلیف اور محرومی کی حالت میں رہے۔ اُنہوں نے رحم اور ترس کی عظیم ترین شریعت کی تعمیل نہ کی۔

میں اِس بات کو ہمیشہ اُس شخص کی مثال سے واضح کرتا ہوں۔ جو اپنے ایک قریب المرگ دوست کو ہسپتال لے کر جا رہا ہے۔ وہ جانتا ہے کہ ہر ایک لمحہ انتہائی قیمتی ہے مگر پھر بھی گاڑی چلانے کی حد رفتار کی پابندی کرنے پر تلا ہوا ہے۔ ہسپتال کی طرف گاڑی چلاتے ہوئے وہ ملکی قوانین کی پاسداری کر رہا ہے اور اپنے سامنے رفتار پر کنٹرول رکھنے والے اشارے کی طرف بھی اپنی توجہ مرکوز کیے ہوئے ہے۔ وہ رحم اور ترس کی بھاری شریعت کو مدنظر نہیں رکھ رہا جس کے باعث اُس کا دوست جلد ہسپتال بھی پہنچ سکتا ہے۔ حتیٰ کہ حکومت بھی رحم اور ترس کی اہمیت سے واقف ہے اور ایک ایمبولینس کو حد رفتار سے کہیں زیادہ تیز رفتاری سے گاڑی چلانے کی اجازت دیتی ہے تا کہ ایک زندگی بچائی جا سکے۔ تصور کریں کہ اگر ایک پولیس والا ایک ایمبولینس ڈرائیور کو حد رفتار سے زیادہ تیز چلانے پر ایک طرف کر کے جرمانہ کر رہا ہو۔ فریسیوں کی حالت بھی کچھ ایسی ہی تھی۔ فریسیوں نے بھی شریعت کو کچھ اِسی طرح سے اپنے اوپر مسلط کر لیا تھا کہ رحم اور ترس جیسی باتوں پر اُن کی مطلق توجہ نہ رہی۔

یسوع فریسی لوگوں کی سوچ اور خیال سے واقف تھے۔ اُنہوں نے سوکھے ہاتھ والے شخص سے کہا کہ وہ سب کے سامنے کھڑا ہو جائے۔ پھر اُنہوں نے وہاں پر موجود لوگوں سے پوچھا کہ کیا سبت کے دن شفا دینا روا ہے یا نہیں؟ کسی نے بھی جواب دینے کی جرأت نہ کی۔ مقدس لوقا ہمیں بتاتے ہیں کہ یسوع اُن کی خاموشی اور سخت دلی پر برہم ہوئے۔

جب یسوع نے دیکھا کہ کسی نے بھی اُن کے سوال کا جواب دینے کی جرأت نہیں کی تو سوکھے ہاتھ والے شخص سے کہا کہ ہاتھ بڑھائے۔ اُس شخص نے یسوع کی آواز کی تابعداری کی۔ جونہی

اُس نے ہاتھ بڑھایا تو سب کے دیکھتے ہوئے وہ ہاتھ اچھا ہو گیا۔ ہمیں یہاں پر کوئی ایسی وضاحت اور بیان نہیں ملتا جس سے یہ ظاہر ہو کہ یسوع نے کچھ کیا تھا۔ یسوع نے اُس شخص کو چھوا نہیں۔ نہ ہی تیل سے اُس شخص کو مسح کیا۔ نہ ہی کسی بدروح کو اُس شخص میں سے نکل جانے کا حکم دیا۔ یسوع نے اُس شخص سے بس اتنا ہی کہا تھا کہ وہ اپنا ہاتھ بڑھائے۔ یہاں پر کوئی سوال نہیں ہے۔ خدا نے ازخود اُس شخص کو شفا دی تھی۔ ہر کھلے ذہن کے شخص نے اُس دن دیکھ لیا کہ خدا کی قدرت وہاں پر موجود تھی۔

فریسی اِس بات کی توقع نہیں کر رہے تھے۔ جب یسوع نے کچھ کیا ہی نہیں تھا تو وہ اُس پر الزام کیسے لگا سکتے تھے؟ یسوع نے تو صرف اُس شخص سے کہا تھا کہ وہ اپنا ہاتھ بڑھائے۔ فریسی اُس روز بڑے غصہ میں تھے کیوں کہ وہ یسوع کو کسی طور پر بھی پھنسا نہ سکے۔ اُس روز اُن کی ریاکاری کا پول کھل گیا کہ ایک بھیڑ تو سبت کے روز گڑھے میں سے نکالی جا سکتی ہے پر ایک بیمار شخص کو شفا نہیں دی جا سکتی۔ اُس روز سبت کے دن جب ازخود خدا نے اُس شخص کو شفا دی تھی تو پھر فریسیوں کو یسوع پر الزام تراشی کی کوئی وجہ نہ مل سکی۔

اُن کے سامنے ایک ثبوت بھی تھا، اِس کے باوجود۔ فریسی ایمان نہ لائے۔ اُن کے ذہن سخت ہو چکے تھے اور جب تک وہ خود نہ چاہتے خدا کیسے ان کو بدل سکتا تھا۔ اُسی روز وہ یسوع کو مار ڈالنے کی سازش کرنے لگے۔

یہاں پر ہم فریسیوں کی سخت دلی کو دیکھتے ہیں۔ وہ اپنی مذہب پرستی کے اِس قدر پابند تھے اور اپنی روشوں اور ڈگروں پر اڑے ہوئے تھے وہ اپنی روایات اور تعلیمات کے پابند تھے۔ اُن کے ذہن بند ہو چکے تھے۔ ہم آج بھی ایسے لوگوں سے ملتے رہتے ہیں۔

چند ایک غور طلب باتیں

☆ ۔ یہ حوالہ ہمیں انسانی سخت دلی اور ذہن کی سختی کے بارے میں کیا سیکھاتا ہے؟

☆ ۔ کیا اپنی روایات اور اعتقادات کی پرستش کرنے لگ جانا ممکن ہے؟ جب ہم اِس پھندے میں پھنس جائیں تو ہمیں کیسے معلوم ہوتا ہے؟

☆ ۔ اِس حوالہ میں ہم دیکھتے ہیں کہ کس طرح سادگی سے یسوع نے اپنے باپ کو کام کرنے دیا۔ کیا آپ نے کی زندگی میں کبھی اسے وقت آئے جب آپ پیچھے ہٹنے کے لئے تیار اور رضامند نہیں تھے کیوں کہ آپ اپنے لئے عزت اور جلال حاصل کرنا چاہتے تھے؟

چند ایک دُعائیہ نکات

☆ ۔ خداوند سے فضل مانگیں کہ غلط ہونے کی صورت میں آپ تسلیم کرسکیں۔

☆ ۔ خداوند سے فضل مانگیں تا کہ آپ کو پورے طور پر اُس کے تابع ہوجانے کی قوت ملے تا کہ خداوند آپ کی زندگی سے ساری عزت اور جلال حاصل کرسکے۔

☆ ۔ خداوند سے درخواست کریں تا کہ اِن باتوں کو سمجھنے اور قبول کرنے کے لئے آپ کا دل اور ذہن کھل سکے جو خداوند آپ کو سکھانا چاہتا ہے۔ خداوند سے کہیں کہ وہ آپ کے دل کو نرمائے تا کہ غلط راہ پر جانے کے صورت میں آپ کو معلوم ہوسکے۔

☆ ۔ خداوند سے فضل اور توفیق مانگیں تا کہ آپ اپنے خیالات اور خدا کے منصوبوں میں امتیاز کرنا سیکھ سکیں۔

☆ ۔ چند لمحات کے لئے ایسے شخص کیلئے دُعا کریں جس نے خدا کی باتوں کو سمجھنے کے تعلق سے اپنے دل کو سخت کیا ہوا ہے۔

باب 26

بارہ شاگردوں کا چناؤ

متی 12:15-21 مرقس 3:7-19 لوقا 6:12-16 پڑھیں

خداوند یسوع مسیح نے سبت کے روز ہیکل میں ایک ایسے شخص کو شفا دی جس کا ہاتھ سوکھا ہوا تھا۔ یہ سب کچھ فریسیوں کو بڑا ناگوار گزرا۔ متی رسول ہمیں بتاتا ہے کہ اُنہوں نے یسوع کو مار ڈالنے کی سازشیں کرنا شروع کر دیں۔ (متی 12:14) جو کچھ اُنہوں نے اُس روز ہیکل میں دیکھا تھا اِس کے باوجود وہ سخت دل ہی رہے اور اُس کے پیغام یا کلام کا اُن پر کوئی اثر نہ ہوا جس کی منادی یسوع مسیح نے کی تھی۔ جب یسوع کو اُن کی سازش معلوم ہو گئی تو وہ وہاں سے چلے گئے اور مزید اُس علاقہ میں نہ رہے جہاں اُنہیں رد کر دیا گیا تھا۔

جب یسوع وہاں سے چلے بھیڑ یسوع کے پیچھے ہو لی۔ اُنہوں نے وہاں سے نکل کر بھی منادی کا کام جاری رکھا۔ مرقس 3:7-9 میں ہمیں بتاتا ہے کہ یسوع کے پیچھے آنے والے لوگ مختلف علاقہ جات سے آئے تھے۔ (یروشلم، یہودیہ، ادومیہ، صور اور صیدا یردن کے گرد و نواح) جو کچھ یسوع کر رہا تھا اُس کی دھوم ہر جگہ مچ گئی۔ جب یسوع خدمت کا کام سرانجام دے رہے تھے تو بڑے عجیب معجزات اور نشانات ظہور میں آئے۔ بھیڑ یسوع پر گرا چاہتی تھی کیوں کہ لوگوں کا ایمان تھا کہ اگر اُس کی پوشاک کا کنارہ ہی چھو لیں گے تو اچھے ہو جائیں گے۔ یسوع نے اپنے شاگردوں سے کہا کہ کشتی کو کنارے سے تھوڑا دور لے چلیں تا کہ وہ بھیڑ سے کچھ فاصلے پر ہو جائے۔

جب بدروحیں یسوع کو دیکھتی تھی تو بدروح گرفتہ بڑی آواز سے یہ پکارتے ہوئے اُس کے سامنے

گر پڑتے تھے۔''تو خدا کا بیٹا ہے۔''یسوع نے سختی سے اُنہیں خاموش رہنے کے لئے یہ کہتے ہوئے ڈانٹا کہ کسی کو نہ بتائیں کہ وہ کون ہے۔(مرقس 3:12)اِسی طرح شفا پانے والوں کو بھی یسوع اِسی طرح سے کہا کرتے تھے۔(متی 12:16)یسوع لوگوں کو کیوں حکم دیتے تھے کہ کسی کو نہ بتائیں کہ وہ کون ہے؟ لوگ تو پہلے ہی اُس پر گرے پڑتے تھے۔وہ اُسے چھونے کی غرض سے اُس پر گرے پڑتے تھے۔اُس پر جوش بھیڑ نے اُسے آرام کا کوئی موقع نہ دیا۔یاد رکھیں کہ یسوع میری اور آپ کی طرح کا ایک انسان تھا۔بھیڑ مسلسل اُس سے اپنی ضروریات کے لئے کہہ رہی تھی جبکہ اُسے آرام کی بھی ضرورت تھی۔

متی رسول ہمیں بتاتا ہے کہ یسوع نے اِس وجہ سے لوگوں کو حکم دیا کہ وہ کسی کو اُس کے بارے میں نہ بتائیں تاکہ یسعیاہ نبی کی معرفت کی گئی نبوت کی تکمیل ہو۔یسعیاہ 42باب میں نبی نے اپنے قارئین کو بتایا کہ مسیح جس سے باپ خوش ہے روح سے معمور ہوگا تاکہ وہ قوموں میں عدل و انصاف جاری کرے۔یسعیاہ کے لئے یہ بڑا تجسس تھا کہ مسیح کس طرح سے اپنی خدمت سرانجام دے گا۔اُس نے نبوت کی کہ وہ کسی سے جھگڑا نہیں کرے گا اور نہ ہی اُس کی آواز گلیوں اور بازاروں میں سنی جائے گی۔

یسعیاہ نبی نے پیش گوئی کی کہ مسیح بڑی خاموشی اور عاجزی سے خدمت گزاری کا کام کرے گا۔آج کے دَور میں بڑے جوش و جذبہ سے کلام سنانے والے منادا اور خادمین موجود ہیں جو لوگوں کی توجہ اپنی طرف مبذول کراتے ہیں۔یسوع نے اِس طور سے خدمت کی کہ لوگوں کی توجہ اپنی طرف مبذول نہیں کرائی۔یسوع مسیح کوئی ایسی شخصیت نہیں تھے کہ آپ انہیں گلیوں بازاروں میں دیکھ سکتے۔اُنہوں نے کبھی ایسا لباس زیب تن نہ کیا جس کی وجہ سے لوگ اُس کی طرف کشش اور توجہ محسوس کریں۔اگر وہ کبھی آپ کے قریب سے گزرتے تو آپ کبھی آنکھ اُٹھا کر بھی اُس کی طرف نہ دیکھتے۔اُنہوں نے بڑی عاجزی اور خاموشی سے خدا باپ پر بھروسہ اور توکل کرتے

ہوئے خدمت گزاری کا کام کیا۔

یسعیاہ نے اپنے قارئین کو بتایا کہ وہ ہوا سے ہلتے ہوئے سرکنڈے کو نہ توڑے گا اور ٹمٹماتی ہوئی بتی کو نہ بجھائے گا۔ اگر آپ سرکنڈے کو پکڑے ہوئے ہوں تو آپ کو بڑی احتیاط سے کام لینا پڑے گا کہ کہیں ٹوٹ ہی نہ جائے۔ اِسی طرح بتی کے تعلق سے بھی کچھ ایسا ہی ہے۔ ہوا کا آخری اور چھوٹا سا جھونکا بھی ٹمٹماتی ہوئی بتی کو بجھا سکتا ہے۔ یسعیاہ نے اِس بات کی پیش گوئی کی کہ یسوع ایسی عاجزی سے خدمت کرے گا کہ اُس کی خدمت سے ایک سرکنڈا بھی نہیں ٹوٹے گا۔ اُس کا رحم اور ترس اور اُس کی فروتنی ایسی ہے کہ ہماری زندگی کی ٹمٹماتی ہوئی بتی بھی نہ بجھے گی۔ اُس کے پاس ہمیں توڑنے اور بجھانے کی ہر ایک وجہ تھی تو بھی اُس نے ہم پر ترس اور رحم کا چناؤ کیا۔ وہ سخت دل اور ظالم نہ تھا۔ وہ ترس سے بھرا ہوا اور نگہبانی کرنے والا تھا۔ اُس دور کے راہنماؤں سے قطعی مختلف یسوع نے بڑی عاجزی اور فروتنی سے خدمت کی۔ یسوع نے ہمارے لئے کتنا بڑا نمونہ چھوڑا ہے!

اِس خاموش روّیہ والے فروتن یسوع نے اپنے لوگوں کو فتح بخشی اور سب قوموں کی اُمید بن گیا۔ (متی 12:20-21) ضروری نہیں کہ آپ اپنی طاقت اور زور کا مظاہرہ اپنی اونچی آواز سے کریں۔ یسوع نے ایسا کوئی طریقہ اختیار نہیں کیا۔ متی رسول کے دل پر یہ بوجھ ہے کہ وہ یہودی لوگوں کو یہ بتائے کہ یسوع ہی وہ مسیح ہے جس کی عہدِ عتیق میں پیش گوئی کی گئی تھی۔ متی اِسے حلیم اور فروتن مسیح کے طور پر دیکھتا ہے جو کہ نبوت کی عین تکمیل ہے۔

جب یسوع لوگوں کے درمیان خدمت کرنے کے بعد فارغ ہوئے۔ تو پھر وہ ایک پہاڑ پر چلے گئے۔ (لوقا 6:12 ہمیں بتاتا ہے کہ یسوع نے ساری رات باپ کے ساتھ گزاری۔ یہی وہ چیز تھی جو دشمن اُس سے چھیننا چاہتا تھا۔ دشمن یسوع کو مصروف رکھنے کے لئے بڑا پر جوش تھا تا کہ اُسے باپ کے ساتھ وقت گزارنے کا موقع ہی نہ ملا۔ وہ لوگوں سے دور پہاڑ پر چلا گیا تا کہ دعا

میں وقت گزار سکے۔ یسوع ابلیس کی چالاکی اور مکاری کا شکار نہ ہوئے۔ ایسے وقتوں میں یسوع اپنے باپ سے حکمت اور دانائی کے ساتھ قوت بھی حاصل کرتے تھے۔

جب صبح ہوئی تو یسوع نے بارہ آدمیوں کو اپنے شاگرد ہونے کے لئے چنا۔ اُن کی بڑی ضرورت تھی۔ اُن شاگردوں نے اُس سے سیکھ کر اُس کے ساتھ خدمت کرنا تھی۔ اُنہوں نے اُس کے نام سے جا کر خوشخبری کی منادی کرنا تھی۔ (مرقس 14:3) اُس نے اُنہیں بدروحوں پر اختیار دینا تھا تا کہ وہ آسمان کی بادشاہی کو قائم کرسکیں۔ (مرقس 15:3) چار لوگ تو پہلے ہی اُس کے ساتھ تھے۔ یسوع نے اُن کے ساتھ آٹھ لوگ اور ملا لئے۔ چنے گئے آدمیوں میں پطرس، یعقوب، یوحنا (بوانرگس یعنی گرج کے بیٹے) اندریاس، فلپس، برتلمائی ،متی، توما، حلفئی کا بیٹا یعقوب، تدی اور شمعون قنانی اور یہوداہ اسکریوتی جسے اس نے پکڑوا بھی دیا تھا۔

بارہ لوگوں کی یہ ٹیم کسی طور پر بھی کامل نہ تھی۔ مرقس ہمیں بتاتے ہیں کہ یعقوب اور یوحنا کو بوانرگس کا نام دیا گیا جس کا ترجمہ ہے گرج کے بیٹے۔ ہمیں یہ تو معلوم نہیں کہ اُنہیں یہ نام کیوں دیا گیا۔ بعض مفسرین اِس بات پر ایمان رکھتے ہیں کہ اِس نام کا تعلق اُن کی طاقت توانائی اور جرأت اور دلیری سے تھا۔ ہم اِس کی ایک مثال دیکھتے ہیں جب اُن کی ماں نے یسوع سے کہا کہ اُس کی بادشاہی میں اُس کے بیٹے اس کے دہنے اور بائیں ہاتھ بیٹھیں۔ (متی 20:20-21) یہ درخواست بڑی دلیری سے کی گئی۔ یعقوب اور یوحنا بڑے بہادر اور جارحانہ روّیہ رکھنے والے تھے۔ بعض اوقات ان کی جارحیت شاگردوں میں ناچاقی کا باعث بنتی تھی۔ (جیسا کہ اُس کے جلال میں مسیح کے دائیں اور بائیں بیٹھنے کی درخواست کا معاملہ)

شمعون بڑا پرجوش اور جوشیلا شخص تھا۔ اور اِس طرح کے جوشیلے، سرگرم اور متعصب رومیوں کو محصول دینے سے انکار کرتے تھے۔ اور اِس بات کا دعویٰ کرتے تھے کہ صرف خدا ہی اُن کا بادشاہ ہے۔ وہ اسرائیل میں انقلابی گروپ کے طور پر جانے اور پہچانے جاتے تھے۔ کبھی کبھی وہ

لاقانونیت اور باغیانہ رویہ بھی اختیار کر لیتے تھے۔ یہ تھے شمعون کے چند اوراقِ زندگی۔ اِن شاگردوں میں متی رسول بھی تھا جو اُن سے قطعی مختلف تھا۔ وہ ایک محصول لینے والا تھا۔ وہ یہودیوں سے محصول اکٹھا کر کے رومیوں کو دیتا تھا۔ بہت سے محصول لینے والوں کو اُن محصولوں سے فائدہ ہوتا تھا اور وہ یہودی لوگوں سے حاصل ہونے والی آمدنی پر گزر بسر کرتے تھے۔ متی محصول لینے والے اور متعصب اور جوشیلے شمعون کا اکٹھے ہونا ایک بڑا مسئلہ تھا۔ چنے گئے شاگردوں میں یہوداہ بھی تھا جس نے یسوع کو دشمن کے ہاتھ بیچ کر پکڑوانا تھا۔ مذکورہ لوگ بڑے ناخوشگوار روّیے کے مالک تھے۔ اُن پر بڑی سخت محنت کی ضرورت تھی۔ اُن ہی لوگوں کو یسوع نے خوشخبری کی منادی کا کام سونپا۔ اُنہیں یہ سیکھنا تھا کہ کس طرح اُنہوں نے ایک دوسرے کے ساتھ مل جل کر رہنا ہے۔ اُنہیں اپنے تصورات زندگی، اغراض و مقاصد کو بالائے طاق رکھتے ہوئے یسوع مسیح کے مشن کو اپنانا تھا۔ اگر خداوند ایسے لوگوں کو استعمال کر سکتا ہے تو بلاشبہ وہ ہمیں بھی استعمال کر سکتا ہے۔

چند ایک غور طلب باتیں

☆۔ ہمارے مصروف ترین شیڈول میں خداوند کے ساتھ وقت گزارنے کی ضرورت کے بارے میں یہ حوالہ ہمیں کیا سکھاتا ہے؟ ہمارے لئے اچھے کاموں میں اِس قدر مصروف ہو جانا کتنا آسان ہے کہ ہم خدا کے دیدار کے طالب ہی نہ رہیں؟

☆۔ خداوند یسوع مسیح نے نرم مزاجی اور خاموشی سے خدا کے اختیار کا مظاہرہ کیا؟ کیا آپ کی خدمت نرمی مزاجی اور خاموشی کی تصویر پیش کرتی ہے؟

☆۔ خداوند یسوع مسیح نے اِس طور سے خدمت کی کہ لوگوں کی توجہ اُس کی طرف نہیں بلکہ باپ کی طرف مبذول ہو۔ کیا آپ اپنی خدمت میں لوگوں کو اپنی طرف متوجہ کرنے کے آرزومند ہوتے ہیں؟

☆۔ دوسروں کی عدالت کرنا کس قدر آسان ہے؟ کیا آپ بھی اپنی کلیسیا میں کام کرنے کے لئے ایسے ہی لوگوں کا انتخاب کرتے ہیں جیسا یسوع نے کیا؟

☆۔ خداوند نے ایک ٹیم کے ساتھ مل کر کام کرنے کا چناؤ کیا۔ یہ حوالہ دوسروں کے ساتھ مل کر کام کرنے کی اہمیت کے بارے میں ہمیں کیا سکھاتا ہے؟

چند ایک دُعائیہ نکات

☆۔ خداوند سے درخواست کریں کہ وہ آپ کو نرم مزاجی اور خاموش طبعیت کی روح عطا فرمائے۔

☆۔ خداوند سے ایسے اوقات کے لئے معافی کے طلب گار ہوں جب آپ نے دوسروں کی عدالت کی۔ خداوند کی شکر گزاری کریں کہ وہ ہر طرح کے لوگوں کو اپنی خدمت کیلئے استعمال کر سکتا ہے۔

☆۔ خداوند سے اُن لوگوں کے ساتھ مل جل کر کام کرنے کی توفیق اور سمجھ مانگیں جو خدا نے آپ کی کلیسیا میں رکھے ہیں۔

باب 27

پہاڑی وعظ

پہلا حصہ ۔ مبارکبادیاں

متی 5:1-12   لوقا 6:17-26 پڑھیں

خداوند یسوع مسیح اکثر پہاڑ پر تنہائی میں باپ کے ساتھ وقت گزارنے کے لئے چلے جاتے تھے۔ مذکورہ حوالہ میں ہم دیکھتے ہیں کہ بھیڑ اُس کے پیچھے پہاڑ پر چلی گئی۔ مقدس لوقا کے انجیلی بیان کے مطابق یہ بھیڑ یروشلیم، یہود یہ اور صور اور صیدا کے علاقوں سے آئی تھی۔ یہ سب لوگ خداوند یسوع مسیح کی منادی سننے اور اپنی بیماریوں سے شفا پانے کے لئے آئے تھے۔ جب بھیڑ جمع ہوگئی تو خداوند نے اُنہیں تعلیم دینا شروع کی۔ اِن آیات میں خداوند یسوع مسیح نے جو تعلیم دی اُس پر الگ سے ایک کتاب تحریر کی جاسکتی ہے۔ یہاں پر ہم مختصر طور پر خداوند یسوع کی تعلیم کا جائزہ لیں گے۔

دل کے غریب

خداوند یسوع مسیح نے وہاں پر موجود لوگوں کو بتانا شروع کیا کہ خدا کی برکت اُن لوگوں پر آ ٹھہرتی ہے جو دل کے غریب ہوتے ہیں۔ دل کے غریب ہونے کا کیا معنی ہے؟ یہاں پر ہم مالی طور پر غریب ہونے کی بات نہیں کر رہے۔ یہاں پر خداوند یسوع جس غربت کی بات کر رہے ہیں وہ روحانی نوعیت کی غربت ہے۔ درحقیقت ہم سب روحانی طور پر غریب ہیں۔ ہم میں سے کوئی بھی اپنی کسی بھلائی اور اچھائی کے بل بوتے پر خداوند کے حضور کھڑا نہیں ہوسکتا۔ جو معیار خدا نے ہم انسانوں کے لئے مقرر کیا تھا ہم اُس معیار سے گر چکے ہیں۔

”اور ہم تو سب کے سب ایسے ہیں جیسے ناپاک چیز اور ہماری تمام راستبازی ناپاک لباس کی مانند ہے۔اور ہم سب پتے کی طرح کملا جاتے ہیں۔اور ہماری بدکرداری آندھی کی مانند ہم کو اُڑا لے جاتی ہے۔“ ﴿یسعیاہ 64:6-7﴾

اگر چہ ہم سب گناہ گار ہیں تو بھی ہر کوئی اِس بات کو تسلیم نہیں کرتا۔فریسی اپنے اچھے کاموں اور وفاداری سے شریعت پر عمل پیرا ہونے کے سبب سے یہ خیال کرتے تھے کہ اُن کا خدا کے ساتھ بالکل درست رشتہ قائم ہے۔خداوند یسوع مسیح نے اُن کی ریاکاری کی مذمت کی۔اِس کے برعکس جو گناہ گار اپنی حالت کو سمجھتے ہوئے یسوع کے پاس آتے ہیں وہ اُنہیں معاف کر کے خدا کے فرزند بننے کا حق بخشتا ہے۔غریب ہونے کا مطلب ہے کہ ہم اِس بات کو سمجھیں کہ ہم قدوس اور جلالی خدا کے سامنے گناہ گار ہیں۔اِس سے پہلے کی ہماری ضرورت پوری ہو لازمی ہے کہ ہمیں اِس ضرورت کا احساس بھی ہو۔

خداوند یسوع مسیح نے سامعین کو بتایا کہ خدا کی بادشاہی اُن لوگوں کی ہے جو خدا کے حضور اپنی روحانی غربت کو تسلیم کر لیتے ہیں۔اگر آپ اِس بات کو تسلیم کر لیں کہ آپ روحانی طور پر غریب ہیں اور اپنی نجات کے لئے خدا کو دینے کے لئے آپ کے پاس کچھ نہیں ہے۔آپ سادگی سے خدا کے حضور آئیں اور اُس کام کو قبول کر لیں جو یسوع مسیح نے آپ کے لئے صلیب پر سرانجام دیا ہے۔آپ کو خدا کے حضور کھڑے ہونے کا مقدور صرف اور صلیب یسوع کے صلیبی کام کے وسیلہ سے ہی حاصل ہوگا۔اگر آپ یہی سمجھ لیں کہ خدا کی بادشاہی میں داخل ہونے کے لئے آپ کے اچھے اور نیک اعمال ہی کافی ہیں تو آپ کو بڑی مایوسی اور پریشانی کا سامنا کرنا پڑے گا۔وہی جنہیں اپنی روحانی ضرورت کا احساس ہے خدا کی حضوری میں قبول و منظور ہوں گے۔

بالائی سطور میں نجات کے تعلق سے جو کچھ بیان کیا گیا ہے خدا کی خدمت کے تعلق سے بھی بالکل ایسا ہی ہے۔بہت سے ایسے لوگ ہیں جو اپنی حکمت اور دانائی اور طاقت و توانائی سے خداوند کی

خدمت کرنے کی کوشش کرتے ہیں۔ ہمارے دلوں میں ہمارے اپنے منصوبے اور ارادے ہوتے ہیں اور ہمارا یہ ایمان ہوتا ہے کہ ہم اُن منصوبوں کو پایہ تکمیل تک پہنچالیں گے۔ خداوند ہمیں بلا رہا ہے کہ ہم اُس کی حکمت اور اُس کی طرف سے دی جانے والی صلاحیت اور لیاقت پر بھروسہ کریں۔ یہ کس قدر بابرکت بات ہے کہ ہم خداوند اور اُس کی راہنمائی پر بھروسہ کرنا سیکھ جائیں۔ جب ہمیں اِس بات کا احساس ہو جاتا ہے کہ ہماری اپنی لیاقت اور حکمت ہمیں ناکامی سے دوچار کر دے گی تو تب ہی ہم خداوند کی طرف سے قوت پانے پر بھروسہ کرتے ہیں۔ جن لوگوں کو اپنی کمزوریوں اور روحانی غربت کا احساس ہو جاتا ہے' وہ اپنے دلوں کو خداوند کی حکمت' قوت اور برکت کے لئے کھول دیتے ہیں۔

غمزدہ

خداوند یسوع مسیح نے اپنے سامعین کو بتایا کہ جو غمزدہ ہیں وہ تسلی پائیں گے۔ مقدس لوقا اِس بات کو قدرے مختلف انداز سے بیان کرتا ہے کہ جو روتے ہیں ہنسیں گے۔ ہم یہاں پر روحانی غربت اور اِس غم میں تعلق کو دیکھنا چاہیے۔ جن لوگوں کا خداوند یہاں پر تذکرہ کر رہے ہیں وہ لوگ ہیں جو خدا کے حضور اپنی روحانی حالت پر غمزدہ ہوتے ہیں۔ وہ دُنیا کی حالت پر غمگین ہوتے ہیں۔ جب وہ اِس لعنتی زمین پر زندگی بسر کرتے ہیں' تو اُنہیں دُکھوں اور تکالیف سے گزرنا پڑتا ہے۔ اُنہیں اپنی سخت دلی کا بھی علم ہے اور وہ اُن لوگوں کی ہٹ دھرمی سے بھی بلاشبہ واقف اور آگاہ ہیں جو خداوند یسوع مسیح کو نہیں جانتے۔ مقدس پولس رسول اپنے اردگرد کے لوگوں کے لئے دینداری کا غم محسوس کرتے تھے۔ جب اُسے اپنی زندگی میں جسم اور روح کے درمیان کشمکش کا سامنا ہوا تو پھر بھی اُسے گہرے دُکھ اور غم سے گزرنا پڑا۔

دینداری کے اِس غم کے باعث مقدس پولس رسول نے اپنی زندگی اُن لوگوں کے درمیان خدمت گزاری کے کام کے لئے وقف کر دی جو خداوند یسوع مسیح کو نہیں جانتے تھے۔ اُس نے اپنے

درمیان بدی کی قوتوں کے ساتھ جنگ کی۔ آپ اُس وقت تک مؤثر خدمت سرانجام نہیں دے سکتے جب تک آپ اپنے دل کی حالت اور اپنے معاشرے کی حالت پر غمزدہ نہیں ہوتے۔ زبور نویس ہمیں یاد دلاتا ہے کہ خدا کی بادشاہی کے لئے ہماری کاوشیں رائیگاں نہیں جائیں گی۔

''جو آنسوؤں کے ساتھ بوتے ہیں وہ خوشی کے ساتھ کاٹیں گے۔ جو روتا ہوا بیج بونے جاتا ہے وہ اپنے پولے لئے ہوئے شادمان لوٹے گا۔'' ﴿زبور 126:5-6﴾

خداوند یسوع مسیح ہمیں یہاں پر بتا رہے ہیں کہ دینداری کا غم بھی ہوتا ہے جو کہ ٹھیک ہے۔ کیوں کہ دینداری کا غم توبہ کا باعث ہوتا ہے۔ اور پھر ہم اپنے درمیان گناہ اور بدی کو اپنی زندگی سے دُور کرنے کے لئے عملی قدم اُٹھاتے ہیں۔ مسیحی زندگی کے لئے دینداری کا غم انتہائی اہم حصہ ہے۔ ہم میں سے بہت سے ایسے ہیں جو حقیقی طور پر گناہ اور بدی پر غمزدہ نہیں ہوتے۔ ایسے لوگ جن کے اندر خدا کی محبت ہوتی ہے وہ گناہ کو معمولی خیال نہیں کرتے۔

خداوند یسوع مسیح ہمیں سکھا رہے ہیں کہ جو دینداری کے غم سے گزرتے ہیں تسلی پائیں گے۔ وہ دن آ رہا ہے جب گناہ اور بدی کا خاتمہ ہوگا۔ ہم سب خداوند کی حضوری میں اُس کے آرام میں داخل ہو کر خوشی منائیں گے۔ اِس وقت ہم دیکھتے ہیں کہ ہمارے معاشرے میں بدی کا زور ہے 'مبارک ہیں وہ جو بدی اور گناہ کی حالت پر غمزدہ ہوتے اور گناہ کو چھوڑے کے لئے عملی قدم اُٹھاتے ہیں۔

حلم

خداوند یسوع مسیح نے بات جاری رکھتے ہوئے کہا کہ حلیم زمین کے وارث ہوں گے۔ حلم سے کیا مراد ہے New American Standard Bible میں لفظ Gentle ''رحم دل' خلیق' بامروت' شریف استعمال ہوا ہے۔ حلم کا تعلق نرم مزاجی' عاجزی اور انکساری سے ہے۔ وہ شخص جو حلیم ہوتا ہے بغیر بڑبڑاہٹ کے اپنی زندگی کے لئے خدا کے مقصد کو قبول کرنے کے لئے

تیاراور رضا مند رہتا ہے۔ حلیم شخص بخوشی ورضا اپنے آپ کو خداوندیت کی قدوسیت کے تابع کر دیتا ہے اور دلی چاہت اور خوشی سے خداوند کی مرضی کو پورا کرتا ہے۔

ہم کتاب مقدس کی روشنی میں دیکھتے ہیں کہ خدا کو تکبر سے نفرت ہے۔ امثال کا مصنف ہمیں واضح طور پر بتاتا ہے کہ کسی بھی شخص کی ہلاکت اور بربادی سے قبل تکبر آتا ہے۔ ''ہلاکت سے پہلے تکبر اور زوال سے پہلے خود بینی ہے۔'' (امثال 18:16) پطرس رسول اپنے ایک خط میں نوجوانوں سے یوں مخاطب ہیں۔

''اَے جوانوں تم بھی بزرگوں کے تابع رہو۔ سب کے سب ایک دوسرے کی خدمت کے لئے فروتنی سے کمر بستہ رہو۔ اِس لئے کہ خدا مغروروں کا مقابلہ کرتا ہے مگر فروتنوں کو توفیق بخشتا ہے۔''

(1 پطرس 5:5)

یہ الفاظ انتہائی قوت اور قدرت سے معمور ہیں۔ فی الحقیقت خدا مغروروں کا مقابلہ کرتا ہے۔ غرور اپنے آپ کو سر بلند کرتا اور اپنے آپ کو خدا کے برابر ٹھہراتا ہے۔ تکبر خدا کے کلام اور کام کے خلاف بغاوت اور رویے کا نام ہے۔ تکبر بڑبڑاہٹ اور شکوے شکائتوں سے بھرا ہوتا ہے۔ تکبر کسی طور پر بھی خدا کی مرضی کو قبول نہیں کرتا۔ اِس کے برعکس حلیمی اور فروتنی بخوشی ورضا اپنا سب کچھ خدا کے حضور انڈیل دیتی ہے۔ فروتنی خدا کے مقصد اور ارادے کو سمجھتی اور جانتی ہے کہ وہ کامل ہے اور اُس پر کوئی سوال نہیں اُٹھایا جا سکتا۔ حلیم ہی زمین کے وارث ہوں گے۔ کیا آپ کسی ایسے شخص کو کوئی ذمہ داری سونپیں گے جو آپ کی بات پر کان ہی نہ لگائے اور یہ سمجھے کہ وہ آپ سے بہتر سمجھتا اور جانتا ہے؟ بہ عین خدا بھی اپنا کام اُن کے سپرد کرتا ہے جو اُس کے مقصد اور ارادے کے سامنے جھک جاتے اور خدمت کے لئے اُس کے حضور پورے طرح پر اپنے آپ کو خالی کر دیتے ہیں۔ حلیم خدا کے ساتھ بادشاہی کریں گے۔

یہ انتہائی ضروری ہے کہ ہم ماتم اور غم کی روشنی میں حلیمی کو دیکھیں۔ ہم نے ابھی اِس کا ذکر کیا ہے۔

جو لوگ گناہ کے تعلق سے خدا جیسا روّیہ اور سوچ رکھتے ہیں، مغرور ہو سکتے ہیں کیوں کہ وہ ایسے گناہ کے مرتکب نہیں ہوئے۔ ایسے لوگ دوسروں کے تعلق سے سخت روّیہ اپنا سکتے ہیں۔ اور ایسے لوگوں پر تنقید کی بھر مار کر سکتے ہیں جو گناہ میں گر چکے ہیں۔ خداوند یسوع ہمیں یہاں پر حلیم اور فروتن ہو جانے کے لئے کہہ رہے ہیں۔ وہ لوگ جو ایسی زندگی اور شخصیت کے مالک ہیں جو خدا کے دل کے عین موافق ہے گناہ میں گرے ہوئے کمزوروں کے تعلق سے حلیمی اور فروتنی کا روّیہ اپناتے ہیں۔ کیوں کہ وہ جانتے ہیں کہ وہ بھی بڑی آسانی سے اُسی گناہ میں گر سکتے ہیں۔ حلیمی اور فروتنی کی مثال یسوع مسیح کے گناہ گاروں کے تعلق سے روّیے میں دیکھی جا سکتی ہے۔ خداوند یسوع مسیح نے مغروروں اور اپنے آپ پر بھروسہ اور اعتماد کرنے والوں سے زمین کے وارث ہونے کا وعدہ نہیں کیا۔ بلکہ یہ وعدہ تو اُن حلیم اور فروتن لوگوں سے ہے جو خدا کے مقصد اور منصوبے کے لئے بڑی حلیمی سے اپنے آپ کو خالی اور پست و عاجز کر دیتے ہیں۔

راستبازی کے بھوکے اور پیاسے

خداوند یسوع مسیح نے کہا کہ وہ لوگ جو راستبازی کے بھوکے اور پیاسے ہیں آسودہ ہوں گے۔ غور طلب بات : یہ بھوک اور پیاس راستبازی کے لئے ہے۔ راستبازی سے مراد ہماری زندگیوں کے لئے خدا کے منصوبے اور مقاصد ہیں۔ تاریخ گواہ ہے کہ خدا کے لوگوں نے خدا کی راستبازی کی خاطر اپنی جانیں قربان کر دیں۔ یہ وہ لوگ تھے جو اپنی گناہ آلودہ حالت پر اِس قدر پشیمان اور غمزدہ ہوتے تھے کہ خدا کے حضور چلاتے تھے کہ وہ اُنہیں گناہ کی قید اور اُس کے تسلط سے رہائی اور آزادی بخشے۔ وہ خداوند کو پکارتے تھے کہ وہ اُنہیں اور اُن کے معاشرے کو گناہ سے پاک کرے۔ اُن کے دلوں میں خداوند یسوع مسیح کو جاننے اور اُس کی تابعداری میں زندگی بسر کرنے کی بڑی گہری اشتہا (گہری طلب) پائی جاتی تھی۔

وہ لوگ جو اِس طرح سے خدا کے حضور راستبازی کے بھوکے اور پیاسے ہوتے ہیں آسودگی بھی

حاصل کرتے ہیں۔ ہمارے پاس خدا کا وعدہ موجود ہے کہ اگر ہم خداوند کے طالب ہوں گے تو اُسے پائیں گے۔(یرمیاہ13:29) خدا کی حضوری آپ کو معمور اور آسودہ خاطر کرے گی۔ وہ اپنے لوگوں کو کبھی مایوس اور بے دل نہیں کرتا جو پورے دل سے اُس کی راستبازی کے بھوکے اور پیاسے ہوتے ہیں۔

رحم دل

رحم کا تعلق ترس اور ہمدردی سے ہے۔ رحم دل لوگ ضرورتمندوں اور دُکھی لوگوں کے تعلق سے ترس اور ہمدردی کے جذبات سے بھرے ہوتے ہیں۔ دیگر خوبیاں جن کا ہم نے ذکر کیا وہ ہمارے باطنی روّیوں سے تعلق رکھتی ہیں۔لیکن کردار کی یہ خوبی دوسروں کے لئے ہمارے ردعمل اور روّیے سے متعلق ہے۔ رحم نہ صرف دوسروں کی حالت پر غمزدہ ہوتا ہے بلکہ ضرورتمندوں تک رسائی حاصل کرتا اور اُن کی ضروریات کو پورا بھی کرتا ہے۔

خدا کا کلام ہمیں یہ سکھاتا ہے کہ اگر خدا سے محبت رکھتے ہیں تو زبانی کلامی نہیں بلکہ اُس کا عملی مظاہرہ کریں گے۔(یعقوب2:12-15) وہ شخص جو رحم دل ہوتا ہے محتاجوں کی عملی طور پر مدد کرتا ہے۔ رحم دل شخص دوسروں کی شفاً بحالی اور برکت کے لئے ایمان رکھتا اور محتاجوں اور ضرورت مندوں تک پہنچا ہے۔ رحم دل لوگ دوسروں کو اُسی طور سے خیال رکھتے ہیں جیسے وہ اپنا خیال رکھتے ہیں۔ رحم کسی روّیے سے بڑھ کر ہوتا ہے۔

رحم ایک عمل کا نام ہے۔ کسی بھی بھائی یا بہن کی حالت پر آپ کا دل شکستہ ہوسکتا ہے لیکن اگر آپ قدم بڑھا کر اُن کے دُکھ اور تکلیف کے لئے رحم کا عملی مظاہرہ نہ کریں تو یہ حقیقی رحم اور ترس نہیں ہے۔ خداوند یسوع مسیح نے یہ تعلیم دی کہ جو رحم دل ہیں اُن پر رحم کیا جائے گا۔ خداوند اُسی طور سے ہماری خدمت کرے گا جس طرح سے ہم نے دوسروں کی خدمت کرتے ہیں۔

پاک دل

یہاں پرغور طلب بات یہ ہے کہ خدا نہ صرف ہمیں باطنی پاکیزگی کے لئے بلاتا ہے بلکہ وہ ہم سے دل کی پاکیزگی کا بھی تقاضا کرتا ہے۔ایسا دل رکھتے ہوئے جس کے محرکات اور تصورات ناپاک ہوں ظاہری طور پر جو کچھ درست ہوتا ہے اُسے کرنا بڑا آسان معلوم ہوتا ہے۔خداوند یسوع مسیح نے ہمیں آگاہ کیا ہے کہ اُس شخص کو برکت نہیں ملے گی جس نے ظاہری طور پر اچھے کام کئے ہوں گے۔ بلکہ اُسے برکت ملے گی جس کا دل پاک ہوگا۔فریسی اِس بات کی زبردست اور بڑی موضوع مثال ہیں۔ وہ ظاہری طور پر شریعت پر بلاتقصیر چلتے تھے۔تاہم یسوع نے اُنہیں اُن کی بدی اور سخت روّیوں پر اُن کی سخت مذمت کی۔آئیں دیکھیں کہ یسوع نے متی کے انجیلی بیان میں کیا فرمایا۔

''اَے ریا کار فقیہو اور فریسیوں تم پر افسوس کہ تم سفیدی پھری ہوئی قبروں کی مانند ہو جو اوپر سے تو خوبصورت دکھائی دیتی ہیں مگر اندرُ مردوں کی ہڈیوں اور ہر طرح کی نجاست سے بھری ہیں۔اِسی طرح تم بھی ظاہر میں تو لوگوں کو راستباز دکھائی دیتے ہو مگر باطن میں ریاکاری اور بے دینی سے بھرے ہو۔'' (متی 23:27-28)

خدا صرف ہمارے ظاہری اعمال و افعال کو نہیں دیکھتا بلکہ اُن اعمال کے پیچھے جو محرکات ہوتے ہیں اُن پر بھی اُس کی نظر ہوتی ہے۔وہ ایسے لوگوں کی تلاش میں ہے جن کے دل پاک ہوں۔خداوند یسوع مسیح نے وعدہ کیا کہ جو پاک دل ہیں وہ خداوند کو دیکھیں گے۔خداوند اپنے آپ کو اُن پر ظاہر کرے گا۔ چونکہ ایسے لوگ واقعی اُس کے لوگ ہیں' اِس لئے وہ اُسے دیکھیں گے۔دل ہی مذہبی لوگوں اور اُن لوگوں کے درمیان فرق ظاہر کرتا ہے جو واقعی خداوند کے ہیں۔ خداوند کے لوگ دل سے خداوند کی عزت اور خدمت کرتے ہیں۔

خداوند یسوع مسیح ایسے ایمان کا تقاضا کر رہے تھے جو ظاہری دکھاوے اور مذہبی رسوم سے کہیں گہرا

اور عمیق ہو۔ وہ حقیقی ایمان کو تلاش کر رہے تھے۔

صلح کرانے والے

خداوند یسوع مسیح نے یہاں پر صرف اُن لوگوں کا ذکر نہیں کیا جو صلح پسند ہیں بلکہ صلح کراتے ہیں۔ صلح کرانے والے اپنی بہن یا اپنے بھائی کی خاطر اپنے حقوق سے دستبردار ہو جاتے ہیں۔ جب اُن کے درمیان کوئی مسئلہ کھڑا ہوتا ہے' تو وہ اُس وقت تک آرام نہیں کرتے جب تک وہ پیدا ہونے والی غلط فہمی اور مسئلہ کو حل کر کے تعلقات بحال نہ کر لیں۔ جب گناہ کے سبب سے خدا کے ساتھ اُن کے رشتہ میں دراڑ پیدا ہو جائے تو وہ خدا کے ساتھ اپنا رشتہ اور تعلق کی بحالی کے لئے وہ سب کچھ کریں گے جو اُن کی دسترس یا پہنچ میں ہوگا۔ صلح کرانے میں یہ بات بھی شامل ہے کہ یسوع کے ساتھ لوگوں کا میل ملاپ کرایا جائے جو صلح وسلامتی کا بانی ہے۔

صلح کرانے والے خدا کے بیٹے کہلائیں گے۔ وہ اُس کے بیٹے کہلاتے ہیں کیوں کہ وہ اُس کی خدمت کو آگے بڑھاتے ہوئے اُس کے دل کی آواز لوگوں تک پہنچاتے ہیں۔ جب خداوند یسوع مسیح اِس دُنیا میں آئے تو فرشتوں نے اِس بات کا اعلان کیا کہ اُس کی خدمت کے وسیلہ سے ''زمین پر جن سے راضی ہے صلح'' (لوقا 14:2) خداوند یسوع مسیح اِس لئے آئے تا کہ خدا کے ساتھ ہمارا میل ملاپ کرا دیں اور ایک دوسرے کے ساتھ بھی ہمارے تعلقات بحال ہو جائیں۔ وہ جو صلح کراتے ہیں اِس کارِ عظیم میں خدا کے شریک کار ہوتے ہیں۔

ستائے جانے والے

خداوند یسوع مسیح اِس بات سے بخوبی واقف اور آگاہ تھے کہ وہ لوگ جو اُس کی مرضی کے مطابق زندگی بسر کریں گے اُنہیں ایذا رسانی کا سامنا بھی کرنا پڑے گا۔ خدا لوگوں کو اِس لئے بلا رہا ہے تا کہ وہ گناہ کے سبب سے لعنتی ٹھہرنے والی دُنیا میں راستبازی کی زندگی بسر کریں۔ خدا کے لوگوں کو سچائی کی خاطر جرأت اور دلیری کا مظاہر کرنا ہوگا اور اپنے آپ کو خدا کی بادشاہی کے لئے

وقف کر دینا ہوگا۔ جس طرح اِس دُنیا نے خداوند یسوع مسیح کو رد کر دیا تھا' یہ دُنیا اُس کے خادمین کو بھی قبول نہیں کرے گی۔

بعض اوقات ہم راستبازی کی خاطر ستائے جانے کو ہی ایذاہ رسانی سمجھتے ہیں۔ دُکھ اور بیماری اِس دُنیا میں رہنے کے سبب سے ہے۔ مسیحی اور غیر مسیحی سبھی ایک ہی طرح سے دُکھ اُٹھاتے ہیں۔ اپنے جیسے انسانوں کے درمیان پیدا ہونے والے مسائل اور مشکلات بھی اِس دُنیا میں گناہ کا نتیجہ ہیں۔ اور اِن سب چیزوں کو راستبازی کی خاطر دُکھ اُٹھانے کے مترادف نہ سمجھا جائے۔ جب یسوع یہاں پر ستائے جانے کی بات کر رہے ہیں تو وہ بالعموم کسی دُکھ اور تکلیف میں مبتلا ہو جانے کی بات نہیں کر رہے بلکہ وہ تو اُس قسم کی ایذاہ رسانی کی بات کر رہے ہیں جو خدا اور اُس کے مقصد کے لئے زندگی بسر کرنے کے سبب سے آتی ہے۔ تاریخ کے اوراق اُٹھا کر دیکھیں تو آپ کو معلوم ہوگا کہ لوگوں نے مسیح کی محبت اور پیروی میں اپنی جانیں نثار کر دیں۔ بعض لوگوں کی تضحیک اور ٹھٹھوں کا نشانہ بنے اور بعض کو ظلم و ستم برداشت کرنا۔ کیوں کہ اُنہوں نے کسی اور معبود کے سامنے گھٹنے ٹیکنے سے انکار کر دیا۔ خدا اُس دُکھ اور ایذاہ رسانی کو دیکھتا ہے جو آپ اُس کی خاطر قبول کرتے ہیں۔

خداوند یسوع مسیح ہمیں بتا رہے ہیں کہ دُکھ اور ایذاہ رسانی کے باوجود وفا رہنے کا اجر خدا کی بادشاہی میں جگہ ہے۔ خداوند نے بتایا کہ وہ دن آئے گا جب لوگ یسوع نام کے سبب سے اُن کو بے عزت اور رسوا کریں گے۔ اور اُن کے بارے میں ہر طرح کی بُری باتیں کہیں گے اور ناحق اُنہیں ستائیں گے۔ (متی 11:5) مقدس لوقا کے انجیلی بیان میں یسوع نے بتایا کہ لوگ اِس لئے اُن سے نفرت کریں گے کیوں کہ وہ یسوع کے لوگ ہیں۔ مسیح کے ساتھ تعلق ہونے کے سبب سے لوگ اُن کو بے عزت کریں گے اور عبادت خانوں سے خارج کر دیں گے۔ مسیح کے پیچھے چلنے والوں کو لوگ بُرا سمجھیں گے۔

جب ہم مسیح کی سچائی کی خاطر جرأت سے کھڑے ہوں گے تو پھر ہمیں اُن لوگوں کی طرف سے مخالفت کا سامنا کرنا پڑے گا جو یسوع کو نہیں جانتے۔ خدا کے کلام کی سچائی پر قائم اور کھڑے ہونے کے باعث ہوسکتا ہے کہ ہم اپنے معاشرے کے پہلو میں خار کی مانند محسوس ہوں۔ عہد عتیق کے انبیاء کو اِس لئے قتل کر دیا گیا کیوں کہ اُنہیں افراتفری پھیلانے والے سمجھا جاتا تھا۔ رسولوں کو انقلابی خیال کیا جاتا تھا اِس لئے اُن پر ہر طرح کے ظلم ڈھائے گئے ہوں لوگ جو مسیح کو نہیں جانتے' ہوسکتا ہے اُن کے نزدیک ہم ایک بُری تاثیر کے تحت کام کرنے والے ہوں۔ جسے ہم سے الگ کرنے کی ضرورت ہو۔ خداوند یسوع مسیح کو بھی گناہگاروں کا دوست اور کفر بکنے والا سمجھا جاتا تھا۔ خداوند یسوع مسیح نے اپنے شاگردوں سے کہا کہ جب اُن کے ساتھ یہ سب کچھ واقع ہو تو وہ خوش ہوں اور نہایت شادمان۔ اُنہیں اِس لئے خوش ہونا تھا کیوں کہ اُنہیں آسمان پر اَجر ملنا تھا اور اُن کی ایذاء رسانی نے ثابت کر دیا کہ وہ بھی اُسی راہ کے مسافر ہیں جس پر اُن سے پہلے انبیاء چلتے ہوئے آگے بڑھے۔

مقدس لوقا بہت سی باتوں پر اظہار افسوس کرتے ہوئے اپنا بیان بند کرتا ہے۔

''مگر افسوس تم پر جو دولتمند ہو کیوں کہ تم اپنی تسلی پا چکے۔'' (لوقا 24:6) خداوند یسوع مسیح اُن لوگوں سے مخاطب ہیں جو اپنی زندگی اِس دنیوی دولت اور اِس دُنیا کی عیش و آرام کے حصول کے لئے گزار رہے ہیں وہ لوگ خداوند کی مرضی اور اُس کے ارادے کو رد کر دیتے ہیں اور ایسے لوگ سہل پسند کی زندگی گزارنا پسند کرتے ہیں۔ یہ لوگ اِس دُنیا ہی میں اپنا اجر پا لیتے ہیں۔ کیوں کہ اُنہیں یسوع کا کچھ خیال نہیں ہوتا۔ ایسے لوگ تو ہلاک ہوں گے اور ہمیشہ ہمیشہ کے لئے خدا سے جدا ہو کر جہنم کے سزاوار ہوں گے۔ آنے والے زندگی میں ایسے لوگوں کے لئے کوئی آرام و سکون نہیں ہوگا۔

ایسے لوگ جو اِس وقت سیر و آسودہ ہیں' ایک وقت آئے گا جب وہ روئیں گے۔ وہ دن آئے گا

جب وہ اُسی نجات دہندہ کو روبرو دیکھیں گے جس کو اُنہوں نے رد کر دیا ہے۔ اُن پر سزا کا حکم جاری ہوگا اور وہ ایسی زندگی بسر کرنے کا خمیازہ بھگتیں گے جس میں نجات کا کوئی تصور اور خیال بھی نہیں تھا۔

خبردار رہیں یسوع نے کہا تھا۔ ''افسوس تم پر جب سب لوگ تم کو بھلا کہیں۔'' خداوند یسوع مسیح یہاں پر ایسے لوگوں کی بات کر رہے ہیں جو لوگوں کی نظر میں عزت' مقبولیت اور تعریفی اور خوشامدی کلمات سننے کے دلدادہ ہوتے ہیں۔ ایسے لوگ روحانی راہنما بھی ہو سکتے ہیں جو اپنی جماعت کی طرف سے تصدیق کے آرزومند ہوتے ہیں۔ ہوسکتا ہے کہ یہ ایسے لوگ ہوں جو دنیوی دوست احباب کی طرف سے خوشامد اور تصدیق کے حصول کی خاطر خدا سے منہ پھیر لیں۔ ایسے لوگ خواہ کوئی بھی ہوں اُنہوں نے اپنے جان پہچان والوں' دوست احباب اور ہم خدمت لوگوں میں عزت اور وقار کے حصول کے لئے خدا کو رد کر دیا ہوتا ہے۔ خدا ایسے لوگوں کی تلاش میں ہے جو پہلے اُس کی تلاش کریں۔

شاگردوں کو یسوع کے پیچھے چلنے کیلئے اپنے دوست احباب اور خاندانوں کو چھوڑنا پڑا۔ آج بھی یسوع اپنے لوگوں سے اِسی بات کا تقاضا کر رہا ہے۔ ممکن ہے کہ ہمارے دوست احباب اور گھرانے کے لوگ ہمیں رد کر دیں' وہ ہمیں سمجھ ہی نہ پائیں اور ہمیں ہمارے ایمان کے سبب سے رد کر دیں۔ خداوند یسوع مسیح ہمیں خدمت کے لئے بلا رہے ہیں قطع نظر اِس بات کے کہ لوگ ہمارے بارے میں کیا کہتے یا کیا سوچتے ہیں۔ اپنی زندگیوں پر اُس کی بلاہٹ کو جانتے ہوئے اُسے پورا کرنے کی خاطر ہمیں لوگوں کی باتوں پر کان نہیں دھرنا ہوگا۔ مقدس پولس رسول اپنی زندگی کے اِسی مقام پر تھے جب اُنہوں نے کہا'

''اَب میں آدمیوں کو دوست بناتا ہوں یا خدا کو؟ کیا آدمیوں کو خوش کرنا چاہتا ہوں؟ اگر اَب تک آدمیوں کو خوش کرتا رہتا تو مسیح کا بندہ نہ ہوتا۔'' ﴿گلتیوں 10:1﴾

پہاڑی وعظ کی ابتدائی باتوں میں خداوند یسوع کے پاس کہنے کیلئے بڑی زبردست اور پرقدرت باتیں تھیں۔ خداوند نے اُن لوگوں کو ایک انقلابی طرزِ زندگی اپنانے کے لئے بلایا جو اُس کے پیچھے چلنے کے خواہاں تھے۔ اُس کے پیروکاروں نے خدا کی بادشاہت کی خاطر دُکھ اُٹھانے تھے۔ یسوع کے نمائندگان ہونے کی وجہ سے اُنہیں رد کیا جانا اور ستایا جانا تھا۔ دُنیا کی بھیڑ میں اُن کی زندگیاں دوسرے لوگوں سے قطعی مختلف ہونا تھیں۔ لوگوں کو اُن کی باتیں، طرزِ زندگی اور منادی کی سمجھ نہیں آئی تھی۔ خواہ کچھ بھی ہو اور خواہ کیسے ہی حالات اور واقعات کیوں نہ ہوں اُنہیں اِس بات کا علم ہونا تھا کہ خدا کی برکت اُن کی زندگیوں پر ہے اور ہمیشہ بڑی شادمانی سے اُس کی حضوری میں مسیح کے ساتھ بادشاہی کریں گے۔

اُس دَور کے حساب سے مسیح کی تعلیم بڑی انقلابی قسم کی تعلیم تھی۔ خدا کے لوگوں کا ایمان شریعت پرستی کی شکل اختیار کر گیا تھا۔ اُن کے معلم بے رحمی سے شریعت کی بھاری باتوں کو لاگو کرتے تھے اور ایسے لوگوں کو رد کر دیتے تھے جو اُن کی تفسیر و تشریح کو قبول نہیں کرتے تھے۔ صلح جو ہونا تو اُن کے لئے بڑی دور کی بات تھی وہ تو یسوع کو مار ڈالنے کا موقع ڈھونڈ رہے تھے۔ وہ چاہتے تھے کہ لوگ اُن کے بارے میں اچھی رائے قائم کریں۔ اِس وعظ کی ابتدائی باتوں سے یسوع اُن لوگوں کی ریاکاری کو بے نقاب کر رہے تھے۔ وہ اُس ایمان کو فروغ دے رہے تھے جو دل میں پیدا ہوتا ہے اور حقیقی ایمان ہوتا ہے۔

چند غور طلب باتیں

☆۔ دل کے غریب ہونے کا کیا مطلب ہے؟ کس حد تک آپ نے اپنی زندگی اپنی حکمت اور طاقت سے بسر کی ہے؟

☆۔ کیا آپ راستبازی کے بھوکے اور پیاسے ہیں؟ آپ کی زندگی میں اِس کا کیا ثبوت ہے؟

☆۔ آپ کی راستباز زندگی کس حد تک آپ کے اردگرد کے لوگوں کے لئے ایک چیلنج ہے؟

☆۔ خداوند یسوع ہمیں بتاتے ہیں کہ اگر ہم اُس کی پیروی کریں گے تو یہ دُنیا ہمیں کبھی بھی سمجھ نہیں پائے گی۔ آپ کی زندگی میں اِس کے کیا شواہد پائے جاتے ہیں؟

☆۔ دوسرے لوگ ہمارے بارے میں کیا سوچتے ہیں؟ ہماری زندگیاں کس قدر اِس فکر اور سوچ کے تسلط کے نیچے ہیں؟ خداوند یسوع مسیح یہاں پر کیسی زندگی کے بارے میں کیا بتا رہے ہیں؟

چند ایک دُعائیہ نکات

☆۔ خداوند سے درخواست کریں کہ وہ آپ کی زندگی میں راستبازی کی اور زیادہ بھوک اور پیاس پیدا کرے۔

☆۔ خداوند سے دُعا کریں کہ وہ آپ کو اپنی صلیب اُٹھا کر ہر قیمت پر قائم اور ثابت قدم رہنے کے لئے جرأت اور دلیری عطا فرمائے۔

☆۔ اِس زندگی کے بعد ایک خوبصورت اُمید کیلئے خداوند کی شکر گزاری کریں۔ خداوند سے عرض کریں کہ وہ آپ کی آنکھیں اُسی اُمید پر لگائے رکھے۔

☆۔ خداوند سے دُعا کریں کہ وہ آپ کو اِس بات سے اور زیادہ آگاہ اور واقف کرے کہ آپ کو اِس بات کی ضرورت ہے کہ وہ آپ کی زندگی میں کام کرے۔ یہ سمجھنے کے لئے خداوند آپ کو معاف کرے کہ آپ سب کچھ اپنی طاقت اور سمجھ سے کر سکتے ہیں۔

باب 28

پہاڑی وعظ

دوسرا حصہ۔ نمک اور نور

متی 5:13-16 پڑھیں

پہاڑی وعظ کے اِس نئے حصہ میں خداوند یسوع مسیح نے اپنے سامعین کو بتایا کہ وہ زمین کا نمک ہیں۔نمک کے تعلق سے بہت سی باتوں کا ذکر یہاں پر کیا جائے گا۔

پہلی بات۔نمک چیزوں کو خراب ہونے سے محفوظ رکھنے کے لئے استعمال کیا جاتا ہے۔اِس دُنیا میں خدا کے لوگوں کی موجودگی نمک کی مانند ہے۔جیسا کہ ہم پہلے ہی اِس بات کا ذکر کر چکے ہیں کہ ہم اِس بدی اور گناہ بھری دُنیا میں رہ رہے ہیں۔گناہ کی جڑیں ہمارے معاشرے میں پھیل چکی ہیں۔خدا نے اپنے لوگوں کو اِس لئے اِس دُنیا میں رکھا ہوا ہے تا کہ وہ گناہ کو پھیلنے سے روکیں۔اُس نے ہمیں اِس لئے بلایا ہے تا کہ ہم اِس دُنیا کے سامنے ایک مثالی زندگی بسر کریں۔اُس نے ہمیں بلایا ہے تا کہ ہم اُس کے کلام کی منادی کریں' اُس کی باتوں کی تعلیم دیں تا کہ لوگ گناہ اور اُس کے مہلک اثرات سے آزادی اور مخلصی پاسکیں۔

جب ہم گناہ کے خلاف بات کرتے اور راستبازی کے لئے کھڑے ہوتے ہیں تو ہم گناہ کو پھیلنے سے روکتے ہیں۔اگر شروع سے اب تک خدا کے اصولوں کے لئے کھڑے ہونے والے لوگ نہ ہوتے تو اب تک یہ دُنیا کہاں پر ہوتی؟ نمک خوراک کو مزیدار بنانے کے لئے بھی استعمال کیا جاتا ہے۔کون سی چیز ہے جو خدا کے قہر وغضب کو روکتی ہے تا کہ وہ نوح کے زمانے کی طرح دُنیا کو برباد نہ کرے؟ ہم دیکھتے ہیں کہ دنیا خدا کے کلام کی سچائی سے کس قدر دور بھٹک چکی ہے تو بھی

کیوں خدا اس دنیا سے رحم اور ترس سے پیش آتا ہے؟۔ میرے ذہن میں پیدائش 18 باب سے ایک کہانی آرہی ہے جب خدا نے ابرہام کو بتایا کہ وہ سدوم اور عمورہ کو نیست و نابوس کرنے جارہا ہے۔ ابرہام نے خدا کے حضور اُن شہروں کے لئے شفاعت کی۔ پیدائش 32:18 میں ہم دیکھتے ہیں کہ خدا ابرہام سے متفق ہوا کہ اگر اُسے اُن شہروں میں دس راستباز لوگ بھی مل گئے تو وہ ان کی خاطر ان شہروں کو تباہ نہیں کرے گا۔ ان شہروں میں دس راستباز لوگ بھی نہ مل سکے اور خدا نے ان شہروں کو صفحہ ہستی سے مٹا ڈالا۔ کیا ممکن ہے کہ اِس دُنیا میں خدا کے لوگوں کی موجودگی ہی اسے اس دنیا کو تباہ کرنے سے روکے ہوئے ہے؟ اس دنیا میں ہماری موجودگی اس کے لئے خوشی کا باعث ہے اور اِسی لئے اُس کا ہاتھ عدالت سے رکا ہوا ہے۔

یہاں غور طلب بات ہے کہ خداوند نے اپنے شاگردوں سے کہا وہ دنیا کے نمک ہے۔ اِس سلسلہ میں اُن کی اپنی کوئی خواہش اور انتخاب نہیں تھا۔ ہم اِس بات کو پسند کریں یا نہ کریں، خدا نے ہمیں اِس دُنیا میں نمک کے طور پر رکھا ہوا ہے کہ نمک کے طور پر اپنا کردار ادا کرتے ہوئے اِس دُنیا کو گناہ اور اُس کے اثرات سے محفوظ رکھیں تا کہ اِس دُنیا میں گناہ کے پھیلاؤ کو روکا جا سکے۔

یہ دُنیا گناہ کی تاریکی سے بھری ہوئی ہے۔ چونکہ یہ دُنیا خدا کے نور سے ناواقف ہے اِس لئے اِس نے اُس نور کو کبھی دیکھا بھی نہیں۔ خداوند یسوع مسیح نے اپنے لوگوں کو اُس نور سے تشبیہ دی ہے جو شہر پہاڑ پر بسا ہوا ہے۔ جس کی روشنی نیچے وادی میں بسے ہوئے لوگوں کو دکھائی دیتی ہے۔ جب لوگ ہمارا روزمرہ کا طرزِ زندگی دیکھیں تو اُنہیں ہماری زندگیوں میں خدا کا نور چمکتا ہوا دکھائی دینا چاہیئے۔ اُمید، اطمینان، صداقت اور شادمانی کی چمک ہم سے نکلنی چاہیئے۔

یسوع نے اپنے سننے والوں کو بتایا کہ وہ روشنی جو کسی ٹوکری کے نیچے رکھ دی جاتی ہے وہ ضائع ہو جاتی ہے۔ روشنی کا مقصد یہ ہوتا ہے کہ اُسے دیکھا جائے۔ وہ روشنی جو دیکھی نہ جائے بے کار رہتی ہے۔ ہمارے لئے اپنی روشنی کو چھپانا کس قدر آسان ہوتا ہے۔ ہم اِس دُنیا کی بھیڑ سے منفرد

دکھائی دینا نہیں چاہتے۔ ایک دفعہ پھر سے ہمیں اِس بات کو سمجھنے کی ضرورت ہے کہ یسوع مسیح ہمیں اِس بات کا انتخاب اور فیصلہ کرنے کا چناؤ کرنے کی اجازت نہیں دے رہے کہ ہم اِس دُنیا کے نور بنیں یا نہ بنیں۔ ہم نور ہیں۔ اگر آپ کی زندگی میں خداوند یسوع مسیح ہے تو پھر ایک ہی صورت میں اُس کا نور نہیں چمکے گا جب آپ اُس روشنی کو کسی چیز سے ڈھانپ دیں جو اُس نے آپ کے دل میں رکھی ہوئی ہے۔ ہم اِس لئے اُس نور کو چھپاتے ہیں کیوں کہ ہم یسوع سے شرماتے ہیں۔

روشنی اِس لئے نہیں بنائی گئی تھی کہ لوگ اُسے دیکھیں بلکہ اِس لئے کہ یہ چیزوں کو روشن کرے۔ آپ روشنی کو دیکھنے کے لئے نہیں جلاتے بلکہ آپ اِس لئے روشنی جلاتے ہیں تا کہ آپ کمرے میں موجود چیزوں کو دیکھ سکیں۔ اِسی طرح ہمارے دلوں میں موجود خدا کے نور کا مقصد لوگوں کو مسیح دکھانا ہے۔ اِس بات کو سمجھنا ہمارے لئے بہت اہم اور ضروری ہے۔ خداوند یسوع مسیح نے متی 16:5 میں یہ کہتے ہوئے اِس موضوع پر بات ختم کی کہ لوگ ہمارے نیک اعمال کو دیکھ کر خدا کی تمجید کریں۔ بالکل ایسے جیسے ہم روشنی کو دیکھنے کے لئے آن نہیں کرتے' اسی طرح ہم اچھے کام اِس لئے نہیں کرتے تا کہ لوگ اُنہیں دیکھیں بلکہ اس لئے تا کہ ہمارے نیک اعمال کو دیکھ کر لوگ مسیح کی طرف رجوع کریں۔

خداوند یسوع مسیح نے اپنے سامعین کو بتایا کہ وہ اِس دُنیا میں نمک اور نور ہیں۔ نمک چیزوں کو خراب ہونے سے بچاتا اور اُنہیں محفوظ رکھتا ہے۔ نمک کھانے والی چیزوں کو مزیدار بناتا ہے۔ نور روشن کرتا اور مسیح کو ظاہر کرتا ہے۔ سوال یہ نہیں کہ آیا ہم نور اور نمک ہیں یا نہیں بلکہ سوال یہ ہے کہ ہم کس طرح کے نور اور نمک ہیں؟ کیا ہم ایسے نمک ہیں جو محفوظ رکھنے کا کام سرانجام دیتے ہوئے اپنے معاشرے میں اور گناہ اور بدی کو پھیلنے سے روکے ہوئے ہیں؟ کیا ہم ایسے نور ہیں جو مسیح اور اُس کے کام کو ظاہر کر رہے ہیں؟ میری دُعا ہے کہ خدا ہمیں فضل اور توفیق عطا

فرمائے تاکہ ہم وہی بن سکیں جو بننے کے لئے اُس نے ہمیں بلایا ہے۔

چند ایک غور طلب باتیں

☆۔ آپ اپنے اِرد گرد کے لوگوں کے لئے کس قسم کا نمک اور نور ہیں؟ کیا آپ کی زندگی گناہ اور بدی کے پھیلاؤ میں مزاحم ہوتی ہے؟

☆۔ کیا آپ کی زندگی لوگوں کو یسوع دیکھنے میں معاون ثابت ہوتی ہے؟

☆۔ کیا آپ کبھی یسوع اور اُس کے کلام سے شرمائے ہیں؟

☆۔ بہ حیثیت نمک اور نور آپ کی زندگی آپ کے اِرد گرد کے لوگوں پر کس طرح اثر انداز ہو رہی ہے؟

چند ایک دُعائیہ نکات

☆۔ اپنے اِرد گرد کے لوگوں کے لئے نمک اور نور بن جانے کیلئے خداوند سے بڑی جرأت اور دلیری مانگیں۔

☆۔ اِس بات کے لئے خداوند کی شکرگزاری کریں کہ اُس نے آپ کو اِس مقصد کیلئے چن لیا ہے تاکہ آپ دوسرے لوگوں کو یسوع کے پاس لا سکیں۔

☆۔ خداوند سے درخواست کریں کہ وہ آپ پر ظاہر کرے کہ آپ کہاں نمک اور نور بننے میں ناکام رہے۔

باب 29

پہاڑی وعظ

تیسرا حصہ۔شریعت کی تکمیل اور اضافہ

لوقا,16:16-17 6:27-36 متی 5:17-48

خداوند یسوع مسیح کے دَور کے لوگوں نے اُس پر شریعت کی عدولی کا الزام لگایا۔خداوند یسوع مسیح بھیڑ کے ذہنوں میں موجود ذہنی اُلجھن اور اُس اثر سے بھی اچھی طرح واقف تھے جو فریسیوں نے اُن پر ڈال رکھا تھا۔اِس حصہ میں خداوند یسوع مسیح نے یہ واضح کیا کہ وہ موسیٰ کی شریعت کے بارے میں کیا محسوس کرتے ہیں۔

خداوند یسوع مسیح نے سامعین کو بتایا کہ وہ موسیٰ کی شریعت یا نبیوں کی باتوں کو منسوخ کرنے کے لئے نہیں آیا۔ بلکہ وہ تو شریعت اور نبیوں کی پیش گوئیوں کو پورا کرنے کے لئے آیا ہے۔یہاں پر بڑا واضح فرق پایا جاتا ہے۔منسوخ کرنے کا مطلب ہے کہ اب شریعت کی کوئی قدر و قیمت باقی نہیں رہی۔خداوند یسوع شریعت کے تعلق سے اِس طور سے محسوس نہیں کرتے تھے۔شریعت اچھی تھی اور اِس شریعت نے خدا کے ہر ایک ارادے اور منصوبے کے پورا کیا تھا۔شریعت نے یہ بھی واضح کیا کہ ہم اپنی کاوشوں سے خدا کے حضور راستبازی کی زندگی بسر نہیں کر سکتے۔شریعت نے ہمیں بتایا کہ ہمیں نجات دہندہ کی ضرورت ہے۔نبی تو اُس دن کو دیکھنے کے منتظر تھے جب یسوع نے آ کر موسیٰ کی معرفت دی گئی شریعت کو پورا کرنا تھا۔یسوع ہی وہ ہستی تھے جن کے بارے میں شریعت اور انبیاء نے بیان کیا۔

خداوند یسوع مسیح نے شریعت اور انبیاء کی باتوں کو پورے طور پر نبھایا۔خدا کی شریعت کامل تھی اور

خدا کے لوگوں کی زندگی میں ایک خاص مقصد رکھتی تھی۔

خداوند یسوع مسیح نے اپنے سننے والوں کو یقین دلایا کہ جب تک سب کچھ واقع نہ ہو جائے شریعت کا ایک نکتہ یا شوشہ نہیں ٹلے گا۔یعنی شریعت اور نبیوں کی باتوں کے مطابق سب کچھ ہوگا اور ممکن نہیں کہ یہ سب کچھ ٹل جائے۔اِس سے ہم اندازہ لگا سکتے ہیں کہ یسوع مسیح شریعت اور نبیوں کی باتوں کے تعلق سے بڑی اچھی اور ٹھوس رائے رکھتے تھے۔

خداوند یسوع مسیح نے یہ تعلیم دی کہ جو کوئی شریعت کے چھوٹے سے چھوٹے حکم کو توڑے گا اور یہی دوسروں کو سکھائے گا وہ خدا کی بادشاہی میں سب سے چھوٹا کہلائے گا۔فریسی یسوع پر شریعت توڑنے کا الزام لگاتے رہے۔جب کہ یسوع انہیں اِس بات کا یقین دلاتے رہے کہ وہ شریعت کی بے حد قدر اور تعظیم کرتے ہیں۔خداوند یسوع مسیح نے واضح کیا کہ جس نے شریعت کی فرماں برداری کی اور یہی دوسروں کو سکھایا وہ خدا کی بادشاہی میں سب سے بڑا کہلائے گا۔یہاں پر بغیر کسی شک وشبہ کے یہ بات بالکل واضح ہو جاتی ہے کہ یسوع کے ذہن میں خدا کی شریعت کی کس قدر زیادہ قدر عزت تھی۔

خداوند یسوع مسیح نے یہ تعلیم دی کہ اگر چہ خداوند خدا کی فرماں برداری کرنا اور یہی دوسروں کو سکھانا بہت اہم ہے۔تو بھی جب تک اُن کی راستبازی فقیہوں اور فریسیوں سے زیادہ نہیں ہوگی وہ خدا کی بادشاہی میں داخل نہ ہوں گے۔فریسی اور شرع کے عالم مذہبی تاکید کے ساتھ شریعت کی باتوں پر عمل پیرا ہوتے تھے۔جہاں تک موسیٰ کی شریعت پر عمل کرنے کا تعلق ہے تو اُس سر زمین پر فریسیوں سے جیسا کوئی بھی نہیں تھا جو بلا تقصیر شریعت کی باتوں کو مانتا ہو۔لوگ فریسیوں کو ایسے دیکھتے تھے کہ گویا وہ شریعت کی مفسرین ہیں۔

خداوند یسوع اپنے شاگردوں کو سکھا رہے تھے کہ جب تک وہ فریسیوں سے بھی زیادہ راستباز نہ ہوں گے خدا کی بادشاہی کو نہ دیکھ سکیں گے۔یوں لگتا ہے جیسے لوگوں کے لئے ایک ناممکن معیار

قائم کیا گیا۔شاید وہ یہ بات سن کو حیرت میں ڈوب گئے ہوں کہ کس کے لئے ممکن ہو گا کہ وہ خدا کی بادشاہی میں داخل ہو سکے۔

خداوند یسوع مسیح نے اپنی تعلیم کی وضاحت کے لئے فریسیوں اور شرع کے عالموں کی تعلیم کا خدا کے تقاضوں کے ساتھ موازنہ کیا۔اُس نے یہ ظاہر کر دیا کہ جو کچھ اُن کے راہنما اُنہیں تعلیم دے رہے ہیں خدا اُن سے کہیں زیادہ کڑے تقاضے کرتا ہے۔آئیں چند ایک باتوں کا جائزہ لیں۔

قتل کے بارے میں شریعت

موسیٰ کی شریعت کے مطابق قتل کی سزا سزائے موت تھی۔یسوع نے سکھایا کہ ایک شخص کسی کو قتل نہ کرنے کی صورت میں بھی قتل کرنے کا مرتکب ہو سکتا ہے۔اُنہوں نے سکھایا کہ اگر کسی شخص کسی کے خلاف کسی کے دل میں قہر و غضب کی آگ اِس قدر جل رہی ہو کہ وہ اُسے مار ڈالنے پر تلا ہو تو اِس کا مطلب ہے کہ وہ شخص قتل کر چکا اور اُس کی عدالت ہوگی۔اگر کوئی شخص کسی کو اپنے بُرے خیالات کی بنا پر ''احمق'' (نکما یا بیوقوف) کہے گا تو وہ عدالت کے مطابق سزاوار ہوگا۔یسوع نے اُنہیں بتایا کہ اگر کوئی شخص کسی کو بیوقوف کہے گا تو وہ جہنم کی آگ کا سزاوار ہوگا۔

خداوند یسوع مسیح نے سکھایا کہ وہ لوگ جو اپنے دلوں میں دوسروں کے لئے غصہ رکھتے ہیں اِس بات کے سزاوار ہوتے ہیں کہ خدا کے قہر و غضب سے سزا پائیں۔خدا کے نزدیک عملی طور پر کوئی جرم کرنے اور دل اور تصورات میں ہی کوئی بُرا کام کرنے میں کوئی فرق نہیں پایا جاتا۔خدا دلوں پر نظر کرتا ہے۔اگر ہم قتل کرنے کے خیالات کو اپنے دلوں میں جگہ دیں اِس سے ہمارا قدوس خدا ناخوش ہوتا ہے۔وہ شخص جو پاک دل ہوتا ہے وہ کبھی بھی بُرے خیالات اور تصورات کو اپنے دل میں جگہ نہیں دیتا۔بُرے پھل کو اپنی زندگی میں رکھنا مناسب نہیں جو بدی سے متعلق ہو۔اِس کا مطلب ہے کہ اِس پھل کا بیج بھی بُرا ہے جس کو تلف کر دینا چاہیئے۔یہ بُرے خیالات، روّیے اور ارادے اپنی ذات میں گناہ ہوتے ہیں۔اور اگر ہم اُنہیں اپنے دل اور تصورات میں جگہ دیں تو یہ

ہمیں خدا کے حضور مجرم ٹھہراتے ہیں۔

وہ تمام بُرے الفاظ جو ہم بولتے ہیں اور ہمارے دل کے بُرے روّیے خدا کی پرستش اور عبادت میں رکاوٹ کا باعث بنتے ہیں۔ خداوند یسوع مسیح نے اپنے سامعین کو بتایا کہ اگر وہ قربان گاہ پر اپنی نذر گزران رہے ہوں اور اُنہیں یاد آئے کہ کسی شخص کے ساتھ اُن کی ناراضگی ہے تو وہیں قربان پر اپنی نذر چھوڑ کر پہلے اُس شخص کے ساتھ جا کر صلح کریں۔ کسی شخص کے ساتھ ناراضگی یا کسی کے تعلق سے بُری باتیں کرنے سے ہم خدا کے حضور گناہ گار ہوتے ہیں۔ مجھے اپنے گناہ کا اقرار کرنے اور اپنے بھائی یا بہن سے صلح کرنے کی ضرورت ہے۔ خداوند یسوع مسیح نے قتل کے تعلق سے شریعت کا ایک نیا معیار قائم کیا۔ اُنہوں نے اپنے سامعین کو بتایا کہ خدا کسی کو قتل نہ کرنے سے کہیں زیادہ توقع کرتا ہے۔ خدا یہ توقع کرتا ہے کہ ہمارے تعلقات ایک دوسرے کے ساتھ خوشگوار ہوں اور ہمارا روّیہ بھی ایک دوسرے کے ساتھ عزت اور احترام پر مبنی ہو۔ وگرنہ خدا کے حضور ہماری پرستش اور عبادت ہرگز قبول نہ ہوگی۔

خداوند یسوع مسیح نے سکھایا کہ کسی کو قتل نہ کرنا ایک چیز ہے۔ جبکہ کسی کے خلاف ناراضگی اور خفگی کو رکھنا ایک گناہ آلودہ روّیہ ہے۔ فریسیوں نے لوگوں کو یہ تعلیم دی تھی کہ قتل کرنا غلط بات ہے۔ یسوع نے اِس سے بڑھ کر اور بھی گہری تعلیم دی اور بتایا کہ اگر ہم اپنے کسی بھائی یا بہن کے خلاف غصے اور غلط روّیے کے ساتھ بات کرتے ہیں تو ہم خدا کے حضور مجرم ٹھہرتے ہیں۔ بیج بُرا ہوگا تو پھل بھی بُرا ہی پیدا ہوگا۔ جو اپنے دل میں بُرے بیج کی آبیاری کرتا ہے اُس شخص جیسا مجرم سمجھا جائے گا جو بیج کو پھل پیدا کرنے کا موقع دیتا ہے۔

زنا کے بارے شریعت

خداوند یسوع مسیح نے زنا کے تعلق سے موسیٰ کی شریعت پر بات کرتے ہوئے بیان کیا کہ موسیٰ کی شریعت نے ناجائز تعلقات استوار کر کے زنا کرنے سے منع کیا تھا۔ اور اِس گناہ کے مرتکب شخص

کے لئے سزائے موت تھی۔ خداوند یسوع نے یہ تعلیم دی کہ کوئی عملی طور پر زنا کئے بغیر بھی اِس گناہ کا مرتکب ہوسکتا ہے۔ یہ ایسا زنا ہے جو کوئی اپنے دل ہی میں کرتا ہے۔ اگر کوئی شخص کسی عورت کو بُری خواہش سے دیکھ ہی لیتا ہے تو سمجھیں کہ وہ اپنے دل میں اُس کے ساتھ زنا کر چکا۔ (متی 28:5) بلاشبہ اِس اصول کا اطلاق عورت پر بھی ہوتا ہے۔

ایک دفعہ پھر یہاں پر دل کی پاکیزگی کی اہمیت واضح ہو جاتی ہے۔ جنسی ناپاکی کے بیج کو پنپنے کا موقع دینے سے ہم اُن لوگوں کی طرح ہی زنا کے مرتکب ہوتے ہیں جو عملی طور پر یہ بُرا فعل کرتے ہیں۔ خدا دلوں پر نظر کرتا ہے۔ وہ ایسے خیالات اور تصورات کو دیکھ کر رنجیدہ ہوتا ہے اور ہم اِن کے لئے اُس کے حضور جواب دہ ہوں گے۔

چونکہ خدا ذہن اور دل کی پاکیزگی کا تقاضا کرتا ہے، اِس لئے ہمیں اِس بات میں بڑی احتیاط سے کام لینا ہوگا کہ ہم کن چیزوں کو دیکھتے ہیں۔ لمحہ بھر میں ہم اپنے دلوں میں شہوت پرستی کے گناہ کے مرتکب ہو سکتے ہیں۔ خداوند یسوع مسیح نے تعلیم دی کہ ہمیں اپنی آنکھ کو ہی نکال پھینکنا چاہیئے اگر یہ ہمارے دل اور تصورات کو گناہ کی طرف لے جاتی ہے۔ خداوند یسوع مسیح یہاں پر یہ بیان کر رہے ہیں کہ ہمیں ایسی جگہوں اور چیزوں سے دور رہنا چاہیئے جو ہمارے لئے آزمائش کا سبب بن سکتی ہیں اور ہم پر خدا کی عدالت کو لاسکتی ہیں۔

متی 29:5 خداوند یسوع نے اپنے سامعین کو یہ بتایا کہ اُن کے لئے یہی بہتر ہے کہ وہ اپنی آنکھ کو نکال دیں بجائے اِس کے کہ اُن کا پورا جسم جہنم میں ڈالا جائے۔ (متی 29:5) ہر کسی کے گناہوں کی معافی دستیاب ہے۔ حتیٰ کہ زنا کاری کے گناہ کی بھی معافی ممکن ہے۔ ہمیں اِس گناہ کو اِس طور سے نہیں لینا چاہیئے کہ جو اِس گناہ کا مرتکب ہوتا ہے جہنم میں ڈالا جائے گا۔ جب خداوند یسوع مسیح پورے جسم کے جہنم میں ڈالے جانے کی بات کر رہے ہیں تو اِس سے مراد وہ لوگ ہیں جو اپنی بُری راہوں سے باز آنے سے انکار کرتے ہیں۔ خداوند یسوع مسیح ایسے لوگوں کا

ذکر کر رہے ہیں جو بدی اور گناہ پر مبنی طرزِ زندگی کو پسند کرتے ہوئے خداوند کو رد کر دیتے ہیں۔ اِس سے ذہن اور دل کی پاکیزگی کے الٰہی تقاضے میں کوئی ردوبدل نہیں ہوتا۔ ہمیں اپنے خیالات کے بارے میں بھی خداوند کو جواب دہ ہونا پڑے گا۔ موسیٰ کی شریعت نے یہ تعلیم دی کہ زنا کی سزا موت ہے۔ جبکہ خداوند یسوع مسیح نے یہ تعلیم دی کہ زنا کے بارے میں اپنے تخیلات و تصورات میں اِس فعل کے تعلق سے مست ہونا بھی ایک گناہ آلودہ عمل ہے۔ خداوند نے اپنے لوگوں سے نہ صرف اِس بات کا تقاضا کیا ہے کہ وہ زناکاری کے جسمانی عمل سے اجتناب کریں بلکہ اپنے دل میں زناکاری کے تعلق سے شہوانی خیالات سے بھی گریز اور پرہیز کریں۔ یہ معاملہ انتہائی مشکل ہے۔ خدا ہمارے خیالات سے واقف اور آگاہ ہے اور بلاشبہ ہم ایسے خیالات کے لئے اُس کے حضور جواب دہ ہوں گے۔

طلاق کے بارے میں شریعت

موسیٰ کی شریعت نے مرد کو اِس بات کی اجازت دی کہ وہ طلاقنامہ لکھ کر اپنی بیوی کو طلاق دے سکتا ہے۔

"اگر کوئی مرد کسی عورت سے بیاہ کرے اور پیچھے اُس میں کوئی ایسی بیہودہ بات پائے جس سے اُس عورت کی طرف سے اُس کی التفات نہ رہے تو وہ اُس کا طلاق نامہ لکھ کر اُس کے حوالہ کرے۔ اور اُسے اپنے گھر سے نکال دے۔ اور جب وہ اُس کے گھر سے نکل جائے تو وہ دوسرے مرد کی ہو سکتی ہے۔ پر اگر دوسرا شوہر بھی اُس سے ناخوش رہے اور اُس کا طلاق نامہ لکھ کر اُس کے حوالہ کرے۔ اور اُسے اپنے گھر سے نکال دے۔ یا وہ دوسرا شوہر جس نے اُس سے بیاہ کیا ہو۔ مر جائے تو اُس کا پہلا شوہر جس نے اُسے نکال دیا تھا اُس عورت کے ناپاک ہو جانے کے بعد پھر اُس سے بیاہ نہ کرنے پائے۔ کیونکہ ایسا کام خدا کے نزدیک مکروہ ہے۔ سو تو اُس ملک کو جسے خداوند تیرا خدا میراث کے طور پر تجھ کو دیتا ہے گناہ گار نہ بنانا۔" ﴿استثنا 24:1-4﴾

خداوند یسوع مسیح نے اپنے سامعین اور قارئین کو جتایا ہے کہ خدا ازدواج میں وفاداری کا تقاضا کرتا ہے۔ اِس بات پر غور کریں کہ اگر کوئی مرد اپنی بیوی کو زنا کے علاوہ کسی اور سبب سے طلاق دے گا تو وہ اُس سے زنا کروائے گا۔ یہ معیار غور طلب ہے۔ کوئی شخص اپنی بیوی کو شخصیت میں تضاد اور فرق کی وجہ سے بھی طلاق دے سکتا ہے کہ اُس کو اُس کے ساتھ نباہ کرنا مشکل محسوس لگتا ہو۔ ہوسکتا ہے کہ اُسے اپنی بیوی میں کوئی دلچسپی نہ رہی ہو۔ اگر چہ اُس مرد نے اپنی بیوی کو طلاق نامہ لکھ دیا ہو پھر بھی خدا اُس عہد کے لئے اُس شخص سے جواب طلب کرے گا جو اُس نے اُس کے ساتھ باندھا تھا۔ خدا کی نظر میں وہ طلاق کے باوجود بھی میاں بیوی ہیں۔ اگر وہ عورت کسی دوسرے مرد سے شادی کر بھی لے تو زنا کاری کی مرتکب ہوگی کیوں کہ اُن کا طلاق نامہ خدا کے حضور قابلِ قبول نہیں ہے۔ اور ایسا مرد جو اُس طلاق یافتہ عورت سے شادی کرتا ہے وہ بھی خدا کے حضور زنا کاری کا مرتکب ہوتا ہے کیوں کہ وہ عورت تو ابھی تک اپنے پہلے شوہر کے بندھن میں بندھی ہوئی ہے۔

اِس حالت میں خدا کی شریعت ملکی قانون پر سبقت لے جاتی ہے۔ ہوسکتا ہے کہ کسی ملک کا قانون کسی وجہ سے طلاق نامہ کی اجازت دے بھی دے۔ تو بھی ہمیں خدا کے کلام کی حکمرانی میں رہنا چاہئے۔ ہم اپنے ازدواج کے عہد کو سنجیدگی سے لینا چاہئے۔ ہم نے میاں بیوی کی حیثیت سے خدا کے حضور ایک دوسرے کے ساتھ جو عہد کیا ہوا ہے۔ ہر ممکن اُس عہد کو نبھانے اور اُس میں وفادار رہنے کی کوشش کریں۔ موسیٰ کی شریعت نے طلاق کی اجازت دی تھی۔ خداوند یسوع مسیح نے یہ تعلیم دی کہ زنا کاری کے علاوہ کوئی اور سبب نہیں جس کی بنا پر طلاق نامہ لکھا جا سکے۔

عہد کے بارے میں شریعت

موسیٰ کی شریعت نے یہ تعلیم دی کہ ہر قیمت پر عہد کی پاسداری کی جائے۔ اُن دنوں، لوگ مختلف چیزوں کی قسم کھایا کرتے تھے۔ خداوند یسوع مسیح یہاں پر آسمان اور زمین، یروشلیم، حتیٰ کہ اپنے

سر کی قسم کھانے کی بات کر رہے ہیں۔ اِن چیزوں کی قسم کھانے کا مقصد اپنے عہد کی مضبوطی ظاہر کرنا ہوتا تھا۔ بالفاظ دیگر، اگر ایک شخص کچھ کرنے کے لئے آسمان کی قسم کھاتا تو اِس کا مطلب ہوتا تھا کہ وہ شخص آسمان کو گواہ ٹھہرا کر کچھ کرنے کا عہد کر رہا ہے۔ خداوند یسوع مسیح نے تعلیم دی ہے کہ ہمیں قطعی طور پر اِس طرح کے عہد و پیمان نہیں کرنے چاہیئے۔ خداوند نے ہمیں آسمان کی قسم کھانے سے منع کیا ہے۔ کیوں کہ وہ آسمان کا تخت ہے۔ اپنے عہد کو پورا نہ کرنے کی نا اہلیت کے سبب سے وہ کیوں کر خدا کے تخت پر کفر بکنے کا خطرہ مول لیں؟ خدا کے لوگوں کو کسی بھی چیز کی قسم نہیں کھانی۔ اُنہیں زمین پر واقع ہونے والے واقعات پر بھی کوئی اختیار حاصل نہیں ہے۔ انسان کو تو اتنا بھی مقدور نہیں کہ وہ ایک بال کو سیاہ یا سفید کر سکے۔ پھر وہ اُس چیز کی قسم کیوں کہ کھا سکتے ہیں جس پر اُنہیں کوئی قدرت اور اختیار حاصل نہیں ہے؟

کسی قسم کو عہد باندھنے یا قسم کھانے کی بجائے خدا کے لوگ سادگی سے ''ہاں'' یا ''ناں'' کہیں (متی 37:5) اُن کا یہی کہنا کافی ہے۔ اگر لوگ اُن کی ''ہاں'' یا ''ناں'' کا یقین نہ کریں تو پھر اُنہیں اپنے آپ کو راستباز ثابت کرنے کے لئے کوئی اور طریقہ استعمال نہیں کرنا چاہیئے۔ لوگوں کو ہماری بات پر بھروسہ اور یقین کرنا چاہیئے۔ کسی بھی قسم کا کوئی عہد یا قسم ضروری نہیں ہے۔

موسیٰ کی شریعت نے یہ کہا تھا کہ ایک شخص کو گواہوں کی موجودگی میں خداوند کے سامنے اپنے عہد سے وفادار رہنے کی قسم کھانی چاہیئے۔ خداوند یسوع مسیح نے کہا کہ صرف لفظ ہی کافی ہیں۔ ہمیں کسی چیز کی قسم نہیں کھانی چاہیئے۔ ہمیں اپنی بات کا یقین کروانے کے لئے کسی گواہ کی موجودگی کی بھی ضرورت نہیں ہے۔ ہماری ''ہاں'' یا ''ناں'' ہی کافی ہونی چاہیئے۔ لوگوں کو اِس بات کا علم ہونا چاہیئے کہ ہم اپنی بات کی پاسداری کریں گے۔

آنکھ کے بدلے آنکھ کے بارے شریعت

شریعت نے یہ تعلیم دی کہ اگر کوئی شخص کسی کی آنکھ نکال ڈالے تو پھر سزا کے طور پر اُس کی آنکھ بھی

نکال دی جائے۔ اگر کوئی شخص کسی کا دانت نکال دے تو اُس شخص کو بھی اُس کا دانت نکال کر ہی سزا دی جائے۔

"لیکن اگر نقصان ہو جائے تو جان کے بدلے جان لے اور آنکھ کے بدلے آنکھ۔ دانت کے بدلے دانت اور ہاتھ کے بدلے ہاتھ۔ پاؤں کے بدلے پاؤں۔ جلانے کے بدلے جلانا۔ زخم کے بدلے زخم اور چوٹ کے بدلے چوٹ۔" ﴿خروج 21:23-25﴾

خداوند یسوع مسیح نے یہ تعلیم دی کہ ہمیں بُرے لوگوں کا مقابلہ نہیں کرنا۔ اگر کوئی ہمارے ایک گال پر مارے تو ہمیں دوسرا گال بھی اُس کی طرف پھیر دینا چاہیئے۔ اگر کوئی ہمارا کرتہ ہم سے لے لے تو ہمیں انتقامی طور پر اُن سے کچھ نہیں لینا چاہیئے۔ بلکہ ہمیں اپنا چوغہ بھی اُسے دے دینا چاہیئے۔ اگر کوئی ہمیں صرف ایک میل ساتھ چلنے کیلئے کہے تو ہمیں اُس کے ساتھ دو میل چلے جانا چاہیئے۔ اگر ہم سے کوئی کچھ مانگے اور ہمیں اُس کو دینے کا مقدور بھی ہو۔ تو پھر ہمیں اُس شخص کو خالی ہاتھ نہیں لوٹانا چاہیئے۔ اگر کوئی ہم سے قرض چاہیے تو بخوشی دے دینا چاہیئے۔ ہمیں فیاض دل اور ترس کھانے والا ہونا چاہیئے۔ حساب کتاب پورا کرنے والے کی بجائے ہمیں نقصان اُٹھانے والا بننا چاہیئے۔ واپسی کی توقع کے بغیر ہمیں دینا ہوگا۔ اپنا دوسرا گال بھی پھیر دیں۔ قرض کی واپسی کی توقع کی بجائے معاف کر دینا چاہیئے۔ موسیٰ کی شریعت نے بیان کیا۔ "آنکھ کے بدلے آنکھ"، لیکن یسوع نے تعلیم دی کہ ہمیں ادلے کا بدلہ نہیں بلکہ معاف کرنا ہوگا۔

اپنے پڑوسی سے اپنی مانند محبت کرنے کے بارے میں تعلیم

موسیٰ کی شریعت نے یہ تعلیم دی کہ ہمیں اپنے ہمسایہ سے محبت کرنی ہے۔ شرع کے عالموں نے اِس میں اضافہ کیا کہ دشمنوں نے سے نفرت کرنا رواں ہے۔ موسیٰ کی شریعت میں کوئی ایسا مقام نظر نہیں آتا جہاں پر دشمن سے عداوت اور نفرت کرنے کا ذکر پایا جاتا ہو۔ یہ تو شرع کے علماء کی تفسیر اور تشریح تھی۔ اُنہوں نے کبھی بھی اُن لوگوں کو الزام نہ دیا جو اپنے دشمنوں سے نفرت رکھتے

تھے۔تاہم یسوع نے یہ تعلیم دی کہ ہمیں اپنے دشمنوں سے محبت کرنی ہے۔ہمیں اپنے دشمنوں اور ستانے والوں کے لئے دُعا کرنی چاہیئے۔خداوند یسوع نے اپنے دشمنوں سے محبت کرنے کا چناؤ کیا۔وہ نیک و بد پر اپنا مینہ برساتا ہے۔اپنے محبت کرنے والوں اور رد کرنے والوں پر سورج چمکاتا ہے۔دینداروں اور بے دینوں سبھی پر اپنی برکات نازل فرماتا ہے۔اگر ہم صرف اپنے محبت رکھنے والوں ہی سے محبت رکھتے ہیں تو پھر ہم کوئی بڑا معرکہ نہیں مار رہے۔

دُنیا دار لوگ بھی ایسا ہی کرتے ہیں۔حتیٰ کہ بڑے سے بڑے گناہ گار لوگ بھی اپنے محبت رکھنے والوں سے محبت رکھتے ہیں۔خدا ایمانداروں کو قطعی طور پر کچھ مختلف کرنے کے لئے بلاتا ہے۔وہ اپنے لوگوں سے اپنی مانند ہونے کا تقاضا کرتا ہے۔وہ ہم تقاضا کرتا ہے کہ ہم اُس کی مانند ہوں۔خواہ اِس زمین پر اُسے یہ کاملیت نظر نہ بھی آئے تو بھی ہمیں مسیح کی مانند بننے کے لئے کوشش جاری رکھنی چاہیئے۔شرع کے عالموں نے یہ تعلیم دی تھی کہ ایماندار اپنے ہمسایوں سے محبت بھی کریں اور اُن کے قصور بھی معاف کیا کریں مگر اپنے دشمنوں سے عداوت اور نفرت کیا کریں۔یسوع نے یہ تعلیم دی ہے کہ ہمیں اپنے دشمنوں سے بھی پیار کرنا ہے۔یسوع کے شاگردوں نے اُن کے لئے بھی برکت چاہی جو اُن سے نفرت کرتے اور اُنہیں طرح طرح سے ایذاہ پہنچاتے تھے۔

خداوند یسوع مسیح کے تقاضے موسوی شریعت سے بھی کہیں بڑھ کر تھے۔فریسیوں اور شرع کے عالموں نے چاہا کہ وہ اُس پر شریعت کی عدولی کا الزام لگائیں۔اگر اُنہیں یسوع کے مقرر کردہ معیار اور کسوٹی پر پرکھا جاتا تو وہ اِس معیار سے کہیں کم نکلتے۔خداوند یسوع مسیح کا تقاضا تھا کہ نہ صرف ظاہری طور پر شریعت کی پابندی کی جائے بلکہ دل سے شریعت کی تابعداری کی جائے۔یسوع کا معیار شرع کے عالموں سے بھی کہیں بڑھ کر تھا۔

چند ایک غور طلب باتیں

☆۔غور کریں کہ یسوع یہاں پر دل سے تابعداری کے بارے میں کیا کہنا چاہتے ہیں؟ کیا آپ دل سے فرمانبردار رہے ہیں؟ کیا آپ کا باطن بھی ظاہری راستبازی اور پاکیزگی کی طرح خالص اور پاک ہے۔؟

☆۔یہاں پر ہم اپنے دل میں گناہ کے بیج کو پنپنے کا موقع دینے کے بارے میں کیا سیکھتے ہیں؟

☆۔چند لمحات کے لئے اپنے خیالات اور سوچوں کا جائزہ لیں۔کیا آپ کے خیالات خداوند کو جلال دیتے ہیں؟ کیا کچھ ایسے حصے ہیں جہاں پر تبدیلی کی ضرورت ہے؟ وضاحت کریں۔

☆۔کیا کچھ ایسے لوگ ہیں جن سے محبت کرنے میں آپ کو دشواری کا سامنا کرنا پڑتا ہے؟ آپ کے دشمن کون ہیں؟ یہ حوالہ ہمیں اپنے دشمنوں کے تعلق سے کیسا روّیہ اختیار کرنے کی تعلیم دیتا ہے؟

چند ایک دُعائیہ نکات

☆ ۔ چند لمحات کیلئے اپنے خیالات پر غور کریں۔ خداوند سے درخواست کریں کہ آپ کے خیالات کو پاک کرے تا کہ آپ کے خیالات سے اُس کے نام کو عزت اور جلال ملے۔

☆ ۔ خداوند سے معافی مانگیں کہ آپ اپنے دل میں گناہ کے بیج کو پنپنے کا موقع دیتے رہے۔

☆ ۔ خداوند سے درخواست کریں کہ وہ اُن لوگوں سے محبت کرنے میں آپ کی مدد کرے جو آپ کو ستاتے اور آپ کی زندگی میں مشکلات کھڑی کرتے ہیں۔

☆ ۔ چند لمحات کیلئے دُعا کریں وہ آپ کو اپنے جیون ساتھی سے پیار کرنے اور اُس سے وفادار رہنے میں آپ کی مدد کرے۔

☆ ۔ خداوند سے درخواست کریں کہ آپ کے ارد گرد کے لوگوں کی ضروریات کو دیکھنے کیلئے آپ کی آنکھیں کھول دے۔ خداوند سے درخواست کریں کہ آپ کی راہنمائی کرے کہ آپ کس طرح اُن سے عملی طور پر محبت کر سکتے ہیں۔

باب 30

پہاڑی وعظ

چوتھا حصہ۔ دکھاوے کا ایمان

متی 6:1-8،16-18 پڑھیں

اِس حوالہ میں یسوع نے حقیقی راستبازی کی بات کی ہے۔ انہوں نے اپنے شاگردوں سے کہا کہ وہ دل سے راستبازی کے طالب ہوں نا کہ محض روحانی دکھاوے کے طور پر راستبازی کا کام کریں۔ وہ اِس باب میں بھی اُن لوگوں کے تعلق سے بات کرتے ہوئے نظر آئیں گے جو اِس لئے اپنے عقیدے اور ایمان پر عمل پیرا ہوتے ہیں تا کہ لوگ اُنہیں دیکھ کر راستباز سمجھیں۔

خداوند یسوع نے متی 6:1 میں اس بات سے آغاز کیا کہ ہمیں اِس بات میں انتہائی محتاط ہونے کی ضرورت ہے کہ ہم اپنی راستبازی کے کام لوگوں کو دکھانے کے لئے نہ کریں۔ ہمیں یہاں پر اِس بات کو سمجھنے کی ضرورت ہے جو یسوع بیان کر رہے ہیں۔ وہ یہ نہیں کہہ رہے کہ ہمیں اپنا ایمان لوگوں سے چھپانا چاہیئے۔

درحقیقت متی 5:14-16 میں خداوند نے اِس بات کو واضح کیا کہ بہ حیثیت ایماندار ہمیں اپنی روشنی چھپانی نہیں چاہیئے بلکہ اُسے چراغدان پر رکھنا چاہیئے تا کہ سب اُسے دیکھ سکیں۔ ضرورت اِس بات کی ہے کہ لوگ ہمارے اچھے کاموں کو دیکھ کر خدا کی تمجید کریں۔ متی 5:14-16 کا مرکزی نکتہ یہ ہے کہ خدا جلال پائے۔ خداوند یسوع مسیح یہاں پر اُن لوگوں کی بات کر رہے ہیں جو اِس لئے نیکی اور راستبازی کے کام کرتے ہیں تا کہ لوگ اُن کے بارے میں اچھی رائے قائم کریں۔

پھندے میں پھنسنا کس قدر آسان ہوتا ہے۔ کیا آپ نے کبھی خود کو اردگرد لوگوں کو اپنی بڑی بڑی دُعاؤں سے متاثر کرنے کی کوشش کی ہے؟ کیا آپ نے منادی کرنے کے بعد چپکے سے اِس بات کو دریافت کرنے کی کوشش کی ہے کہ لوگ ہمارے کلام کرنے کی صلاحیت سے کس قدر متاثر ہوئے ہیں؟ یہ آزمائش واقعی ایک ایسی آزمائش ہے جو اکثر ایمانداروں اور خادموں کی زندگی میں آتی ہے۔ جب لوگ ہم پر توجہ کرتے اور ہماری صلاحیتوں اور لیاقتوں کو سراہتے ہیں تو فی الحقیقت ہم اچھا محسوس کرتے ہیں خداوند یسوع مسیح نے اپنے سامعین کو بتایا کہ اگر خدا کی خدمت کے لئے اُن کے دلی محرکات یہی ہیں کہ لوگ اُنہیں پہچانیں اور جانیں تو پھر یہی وہ اَجر ہے جو اُنہیں ملے گا۔ وہ کسی اور چیز کی توقع نہ کریں۔ آسمان سے خدا کی طرف سے اُنہیں کوئی اجر نہیں ملے گا۔ ہماری خدمت میں ہمارے دلی محرکات بڑی اہمیت کے حامل ہیں۔ اگر آپ چاہتے ہیں کہ خدا آپ کی خدمت کو قبول کرے اور آپ کو اَجر بھی دے تو پھر آپ کبھی بھی لوگوں کو خوش کرنے کے لئے خدمت نہیں کر سکتے۔

اِن آیات میں خداوند یسوع اپنی اِس تعلیم کی وضاحت کے لئے چند ایک مثالیں بھی پیش کرتے ہیں۔ اُنہوں نے اپنے سامعین کو بتایا کہ جب ہم محتاجوں اور ضرورتمندوں کی مدد کریں تو اِس کا ڈھنڈورا نہ پیٹیں۔ میں نے ایسی کلیسیاؤں کو دیکھا ہے جو سال کے آخر پر ہر ایک کلیسیائی رکن کے دینے کے تعلق سے اعداد و شمار کا ذکر کرتی ہیں۔ خدا کے کام کے لئے دینا یہ تو ہمارا اور خداوند کا معاملہ ہے۔ اِس بات کی قطعاً ضرورت نہیں کہ دوسرے جانیں کہ ہم نے کچھ دیا ہے یا پھر کیا دیا ہے؟ خداوند یسوع مسیح یہ بتا رہے ہیں کہ جو محض دکھاوے کے لئے دیتا ہے اپنا اجر پا چکا۔ کیوں کہ اُن کا اجر یہی ہے کہ لوگ اُنہیں دیکھیں۔ فیصلہ ہم نے کرنا ہے۔ کیا ہم اِس زمین پر یہ اَجر پانا چاہتے ہیں کہ لوگ ہمارے کاموں کو دیکھیں اور ہماری تعریف کریں یا پھر ہم صرف اور صرف خدا کے جلال کے طالب ہوتے ہوئے اُس سے اَجر پانا چاہتے ہیں؟

متی رسول نے 3:6 میں ہمیں بتایا کہ جو کچھ دایاں ہاتھ دیتا ہے اُسے بایاں ہاتھ نہ جانے۔ کبھی دوسروں کو نہ بتائیں کہ آپ کیا دے رہے ہیں؟ دینا ایک پوشیدہ معاملہ ہونا چاہئے۔ اِس طرح سے دیں کہ صرف خدا اور آپ کو معلوم ہونا چاہئے کہ آپ کے مالی وسائل اور وقت (پوشیدگی میں دعا) کہاں صرف ہو رہا ہے۔ اِس بات کی ہر ممکن کوشش کریں کہ آپ کا دینا پوشیدگی میں ہو اور آپ اِس بات کے طالب نہ ہوں کہ لوگ دیکھ کر آپ کی تعریف کریں۔

جو بات دینے کے تعلق سے درست اور سچ ہے وہ دُعا کے تعلق سے بھی ایسے ہی ہے۔ خداوند یسوع مسیح نے ایسے لوگوں کی مخالفت کی جو عبادتخانوں اور گلیوں بازاروں کے کونوں پر کھڑے ہو کر دُعائیں کرتے ہیں۔ ایسے لوگوں کی دلی آرزو اور خواہش یہی ہوتی ہے کہ لوگ اُنہیں دیکھیں کہ وہ کس قدر روحانی ہیں۔ ایسے لوگوں کی سوچ یہی ہوتی ہے کہ دوسرے اُن کے بارے میں بڑی اچھی رائے قائم کریں۔ ایسے لوگوں کی اِس دُنیا کے لوگ تو تعریف کرتے ہیں لیکن آسمانی باپ کی طرف سے ایسے لوگوں کی کوئی حوصلہ افزائی نہیں ہوتی۔ خداوند یسوع نے اپنے شاگردوں کو پوشیدگی میں دُعا کرنے کے لئے کہا۔ اُس نے اُنہیں کہا کہ وہ ایسی جگہ تلاش کریں جہاں وہ خدا کے حضور تنہائی میں دُعا کر سکیں۔

خداوند کی خدمت کے تعلق سے ہماری نیت اور دلی محرکات کی بڑی اہمیت ہے۔ کچھ ایسے لوگ بھی ہوتے ہیں جو محض اِس لئے دُعا کرتے ہیں کہ لوگ اُنہیں بڑے دُعاگو سمجھیں۔ فریسیوں کا رویّہ بھی کچھ ایسا ہی تھا۔ کچھ ایسے بھی ہوتے ہیں جو خفیہ طور پر خداوند کی خدمت کرتے ہیں کیوں کہ وہ خداوند سے شرماتے ہیں۔ وہ اِس بات سے خوف زدہ ہوتے ہیں کہ لوگوں کو علم ہو جائے گا کہ اُن کا طرزِ فکر اور اعمال اُن سے مختلف ہیں۔ مذکورہ دونوں حالتوں میں مرکزی نکتہ خدا نہیں ہوتا۔ بلکہ توجہ اپنے آپ پر ہی نظر آتی ہے۔ خدا نے ہمیں اِس لئے بلایا ہے تا کہ ہم صرف اور صرف اُس کے جلال کے طالب ہوں۔ جب ہم خداوند کی خدمت کریں تو صرف اور صرف وہی ہماری توجہ کا

مرکز ہونا چاہیے۔

متی 7:6 میں خداوند یسوع مسیح نے اپنے شاگردوں کو اِس بات کے تعلق سے آگاہ کیا کہ ہم غیر قوموں کی طرح دُعا میں بک بک نہ کریں۔(متی 7:6) بک بک سے مراد مختلف باتوں یا دُعاؤں کو اِس ایمان سے دہرانا ہوتا ہے کہ اگر بار بار ایک ہی نکتہ پر دُعا کی جائے گی تو یہ جلد سن لی جائے گی۔ یہاں پر دُعا میں ثابت قدم رہنے اور بک بک کرنے میں ایک توازن پایا جاتا ہے۔ خداوند نے ہمیں اِس لئے بلایا ہے کہ ہم اپنے عزیز اقارب اور اُن باتوں کے لئے دُعا میں ثابت قدم رہیں جن کا ہمارے دل پر بڑا بوجھ ہے۔ جس بک بک کا یسوع یہاں پر ذکر کر رہے ہیں ثابت قدم دُعا سے کہیں مختلف ہوتی ہے۔ ہم اِس لئے دُعا میں ثابت قدم اور قائم رہتے ہیں کیوں کہ ہمارا ایمان ہوتا ہے کہ خدا ہماری دُعا کے جواب میں کام کرے گا۔ بک بک اِس لئے کی جاتی ہے کیوں کہ لوگوں کا ایمان ہی نہیں ہوتا ہے کہ خدا کام کرے گا۔

بعض اوقات بار بار ایک ہی دُعا کرنے کا مطلب ایمان کی کمی بھی ہوتا ہے۔ ہم اِس لئے مانگتے رہتے ہیں کیوں کہ ہمارا ایمان ہی نہیں ہوتا کہ خدا نے ہماری دُعا کو سن لیا ہے۔ ہم سمجھتے ہیں کہ اگر ہم اُس سے مانگتے رہیں گے تو پھر ہی وہ ہماری سنے گا۔ کیا خدا نے آپ کی دُعاؤں کو سن لیا ہے؟ کیا آپ ایمان رکھتے ہیں کہ وہ آپ کی نگہبانی اور محافظت کرے گا اور آپ کی ضروریات پوری کرے گا؟ کیا ایسا ممکن ہے کہ آپ بڑی سادگی سے خدا کے ہاتھوں میں ہر ایک معاملہ دے دیں اور اِس موضوع پر اُس سے کوئی بات نہ کریں؟ آپ کا کام یہ ہے کہ معاملہ خدا کے ہاتھوں میں دے کر اُس پر توکل کریں کہ خدا ہمارے لئے وہی کرے گا جو ہمارے لئے بہتر ہے۔

یہاں پر یسوع جن لوگوں کی بات کر رہے ہیں اِس بات پر ایمان رکھتے تھے کہ خدا اُن کی دُعاؤں کا جواب بہر صورت دے گا کیوں کہ اُنہوں نے بار بار دُعائیں کی ہیں۔ اُن کا یہ ایمان اور عقیدہ ہوتا تھا کہ وہ اپنی دُعاؤں اور الفاظ سے خدا کے ہاتھ کو کام کرنے کے لئے مجبور کر سکتے ہیں۔ خدا

کے تعلق سے اُن کی سوچ میں ایک بگاڑ پایا جاتا تھا۔ اُنہوں نے خدا باپ کو ایک پُرشفقت' پرمحبت اور محافظت اور نگہبانی کرنے والے خدا کے طور پر نہ پہچانا۔ اِس کے برعکس اُنہوں نے خدا کو ایک ایسے خدا کے طور پر دیکھا۔ جو اپنی برکات اور نعمتوں کو اپنے تک محدود رکھتا ہے۔ اُن نعمتوں اور برکات تک پہنچنے کا ایک ہی طریقہ ہے کہ بار بار خدا سے مانگا جائے اور اُس سے درخواستیں اور التجائیں کی جائیں جب تک وہ اُن کی دُعاؤں کے جواب میں انہیں سب کچھ مہیا نہ کر دے۔ بہت سے لوگ ہیں جن کا خدا کے تعلق سے ایسا ہی خیال اور سوچ ہے۔

متی 6:6-18 میں یسوع روزہ کے تعلق سے بات کرتے ہیں۔ اُنہوں نے ایسے لوگوں کا ذکر کیا جو لوگوں کو دکھانے کے لئے روزہ رکھتے ہیں تا کہ لوگ اُنہیں روزہ دار جانیں۔ وہ اپنے چہروں کو اُداس بنا کر چلتے پھرتے ہیں تا کہ لوگوں کو معلوم ہو کہ وہ روزہ سے ہیں۔ وہ چاہتے ہیں کہ لوگوں کو معلوم ہو کہ وہ کس قدر روحانی لوگ ہیں۔ ایک بار پھر خداوند یہاں پر یہ بتا رہے ہیں کہ ایسے لوگ اپنا اَجر پا چکے۔ اُنہوں نے لوگوں کی توجہ تو حاصل کی پر خدا کی توجہ حاصل کرنے سے محروم رہے۔

خداوند یسوع مسیح نے یہ سکھایا کہ جب کوئی روزہ رکھے تو اپنا منہ دھو کر اپنے سر میں تیل لگائے تا کہ دوسروں کو معلوم ہی نہ ہونے پائے کہ اُس نے روزہ رکھا ہوا ہے۔ کیوں کہ روزہ خدا اور انسان کے درمیان ایک معاملہ ہے۔ ضروری نہیں کہ اِس کے بارے میں دوسروں لوگوں کو کچھ معلوم ہو۔ جب خدا ہمارا روزہ اور ہمارے دل کے محرکات اور روّیوں پر نظر کرتا ہے تو پھر ہمیں اُس کا اجر دیتا ہے۔

خداوند یسوع مسیح کے دوَر کے روحانی راہنماؤں کی یہی خواہش ہوتی تھی کہ لوگ اُنہیں دیکھیں۔ وہ مرد وزن کی طرف سے خوشامدی کلمات سننا پسند کرتے ہیں۔ خدا کی طرف سے ایسے لوگوں کی کوئی تعریف نہ ہوتی تھی اور نہ ہی اُنہیں خدا کی طرف سے کوئی اَجر ملتا تھا۔ خداوند یسوع ہماری دُعا' روزے اور ہماری خدمت کے پیچھے محرکات اور روّیوں کی بات کر رہے ہیں۔ خداوند

یسوع مسیح نے ایسے لوگوں کی بھرپور مذمت کی جو خدمت، دُعا اور روزہ محض دکھاوے کے لئے کرتے تھے۔خداوند یسوع مسیح کی دلچسپی یہی ہے کہ ہمارے دل کے محرکات اور روّیے درست اور پاک ہوں۔خداوند یسوع مسیح نے شاگردوں کو یہی سکھایا کہ وہ خدا کے جلال کے لئے خدمت کریں نا کہ اپنے لئے۔خداوند نے ہمیں ایسی خدمت کے لئے بلایا ہے جو ریاکاری اور اپنی عزت اور نام ونمود کیلئے ہو۔خداوند ایسے لوگوں کی تلاش میں ہے جو صرف اور صرف خدا کے جلال کے طالب ہوں۔

چند ایک غور طلب باتیں

☆۔کیا آپ نے اپنی خدمت میں دوسروں کو خوش کرنے کی کوشش کے پھندے میں پھنستے ہوئے دیکھا ہے؟اِس کے کیا نتائج برامد ہوئے؟

☆۔خدا کی خدمت اور عبادت میں ہمارے دل کے ارادے اور نیت اہمیت کی حامل ہے؟اس حوالہ میں یسوع مسیح ہمیں کیا سکھاتے ہیں؟

☆۔آپ کس طرح خداوند کے ساتھ چل رہے ہیں، شخصی طور پر اِس کا جائزہ لیں۔کیا آپ کی زندگی میں ایسے علاقہ جات ہیں جہاں آپ لوگوں کو توجہ حاصل کرنے کے آرزومند ہوتے ہیں؟ وہ کون سے حصے ہیں؟

☆۔دکھاوے کی خدمت اور ایسی زندگی بسر کرنے میں کیا فرق ہے جس سے خدا کو ہمارے وسیلہ سے عزت اور جلال ملے؟

چند ایک دُعائیہ نکات

☆ ۔خداوند سے درخواست کریں کہ وہ آپ پر ظاہر کرے کہ آپ کس طرح سے خداوند کی نہیں بلکہ دوسروں کی نظر میں مقبول ٹھہرنے کے آرزومند ہوتے ہیں؟ ایسی سوچ اور روّیوں کے لئے خداوند سے معافی مانگیں۔

☆ ۔خداوند سے درخواست کریں کہ وہ آپ کو لوگوں کی طرف سے خوشامدی کلمات سننا پسند کرنے کی خواہش اور طلب سے آزادی اور رہائی بخشے۔تا کہ آپ درست نیت کے ساتھ اُس کی عبادت اور خدمت کرسکیں۔

باب 31

پہاڑی وعظ

پانچواں حصہ ۔دُعائے ربانی

متی 6:9-15 پڑھیں

جو کچھ خداوند یسوع مسیح نے پچھلے باب میں بیان کیا ہے اُس کے لئے اگرچہ یہ حوالہ بڑا موزوں ہے لیکن یہ بہت ضروری ہے کہ ہم اِس حوالہ پر ہی اپنی توجہ مرکوز رکھتے ہوئے اِس کی تشریح و تفسیر پر غور کریں۔ پچھلے حصہ میں ہم نے دیکھا کہ کس طرح خداوند یسوع مسیح نے اپنے شاگردوں کو تنبیہ کی کہ وہ اپنی دُعائیں اور روزے لوگوں کو دکھانے کے لئے نہ کریں۔ خداوند نے اُنہیں سکھایا کہ وہ پوشیدگی میں دُعا کریں۔ خداوند یسوع مسیح نے اُنہیں یہ بھی سکھایا کہ وہ بار بار اپنی دُعاؤں کو نہ دہرائیں۔ بلکہ اِس بات کو جانیں کہ اُن کا شفیق آسمانی باپ پہلے ہی اُن کی ضروریات کے بارے میں گہرا اور عمیق علم رکھتا ہے۔

اِس حوالہ میں ہم دیکھیں گے کہ یسوع مسیح نے اپنے شاگردوں کو دُعا کرنے کے لئے ایک نمونہ دیا۔ خداوند یسوع کا یہ مقصد نہیں تھا کہ وہ بار بار اِس دُعا کو دہرائیں بلکہ اِس دُعا کو ایک نمونہ کے طور پر استعمال کریں۔ درحقیقت پچھلے باب میں یسوع نے اُنہیں بے عقلی سے بک بک کرنے کے تعلق سے آگاہ کیا۔

تاہم خداوند یسوع مسیح کا پیش کیا گیا نمونہ دُعا کرنے کے لئے ہماری بڑی راہنمائی کرتا اور ہمیں دُعا کرنے کا درست طریقہ اور سلیقہ سکھاتا ہے کہ بہ حیثیت ایماندار لوگ ہمیں کس طرح سے دُعا کرنی ہے۔ آئیں اِس دُعا کے مختلف حصوں پر توجہ دیتے ہوئے اُن کا بغور جائزہ لیں۔

اَے ہمارے باپ

یسوع نے اِس طور سے آغاز کیا کہ ہم خدا کو اپنا باپ جانتے ہوئے اُس کے پاس آسکتے ہیں۔"باپ" کی اصطلاح گہری قربت کے تعلق کی طرف اشارہ کرتی ہے۔ہم اُس کے پاس اِس طرح سے آسکتے جس طرح کہ ہم اپنے محبت کرنے والے باپ کے پاس آتے ہیں۔

یہ اُس بچے کی تصویر ہے جو بڑی عاجزی سے اپنے باپ کے پاس محافظت اور نگہبانی کے لئے آتا ہے۔ بہ حیثیت ہمارا باپ' خدا ہم سے دُور نہیں اور نہ ہی وہ ہماری محافظت اور نگہبانی کے تعلق سے لاپرواہ اور بے فکر ہے۔خدا ہمارے مانگنے سے پہلے ہی ہماری ضروریات سے واقف اور آگاہ ہے۔کیوں کہ خدا اپنے بچوں پر رحم اور ترس بھری نگاہ کرتا ہے۔ وہ ہمارا آسمانی باپ ہے۔وہ ہمارے جسمانی اور زمینی باپ سے قطعی مختلف ہے۔آسمانی باپ ہوتے ہوئے وہ کامل اور قادرِ مطلق ہے۔ وہ ہمیشہ وہی کرے گا جو اُس کی نظر میں ہمارے لئے درست ہے۔اُس کے دل میں ہمارے لئے بہتر سے بھی بہترین منصوبے اور خیالات اور برکات ہوتی ہیں۔کیوں کہ ہم اُس کے پیارے بچے ہیں۔

یہ دُعا ہمیں اُن لوگوں کے بارے میں بتاتی ہے جو شخصی تعلق کے ساتھ خدا سے دُعا کرتے ہیں ۔اِس طور سے دُعا کرنے والے لوگوں نے اُس کے بیٹے یسوع کو اپنا نجات دہندہ قبول کر کے اُس کے فرزند ہونے کا حق حاصل کیا ہوتا ہے۔اگر آپ کا خدا کے ساتھ ایک باپ کے طور پر رشتہ اور تعلق نہیں ہے تو آپ اِس طور سے دُعا نہیں کر سکتے۔

تیرا نام پاک مانا جائے

"پاک"اِس اصطلاح کا مطلب ہے قدوس اور پاک ہے۔ یہاں پر یہ درخواست ہے کہ خدا کا نام بڑی عزت اور احترام پائے۔ہم ایسی دُنیا میں رہ رہے ہیں جو خدا کے نام کی کوئی عزت نہیں

کرتی۔ ہم آج کہیں بھی جائیں، ہم دیکھ سکتے ہیں کہ خدا کے نام کو بے عزت کیا جاتا اور اُس کے نام پر کفر بکا جاتا ہے۔ ایسے لوگ بھی ہیں جو اُس کا نام تو استعمال کرتے ہیں پر وہ یہ نہیں سمجھتے کہ وہ کون ہے۔ وہ اِس بات کو سمجھنے سے قاصر رہتے ہیں کہ وہ ہمارا آسمانی باپ اور قدوس اور جلالی خدا ہے۔ بہت سے ایسے بھی ہیں جو بروز اتوار گرجہ گھر آ کر گیت گاتے ہیں لیکن اُن کی زندگیاں اُسی خدا کی بغاوت میں چل رہی ہوتی ہیں جس کی عبادت اور پرستش کو وہ محض لوگوں کو دکھانے کے لئے کر رہے ہوتے ہیں۔ ایسے لوگ ظاہری عبادت کرتے اور اُس کے پاک اور قدوس نام کو بدنام کرتے ہیں۔

درخواست یہ ہے کہ خدا کے نام کو سب لوگوں میں ہر جگہ عزت اور جلال ملے۔ سب لوگوں کو خدا بلا رہا ہے کہ خدا کی قدوسیت اور جلال کو پہچانتے ہوئے اُس کے حضور جھک جائیں۔ کیوں کہ اُس کا نام ہر طرح کی عزت و جلال، حمد و ثنا اور تعریف اور تمجید کے لائق ہے۔ ہمارے معاشرے، کلیسیاؤں اور شخصی زندگیوں میں موجود بدی کے خلاف ایک پرسوز آہ و پکار ہے۔

تیری بادشاہی آئے

خدا کی بادشاہی سے کیا مراد ہے؟ ایک طرف تو ایسے لوگ بھی ہیں جو خدا کی بادشاہی کو اِس طور سے دیکھتے ہیں کہ جب خداوند یسوع دوبارہ آ کر اپنی بادشاہی کو قائم کرے گا۔ کسی حد تک اِس حوالہ کی روشنی میں یہ بات درست بھی ہے۔ ''خدا کی بادشاہی'' کا ایک اور مفہوم بھی ہے۔ خداوند یسوع مسیح ہمیں یہاں پر بتا رہے ہیں کہ اُن کی بادشاہی دُنیا کی بادشاہتوں سے قطعی مختلف ہے۔ مقدس لوقا 17:20-21 میں ہم پڑھتے ہیں۔

''جب فریسیوں نے اُس سے پوچھا کہ خدا کی بادشاہی کب آئے گی؟ تو اُس نے جواب میں اُن سے کہا کہ خدا کی بادشاہی ظاہری طور پر نہ آئے گی اور لوگ یہ نہ کہیں گے کہ دیکھو یہاں ہے یا وہاں ہے! کیوں کہ دیکھو خدا کی بادشاہی تمہارے درمیان ہے۔''

خدا کی بادشاہی ہمارے درمیان ہے۔ خدا کی بادشاہی ہر اُس جگہ موجود ہے جہاں ایسے دل اور زندگیاں موجود ہیں جو یسوع کو اپنا مالک اور خداوند مانتے ہوئے اُس کے تابع ہو جاتی ہیں۔ تاریکی اور بدی کی بھی ایک بادشاہت ہے۔ یہ بھی اُن لوگوں کی زندگیوں اور دلوں پر راج کرتی ہے جو گناہ اور بدی کے بندھنوں میں جکڑے ہوئے ہیں۔ خدا کی بادشاہی اور شیطان کی بادشاہت میں جنگ جاری ہے۔ خدا کی بادشاہی جب دلوں اور زندگیوں میں آجاتی ہے تو اُنہیں شیطان کی بادشاہی سے آزاد کر دیتی ہے۔

جب ہم یہ دُعا کرتے ہیں کہ خدا کی بادشاہی آئے' تو اصل میں ہم یہ دُعا کر رہے ہوتے ہیں کہ خدا اُن زندگیوں اور دلوں کو فتح کر کے اپنا اُن پر اپنا راج قائم کرے جو ابھی تک تاریکی اور بدی کی بادشاہت کے تسلط میں جکڑے ہوئے ہیں۔ ہم یہ درخواست کرتے ہیں کہ وہ ہمارے دلوں اور زندگیوں کو فتح کرے اور ہمیں اپنے منصوبے اور مقصد کے تابع ہونے کی توفیق دے۔ ہماری زندگیوں میں بھی ایسے اوقات ہوتے ہیں جب ہم پورے طور پر اُس کی خداوندیت کے تابع نہیں ہوتے۔ جب ہم یہ دُعا کرتے ہیں کہ خدا کی بادشاہت آئے' تو دراصل ہم یہ درخواست کر رہے ہوتے ہیں کہ خدا ہماری زندگیوں کو فتح کرے۔ اور اُنہیں مکمل طور پر تابعدار ہونے کی توفیق عطا فرمائے۔ آپ صرف اُسی صورت میں یہ دُعا کر سکتے ہیں جب آپ پورے طور پر اِس بات کے لئے تیار ہوں کہ یسوع آپ کے دل اور زندگی پر خداوند کے طور پر راج کرے۔

تیری مرضی پوری ہو

یہاں پر یہ درخواست ہے کہ خدا کی مرضی جس طرح آسمان پر پوری ہوتی ہے اُسی طرح زمین پر بھی ہو۔ اِس میں کسی شک وشبہ کی گنجائش نہیں کہ آسمان پر خدا کی مرضی پوری ہوتی ہے۔ آسمان پر رہنے والوں کی خوشنودی اِسی بات میں ہوتی ہے کہ وہ آسمانی باپ کی مرضی پوری کریں۔ آسمان پر کسی طرح کی کوئی بدی' بغاوت اور گناہ نہیں ہے۔ خدا اور اُس کے مقصد میں کامل ہم آہنگی پائی

جاتی ہے۔
جب ہم یہ دُعا کرتے ہیں کہ جس طرح خدا کی مرضی آسمان پر پوری ہوتی ہے اسی طرح زمین پر بھی ہوتو ہم یہ درخواست کرتے ہیں کہ خدا ہمیں یہ توفیق دے کہ ہم پورے طور آسمانی باپ کے مقصد کے لئے وقف ہو جائیں۔ ہم یہ درخواست کرتے ہیں کہ ہماری خوشنودی اُس کی مرضی پوری کرنے میں ہو۔ ہم خدا سے درخواست کرتے ہیں کہ ہم اپنی خودی کے لحاظ سے مرجائیں۔ ہم اپنے خیالات کو اُس کے تابع کر دیں اور صرف اُسی کی مرضی اور ارادہ ہماری زندگی میں پورا ہو۔ دُعا یہ ہے کہ پوری دُنیا خدا کی مرضی کے تابع ہو کر خداوند یسوع مسیح کی فرماں برداری میں زندگی بسر کرے۔ اگر ہم یہ دُعا کرتے ہیں کہ خدا کی مرضی اِس طرح آسمان پر پوری ہوتی ہے اسی طرح زمین پر بھی ہوتو پھر ہمیں اِس بات کے لئے بھی تیار اور رضا مند ہونا چاہئے کہ اپنا سب کچھ مذبح پر رکھ دیں۔ ہمیں کبھی بھی اُس کے مقصد اور مرضی پر کوئی سوال نہیں اُٹھانا چاہئے۔ پھر خدا جیسے بھی حالات و واقعات سے ہمیں گزارے، کوئی حرفِ شکایت ہمارے لبوں پر نہ آئے۔

ہماری روز کی روٹی آج ہمیں دے

خداوند ہمیں یہ سکھا رہے ہیں کہ ہم اپنی روزمرہ کی روٹی کے لئے بھی دُعا کریں۔ ''روز کی روٹی'' سے مراد محض ہماری جسمانی خوراک نہیں ہے۔ روٹی سے مراد ہر وہ چیز ہے جو سارا دن ہماری ضروریات ہوتی ہیں۔ غور کریں کہ یہاں پر ''روز کی روٹی'' ہے۔ وہ لوگ جو ''روز کی روٹی'' کے لئے دُعا کرتے ہیں وہ ہر روز خدا پر توکل اور بھروسہ کرتے ہیں۔ وہ صبح کے وقت بیدار ہو کر خدا کے دیدار کے طالب ہوتے ہیں تا کہ خدا دن بھر کی ضروریات کے لئے اُنہیں وسائل، طاقت اور توانائی فراہم کرے۔ ایسے لوگ خدا پر اپنی جذباتی، جسمانی اور روحانی طاقت کے لئے بھروسہ کرتے ہیں۔ وہ خداوند پر توکل کرتے ہیں تا کہ وہ اُنہیں ہر وہ چیز مہیا کرے جو اُنہیں درکار

ہے۔اُن کا توکل ہوتا ہے کہ جب خدا مہیا کرے گا تو اُن کی ضرورت کے لئے کافی ہوگا۔ یہ دُعا کرنے والے اپنی کامیابی اور کامرانی کے لئے خدا پر ہی توکل اور بھروسہ کرتے ہوئے اُس سے وہ سب کچھ حاصل کر لیتے ہیں جو اُنہیں دن بھر کیلئے درکار ہوتا ہے۔ وہ ہر روز بڑے اعتماد اور ایمان کے ساتھ آگے بڑھتے ہیں۔ جس طور سے وہ اپنے دن بھر کے وقت کو دیکھتے ہیں اُن کی سوچ اور توکل اُن کی زندگیوں میں انقلابی تبدیلی کا باعث ہوتا ہے۔خواہ کیسی بھی مشکل اور مسئلہ درپیش کیوں نہ ہو اُنہیں معلوم ہوتا ہے کہ خدا کی طاقت اُن کے لئے کافی ہے۔ اُنہیں اِس لئے فکر منداور پریشان ہونے کی ضرورت نہیں ہوتی کیوں کہ وہ جانتے ہیں کہ خدا ہی اُن کی ضروریات کو پورا کرے گا۔ وہ اِس لئے نہیں بڑبڑاتے کیوں کہ خدا پر اُن کا توکل اور اِس بات پر اُن کا ایمان ہوتا ہے کہ خدا دن بھر کی ضروریاتِ زندگی مہیا کرے گا۔

ایسے لوگ بڑے اعتماد کے ساتھ ''روز کی روٹی'' کے لئے دُعا کرتے ہیں۔ زندگی کی آزمائشیں کبھی بھی اُنہیں بے دل اور مایوس نہیں کر پاتیں کیوں کہ خدا ہی ہر روز اُن کی ضروریات پوری کرتا ہے۔ نہ ہی ایسے لوگ اپنے مستقبل کے بارے میں فکرمند اور پریشان ہوتے ہیں کیوں کہ وہ ہر روز کے لئے خدا کی رسد پر توکل کرتے ہیں۔ کیوں کہ اُنہیں معلوم ہے کہ جیسی اُن کی ضرورت ہوگی ویسی ہی خدا کی طرف سے رسد بھی آئے گی۔

ہمارے قصور ہمیں معاف کر

کئی دفعہ ایسا وقت بھی آتا ہے جب ہم خداوند اپنے خدا کے نام کو پاک نہیں مانتے۔ کئی دفعہ ہم اُس کی مرضی اور مقصد کے خلاف بغاوت کر جاتے ہیں۔ ہم ہر روز کیلئے اُس کی رسد حاصل نہیں کرتے بلکہ صورتحال کو اپنے ہاتھ میں لے کر بڑبڑانا شروع کر دیتے ہیں۔ ہمارے لئے خدا کا جو معیار ہے ہم اُس سے نیچے آجاتے ہیں۔ خداوند جانتے تھے کہ ہم اُس کے معیار پر پورا نہیں اُتر پائیں گے۔ اِسی لئے خداوند نے اِس دُعا میں ہمارے لئے یہ نکتہ رکھا ہے۔ ہمارے لئے یہ بات

بڑی حوصلہ افزا ہے کہ جب ہم خدا کے معیار سے گر جاتے ہیں تو ہمارے لئے معافی دستیاب ہے۔

غور کریں کہ اِس درخواست کے ساتھ ایک شرط بھی ہے۔ خداوند یسوع مسیح نے اپنے لوگوں کو سکھایا کہ اُنہیں صرف اِسی صورت میں یہ دُعا کرنے کا حق حاصل ہے جب وہ اپنے قصورواروں کو خود بھی معاف کریں گے۔ ہم اتنی ہی معافی کی توقع کر سکتے ہیں جتنی ہم نے اُن لوگوں کی دی ہے جنہوں نے ہمارا قصور کیا ہے۔ ''جس طرح ہم اپنے قصورواروں کو معاف کرتے ہیں تو بھی ہمارے قصور ہمیں معاف کر۔''

یہ دُعا کرنے کے لئے ہمیں اُن لوگوں کو معاف کرنے کے لئے تیار ہونا چاہئے جو کسی طور پر بھی ہمارے قصوروار ہیں۔ خدا نے ہمیشہ ہی رشتے ناطوں کو بڑی اہمیت دی ہے۔ اگر ہم اپنے قصورواروں کو معاف کرنے کیلئے تیار نہیں ہیں تو پھر ایسی دُعا کرنا محض ریاکاری اور دکھاوا ہوگا۔

خداوند یسوع مسیح متی 6:14-15 میں اِس بات کو واضح کرتے ہیں کہ اگر ہم اپنے قصورواروں کو معاف نہیں کرتے تو ہم اِس بات کی توقع بھی نہیں کر سکتے کہ خدا ہمیں معاف کرے گا۔ وہی جو دوسروں کو معاف کرنے کیلئے تیار ہیں یہ دُعا کر سکتے ہیں۔

ہمیں آزمائش میں نہ لا

یہ بات سچ ہے کہ خدا ہمیں معاف کرنا چاہتا ہے۔ اِس کا ہرگز یہ مطلب نہیں کہ ہم جو کچھ مرضی کرتے پھریں اور پھر معافی کیلئے سادگی سے اُس کے پاس آجائیں۔ خداوند ہمیں سکھاتے ہیں کہ ہم دُعا کریں کہ خدا ہمیں ''آزمائش میں نہ لا''۔ جب ہم یہ دُعا کرتے ہیں تو ہم سمجھتے ہیں کہ ہم کس قدر کمزور ہیں۔ ہم جانتے ہیں کہ کسی مسئلہ سے دوچار ہو کر ہم آسانی سے گر سکتے ہیں۔ وہ لوگ جو یہ دُعا کرتے ہیں خداوند سے اِس بات کے لئے عرض کرتے ہیں کہ وہ اُنہیں ایسی صورتحال سے ہی بچا کر رکھے جو اُن کے لئے آزمائش اور پھر گناہ میں گرنے کا سبب بن سکتی

ہے۔

کیوں کہ بادشاہی اور قدرت اور جلال تیرے ہی ہیں

بعض تراجم میں اِس جملے کو شامل نہیں کیا جاتا لیکن یہ بہت ضروری ہے کہ ہم اِس کی تفسیر اور تشریح پر بھی غور کریں۔ خداوند یسوع مسیح نے اپنے شاگردوں کو یہ دُعا کرنا سکھائی کہ خدا اُنہیں شریر کی آزمائش سے بچا کر رکھے۔ بے شک ہمارا خداوند ایسا کر سکتا ہے کیوں کہ وہ شریر سے کہیں زیادہ طاقت ور ہے۔ بادشاہت، قدرت اور جلال اُسی کے ہیں۔ وہ سب پر حاکم اعلیٰ ہے اور ہمیں اُس صورت حال اور مشکل سے نکالنے کی قدرت رکھتا ہے جس میں ابلیس ہمیں پھنسا سکتا ہے۔ ابلیس کا ہم پر کوئی اختیار نہیں ہے۔ خدا ہی ابلیس کی قدرت کو نیست کرے گا۔ وہ اپنے جلال میں کسی کو شامل نہیں کرے گا۔ وہ سب پر ایک جلالی خداوند ہوتے ہوئے راج کرے گا۔ یہ آخری درخواست اِس بات کو تسلیم کرنے کے تعلق سے ہے کہ وہی سب پر حاکمِ مطلق ہے۔

چند ایک غور طلب باتیں

☆۔ کیا آپ کا خدا کے ساتھ ایسا رشتہ ہے جسے ایک باپ بیٹے کے رشتہ سے منسوب کیا جا سکے؟ خدا آپ پر کیسے ظاہر کرتا ہے کہ وہ آپ کا باپ ہے؟

☆۔ آج آپ کی ضروریات کیا ہیں؟ آج خدا نے اُن ضروریات کو کیسے پورا کیا ہے؟

☆۔ ہمارے معاشرے میں ہمارے خداوند کے نام پر کس طرح کفر بکا جاتا ہے؟

☆۔ کیا آپ کی زندگی میں کون سے ایسے حصے ہیں جو پورے طور پر اُس کے تابع نہیں ہوئے۔ وہ کون سے حصے ہیں؟

☆۔ کیا آپ کی زندگی میں کچھ ایسے لوگ ہیں جنہیں آپ نے معاف نہیں کیا؟

☆۔ آج خدا آپ کو کس طرح بدی سے بچائے رکھے گا؟

چند ایک دُعائیہ نکات

☆ ۔اِس بات کیلئے خداوند کی شکر گزاری کریں کہ وہ پیار کرنے والا آسمانی باپ ہے۔روزمرّہ کی ضروریات زندگی اور اُس کے فضل کیلئے اس کی شکر گزاری کریں۔

☆ ۔خداوند سے درخواست کریں کہ وہ آپ پر اُن چیزوں کو عیاں کرے جو پورے طور پر ابھی اُس کے تابع نہیں ہوئیں۔

☆ ۔خداوند سے درخواست کریں کہ وہ اُس بدی کے زور کو توڑ دے جو آپ اپنے اردگرد دیکھتے ہیں۔تاکہ ایک دفعہ پھر سے اُس کا نام آپ کے معاشرے میں عزت اور جلال پا سکے۔

☆ ۔ایسے اوقات کیلئے خداوند سے معافی مانگیں جب آپ کی زبان پر بڑبڑاہٹ اور شکوے شکائتیں تھیں۔اور آپ اُن چیزوں کو قبول کرنے سے قاصر اور عاجز رہے جو خداوند نے آپ کے لئے مہیا کی تھیں۔

☆ ۔خداوند سے درخواست کریں کہ وہ آج کے دن آپ کو کسی خاص آزمائش سے بچائے۔واضح طور پر دُعا کریں کہ اور خداوند کو بتائیں کہ آپ کس آزمائش سے دوچار ہیں اور آپ کو مدد کی ضرورت ہے۔

☆ ۔کیا کسی خاص شخص کو معاف کرنے میں آپ کو دشواری کا سامنا ہے؟ خداوند سے فضل اور توفیق مانگیں کہ آج آپ اُس شخص کو پورے طور پر معاف کر سکیں

باب 32

پہاڑی وعظ

چھٹا حصہ۔آسمان پر خزانہ

متی 6:19-24 پڑھیں

اِس حصہ میں خداوند یسوع مسیح اپنے سامعین کو اِس بات کا چیلنج دیتے ہیں کہ وہ اپنے دل کا جائزہ لینے کے لئے اپنے روّیوں کو پرکھیں تا کہ اُنہیں معلوم ہو کہ اُن کے لئے کیا اہم ہے۔خداوند یسوع مسیح اپنے شاگردوں پر جسم اور دُنیا کے تسلط اور زور کو بخوبی سمجھتے تھے۔اُنہیں معلوم تھا کہ وہ اِس دُنیا کی چیزوں کے تعلق سے کس قدر آزمائشوں میں پڑ سکتے ہیں۔خداوند نے اُنہیں اِس بات کی بلاہٹ دی کہ وہ عالم بالا کی چیزوں پر دل لگائیں۔

خداوند یسوع مسیح نے اپنے شاگردوں کو یہ بتاتے ہوئے اِس بات کا آغاز کیا کہ وہ اِس زمین پر مال جمع نہ کریں۔یہاں پر ''جمع کرنا'' پر زور دیا گیا ہے۔خداوند یسوع مسیح اِس بات کی تعلیم نہیں دے رہے کہ ہمیں اِس دُنیا میں جو نعمتیں اور برکات میسر ہیں ہم اُن سے لطف اندوز ہی نہ ہوں۔وہ ہمیں یہ سکھا رہے ہے کہ خدا کی طرف سے عطا کردہ وسائل' نعمتوں اور برکات کو اُس کے جلال کے لئے استعمال کرنا چاہئے۔مقدس پولس رسول تمیتھیس کو خط لکھتے ہوئے بیان کرتے ہیں۔

''اس موجودہ جہان کے دولتمندوں کو حکم دے کہ مغرور نہ ہوں۔اور ناپائیدار دولت پر نہیں بلکہ خدا پر اُمید رکھیں۔جو ہمیں لطف اُٹھانے کے لئے سب چیزیں افراط سے دیتا ہے۔اور نیکی کریں اور اچھے کاموں میں دولتمند بنیں۔اور سخاوت پر تیار اور امداد پر مستعد ہوں اور آئندہ کے لئے اپنے

واسطے ایک اچھی بنیاد قائم کر رکھیں تا کہ حقیقی زندگی پر قبضہ کریں۔'' (1 تمیتھیس 6:17-19)

اِس حوالہ میں ہمیں دو چیزوں کو سمجھنے کی ضرورت ہے۔اول۔ خدا ہم ہر ایک چیز لطف اُٹھانے کے لئے مہیا کرتا ہے۔ہمیں اُس کی دی ہوئی چیزوں سے لطف اندوز ہونا چاہئے۔اُن چیزوں کو خدا کی بے عزتی اور رسوائی کے لئے استعمال نہیں کرنا چاہئے۔دوسری اہم بات یہ ہے کہ جن لوگوں کو خدا کی طرف سے طرح طرح کی نعمتیں اور برکات ملی ہوئی ہیں وہ اُنہیں دوسروں کی برکت اور تعمیر و ترقی کے لئے استعمال کریں۔

یسوع نے کہا ''اِس زمین پر اپنے لئے مال جمع نہ کرو۔'' (متی 6:19) اگر ہمارے پاس جمع کرنے کے لئے کچھ ہے تو اِس کا مطلب ہے کہ وہ ہماری ضرورت سے بڑھ کر ہے۔اگر ہم کچھ جمع کر رہے ہیں جو ہماری ضرورت سے بڑھ کر ہے تو ہمیں دوسروں میں بانٹ دینا چاہئے۔اگر ہم خدا کی طرف سے دی گئی نعمتوں اور برکات کو صرف اپنے تک ہی محدود رکھتے ہیں تو ہم دوسرے لوگوں کو خدا کی برکات سے محروم رکھ رہے ہیں جنہیں خدا ہمارے وسیلہ سے برکت دینا چاہتا ہے۔

خداوند یسوع مسیح نے ہمیں بتایا کہ جمع شدہ مال جلد ہی خراب ہو جاتا ہے۔کیڑا اور زنگ اُن چیزوں کو خراب کر دے گا جو ہم نے جمع کی ہوئی ہیں۔چور آ کر اُنہیں چرا لے جائے گا۔بہتر ہے کہ ضرورت مندوں کے درمیان اُن چیزوں کو تقسیم کر دیا جائے جو ہماری ضرورت سے زیادہ ہیں۔ایسا کرنے سے ہم آسمان پر خزانہ جمع کرتے ہیں۔وہ لوگ جو اِس دُنیا کے مال کو خدا کے جلال کے لئے استعمال کرتے ہیں اُنہیں آنے والی زندگی میں اِس کا اجر ملے گا۔

خداوند یسوع مسیح نے متی 6:21 میں اپنے شاگردوں کو سکھایا کہ جہاں اُن کا مال ہے وہاں اُن کا دل بھی لگا رہے گا۔یہ بڑی اہم بات ہے۔پینتیکوست کے دن روح القدس نے ایمانداروں کے دلوں کو اِس قدر چھوا کہ اُنہوں نے اپنے گھر بار اور مال متاع بیچ کر غریبوں اور ضرورتمندوں میں

بانٹ دیا۔اُن لوگوں کے ساتھ کیا واقع ہوا تھا؟ اُن کی زندگی کی ترجیحات یکسر بدل گئیں۔ اِس سے پہلے اُنہوں نے جائیدادیں اور مال ومتاع جمع کیا ہوا تھا۔جب خدا کے روح کا تسلط اُن کی زندگی پر قائم ہوا تو اُن کی زندگی کی ترجیحات تبدیل ہو گئیں۔خدا نے اُن کے دلوں کو کھولا تاکہ وہ اپنے اردگرد دُکھی اور ضرورتمندوں پر بھی توجہ کر سکیں۔وہ یہ قطعاً برداشت نہیں کر سکتے تھے کہ اُن کے پاس تو ضرورت سے بڑھ کر افراط سے ہو مگر ضرورتمندوں کے پاس کچھ بھی نہ ہوا۔

یعقوب رسول نے اس تعلق سے لکھا۔

''اگر کوئی بھائی یا بہن ننگی ہو اور اُن کو روزانہ روٹی کی کمی ہو اور تم میں سے کوئی اُن سے کہے سلامتی کے ساتھ جاؤ۔گرم اور سیر رہو مگر جو چیزیں تن کے لئے درکار ہیں۔وہ اُنہیں نہ دے تو کیا فائدہ؟ اِسی طرح ایمان بھی اگر اُس کے ساتھ اعمال نہ ہوں تو اپنی ذات سے مُردہ ہے۔''

﴾یعقوب 2:15-17﴿

ضرورتمندوں اور محتاجوں کیلئے ہماری نیک تمنائیں اور نیک خواہشات ہی کافی نہیں ہیں۔کیا ہم اِس قدر جمع کرتے رہتے ہیں کہ دوسروں کے لئے قربانی دینا ہمیں بڑا دشوار محسوس ہوتا ہے؟

متی 6:22 میں خداوند یسوع نے اپنے شاگردوں سے کہا' آنکھ بدن کا چراغ ہے۔اگر ہماری آنکھ ٹھیک ہے تو سارا بدن روشن ہوگا۔اگر ہماری آنکھ خراب ہے تو پھر سارا بدن بھی تاریک ہوگا۔ہم جسمانی لحاظ سے اِس بات کو سمجھتے ہیں۔آنکھ ایک طرح سے جسم کا دروازہ ہے۔اِس سے روشنی اندر آتی ہے۔ہم آنکھ کے وسیلہ ہی سے تخلیق خدا کی خوبصورتی کو دیکھتے ہیں۔

اِسی اصول کا اطلاق روحانی معنوں میں بھی ہوتا ہے۔خداوند یسوع مسیح یہاں پر کہہ رہے ہیں کہ اگر ہم الٰہی چیزوں پر اپنی توجہ مرکوز کریں اور عالم بالا کی چیزوں پر دل لگائیں۔تو پھر ہم اپنی زندگیوں میں خدا کے نور کا تجربہ کریں گے۔اِس کے برعکس' اگر ہم اِس دُنیا کا مال جمع کرنے پر ہی دل لگالیں۔تو پھر ہم جلد ہی تاریکی میں ڈوب جائیں گے۔خدا کی برکات اور اُس کی حضوری

کا احساس ہماری زندگی سے جاتا رہے گا۔ اگر ہم اِس دُنیا کی چیزوں پر ہی دل لگا لیں تو پھر ہمیں اِس دُنیا کا مال خزانہ ہی ملے گا۔ اِس کے برعکس اگر ہم عالمِ بالا پر اپنا مال جمع کرنا شروع کر دیں تو پھر آسمان پر ہمیں بڑا اجر ملے گا۔ خداوند یسوع مسیح نے اپنے شاگردوں کے سامنے ایک چناؤ رکھا۔ وہ دو مالکوں کی خدمت نہیں کر سکتے تھے۔ اُنہیں اِس بات کا فیصلہ کرنا تھا کہ اُنہوں نے کس کی خدمت کرنا ہے۔ یا تو اُنہوں نے خدا کی طرف سے دیئے گئے وسائل کو اُس کے جلال کے لئے صرف کرتے ہوئے خدا کی خدمت کرنا تھی یا پھر اِس دُنیا کی دولت اور مال و متاع کی خدمت کرنا تھی۔ ہم دولت اور خدا دونوں کی خدمت نہیں کر سکتے۔ ہمیں فیصلہ کرنا ہو گا۔ اگر آپ آسمان پر خزانہ جمع کرنے کا چناؤ کریں تو پھر آپ کو اس زمینی دولت اور مال و جائیداد کی قربانی دینے کے لئے تیار اور رضا مند ہونا ہو گا۔ اگر آپ کا خزانہ آپ کا خدا ہے تو پھر آپ کی ترجیح اُسی کی خدمت کرنا ہو گی جس نے آپ کو یہ سب کچھ عطا کیا ہوا ہے۔ آپ اِس دُنیا کے کاموں اور دولت میں مصروف و مشغول نہیں رہیں گے۔

چند ایک غور طلب باتیں

☆۔ آپ کا خزانہ کیا ہے؟ کیا جو کچھ خدا نے آپ کو دیا ہے اُسے واپس لوٹانے کیلئے تیار ہیں تا کہ وہ جس طرح مناسب سمجھے اُسے استعمال کر سکے؟ خدا کی طرف سے عطا کی گئی اچھی چیزوں سے لطف اندوز ہونے اور اُن سے دل لگانے کے پھندے میں نہ پھنسنے میں کیا فرق ہے؟

☆۔ کیا آپ کی آنکھیں خداوند اور اُس کے منصوبے پر لگی ہوئی ہیں؟ اِس سے آپ کی زندگی میں کیا فرق پڑتا ہے؟

چند ایک دُعائیہ نکات

☆ ۔خداوند سے درخواست کریں کہ وہ آپ کو اِس دُنیا کی چیزوں سے دل لگانے سے بچائے رکھے۔

☆ ۔اپنا سب کچھ خداوند کے تابع کر دیں۔اُس سے درخواست کریں کہ آپ پر ظاہر کرے کہ وہ کس طرح وہ چاہتا ہے کہ آپ اُن چیزوں کو اُس کے جلال کیلیئے استعمال کریں جو اُس نے آپ کو عطا کی ہوئی ہیں۔

☆ ۔خداوند سے درخواست کریں کہ آپ کی آنکھیں آپ کے اردگرد کے لوگوں کی ضروریات کیلیئے کھول دے۔

☆ ۔خداوند سے دُعا کریں کہ آپ اُس کی عطا کی ہوئی برکات سے لطف اندوز ہوں پر اُن سے اِس قدر دل نہ لگا لیں کہ جب خدا آپ سے اُن برکات کی قربانی دینے کیلیئے کہے تو آپ کو ایسا کرنا مشکل دکھائی دے۔

باب 33

پہاڑی وعظ

ساتوں حصہ۔کل کی فکر

متی 6:25-34 پڑھیں

پچھلے باب میں ہم نے آسمان پر مال جمع کرنے کیلئے خداوند یسوع مسیح کی تعلیم پر غور کیا۔خداوند نے اپنے شاگردوں کو یہ تعلیم دی کہ اُنہیں اِس بات کے لئے تیار اور رضا مند ہونا ہے کہ وہ ضرورت مندوں کے کام آئیں۔اگر مجھے اِس زمین پر مال جمع نہیں کرنا اور اُسے اپنے بھائیوں اور بہنوں کی ضروریات کے لئے دے دینا ہے تو کیا پھر میری ضروریات کے لئے میرے پاس کافی ہوگا؟اس باب میں ہم خداوند یسوع مسیح کے اس سوال کے جواب پر غور کریں گے۔

غور کریں کہ اِس حصے کا آغاز اس لئے "Therefore" سے ہوتا ہے۔کسی نے خوب کہا ہے کہ جب ہم لفظ "There Fore" یعنی اس لئے پر غور کرتے ہیں تو ہمیں یہ پوچھنے کی ضرورت ہے کہ یہ there fore کیا ہے؟"اس لئے "Therefore" گذشتہ حصے کے ساتھ تعلق قائم کرتا ہے جس کا ابھی ہم نے جائزہ لیا تھا۔یہ خداوند یسوع مسیح کی تعلیم کا تسلسل ہے جو اُنہوں نے آسمان پر مال جمع کرنے کے موضوع پر دی ہے۔

خداوند یسوع مسیح نے اپنے شاگردوں اور سامعین کو یہ بتایا کہ وہ اپنی زندگیوں کے بارے میں فکر مند نہ ہوں کہ وہ کیا کھائیں پئیں گے۔نہ ہی اُنہیں اِس بات کے لئے بے حد پریشان اور فکر مند ہونے کی ضرورت ہے کہ وہ کیا پہنیں گے۔زندگی میں کئی ایک ایسی چیزیں ہیں جو اِن چیزوں سے کہیں زیادہ اہم اور قابل قدر ہیں۔خداوند یسوع مسیح کا یہ بیان ہمیں اپنی زندگی کی ترجیحات کا

جائزہ لینے کے لئے اُبھارتا ہے۔ بہت سے لوگوں کے لئے خوراک، لباس اور گھر ہی اُن کی زندگی کا مرکز و محور بن چکا ہے۔ خداوند یسوع مسیح ہمیں یہ نہیں کہہ رہے کہ ہم ضروریاتِ زندگی سے لطف اندوز نہ ہوں۔ بلکہ اُن کے کہنے کا یہ مطلب ہے کہ یہ سب چیزیں ہماری زندگی میں اپنی جگہ پر ہی ہوں۔ ایسے وقت بھی آئیں گے جب نہایت ضروری کام ہمیں خوراک اور لباس کے بغیر ہی کرنے ہوں گے۔

خداوند یسوع مسیح نے بھیڑ کی توجہ ہوا کے پرندوں کی طرف کرائی۔ یہ پرندے نہ تو بوتے اور نہ ہی کاتتے ہیں۔ پرندے مشکل اوقات کے لئے پہلے سے خوراک بھی جمع نہیں کرتے۔ خدا ہی ہے جو اُن کی ضروریات کے لئے فراہم کرتا ہے۔ خداوند یسوع مسیح نے اپنے شاگردوں کو باور کرایا کہ اُن کی قدر و منزلت تو پرندوں سے کہیں بڑھ کر ہے۔

خدا کی تمام مخلوقات میں سے انسان ہی سب سے زیادہ اپنے وسائل کے لئے تگ و دو کرتا اور مصروف و مشغول نظر آتا ہے۔ بہت سے لوگ اپنی ضرورت سے بھی زیادہ اپنے لئے جمع کر لیتے ہیں۔ وہ خود کفیل بننے کے خواہشمند ہوتے ہیں۔ ایسے لوگ ایمان پر زندہ نہیں رہتے بلکہ وہ یہ محسوس کرتے ہیں کہ وہ اپنی منصوبہ بندی اور محنت مشقت سے اپنی ضروریات کو بہتر طور پر پورا کر سکتے ہیں۔ بعض اوقات ہم بے حد محنت کرتے ہیں اور پھر سوچتے ہیں کہ ہم مزید کس طرح بچت کر سکتے ہیں۔ ہم اُن بھول بھلیوں میں اِس قدر کھو جاتے ہیں کہ ہمارے پاس ضرورت مندوں کی مدد کرنے اور اُن کے تعلق سے سوچنے کے لئے وقت ہی نہیں ہوتا۔ ہم اِس بات کے لئے فکر مند ہو جاتے ہیں کہ کس طرح ہم اپنی خوراک اور لباس خرید سکیں گے۔ ہم اپنے مستقبل کے بارے میں بھی فکر مند ہو جاتے ہیں اور پھر یہ کہ کس طرح ہم اپنے بچوں اور خاندانوں کی ضروریات کو پورا کر سکیں گے۔ خداوند یسوع مسیح نے اپنے سامعین سے یہ پوچھا کہ مستقبل کے بارے میں فکر مند ہونے سے کیا ہوگا۔ کیا فکر کر کے وہ اپنی زندگی میں ایک گھڑی کا بھی اضافہ کر سکتے ہیں؟ خداوند

یسوع مسیح نے ان کی توجہ کھیت میں موجود سوسن کے پھولوں کی طرف کرائی۔ اُنہوں نے اُن کی توجہ اِس بات کی طرف کرائی کہ دیکھو سوسن کے یہ پھول نہ محنت کرتے ہیں اور نہ ہی اچھا لباس زیب تن کرنے کے لئے کاتتے ہیں۔ حتیٰ کہ سلیمان بھی باوجود اپنی ساری شان و شوکت کے ایسے اچھے لباس سے ملبس نہیں تھا جو اُن پھولوں نے زیب تن کیا ہوا ہے۔ اگر خدا کھیت میں لگے خوبصورت پھولوں کو ایسا لباس مہیا کرتا ہے جو آج ہیں کل مرجھا جائیں گے تو پھر کیا وہ اپنے پیارے بچوں کو ضروریات زندگی مہیا نہیں کرے گا؟ کیا خدا کے نزدیک ہماری قدر و منزلت اِن پھولوں سے کہیں بڑھ کر نہیں ہے؟ (متی 30:6)

کون سا زمینی باپ ہے جو اپنے بچوں کو کسی چیز کا محتاج دیکھ سکتا ہے؟ کیا وہ اُن کی ضرویات مہیا نہیں کرے گا؟ ہماری فکرمندی اور پریشانی اِس بات کو ثابت کرتی ہے کہ ہم خدا پر نظر کرنے سے قاصر ہو گئے ہیں۔ ہم اپنے خدا کو ایک شفیق باپ کے طور پر دیکھنے کے تعلق سے کوتاہ نظر ہو گئے ہیں۔ ہم اُس کی مہیا کر دینے والی قدرت کو شک کی نگاہ سے دیکھتے ہیں۔ میں تو ہمیشہ خدا کے ساتھ وفادار نہیں رہتا لیکن وہ ہمیشہ ہی مجھ سے وفادار رہتا ہے۔ وہ میری فکر کرتا ہے۔ حتیٰ کہ میری کمزوریوں میں بھی وہ میرے ساتھ ہوتا ہے۔ جب میں وفادار ہوتا ہوں تو تب بھی وہ میرے ساتھ ہوتا ہے۔ وہ پیار کرنے والا شفیق اور رحیم آسمانی باپ ہے۔

اِس سبب سے خداوند نے ہمیں کہا ہے کہ ہم فکرمند نہ ہوں کہ ہم کیا کھائیں پیئیں گے اور کیا پہنیں گے۔ ہمارا آسمانی باپ ہی ہماری ہر ایک ضرورت کو پورا کرے گا۔ جب وہ ہمیں اِس بات کے لئے بلائے کہ ہم اُس کے دیئے ہوئے میں سے اُسے واپس لوٹائیں تو اِس بات کا یقین رکھیں کہ وہ ہماری ضروریات کے لئے بھی مہیا کرے گا۔

اِس کا ہرگز یہ مطلب نہیں کہ ہم اپنے خاندان کی ضروریات کو بالائے طاق رکھتے ہوئے لاپرواہی اور بےفکری سے اپنا سب کچھ ہی دے دیں۔ خداوند یسوع مسیح نے اپنے شاگردوں کو یہ سکھایا کہ

سب سے پہلے وہ اُس کی بادشاہی اور اُس کی راستبازی کی تلاش کریں۔ اُنہیں اِس دُنیا کی چیزوں پر دل نہیں لگانا تھا۔ اُنہیں اِس دنیا کے عیش و آرام اور مال و متاع پر ہی اپنی توجہ مرکوز نہیں کر لینی تھی۔ اِس کے برعکس اُنہیں خدا کے دیدار کے طالب ہوتے ہوئے اُس کی مرضی کو جاننے کی کوشش کرنا تھی۔ اُنہیں اپنے دلوں میں خدا کو جاننے کے لئے گہری بھوک اور پیاس پیدا کرنا تھی تاکہ وہ اُسے اپنے سارے دل' اپنی ساری جان اور اپنی ساری طاقت سے محبت کرتے ہوئے اُس کی خدمت بہ دل و جان کر سکیں۔ اُنہوں اپنا سب کچھ اُس کی خدمت کے لئے اُس کے سپرد کرنا تھا۔ اُنہیں ہر اُس چیز سے جدا اور الگ ہونے کے لئے تیار اور رضامند ہونا تھا جس کے لئے خدا اُنہیں کہتا کہ یہ اُس کی بادشاہی کے لئے دے دو۔ اپنی ضروریات کے لئے اُنہیں اُس پر بھروسہ اور توکل کرنا تھا۔

خداوند یسوع مسیح نے اپنے شاگردوں کو سکھایا کہ کل کے بارے میں فکرمند اور پریشان نہ ہوں۔ ہر ایک دن کا دُکھ اور بوجھ اُسی دن کے لئے کافی ہوتا ہے۔ کیوں ہم کل کی فکر نہ کریں؟ جب خداوند یسوع مسیح نے اپنے شاگردوں کو دُعا کرنا سکھائی تو اُنہوں نے اُنہیں "روز کی روٹی" کے لئے دُعا کرنے کے لئے کہا۔ خدا کی یہ مرضی ہے کہ ہم ہر روز اپنی ضروریات کے لئے اُس پر توکل اور بھروسہ کرتے ہوئے زندگی بسر کریں۔ جب کہ خدا کی بادشاہی میں بہت سی ایسی ضروریات تھیں جو ابھی پوری ہونا باقی تھیں تو پھر کیسے وہ اپنے مستقبل کی فکر کرتے ہوئے اپنا مال اِس دُنیا میں جمع کر سکتے تھے؟ اگر اُنہیں آج اپنا مال و متاع دوسروں کی فکر کرتے ہوئے دے دینا تھا تو پھر خدا نے ہی ایک شفیق اور رحیم باپ ہوتے ہوئے اُن کے آنے والے کل کی ضروریا ت کو پورا کرنا تھا۔

چند ایک غور طلب باتیں

☆ ۔کیا آپ نے کبھی خود کو اپنی بنیادی ضروریات کے بارے فکرمند ہوتے دیکھا ہے؟ فکرمندی سے کیا حاصل ہوتا ہے؟ اِس سے آپ کو اِس بارے میں سیکھنے کو کیا ملتا ہے کہ آپ خدا کو کس طرح سے دیکھتے ہیں؟

☆ ۔چونکہ ہم اپنی جائیداد و املاک کو چھوڑنے کیلیئے تیار اور رضامند نہیں ہوتے۔ اس وجہ سے کیا ایسا ہو سکتا ہے کہ آپ ایمان کی زندگی کا تجربہ نہیں کر رہے؟

☆ ۔کیا آپ اپنے تمام وسائل اور چیزوں کو خداوند کے اختیار میں دینے کے لئے تیار ہیں؟

☆ ۔اپنی ضروریات کے مہیا ہونے کے لئے خداوند پر بہ حیثیت آسمانی باپ نظر کرنے سے ہمارے نکتہ نظر پر کیا اثر پڑتا ہے؟

☆ ۔بیوقوفی سے اپنا سب کچھ لٹا دینے اور خداوند کی راہنمائی کے مطابق قربانی کے طور پر دینے میں کیا فرق پایا جاتا ہے؟

چند ایک دُعائیہ نکات

☆۔ جو کچھ آپ کے پاس ہے اُسے خداوند کے تابع کر دیں۔ خداوند سے راہنمائی مانگیں کہ آپ کس طرح سے اپنے وسائل کو اُس کے جلال کے لئے استعمال کر سکیں۔

☆۔ آپ ایسے اوقات کیلئے خداوند سے معافی مانگیں جب آپ اپنی جائیداد و املاک سے جدا ہونے کیلئے رضامند نہ ہوئے۔

☆۔ خداوند سے درخواست کریں کہ وہ آپ کو توفیق دے کہ آپ پہلے اپنی زندگی میں اُس کی بادشاہی کی تلاش کر سکیں۔

☆۔ خداوند سے درخواست کریں کہ وہ آپ کو روز مرّہ کی ہر ایک عملی ضرورت کے تعلق سے فکر مند ہونے کے روّیہ سے آزادی بخشے۔ خداوند سے دُعا کریں کہ وہ آپ کی ضروریات کے لئے مہیا کرے اور پھر آپ اس بات پر توکل کریں کہ وہ مہیا کرے گا۔

باب 34

پہاڑی وعظ

آٹھواں حصہ۔ دوسروں کی عدالت کرنا

متی 7:1-6 لوقا 6:37-42 پڑھیں

خداوند یسوع مسیح نے یہ سکھایا کہ حقیقی عبادت اور پرستش دل سے ہوتی ہے اور اِس کا دکھاوے سے کوئی تعلق نہیں ہوتا۔ اُس دور کے مذہبی علما اور راہنماؤں کے ایمان کا ایک اور پہلو بھی تھا جسے خداوند یسوع زیرِ بحث لانا چاہتے تھے۔ وہ اُن لوگوں پر نکتہ چینی اور تنقید کرنے میں بڑی جلد بازی سے کام لیتے تھے جن کا طرزِ فکر اور طرزِ زندگی اُن سے قطعی مختلف ہوتا تھا۔

یہ بہت ضروری ہے کہ ہم اِس بات پر غور کریں کہ اِس حوالہ میں دوسروں کی عدالت کے تعلق سے خداوند یسوع مسیح کا کیا مطلب تھا۔ مقدس پولس رسول اِس بات کو واضح کرتے ہیں کہ کچھ ایسے بھی وقت ہوتے ہیں جب ہمیں عدالت کرنی چاہیے۔

"کیا تم میں سے کسی کو یہ جرأت ہے کہ جب دوسرے کے ساتھ مقدمہ ہو تو فیصلہ کے لئے بے دینوں کے پاس جائے اور مقدسوں کے پاس نہ جائے؟ کیا تم نہیں جانتے کہ مقدس لوگ دُنیا کا انصاف کریں گے؟ پس جب تم کو دُنیا کا انصاف کرنا ہے تو کیا چھوٹے سے چھوٹے جھگڑوں کے بھی فیصل کرنے کے لائق نہیں؟ کیا تم نہیں جانتے کہ ہم فرشتوں کا انصاف کریں گے؟ تو کیا ہم دُنیوی معاملے فیصل نہ کریں؟ پس اگر تم میں دُنیوی مقدمے ہوں تو کیا اُن کو منصف مقرر کرو گے جو کلیسیا میں حقیر سمجھے جاتے ہیں؟ میں تمہیں شرمندہ کرنے کے لئے یہ کہتا ہوں۔ کیا واقعی تم میں ایک بھی دانا نہیں ملتا جو اپنے بھائیوں کا فیصلہ کر سکے؟" ﴿1 کرنتھیوں 6:1-5﴾

مقدس پولس رسول کے علم میں یہ بات آئی کہ کرنتھس کی کلیسیا میں ایک ایسا شخص بھی ہے جو اپنے باپ کی بیوی کے ساتھ ناجائز تعلقات رکھتا ہے۔ آئیں دیکھیں کہ پولس رسول نے اِس سلسلہ میں کیا کہا۔

''لیکن گو میں جسم کے اعتبار سے موجود نہ تھا۔ مگر روح کے اعتبار سے حاضر ہو کر گویا بحالت موجودگی ایسا کرنے والے پر یہ حکم دے چکا ہوں کہ جب تم اور میری روح ہمارے خداوند کی قدرت کے ساتھ جمع ہو تو ایسا شخص ہمارے خداوند یسوع کے نام سے جسم کی ہلاکت کیلئے شیطان کے حوالہ کیا جائے۔ تاکہ اُس کی روح خداوند یسوع کے دن نجات پائے۔''

(1 کرنتھیوں 5:3-5)

مقدس پولس رسول نے ایسے شخص کی اُس کے گناہ کے باعث عدالت کی۔ اُنہوں نے کلیسیا کو اِس بات کے لئے کہا کہ وہ معاملہ اپنے ہاتھ میں لے کر ایسے شخص کی عدالت کرتے ہوئے اُسے کلیسیا سے نکال دیں۔ اور اُسے شیطان کے حوالہ کریں تاکہ اُس کا جسم گناہ سے پاک ہو۔

عموماً ایسے لوگ خداوند یسوع مسیح کی جانب سے پیش کیا جانا والا حوالہ دھراتے ہیں جو اپنے گناہ آلودہ اعمال کے باوجود راستباز ٹھہرنا چاہتے ہیں۔ ایسے لوگ گناہ میں پڑتے ہیں اور جب اُن کو اُن کی حالت یاد دلاتے ہوئے توبہ کرنے کیلئے کہا جاتا ہے تو وہ فوری طور پر کہتے ہیں کہ یسوع نے کہا تھا کہ کسی کی عدالت نہ کرو۔ جب ہمیں خداوند یسوع مسیح کسی کی عدالت نہ کرنے کیلئے کہتے ہیں تو اِس کا یہ مطلب نہیں کہ ہم ایسے لوگوں کو کچھ بھی نہ کہیں جو گناہ میں پڑے ہوئے ہیں۔ نہ ہی خداوند یسوع مسیح ہمیں یہ تعلیم دے رہے ہیں کہ ہم کلیسیا میں نظم و ضبط قائم نہ کریں۔ بہ حیثیت والدین ہمیں بار بار اپنے بچوں پر تنقید کرتے ہوئے اُن کی اصلاح کرنے کی ضرورت پیش آئے گی۔ اِسی طرح کلیسیائی پاسبانوں کو بھی اپنے اراکین کے روّیوں اور کردار پر نظر رکھتے ہوئے اُنہیں تعلیم دینے کی ضرورت پیش آئے گی۔ تصور کریں کہ اگر ہم جرائم پیشہ لوگوں کے خلاف

عدالتی کاروائی نہ کریں تو ہمارے اردگرد معاشرہ کیسی صورت اختیار کر جائے گا۔غور کریں کہ اگر ہم اپنے گھرانوں میں نظم و ضبط (جو کہ عدالت ہی کی ایک شکل ہے) کو قائم نہ رکھیں تو ہمارے خاندان کس طرح بگاڑ کا شکار ہو جائیں۔ خدا کا کلام ہمیں بتاتا ہے کہ ہم نے اپنے درمیان پائے جانے والے گناہ اور بدی کی عدالت کرنی ہے اگرچہ عدالت کی ایک ایسی قسم ہے جو کلیسیا اور معاشرے کا ایک لازمی حصہ ہے ایک ایسی عدالت بھی ہے جس کی خدا کے کلام میں مذمت کی گئی ہے۔آئے عدالت کی قسم پر غور غور کریں۔

کرنتھیس کی کلیسیا کو خط لکھتے ہوئے مقدس پولس رسول اپنے شخصی ضمیر کی بنا پر دوسروں کے اعمال و افعال کی عدالت کرنے کے بارے میں بات کرتے ہیں۔

"اگر بے ایمانوں میں سے کوئی تمہاری دعوت کرے اور تم جانے پر راضی ہو تو جو کچھ تمہارے آگے رکھا جائے اُسے کھاؤ اور دینی امتیاز کے سبب سے کچھ نہ پوچھو۔لیکن اگر کوئی تم سے کہے کہ یہ قربانی کا گوشت ہے تو اُس کے سبب سے جس نے تمہیں جتایا اور دینی امتیاز کے سبب سے نہ کھاؤ۔دینی امتیاز سے میرا مطلب تیرا امتیاز نہیں بلکہ اُس دوسرے کا۔ بھلا میری آزادی دوسرے شخص کے امتیاز سے کیوں پرکھی جائے؟" ﴿1 کرنتھیوں 10:27-29﴾

اِس حوالہ میں مقدس پولس رسول بتوں کی قربانی کا گوشت کھانے کی شخصی آزادی کے بارے میں بات کررہے ہیں۔ پولس کے زمانے میں بعض ایمانداروں کو قربانی کا گوشت کھانے کی اجازت اور بعض کو کھانے کی ممانعت تھی۔شاید آپ بھی اپنی زندگی میں کسی ایسی ہی صورت حال سے دو چار ہوئے ہوں۔ سبھی ایماندار اِس بات پر متفق نہیں ہوتے کہ کون سا کام قابل قبول ہے۔ کچھ ایسے وقت بھی ہوتے ہیں جب میرے بھائی بہنوں کو کچھ کرنے کی اجازت ہوتی ہے جب کہ مجھے اجازت نہیں ہوتی تاکہ دوسرے میرے سبب سے ٹھوکر نہ کھائیں۔خاص طور پر جب میں میرا بھائی یا بہن وہ کام کرتا ہے جو میں نہیں کرتا تو میں اُن کی عدالت کرنے میں اپنے آپ کو بڑا

مضبوط محسوس کرتا ہوں۔ میرا ایمان ہے کہ یسوع ہمیں شخصی ترجیحات اور اپنے ضمیر اور طرزِ فکر کی بنیاد پر دوسروں کی عدالت کے بارے میں محتاط ہونے کی تعلیم دے رہے ہیں۔ ایسی حالتوں میں ہمیں عدالت سے اجتناب کرنے کے لئے کہا گیا ہے۔ مقدس پولس رسول درج ذیل حوالہ میں ہمیں یہ بات وضاحت سے بیان کرتے ہیں۔

''پس کھانے پینے یا عید یا نئے چاند یا سبت کی بابت کوئی تم پر الزام نہ لگائے۔'' ﴿کلسیوں 16:2﴾

دوسروں کی عدالت کے محرکات

عدالت کی ایک اور بھی قسم ہے جس سے ہمیں اجتناب کرنا ہے۔ مقدس پولس رسول کرنتھس کی کلیسیا کو خط لکھتے ہوئے بیان کرتے ہیں کہ اُنہیں اِس بنا پر کسی کی عدالت کرنے میں جلد بازی سے کام نہیں لینا چاہئے کیوں کہ اُنہیں کسی کے اعمال وافعال کے پیچھے کسی کے محرکات اور ارادے کی سمجھ نہیں آ رہی۔

''پس جب تک خداوند نہ آئے وقت سے پہلے کسی بات کا فیصلہ نہ کرو۔ وہی تاریکی کی پوشیدہ باتیں روشن کر دے گا۔ اور دلوں کے منصوبے ظاہر کر دے گا۔ اور اُس وقت ہر ایک کی تعریف خداوند کی طرف سے ہوگی۔'' ﴿1 کرنتھیوں 5:4﴾

خداوند یسوع مسیح کو گناہ گاروں کا دوست سمجھا جاتا تھا' اِس لئے اکثر اُن پر تنقید ہوتی رہتی تھی اور لوگ اُن کی عدالت کرتے تھے۔ اُنہوں نے کبھی بھی گناہگاروں کے ساتھ اُٹھنے بیٹھنے میں ہچکچاہٹ سے کام نہ لیا۔ فریسی اور اُس دور کے مذہبی علما اِس بنا پر اُن پر کڑی تنقید کرتے تھے۔ اُن کا یہ ایمان تھا کہ چونکہ وہ گناہ گاروں کے ساتھ اُٹھتا بیٹھتا ہے اِس لئے وہ بھی گناہ گار ہی ہے۔ وہ اُس رفاقت اور شراکت کے پیچھے محرکات اور مقاصد کو دیکھنے سے قاصر تھے۔ خداوند یسوع مسیح اِس لئے گناہ گاروں سے رفاقت نہیں رکھتے تھے کہ اُنہیں اُن کا طرزِ زندگی پسند نہیں تھا۔ وہ اس

لئے ان سے رفاقت رکھتے تھے تاکہ نجات کا پیغام اُن تک پہنچا سکیں۔ یہ سمجھنا اور کہنا بڑا آسان ہوتا ہے کہ ہمیں دوسروں کے ارادوں اور محرکات کا بخوبی علم ہے۔ہم کسی کے محرکات اور مقاصد کی عدالت نہیں کر سکتے۔دل کا روّیہ سب کچھ تبدیل کرسکتا ہے۔ہمیں اِس بنا پر کسی کی عدالت نہیں کرنی چاہئے کہ کوئی شخص کیوں یہ یا وہ کام کر رہا ہے۔ کیوں کہ ہمیں اُن کے ارادوں اور محرکات کی سمجھ نہیں آتی۔

ظاہر کے مطابق فیصلہ کرنا

خداوند یسوع مسیح نے معاشرتی ظاہرداری کی بنا پر عدالت کرنے سے منع کیا۔آئیں خدا کا بندہ یعقوب کیا کہتا ہے۔

”کیوں کہ اگرایک شخص تو سونے کی انگوٹھی اور عمدہ پوشاک پہنے ہوئے تمہاری جماعت میں آئے اور ایک غریب آدمی میلے کچیلے کپڑے پہنے ہوئے آئے اور تم اُس عمدہ پوشاک والے کا لحاظ کر کے کہو کہ تو یہاں اچھی جگہ بیٹھ اور اُس غریب شخص سے کہو کہ تو وہاں کھڑا رہ یا میرے پاؤں کی چوکی کے پاس بیٹھ تو کیا تم نے آپس میں طرف داری نہ کی اور بد نیت منصف نہ بنے؟“ ﴿یعقوب 2:2-4﴾

کچھ ایسے بھی وقت ہوتے ہیں جب ہم کسی شخص کی ظاہری حالت کو دیکھتے ہوئے اُس کی عدالت کرتے ہیں۔اِسی تعلق سے مذکورہ حوالہ میں یعقوب رسول بات کر رہے ہیں۔اگرکوئی شخص کلیسیا میں سونے کی انگوٹھی اور عمدہ لباس پہنے ہوئے تو اُس کی بڑی عزت افزائی ہوتی ہے۔اِس کے برعکس اگرکوئی شخص کلیسیا میں گندے کپڑے پہنے ہوئے آجائے تو اُس شخص سے کوئی سلام دُعا لینا بھی پسند نہیں کرتا۔یعقوب رسول یہی کہہ رہے ہیں کہ اگر آپ ایسا کرتے ہیں تو سمجھیں کہ آپ عدالت کر رہے ہیں۔خدا کسی کی مالی حالت اور ظاہری صورت کی بنا پر عدالت نہیں کرتا۔خداوند کسی کا طرفدار نہیں ہے۔وہ غریب اور امیر سب سے محبت رکھتا ہے۔ہمیں ظاہری حالت کی بنا پر

کسی کی عدالت کرنے سے گریز کرنا چاہئے۔

ضرور ہے کہ ہم دوسروں کی عدالت کرنے کے تعلق سے خداوند یسوع مسیح کی تعلیم کا جائزہ سیاق و سباق اور دیگر حوالہ جات کی روشنی میں لیں۔ جب ہم ظاہر داری کی بنا پر کسی کی عدالت کرتے یا ہم یہ سمجھتے ہیں کہ ہمیں اُن کی نیت اور دلی محرکات کا علم ہے تو ہم گناہ کر رہے ہیں اور خدا ہماری عدالت کرے گا۔ اگر ہم نے کسی پر جھوٹا الزام لگایا ہے تو خدا ہماری عدالت کرے گا۔ اگر ہم غلط طور پر کسی کی عدالت کریں گے تو پھر بھی ہماری عدالت ہوگی۔ اگر ہم نے دوسروں کو معاف نہ کرنے کا چناؤ کیا تو پھر بھی ہم خدا کی عدالت کا سامنا کریں گے۔ ہمیں بھی معاف نہیں کیا جائے گا۔ تمام ایمانداروں کو لئے ضروری ہے کہ وہ اِن سب باتوں کو روزمرہ زندگی اور اپنے چال چلن کے تعلق سے مدنظر رکھیں۔

مقدس لوقا بیان ہمیں بتاتے ہیں کہ بات بالکل صاف اور واضح ہے کہ اگر ہم معاف کرتے ہیں تو ہم بھی معاف کئے جائیں گے۔ اگر ہم دیتے ہیں تو ہمیں بھی کثرت سے برکت ملے گی۔ جیسیا ہم دوسروں کے ساتھ سلوک اور روّیہ اپناتے ہیں ویسا ہی خدا ہم سے روّیہ اپنائے گا۔ جو ہم دوسروں کیلیئے کرنے کے لئے تیار نہیں، کبھی بھی اِس بات کی توقع نہ کریں کہ خدا ہمارے ساتھ کرے گا۔ کیا آپ چاہتے ہیں کہ خدا آپ کی ضروریات پوری کرے؟ آپ بھی دوسروں کی ضروریات پوری کیا کریں۔ کیا آپ چاہتے ہیں کہ خدا آپ کے گناہ معاف کرے؟ آپ بھی اپنے قصورواروں کو معاف کیا کریں۔ کیا آپ چاہتے کہ خدا آپ پر ترس کھائے؟ پھر آپ بھی دوسروں پر ترس اور رحم کیا کریں۔

خداوند نے ہمیں سکھایا ہے کہ پیشتر اِس کے کہ ہم دوسروں کی عدالت یا اُن پر تنقید کریں، پہلے اپنے آپ کو جانچیں اور پرکھیں۔ اپنے بھائی کی آنکھ کے تنکے کو دیکھنا بڑا آسان ہوتا ہے، مگر اپنی آنکھ کے شہتیر کو دیکھنا بڑا مشکل۔ (متی 3:7) خدا کے خادمین ہوتے ہوئے ہمیں انفرادی اور

شخصی طور پر اپنی اپنی کمزوریوں کو دیکھنے کی ضرورت ہے۔اگر ہم اپنے بھائی یا کسی بہن کی آنکھ سے تنکا نکالنے میں اُن کی مدد کرنا چاہتے ہیں تو پھر ہمیں اپنی آنکھ کے شہتیر کو بھی نکالنے کی ضرورت ہے۔مقدس لوقا کی معرفت لکھے گئے انجیلی بیان میں خداوند یسوع مسیح نے ہمیں بتایا ہے کہ اگر اندھے کو اندھا راہ دکھائے گا تو دونوں ہی گڑھے میں گریں گے۔اُن میں سے کوئی بھی راہ کی رکاوٹ کو دیکھ نہیں سکے گا۔کوئی بھی استاد کسی کو وہ نہیں سکھا سکتا جو اُس نے خود نہیں پڑھا۔اِسی طرح پاسبان اُس جگہ پر اپنی کلیسیا کو لے جا نہیں سکتے جس سمت میں وہ خود نہیں گئے۔ خداوند یسوع مسیح شکستہ روحوں کو بلا رہا ہے۔

خدا کے خادمین ہوتے ہوئے ہمیں اِس بات کا احساس ہونا چاہیئے کہ ہم خدا کے معیار سے گر چکے ہیں (رومیوں 23:3) ہمیں دوسروں کی عدالت میں بہت زیادہ محتاط ہونے کی ضرورت ہے۔بہتر ہے کہ ہم اُسی صورت میں ایسا کریں جب ہم نے پہلے خود اپنے آپ کو اچھی طرح جانچ پرکھ لیا ہو۔دوسروں کی نیت اور ارادوں پر تنقید کرنے سے بھی گریز کریں۔اپنے ضمیر، طرز فکر اور ظاہری صورت اور حالت کی بنا پر کسی کی عدالت نہ کریں۔

دوسروں کی عدالت کے تعلق سے کچھ اور باتیں بھی ہیں جنہیں سمجھنا اور پرکھنا ضروری ہے۔جیسا کہ ہم دیکھ چکے ہیں کہ مقدس پولس رسول ہمیں بتاتے ہیں کہ کئی دفعہ ہمیں خدا کے کلام کی کسوٹی پر دوسروں کے افعال اور اعمال کی جانچ پرکھ کرنی بھی چاہیئے۔مسئلہ تو یہی ہے کہ کوئی شخص بھی خدا کے کلام اور اُس معیار پر توجہ کرنے کیلئے تیار نہیں ہوتا جس کا خدا تقاضا کرتا ہے۔جب لوگ خدا کے کلام کی عدالت کو قبول کرنے سے انکار کریں تو پھر ہمیں کیا کرنا چاہیئے؟

متی کے انجیلی بیان میں، خداوند یسوع مسیح نے ہمیں بتایا کہ ہم اپنے موتی سوأروں کے آگے نہ پھینکیں اور نہ ہی پاک چیزیں کتوں کے سامنے۔کتے اور سؤر ناپاک سمجھے جاتے تھے۔یہودی لوگ غیر قوموں کو کتے سمجھتے تھے۔وہ خدا کی شریعت کی عزت نہیں کرتے تھے اور اُس کے مقصد

کے تعلق سے کسی طرح کی فکرمندی کا احساس اُن کی زندگی میں نہیں ہوتا تھا۔ خدا کا کلام ایک قیمتی موتی کی مانند ہے۔ ہمیں خدا کے کلام کے قیمتی موتی کو اُن لوگوں کو پیش نہیں کرنا چاہئے جو اِسے قبول کرنے کے لئے تیار اور رضامند نہیں ہیں۔ کیوں کہ وہ اُسے پاؤں کے نیچے روندتے اور بیان کردہ باتوں کا مضحکہ اڑاتے ہیں۔ بعض اوقات وہ پلٹ کر ہم پر ہی حملہ آور ہوتے ہیں کیوں کہ ہم اُنہیں خدا کے کلام کے مطابق اپنی زندگیوں کو تبدیل کرنے کے لئے کہتے ہیں جو کہ اُنہیں ناگوار گزرتا ہے۔

بعدازاں خداوند یسوع مسیح نے اپنے شاگردوں سے کہا کہ اگر وہ کسی گاؤں میں جائیں اور وہاں کے لوگ اُنہیں قبول نہ کریں تو اپنے پاؤں کی گرد وہاں پر جھاڑ کر کسی اور جگہ چلیں جائیں۔ جہاں لوگ اُنہیں خوش آمدید نہ کہیں وہاں انہیں بالکل نہیں ٹھہرنا تھا۔ جو شخص تیار ہی نہیں کسی بات کے لئے اُس کے پیچھے جانے سے کیا فائدہ۔ اگر ہم ایسا کریں گے تو اُنہیں کلام کا مذاق اڑانے کا موقع مل جائے گا۔ ایسے لوگ شخصی طور پر بھی ہم پر حملہ آور ہو سکتے ہیں۔ یوں محسوس ہوتا ہے کہ خداوند ہمیں یہ سکھا رہے ہیں کہ ہم معاملہ خدا کے ہاتھوں میں دے دیں۔ خدا ایسے لوگوں کی عدالت اپنے وقت اور اپنے طریقہ سے کرے گا۔

چند ایک غور طلب باتیں

☆۔کیا آپ شخصی طرزِ فکر اور ظاہری چیزوں کو دیکھنے کے ذریعہ سے دوسروں کی عدالت کرنے کے قصوروار ہوئے ہیں؟ کوئی ایک مثال دیں۔

☆۔کب گناہ کی بطور گناہ عدالت کرنا اور اُس کے لئے کھڑے ہونا مناسب ہوتا ہے؟

☆۔مسیح میں کسی بھائی یا بہن کو اُن کے کاموں کے بارے میں چیلنج کرنے میں کون سی احتیاطی تدابیر اختیار کرنی چاہیئے؟

☆۔کیا آپ نے کسی ایسے شخص کو خدا کا کلام سنانے کی کوشش کی ہے جو اُسے سننے کے لئے بالکل تیار نہیں تھا؟ اِس کا کیا نتیجہ نکلا؟

چند ایک دُعائیہ نکات

☆۔بہ حیثیت خدا کے خادم، آپ زندگی کے کن حصوں میں کمزور ہیں؟ خداوند سے درخواست کریں کہ وہ آپ کی زندگی کے اُن حصوں میں تبدیلی کے لئے گہرا کام کرے تاکہ آپ بھی دوسروں کی زندگی میں اُسی طرح خدمت گزاری کا کام کرسکیں۔

☆۔خداوند سے درخواست کریں کہ وہ آپ کی آنکھیں کھول دے تاکہ آپ اپنی کمزوریوں کو دیکھ سکیں۔

☆۔خداوند سے درخواست کریں کہ وہ اُن لوگوں کے تعلق سے آپ کو صبر و تحمل اور فہم و فراست عطا کرے جن کا کام اور کلام کرنے کا انداز اور طریقۂ کار آپ سے مختلف ہے۔

باب 35

پہاڑی وعظ

نواں حصہ۔ مانگنا اور پانا

متی 7:7-12 پڑھیں

واقعات کی ترتیب کو سمجھنے کے لئے انجیلی بیانات میں ہم آہنگی پیدا کرتے ہوئے یسوع کے اوراقِ زندگی کی تفسیر و تشریح بڑا مشکل کام ہے۔ متی 7 باب میں خداوند یسوع مسیح نے اپنے شاگردوں سے کچھ حاصل کرنے کے تعلق سے بات کی۔ یہی حوالہ لوقا 11 باب میں بھی موجود ہے لیکن متن متی میں موجود حوالے سے مختلف ہے۔ ہمیں اِس سے کوئی فکر لاحق نہیں ہونی چاہئے۔ میں نے اپنی خدمت میں اِس سچائی کی بہت دفعہ تعلیم دی ہے۔ میں نے اِسی وضاحت حتیٰ کہ اِسی پیغام کو دوسرے متن میں بھی استعمال کیا ہے۔ خداوند یسوع پہاڑی وعظ میں جس چیز کو متعارف کرا رہے ہیں بعدازاں اپنی خدمت میں اُسی چیز کو دھراتے ہوئے نظر آ رہے ہیں۔ اِس وقت اپنے مقصد کو مدنظر رکھتے ہوئے ہم متی کے بیان کی تفسیر و تشریح پر غور کریں گے۔

خداوند یسوع مسیح نے اپنے سامعین سے کہا' مانگو' ڈھونڈو اور کھٹکھٹاؤ۔ اگر وہ مانگتے تو اُنہیں ملنا تھا۔ اگر وہ ڈھونڈتے تو اُنہوں نے پالینا تھا۔ اگر وہ کھٹکھٹاتے تو اُن کے لئے کھول دیا جانا تھا۔ (متی 7-8) یہاں پر ہمارے سمجھنے کے لئے بہت سی چیزیں ہیں۔ لفظ مانگنا' ڈھونڈنا اور کھٹکھٹانا یونانی زبان میں جاری رہنے والے کام کی طرف اشارہ کرتے ہیں۔ بالفاظ دیگر یسوع اپنے شاگردوں سے یہ نہیں کہہ رہے تھے کہ وہ ایک دفعہ ہی مانگیں بلکہ مانگتے رہیں۔

''مانگو تو تم کو دیا جائے گا' ڈھونڈو تو پاؤ گے' دروازہ کھٹکھٹاؤ تو تمہارے واسطے کھولا جائے گا۔

"(متی 7:7)

خداوند یسوع مسیح ہمیں بتا رہے ہیں کہ ہم مانگنے میں ثابت قدم رہیں۔ ہمیں مانگنے، ڈھونڈنے اور کھٹکھٹانے کے تعلق سے بے دل نہیں ہونا چاہیے۔ اگر خداوند ہماری دُعا کا جواب فوری طور پر نہ دے تو ہمیں دُعا کرتے رہنا چاہیئے۔

بعض مفسرین اِن الفاظ میں درجہ بدرجہ ترقی کے عمل کو دیکھتے ہیں۔ ہر لفظ مضبوط ہوتا ہوا دکھائی دے رہا ہے۔ مانگنے کا معنی ہے درخواست کرنا۔ ڈھونڈنا مانگنے سے مضبوط لفظ ہے۔ اور یہ دل سے اُٹھنے والی دل کی گہرائیوں سے پکار کی طرف اشارہ ہے۔ ڈھونڈنے سے مراد آسمان کے دروازے کی طرف درخواست لے کر جانا ہے۔ یہاں پر اُس شخص کی تصویر نظر آتی ہے جو دروازے پر اس وقت تک کھڑا رہے جب تک وہ اُس کے لئے کھول نہ دیا جائے۔ اِن الفاظ میں نہایت عجلت کی ضرورت محسوس ہوتی ہے۔ وہ بات جو محض مانگنے سے شروع ہوئی یہاں پر اس مقام پر آ کر ختم ہوتی ہے کہ ایک شخص دروازے پر کھڑا جواب کا منتظر ہے۔

یہ حقیقت کہ خداوند یسوع مسیح نے اپنے شاگردوں کو یہ سکھایا کہ وہ مانگتے رہیں اِس بات کی طرف اشارہ ہے کہ ہر بار اُن کی توقع اور وقت کے مطابق ہی دُعاؤں کا جواب نہیں ملے گا۔ اُنہیں ثابت قدم رہنا تھا اور ہمت نہیں ہارنی تھی۔ یعقوب نے اپنی دُعا میں ایسی ہی ثابت قدمی کا عملی مظاہرہ کیا۔ (پیدائش 26:36) جب فرشتہ نے اُسے کہا کہ وہ اُسے جانے دے یعقوب نے جواب دیا۔ "جب تک تو مجھے برکت نہ دے میں تجھے جانے نہیں دوں گا"

کئی دفعہ مجھے دُعا میں ثابت قدم رہنے کے تصور کے ساتھ بڑی کشمکش کا سامنا کرنا پڑا۔ کئی دفعہ میں نے یہ خیال کیا کہ دُعا میں ثابت قدم رہنے سے میں خدا کے لئے سر درد نہ بن جاؤں۔ بعض اوقات، مجھے یہ خیال آتا کہ میں نے ایک ہی بار خداوند سے درخواست کر کے اُس کے ہاتھوں میں معاملہ کیوں نہ دے دیا۔ کیا مجھے بار بار خداوند کے حضور ایک ہی درخواست کو دہراتے رہنا

ہے؟

خداوند یسوع مسیح ہم سے یہ تقاضا کرتے ہیں کہ اگر ہماری دُعاؤں کا جواب نہ آئے تو ہمیں مانگتے ' ڈھونڈتے اور کھٹکھٹاتے رہنا چاہیے۔ جب ہمیں یہ معلوم ہو کہ جو کچھ ہم مانگ رہے ہیں وہ خدا کی مرضی کے مطابق ہے تو ہمیں اور بھی زیادہ اعتماد اور دلیری حاصل ہو جاتی ہے کہ وہ ہماری دُعا کو سن کر اپنے وقت پر اُس کا جواب دے گا۔

قصہ مختصر یہ کہ خداوند ہمیں یہاں پر یہ کہہ رہے ہیں کہ ہم اپنی درخواستوں کے تعلق سے اُس پر مسلسل توکل اور بھروسہ کرتے رہیں۔ اگر چہ اُس کی راہیں ہماری راہیں نہیں ہیں اور نہ ہی اُس کا وقت اور شیڈول ہمارا شیڈول ہوتا ہے' اپنی دُعائیں' التجائیں اور درخواستیں خداوند کے حضور رکھنے سے ہم اِس بات کا اظہار کرتے ہیں کہ ہم اب بھی اُس پر بھروسہ رکھتے ہیں کہ وہ کچھ کرے گا۔

خداوند یسوع نے وعدہ کیا کہ جب ہم اُس کے پاس مانگتے' ڈھونڈتے اور کھٹکھٹاتے ہوئے آئیں گے' تو وہ ہماری دُعاؤں کو سنے گا۔ بعض لوگ خداوند سے اپنی ضروریات کے لئے مانگنا بڑا مشکل کام سمجھتے ہیں۔ شخصی طور پر میری زندگی میں ایسے بھی وقت آئے جب اِس احساس نے میری زندگی میں خداوند سے مانگنے کی راہ میں رکاوٹ پیدا کر دی کہ میں اِس لائق ہی نہیں اور مجھے خداوند کے حضور اپنے درخواستوں اور التجاؤں کے ساتھ آنے میں بڑی کشمکش کا سامنا کرنا پڑا۔ مجھے اِس بات کی سمجھ ہی نہ آتی تھی کہ خدا میری مشکلات اور مسائل میں کس طرح دلچسپی لے سکتا ہے۔ آج بھی کئی لوگ ایسی ہی سوچوں اور تصورات میں پھنسے ہوئے ہیں۔ وہ محسوس کرتے ہیں کہ اُنہیں اپنے مسئلے' مسائل اور مشکلات خداوند کو سنا کر اس کے لئے پریشانی پیدا نہیں کرنی چاہئے۔ وہ اِس لئے خداوند سے نہیں مانگتے کیوں کہ اُنہیں اِس بات کا احساس ہی نہیں کہ خدا کس قدر اُن سے محبت کرتا اور اُنہیں اُن کی ضروریات مہیا کرنا چاہتا ہے۔ وہ اِس بات پر یقین ہی

نہیں رکھتے کہ خدا اُن کی مشکلات اور مسائل کا حصہ بننا چاہتا ہے۔

کچھ اور بھی وجوہات ہیں جن کی بنا پر ہم خدا سے نہیں مانگتے۔ بعض اوقات ہم اِس لئے نہیں مانگتے کیوں کہ ہم اپنے آپ کو خود غرض محسوس کرتے ہیں۔ ہم محسوس کرتے ہیں کہ جو کچھ ہمارے پاس ہے ہمیں اُسی پر قناعت کرنی چاہئے اور خدا سے مزید کچھ نہیں مانگنا چاہئے۔ ایسے روّیے کے ساتھ کئی اور مشکلات جڑی ہوتی ہیں۔ اول۔ ایسی ذہنیت اور طرزِ فکر خدا کے تعلق سے غلط نقطہ نظر سے پیدا ہوتا ہے۔ کیا ہو سکتا ہے کہ ہم اِس طور سے خیال کریں کہ خدا بہت کنجوس ہے۔ اور قطعی طور پر اپنے بچوں کو برکت دینا نہیں چاہتا؟ اِس دُنیا کی عیش و عشرت اور آرام و آسائش پر غور کریں۔ جو کچھ ہم اِس زندگی میں دیکھ سکتے ہیں اِس سے کہیں زیادہ خدا نے ہمارے لطف اندوز ہونے کے لئے پیدا کیا ہوا ہے۔ خدا کے وسائل و ذرائع کی کوئی حد بندی نہیں ہے۔ جو کچھ آپ خدا سے مانگتے ہیں اُس سب کچھ کے مقابلہ میں نہایت خفیف سا معلوم ہوتا ہے جو کچھ خدا نے آپ کے لئے رکھا ہوا ہے۔ خدا آپ کے لئے ایسی بڑی برکات اور نصب والعین رکھتا ہے کہ آپ سوچ بھی نہیں سکتے۔ آپ کے مانگنے سے بھی کہیں بڑھ کر خدا آپ کو بڑی فتوحات سے ہم کنار کرنا چاہتا ہے۔ جب آپ خدا سے وہ مانگتے ہیں جو وہ پہلے ہی دینا چاہتا ہے تو پھر آپ خود غرض نہیں ہوتے۔ دشمن نے بہت سے لوگوں کو احساس کمتری اور جھوٹے تکبر کے احساس تلے دبایا ہوا ہے۔ جب تک ہم اِس جال میں پھنسے رہتے ہیں اُس وقت تک ہم اُن برکات تک رسائی حاصل نہیں کر پاتے جو خدا نے ہمارے لئے رکھی ہوئی ہیں۔

بعض اوقات ہم اِس لئے بھی نہیں مانگتے کیوں کہ ہمارا خیال ہوتا ہے کہ اگر خدا ہماری درخواستوں کو پورا کرنا چاہتا ہے تو وہ ہمارے مانگے بغیر بھی ہمیں دے دے گا۔ ہم محسوس کرتے ہیں کہ اگر ہم اِن حالات و واقعات کو قبول کر لیں تو پھر ہم خدا کی مرضی اور مقصد کے اندر ہوں گے۔ جو کچھ یسوع اِس آیت میں بیان کر رہے ہیں مذکورہ بات اِس سے متضاد ہے۔ یسوع نے اپنے

شاگردوں سے کہا کہ وہ مانگیں۔ یہ کوئی اپنی مرضی والی بات نہیں ہے۔ خدا کے کلام میں ہمیں یہ کہا گیا ہے کہ ہم خدا کے پاس آ کر اُس کی برکات اور حکمت کو مانگیں۔ خدا نے اِس طور سے ہمارے لئے برکات تیار کی ہوئی ہیں کہ ہم مانگنے سے ہی اُن برکات کو حاصل کر سکتے ہیں۔ ہمیں اِس لئے نہیں ملتا کیوں کہ ہم مانگتے نہیں۔ (یعقوب 2:4 ‘5:1) جو کچھ بھی مل جائے وہ ہمیشہ خدا کے مقاصد کے مطابق نہیں ہوتا۔ بالخصوص جب وہ ہم سے مانگنے کے لئے کہتا ہے کہ اگر ہم مانگیں تو وہ خوشی سے ہمارے حالات کو تبدیل کرے گا اور جس چیز کی ہمیں کمی ہوگی وہ مہیا کر دے گا۔

مانگنا اِس بات کو سمجھنا ہے کہ خدا دینا چاہتا ہے۔ مانگنا اِس بات کا یقین کرنا ہے کہ وہ اپنی برکات نازل کرنا چاہتا ہے۔ یہ کسی بھی طرح کی جھوٹی فروتنی اور حلم اور احساس کمتری کے احساس کو کام کرنے کی اجازت نہ دینا ہے جو کہ ہمارے مانگنے اور پانے میں رکاوٹ بنتی ہے۔ مانگنے کا مطلب مسیح کے دعوت نامہ پر اُس کے حضور دلیری سے آنا ہے۔

خداوند یسوع مسیح نے اپنے شاگردوں سے کہا کہ وہ ڈھونڈیں۔ جب میں ڈھونڈنے کے بارے میں سوچتا ہوں تو مجھے ثابت قدم رہنے کا خیال آتا ہے۔ مانگنا ایک چیز ہے جبکہ ڈھونڈنا ایک اور چیز۔ ڈھونڈنے کا مطلب خدا کے کلام کا یقین کرنا ہے۔ اِس کا مطلب اُس وقت تک ثابت قدم اور ڈٹے رہنا ہے جب تک ہمیں کوئی جواب نہ مل جائے۔ دشمن ہمیں یہی کہے گا کہ ہمارے دل کی مرادیں کبھی پوری نہ ہوں گی۔ وہ ہمیں بتائے گا کہ ہم خدا کی طرف دیکھنا چھوڑ دیں۔ ڈھونڈنے والا دل اُس وقت تک ڈھونڈتا رہتا جب تک اُسے مل نہیں جاتا۔ جہاں تک خدا کے وعدوں کی بات ہے تو وہ سچے ہیں۔ ڈھونڈنے والا دل ڈھونڈنا جاری رکھتا ہے اور توکل کرتا ہے۔

خدا نے ہمیں دلیری سے آسمان کے دروازے پر دستک دینے کے لئے کہا ہے۔ ہمیں یاد رکھنا ہوگا کہ اِس دروازے کے پیچھے ایک قدوس اور جلالی خدا ہے جو کہ اِس کائنات کا خالق اور مالک ہے۔ آستر ملکہ کے دنوں میں‘ بادشاہ کی دعوت کے بغیر اُس کے پاس جانے کی سزا موت ہوتی

تھی۔کون آسمانی تخت تک رسائی حاصل کرسکتا ہے؟ زبور نویس ہمارے لئے اِس سوال کا جواب دیتا ہے۔

''خداوند کے پہاڑ پر کون چڑھے گا اور اُس کے مقدس مقام پر کون کھڑا ہوگا؟ وہی جس کے ہاتھ صاف ہیں اور جس کا دل پاک ہے۔جس نے بطالت پر دل نہیں لگایا اور مکرّ سے قسم نہیں کھائی۔وہ خداوند کی طرف سے برکت پائے گا۔ہاں اپنے نجات دینے والے خدا کی طرف سے صداقت یہی اُس کے طالبوں کی پشت ہے۔'' (زبور 24:3-5)

اگر آپ کا تعلق خدا کی ساتھ درست نہیں ہے' تو پھر آپ دلیری کے ساتھ دروازے پر دستک بھی نہیں دے سکتے۔اگر آپ کو یہ معلوم ہو کہ دروازہ کھولنے پر آپ کو اُس خدا کا سامنا کرنا پڑے گا جس کے خلاف آپ چلتے رہے ہیں اور جس کی نافرمانی میں آپ نے زندگی بسر کی ہے تو کیا آپ دروازے پر دستک دیں گے؟ جب یوناہ نبی نے اپنی زندگی میں خدا کی بلاہٹ کی نافرمانی کا چناؤ کیا' تو پھر اُس نے اپنے آپ کو خدا کی حضوری سے چھپایا۔وہ ایک عادل اور قدوس خدا کا سامنا نہیں کرسکتا تھا۔آدم اور حوا نے بھی جب اپنے خدا کے خلاف گناہ کرلیا تو اُنہوں نے بھی اپنے آپ کو خدا کے حضور چھپایا۔اگر آپ اپنی زندگی میں موجود گناہ سے توبہ کرکے اپنی زندگی کو قدوس خدا کے تابع نہیں کردیتے تو پھر دروازے پر کھڑے ہوکر دستک دینا حماقت ہوگی۔جب تک آپ اپنے نجات دہندہ سے ملاقات کرنے کے لئے تیار نہیں آپ دستک بھی نہیں دے سکتے۔دستک دینے کیلئے آپ کو پہلے خدا کے ساتھ اپنے رشتہ میں دلیری اور اعتماد حاصل کرنا ہوگا۔ اِن معنوں میں مانگنا' ڈھونڈنا اور کھٹکھٹانا سے مُراد خدا کے ساتھ درست رشتے کی طرف اشارہ ہے۔یعنی ایسا دل حاصل کرنا جو خدا کے مقصد اور اُس کے فہم کے عین مطابق ہو۔اگر آپ ایسے روّیے کے ساتھ خدا کے حضور آتے ہیں خداوند یسوع مسیح ہمیں بتاتے ہیں کہ خدا نہ صرف ہماری درخواست کو سنے گا بلکہ اُس کا جواب دینے میں بھی اُسے خوشی محسوس ہوگی۔خداوند یسوع مسیح نے

اِس بات کی وضاحت خاندانی رشتہ کی تصویر پیش کر کے دی۔ اگر آپ کا بیٹا آپ سے روٹی مانگے' تو کیا آپ اُسے پتھر دیں گے؟ اگر وہ مچھلی مانگے تو کیا آپ اُسے سانپ دیں گے؟(9 آیت) اگر ہم گناہ کی فطرت رکھنے والے انسان اپنے بچوں کو اچھی چیزیں دیتے ہیں تو کس قدر زیادہ ہمارا کامل آسمانی باپ ہمیں اچھی اور درکار چیزوں سے نوازے گا؟ خدا اُنہیں خوشی سے دیتا ہے جو اُس سے مانگتے ہیں۔

اِس زندگی میں ہم اپنے پیاروں اور عزیزوں کو دینے میں جس قدر خوشی محسوس کرتے ہیں خدا اِس سے کہیں زیادہ ہمیں دینے سے خوش ہوتا ہے۔ میری زندگی میں ایسے وقت بھی آئے جب مجھے اِس بات کی سمجھ ہی نہ آئی کہ خدا مجھے اپنا فرزند سمجھتے ہوئے دینے میں خوشی محسوس کرتا ہے۔ کئی دفعہ میں نے اِس بات پر ایمان رکھا کہ خدا مجھے دینے میں ہچکچاہٹ سے کام لیتا ہے اور میں خدا کے حضور منت سماجت کے ساتھ اُس کے حضور مانگتا رہا۔ یہ خدا کی جھوٹی تصویر ہے۔ ایک لمحہ کے لئے ایسے شخص کے بارے میں سوچیں جسے آپ اپنی زندگی میں سب سے زیادہ محبت کرتے ہیں' آپ کو اُسے دے کر کس قدر زیادہ خوشی محسوس ہوتی ہے؟

کیا آپ اُس شخص کے لئے کوئی تحفہ خریدنے کے لئے خوشی اور جوش سے نہیں بھر جاتے؟ کیا آپ کو اُس شخص سے لینے کی بہ نسبت اُس شخص کو دینے میں زیادہ خوشی محسوس نہیں کرتے؟ اگر آپ کو ایسی دلی خوشی ہوتی ہے تو کس قدر زیادہ خدا کو ہمیں دینے میں خوشی محسوس ہوتی ہے؟ اُس نے اپنی مرضی اور خوشی سے اپنے بیٹے کو آپ کے لئے اِس دُنیا میں بھیجا تا کہ آپ کی خاطر قربان ہو جائے۔ اُس نے آپ کے لئے اپنی محبت کو عملی طور پر ثابت کیا ہے۔ کیا آپ سمجھتے ہیں کہ آپ کو اُن چیزوں کے لئے خدا سے منت سماجت کر کے مانگتے رہنا چاہیئے جو آپ کے دل میں خدا نے رکھی ہیں کہ آپ اُس سے مانگیں؟

''ایک مانگنے اور ڈھونڈنے والا دل'' ایک ایسا دل ہوتا ہے جو پُر اعتماد' پاک اور خدا سے ملاقات

کے لئے تیار ہوتا ہے۔ یہ ایک ایسا دل ہوتا ہے جو ایمان سے معمور ہوتا ہے اور اُس دل میں تابعداری اور بھروسہ بکثرت پایا جاتا ہے۔ جب آپ اپنی درخواستوں کے ساتھ اُس کی حضوری میں آتے ہیں تو کیا آپ کے پاس ایسا دل ہوتا ہے؟

ہماری تمام ضروریات کے لئے خدا کی دستیابی کے بارے یسوع کی ایسی خوبصورت تعلیم کی روشنی میں ہم دیکھتے ہیں کہ یسوع نے اپنے پیروکاروں کو بتایا کہ جیسا وہ چاہتے ہیں کہ لوگ اُن سے کریں وہ بھی اُن سے اِسی طرح پیش آئیں۔ خدا اپنی برکات ہم پر نازل کرنے میں خوشی محسوس کرتا ہے۔ تو پھر کیوں نہ ہم بھی اپنے اِردگرد کے لوگوں کے لئے ایسا ہی کریں؟ اگر ہمیں خدا سے لینے میں خوشی محسوس ہوتی ہے، تو پھر ہم اُس کے لوگوں کو دینے کے وسیلہ سے ایسی ہی خوشی کا اظہار کریں۔ یہ بات ہمیں خداوند یسوع کی وہ تعلیم یاد دلاتی ہے جو اُنہوں نے اپنے شاگردوں کو زمین پر مال جمع نہ کرنے کے تعلق سے دی تھی۔ (متی 19:6)

ہمیں اِس لئے ملتا ہے تاکہ ہم دے سکیں۔ یہ آیات ہمیں سکھاتی ہیں کہ ہم نہ صرف اپنے لئے مانگنا جاری رکھیں۔ اِس حکم کا تعلق "جس طرح ہم چاہتے ہیں کہ دوسرے ہم سے کریں ہم بھی اُن سے ویسا ہی کریں" سے ہے۔ کیوں کہ یہ تعلیم مانگنے اور خدا سے پانے کے بعد دی گئی اور خدا ہماری مدد کرے تاکہ ہم اِس میں توازن پیدا کر سکیں۔ ہمیں اِس لئے نہیں مانگنا کہ اپنے لئے ہی جمع کرتے چلے جائیں۔ جب خدا دروازے کھول کر ہمیں برکت دیتا ہے تو وہ اِس بات کی توقع کرتا ہے کہ ہم اُن برکات کو ضرورتمندوں میں بھی بانٹنے والے بنیں۔ جس طرح اُس کی خوشنودی اِس بات میں ہے کہ وہ ہمیں دے، اِسی طرح اِس بات میں بھی اُسے خوشی ہوتی ہے کہ جو کچھ ہم نے اُس سے پایا ہے دوسروں کو اُس میں سے بانٹیں۔

چند ایک غور طلب باتیں

☆ ۔یہ حوالہ ہمیں اِس تعلق سے کیا سکھاتا ہے کہ خدا ہماری دُعاؤں کا جواب دینے میں خوشی محسوس کرتا ہے؟

☆ ۔آپ اُس شخص کی کس طرح سے تصویر کشی کریں گے جس کے دل میں مانگنے ڈھونڈنے اور کھٹکھٹانے کا روّیہ پایا جاتا ہے۔کیا آپ کا دل بھی ایسا ہی ہے؟

☆ ۔اِس حوالہ سے آپ کو خدا سے اُن چیزوں کو مانگنے کے لئے کیا اعتماد حاصل ہوتا ہے جن کا خدا نے ابھی تک آپ کو جواب نہیں دیا۔

☆ ۔کون سی چیز ہمیں خدا سے اپنی ضروریات کی چیزیں مانگنے کی راہ میں رکاوٹ کا باعث بنتی ہے؟

☆ ۔جو برکات خدا نے ہماری زندگی میں نازل کی ہوئی ہیں اُن کے تعلق سے خدا ہمیں کیا کرنے کے لئے کہتا ہے؟

چند ایک دُعائیہ نکات

☆ ۔خدا سے درخواست کریں کہ وہ آپ کو اور زیادہ ایمان اور اعتماد عطا کرے تا کہ آپ زیادہ سے زیادہ درخواستیں اُس کے حضور میں لاسکیں۔

☆ ۔اِس بات کے لئے خداوند کے شکرگزار ہوں کہ وہ آپ کی دُعائیں سننے اور اُن کا جواب دینے میں خوشی محسوس کرتا ہے۔

☆ ۔خداوند سے درخواست کریں کہ وہ آپ کی آنکھیں کھول دے تا کہ آپ اپنے اردگرد کے لوگوں کی ضروریات کو دیکھ سکیں۔تا کہ آپ اُن برکات میں سے اُن کی خدمت کے لئے کچھ دے سکیں جو خدا نے آپ کو عطا کی ہوئی ہیں۔

باب 36

پہاڑی وعظ

دسواں حصہ۔ دروازہ

متی 7:13-14 پڑھیں

دُنیا بہت چھوٹی ہو چکی ہے۔ ہم گھنٹوں میں دُنیا کے ایک کونے سے دوسرے کونے پر چلے جاتے ہیں۔ ہم جہاں کہیں جاتے ہیں دوسرے ایمان اور عقیدے کے لوگوں سے رفاقت رکھتے ہیں۔ ہمیں یہ تعلیم دی گئی ہے کہ ایک دوسرے کی عزت اور احترام کریں۔ یہ سب کچھ بہت اچھا ہے لیکن یہ سب کچھ ہمیں اُس تعلیم کی طرف لے جاسکتا ہے کہ تمام سچائیوں کا آپس میں گہرا تعلق اور رشتہ ہوتا ہے۔ بالفاظِ دیگر جو بات میرے لئے درست اور واجب ہے وہ کسی دوسرے کے لئے جائز نہیں بھی ہوسکتی۔ بعض لوگ تو خیالات کے اِس بہاؤ میں بہہ گئے ہیں کہ تمام تعلیمات خدا کی طرف ہی لے جاتی ہیں۔ ہم نے منادوں کو یہ کہتے ہوئے سنا ہے کہ ہر کوئی خدا کا فرزند ہے۔ خداوند یسوع مسیح اِس حوالہ میں اِسی بات کو واضح کرتے ہیں۔

خداوند یسوع مسیح نے اپنے شاگردوں کو یہ بتایا تھا کہ اُنہیں تنگ دروازہ سے داخل ہونا ہے۔ اِس تعلق سے ہمیں کئی ایک اہم باتوں پر غور کرنا ہوگا۔ جس دروازے کی یسوع یہاں پر بات کر رہے ہیں وہ نجات کا دروازہ ہے۔ اور یہ نجات کا راستہ ہے۔ اُنہوں نے اپنے سامعین کو بتایا کہ اُس کا راستہ سکڑا ہے۔

جب یسوع نے یہ کہا کہ نجات اور ابدی زندگی کا راستہ سکڑا ہے تو اِس بات سے اُن کا کیا مطلب تھا؟ یہ راستہ اِس لئے سکڑا ہے کیوں کہ سب سے پہلے یہ تقاضا کرتا ہے کہ ہم ایک واحد سچائی کو

قبول کریں۔ ہمارے دَور میں مختلف آوازیں ہمیں بتائیں گی کہ تمام مذاہب خدا کی طرف ہی راہنمائی کرتے ہیں۔ خداوند یسوع یہ تعلیم دے رہیں کہ خدا تک پہنچنے کے لئے وہی ایک واحد راستہ ہے۔ بائبل مقدس ہمیں تعلیم دیتی ہے کہ یسوع کے سوا کوئی اور راستہ نہیں ہے۔ جو اِس بات پر ایمان رکھتے ہیں کہ اُن کی کاوشیں بھی اہم کردار ادا کرتی ہیں گمراہ ہیں۔ دیگر لوگ جو دروازے تک رسائی حاصل کرتے ہیں اس حقیقت پر فخر محسوس کرتے ہیں کہ وہ فراغ دل اور کھلے ذہن کے مالک ہیں جو ہر ایک مذہب اور عقیدے کو قبول کر لیتے ہیں۔

جب وہ اس دروازے تک پہنچتے ہیں تو انہیں یہ بتایا جاتا ہے کہ وہ انہیں صرف اور صرف یسوع کی طرف رجوع لانا ہوگا۔ ایسے لوگ بھی اِس بات سے گمراہ ہوتے ہیں۔ وہ لوگ جو تنگ دروازے کو قبول کرتے ہیں وہ لوگوں کی تضحیک کا نشانہ بنتے ہیں۔ دُنیا اُنہیں تنگ ذہن اور مغرور خیال کرتی ہے۔ آپ کس طرح کہہ سکتے ہیں کہ صرف آپ ہی سچائی کی راہ پر ہیں؟ یسوع نے اپنے سامعین کو باور کرایا کہ صرف ایک ہی راہ ہے۔

ایک اور بھی سبب سے یہ دروازہ تنگ ہے۔ اِس لئے یہ دروازہ تنگ ہے کیوں کہ یہ سچائی کی مکمل تابعداری کا تقاضا کرتا ہے۔ وہ لوگ جو اِس دروازے سے گزرتے ہیں اُن کے لئے لازم ہے کہ وہ اپنے خیالات، تصورات اور خودی کا انکار کرتے ہوئے خدا کے کلام کی پیروی کریں۔ ہمارے دَور میں بہت سے ایسے طرزِ زندگی اور فلسفے ہیں جو ایک دوسرے سے تضاد رکھتے ہیں۔ خداوند یسوع مسیح کے پیروکار دَورِ جدید میں فرسودہ خیالات رکھنے والے خیال کئے جاتے ہیں۔ حتیٰ کہ دورِ جدید کے فلسفے ایمانداروں کے لئے بھی آزمائش کا سبب بنتے ہیں۔ کئی دفعہ وہ اِن فلسفوں کی لہروں سے اُچھلتے بہتے ہوئے خدا کے کلام کی سچائی سے دُور چلے جاتے ہیں۔

ہم یہاں پر یہ سیکھتے ہیں کہ خدا اپنے پیچھے چلنے والے لوگوں سے یہ توقع کرتا ہے کہ وہ اُس کے

طریقہ سے خدمت گزاری کا کام سرانجام دیں۔اس کا مطلب ہے کہ اپنے آپ کو موجودہ دَور کے طرزِ زندگی، طرزِ فکر اور روّیوں سے متضاد سمت میں چلنے کے لئے وقف کرتے ہوئے کلام مقدس کی واضح تعلیم کی پیروی کرنا ہوگی۔

بہت سے لوگ دروازے پر ہر ایک چیز کو چھوڑنے کے لئے تیار نہیں ہوتے۔وہ اپنا مکمل بھروسہ اور توکل خداوند پر کرنے کیلئے تیار نہیں ہوتے۔اِس کے برعکس وہ کوئی اور راستہ اختیار کر لیتے ہیں۔ہلاکت کی طرف جانے والا راستہ بڑا کشادہ ہے۔آپ اِس دروازے سے گزرتے ہوئے ہر ایک چیز اپنے ساتھ لے جا سکتے ہیں۔کیوں کہ یہ دروازہ بڑا کشادہ ہے۔یہ دروازہ کبھی اِس بات کا تقاضا نہیں کرے گا کہ آپ صرف اور صرف یسوع پر ہی توکل اور بھروسہ کریں اور یسوع کو ہی اپنا شخصی نجات دہندہ قبول کرتے ہوئے اپنی زندگی اُس کے تابع کر دیں۔ایسے لوگ جو اُس راہ پر گامزن ہیں وہ اپنی کاوشوں پر بھروسہ اور توکل کر رہے ہیں۔بعض دیگر معبودوں پر بھی بھروسہ اور توکل کرتے ہیں۔یہ راستہ قربانی کا تقاضا نہیں کرتا۔آپ جیسے بھی ہیں آ جائیں۔آپ جس چیز پر چاہیں ایمان رکھیں۔ہر ایک کو خوش آمدید کہا جاتا ہے۔

اِس راہ پر چلتے ہوئے بہت سے لوگ فریب کے پھندے میں پھنس جاتے ہیں۔باہر سے یہ راستہ بڑا شاندار معلوم ہوتا ہے۔یہ راستہ ہر کسی کو اپنی طرف مدعو کرتا ہوا دکھائی دیتا ہے۔اِس راہ پر چلنے والے کشادہ ذہن اور ہر کسی کو قبول کرنے والے ہوتے ہیں۔ایسے لوگ دوسروں کے عقائد پر تنقید نہیں کرتے۔وہ اِس بات کا بھی تقاضا نہیں کرتے کہ وہ اپنی زندگی کے لئے جواب دہ ہوں۔قبولیت غیر مشروط ہوتی ہے۔ایسے لوگ بہت زیادہ محبت اور فکر کرنے والے دکھائی دیتے ہیں۔درحقیقت ایسے لوگ ہلاکت کی راہ پر گامزن ہوتے ہیں۔

جس راہ کی یسوع تعلیم دے رہے ہیں وہ تنگ راستہ ہے۔اِس پر چلنے والے تھوڑے ہیں۔کیوں کہ بہت کم ہیں جو اِس راہ پر چلنے کی شرائط سے متفق ہوتے ہیں۔ایسے لوگ اپنی ہر

ایک چیز سے دستبردا ہونے کے لئے تیار نہیں ہوتے۔ وہ اِس بات پر بھی متفق نہیں ہوتے کہ یسوع ہی اُن کا واحد نجات دہندہ ہے۔ خداوند یسوع مسیح کی پیروی کرنے والے لوگ ''تنگ نظر'' خیال کئے جاتے ہیں۔ وہ اِس بات کو سمجھتے ہیں کہ خدا تک پہنچنے کے لئے ایک ہی راستہ ہے اور وہ راستہ خود انکاری کا راستہ ہے۔ اُنہیں معلوم ہوتا ہے کہ وہ لوگ جو یسوع پر ایمان نہیں رکھتے اور اُس کی پیروی نہیں کر رہے کھوئے ہوئے گناہ گار ہیں۔ ایسے لوگ خدا اور اُس کی محبت سے دُور ابدیت میں جانے کے لئے تیار ہوتے ہیں۔

خداوند یسوع مسیح ہمیں بتا رہے ہیں کہ صرف دو ہی راستے ہیں' کشادہ راستہ اور تنگ راستہ۔ کوئی اور درمیانی راستہ نہیں ہے۔ آپ دونوں میں سے ایک راہ پر ہو سکتے ہیں۔ یا تو آپ کا توکل اور بھروسہ یسوع پر ہو سکتا ہے اور آپ ہر ایک چیز سے دستبردار ہو چکے ہیں۔ یا پھر آپ ہلاکت کی راہ پر گامزن ہو سکتے ہیں۔ آج آپ کس راہ پر جا رہے ہیں؟

مذکورہ پیراگراف ہم سے اِس بات کا تقاضا کرتا ہے کہ ہم اپنی زندگیوں کا از سرِ نو جائزہ لیں۔ کیا آپ اپنی نجات کے لئے صرف اور صرف یسوع پر ہی بھروسہ کرتے رہے ہیں؟ اپنا سب کچھ پیچھے چھوڑنے کی بہ نسبت کیا آپ اپنی پرانی انسانیت کے ساتھ تنگ دروازے سے داخل ہونے کی کوشش کرتے رہے ہیں؟ خداوند ہمیں فضل دے کہ ہم صرف اور صرف یسوع اور اُس کے صلیبی کام پر توکل اور بھروسہ کریں۔

چند ایک غور طلب باتیں

☆۔کیا آپ کی زندگی میں کچھ ایسی چیزیں ہیں جو ابھی تک آپ نے پورے طور پر خدا کے تابع نہیں کیں؟ وہ کون سی ایسی چیزیں ہیں؟

☆۔کیا آپ نے کبھی خود کو تنگ نظر محسوس کیا ہے؟ یہ حوالہ ہمیں اِس تعلق سے کیا کہتا ہے؟

☆۔یسوع کو جاننا کس طور سے ہماری خدمت پر اثر انداز ہونا چاہیے؟

چند ایک دُعائیہ نکات

☆۔خداوند کی شکرگزاری کریں کہ اُس نے آپ کو تنگ راستہ دکھا دیا ہے۔

☆۔اپنا سب کچھ خداوند کے تابع کر دینے کے لئے خداوند سے فضل مانگیں۔

☆۔کسی ایسے شخص کے لئے دُعا کریں جو کشادہ راستہ پر سفر کرتے ہوئے ہلاکت کی طرف بڑھ رہا ہے۔

باب 37

پہاڑی وعظ

گیارہواں حصہ۔ جھوٹے نبی

متی 7:15-23 لوقا 6:43-45 پڑھیں

متی کے انجیلی بیان کے مطابق پہاڑی وعظ میں خداوند یسوع مسیح اپنے سامعین کو تنگ دروازے میں سے گزرنے کی تعلیم دے رہے تھے۔ اگرچہ کشادہ راستہ بڑا پُرکشش ہے لیکن ہلاکت کی طرف لے جاتا ہے۔ اِس تعلیم کے بعد یسوع نے جھوٹے نبیوں کے بارے تعلیم دینا شروع کی۔ یہاں پر اِن دونوں باتوں میں ایک تعلق پایا جاتا ہے۔ جھوٹے نبی ہی "کشادہ راستہ" کی منادی کرتے ہیں۔ جھوٹے نبیوں کی باتوں کو اِس لئے قبول کیا جاتا ہے کیوں کہ اِس سے سننے والوں کو خوشی محسوس ہوتی ہے۔ اِس اگلے حصہ میں خداوند یسوع مسیح کشادہ راہ پر لے جانے والے جھوٹے نبیوں سے آگاہ کرتے ہیں۔

کشادہ راہ کی منادی کرنے والے جھوٹے نبی بھیڑوں کے روپ میں آتے ہیں لیکن دراصل وہ پھاڑنے والے بھیڑیے ہوتے ہیں۔ ایک بھیڑ اور بھیڑیے میں آسمان اور زمین کا فرق پایا جاتا ہے۔ بھیڑ نہایت شریف بے ضرر جانور ہوتا ہے۔ جھوٹے نبیوں اس طور پر اپنے آپ کو پیش کرتے ہیں۔ اِس کے برعکس بھیڑیا پھاڑنے اور ہلاک کرنے کے لئے آتا ہے۔ بھیڑیا ایک خطرناک جانور ہوتا ہے۔ یہ جھوٹے نبی اِس وجہ سے بھی بڑے خطرناک ہیں کیوں کہ یہ بھیڑوں کی مانند دکھائی دیتے ہیں۔

اگر جھوٹا نبی بہروپ دھار لے تو ہمیں کس طرح معلوم ہوگا کہ کون جھوٹا اور کون سچا ہے؟ یسوع

نے اپنے پیچھے چلنے والوں کو بتایا کہ وہ اُن کے پھلوں سے اُن کو پہچان لیں گے کہ کون سچا اور کون جھوٹا نبی ہے۔ جھاڑیوں سے انگور پیدا نہیں ہوتے اور نہ ہی اونٹ کٹاروں سے انجیر۔ اسی طرح جھوٹے نبی اور سچے نبی کے پیدا کردہ پھلوں میں امتیاز کرنا آسان ہوگا۔

۔ یسوع یہاں پر کس پھل کی بات کر رہے ہیں؟ اِس تعلق سے بہت سے خیالات پائے جاتے ہیں۔ آئیں چند پھل کے تعلق سے چند ایک تصورات اور خیالات کا جائزہ لیں۔

معجزات اور نشانات

بعض لوگ پھل سے مراد معجزات اور نشانات لیتے ہیں۔ کتاب مقدس میں یہ بالکل واضح ہے کہ معجزات اور نشانات کے وسیلہ سے خدا کے خادمین کی خدمت گزاری کے کام کی تصدیق ہوئی۔ ہم کرنتھس کی کلیسیا کے نام لکھے گئے خط میں یوں پڑھتے ہیں۔

''رسول ہونے کی علامتیں کمال صبر کے ساتھ نشانوں اور عجیب کاموں اور معجزوں کے وسیلہ سے تمہارے درمیان ظاہر ہوئیں۔'' ﴿2 کرنتھیوں 12:12﴾

خداوند یسوع مسیح نے غیر ایمانداروں سے از خود کہا کہ جو معجزات اُس نے دکھائے ہیں اِس بات کا ثبوت ہیں کہ وہ خدا کی طرف سے ہے۔ جنتوں نے اُسے معجزات اور نشانات کے ساتھ خدمت کرتے ہوئے دیکھا تھا ' اگر وہ اُس کی باتوں کا نہیں تو کم از کم اُس کے حیرت انگیز معجزات اور خدمت کو دیکھ کر اُس پر ایمان لا سکتے تھے۔

''میرا یقین کرو کہ میں باپ میں ہوں اور باپ مجھ میں۔ نہیں تو میرے کاموں ہی کے سبب سے میرا یقین کرو۔'' ﴿یوحنا 14:11﴾

یہاں پر یہ سوال نہیں ہے کہ نشانات اور معجزات ہی کسی نبی کے درست اور حقیقی ہونے کا ثبوت ہیں۔ ہمیشہ یہی معیار نہیں ہوتا۔ مقدس پولس رسول نے اپنے قارئین کو بتایا کہ اخیر زمانہ میں جعلی قسم کے معجزات اور نشانات رونما کرنے والے بھی آئیں گے۔

''اور جس کی آمد شیطان کی تاثیر کے موافق ہر طرح کی جھوٹی قدرت اور نشانوں اور عجیب کاموں کے ساتھ۔ ہوگی'' (2 تھسلنیکیوں 9:2)

خداوند یسوع مسیح نے متی 22:7 میں اپنے شاگردوں کو یہ بتایا کہ عدالت کے دن' بہت سے معجزات اور نشانات دکھانے والے آسمان کے دروازے سے واپس کر دیئے جائیں گے کیوں کہ وہ جھوٹے نبی تھے اور کبھی بھی ان کا تعلق حقیقی خداوند سے نہیں تھا۔

''اُس دن بہتیرے مجھ سے کہیں گے' اَے خداوند اَے خداوند کیا ہم نے تیرے نام سے نبوت نہیں کی۔ اور تیرے نام سے بدروحوں کو نہیں نکالا اور تیرے نام سے بہت سے معجزے نہیں دکھائے؟'' (متی 22:7)

اِس سے ہمیں یہ معلوم ہوتا ہے کہ اگر چہ معجزات اور نشانات بعض اوقات خدا کے فضل کی علامت اور ثبوت ہوتے ہیں۔ لیکن جھوٹے نبی بھی اِن معجزات اور نشانات کو استعمال کر سکتے ہیں۔ یعنی جھوٹے نبی بھی جھوٹے معجزات اور نشانات دکھا سکتے ہیں۔ بہت سے لوگ اِن جھوٹے نبیوں سے فریب کھا جائیں گے۔ کیوں کہ لوگ صرف یہی دیکھیں گے کہ اُس نبی میں معجزہ دکھانے اور شفا دینے کی قوت پائی جاتی ہے۔

خدمت کے نتائج

کچھ لوگ اِس بات سے کسی نبی کے جھوٹے یا سچا ہونے کا اندازہ لگاتے ہیں کہ کتنی تعداد میں لوگ اُس کی کلیسیا میں جاتے ہیں۔ یا پھر کتنے لوگوں نے اُس کی منادی کے وسیلہ سے نجات پائی ۔ ہمیں اِس بات کو سمجھنے کی ضرورت ہے کہ اِس قسم کا پھل بھی جعلی ہو سکتا ہے۔

پولس رسول ہمیں بتاتے ہیں کہ اخیر زمانہ میں ایسا وقت آئے گا جب لوگ صحیح تعلیم کی برداشت نہیں کریں گے اور اپنے لئے ایسے اُستاد فراہم کرلیں گے جو اُن کی دل پسند باتیں کریں گے۔

''کیوں کہ ایسا وقت آئے گا کہ لوگ صحیح تعلیم کی برداشت نہیں کریں گے بلکہ کانوں کی کھجلی کے

باعث اپنی اپنی خواہشوں کے مطابق بہت سے اُستاد بنالیں گے۔اور اپنے کانوں کوحق کی طرف سے پھیر کر کہانیوں پر متوجہ ہوں گے۔(2 تمیتھیس 4-3:4)

بالفاظ دیگر ایسا وقت آ رہا ہے جب جھوٹے نبیوں کی کلیسیاؤں میں تل دھرنے کی جگہ نہ ہوگی۔اگر جھوٹے نبی لوگوں کو وہی بتانے کے لئے تیار ہوں گے جو وہ سننا چاہتے تو بہت سے لوگ اُن کے پیروکار بن جائیں گے۔کس نبی کے پیروکار کتنے ہیں؟ ہمیں اِس بنیاد پر کسی نبی کو پرکھنا نہیں چاہیے کہ وہ جھوٹا ہے یا سچا۔

روح کا پھل

جب خداوند یسوع مسیح ہمیں یہ بتا رہے ہیں کہ ایک نبی کو ہم اُس کے پھلوں سے پہچان لیں گے‘ میرے خیال میں ہمیں صرف اور صرف ایک ہی حقیقی پھل کا جائزہ لینا چاہئے اور وہ ہے روح کا پھل۔مقدس پولس رسول ہمیں بتاتے ہیں کہ جب خدا کا روح ہمارے دلوں اور ہماری زندگیوں کو اپنا مسکن بنالیتا ہے تو پھر ہم ایک گہری تبدیلی کا تجربہ کرتے ہیں۔خدا کا روح ہم میں خداوند یسوع مسیح کے کردار کو پیدا کرتا ہے۔مقدس پولس رسول خدا کے لوگوں کے لئے گلتیوں کے خط میں روح کا پھل بیان کرتے ہیں۔

’’مگر روح کا پھل محبت‘ خوشی‘ اطمینان‘ تحمل‘ مہربانی‘ نیکی‘ ایمانداری‘ حلم‘ پرہیزگاری ہے۔ایسے کاموں کی کوئی شریعت مخالف نہیں۔‘‘ ﴿گلتیوں 23-22:5﴾

اِس بات کا واضح ثبوت کہ آیا کوئی شخص خداوند یسوع کا ہے یا نہیں‘ صرف اور صرف اِسی پھل میں دیکھا جاسکتا ہے۔کیا نبی اپنے باطنی کردار میں محبت‘ خوشی‘ اطمینان‘ تحمل‘ مہربانی‘ نیکی‘ ایمانداری‘ حلم‘ پرہیزگاری کے پھل کا عملی اظہار کر رہا ہے؟ اگر آپ اِس بات کو دیکھنا چاہتے ہیں کہ ایک نبی خداوند یسوع کی طرف سے ہے یا نہیں تو پھر اُس کے کردار کا جائزہ لیں۔دیکھیں کہ کیا روح کا پھل اُس کی زندگی میں ظاہر ہو رہا ہے۔کیا اُن کے کردار و گفتار سے یسوع کی جھلک نظر آتی

ہے؟ حقیقی نبی اپنی زندگی سے مسیح کے کردار کو ظاہر کرے گا۔ اس کی زندگی سے روح کے پھل چمکتے ہوئے دکھائی دیں گے۔ اچھا درخت کبھی بُرا پھل نہیں لا سکتا۔ اِس کا یہ ہرگز مطلب نہیں ہے کہ ایک حقیقی نبی کبھی نہیں گرے گا۔ حقیقی نبی بھی گر سکتا ہے لیکن وہ دوبارہ کھڑا ہو کر اپنے گناہوں سے توبہ کر لیتا ہے۔ حقیقی نبی اپنے گناہوں میں پھنسا نہیں رہتا بلکہ اپنی گناہ آلودہ حالت کو پہچانتے ہوئے اپنے گناہ سے باز آجاتا ہے۔

بہت سے لوگ جو آج خداوند کے نام سے کلام کرتے ہیں ایک دن خزاں کے درخت کی طرح گرا دیئے جائیں گے اور پھر وہ خدا کے غضب کا سامنا کریں گے۔ اگر آپ یہ معلوم کرنا چاہتے ہیں کہ آیا ایک نبی جھوٹا ہے یا سچا تو آپ اُس کے دل کا جائزہ لیں۔ ایک حقیقی نبی کی پرکھ اُس کی زندگی میں روح کے پھل سے ہوتی ہے۔

چند ایک غور طلب باتیں

☆ ۔کیا آپ نے کبھی کسی خادم کی عظمت کی پیمائش اُن نتائج سے کی ہے جو آپ نے اُس کی خدمت میں دیکھے؟ اِس حوالہ میں ہم اِس تعلق سے کیا دیکھتے ہیں؟ کیا ایک جھوٹا نبی انسانی طور پر اپنی خدمت میں کامیاب ہوسکتا ہے؟

☆ ۔ہم کتنی بار اپنی کلیسیا کے لوگوں کی زندگی میں روح القدس کے پھل کی بہ نسبت اپنی کلیسیا کی بڑھوتی اور ترقی (تعداد میں اضافہ) کے بارے میں فکرمند رہتے ہیں؟

☆ ۔کیا جھوٹا نبی معجزات کرسکتا ہے؟ یہ بات اِس قدر اہم کیوں ہے کہ ہمارے پاس نشانات سے بڑھ کر بھی کوئی چیز ہے جو کسی نبی کو جھوٹا یا سچا ہونے کے لئے ایک کسوٹی کی حیثیت رکھتی ہے؟

چند ایک دُعائیہ نکات

☆ ۔خداوند سے ایسے وقتوں کیلئے معافی کے طلب گار ہوں جب آپ نے اپنی زندگی اور خدمت میں روح کا پھل ظاہر نہ کیا۔

☆ ۔خداوند سے درخواست کریں کہ وہ آپ اور آپ کی کلیسیا کے لوگوں کی زندگی میں اپنا پھل پیدا کرے۔

☆ ۔خداوند سے معافی مانگیں کہ آپ نے اپنی توجہ کردار پر نہیں بلکہ نتائج پر رکھی۔

باب 38

پہاڑی وعظ

بارہواں حصہ ۔ چٹان پر گھر

متی 7:24، 8:1 لوقا 6:46-49 پڑھیں

پہاڑ پر جمع ہونے والے لوگوں کے لئے خداوند یسوع کا یہ آخری نکتہ تھا جس پر اُنہوں نے بات کی۔ اِس آخری بات میں یسوع نے اپنے سامعین کو خدا کے کلام کی اہمیت اور درپیش روحانی جنگ میں اُس کے مقام کے بارے میں بتایا۔ اُنہوں نے بیان کیا کہ کلام کو محض سننا ہی کافی نہیں ہے۔ لازم ہے کہ خدا کے کلام کا اطلاق بھی زندگیوں میں کیا جائے۔ خداوند یسوع مسیح نے کلام کو سن کر عمل کرنے والے کو اُس عقلمند آدمی سے تشبیہ دی جو چٹان پر اپنا گھر بناتا ہے۔ مقدس لوقا خداوند یسوع مسیح کی بات کو بیان کرتا ہے۔ ''وہ اُس آدمی کی مانند ہے جس نے گھر بناتے وقت زمین گہری کھود کر چٹان پر بنیاد ڈالی۔'' (لوقا 6:48)

جس پر ہم تعمیر کرتے ہیں وہ بنیاد بڑی اہمیت کی حامل ہے۔ کوئی بھی گھر کی طرف دیکھ کر یہ نہیں کہتا ہے ''کس قدر خوبصورت بنیاد ہے۔'' عموماً لوگوں کی نظریں بنیاد سے ہٹ کر گھر کے دوسرے حصوں پر ہوتی ہیں۔ لوگ ہمیشہ بنیاد کو نظر انداز کر دیتے ہیں۔ جب تک بنیاد مضبوط نہ ہو گی سارے گھر کو گر جانے کا خطرہ درپیش رہے گا۔ جب پورا گھر گر جائے گا تو گھر کے بقیہ حصے کی خوبصورتی کی کوئی اہمیت باقی نہ رہے گی۔ کیوں کہ اُس گھر کی بنیاد ہی اِس قدر کمزور تھی کہ اُس گھر کو سہارا نہ دے سکی۔

خداوند یسوع مسیح اُس گھر پر موسلا دھار بارش کی تصویر کشی کرتے ہیں پانی چڑھا اور اُس گھر پر

ٹکریں لگیں۔ چونکہ اُس گھر کی بنیادیں کھود کر گہری بنائی گئی تھیں اُس لئے اُنہوں نے پانی کی لہروں کا مقابلہ کر لیا اور وہ گھر قائم رہا۔

جو لوگ خداوند یسوع مسیح کا کلام سن کر اُس پر عمل پیرا ہوتے ہیں اُس آدمی کی مانند ہیں جو اپنے گھر کی بنیاد چٹان پر رکھتا ہے۔ ایک بات پھر غور کریں کہ محض سننا ہی کافی نہیں ہوتا۔ لازم ہے کہ جو کچھ ہم سنتے ہیں اُس پر عمل پیرا بھی ہوں۔ بہت سے لوگ خدا کے کلام کو محض سنتے ہیں اور وہ نہیں کرتے جو خدا کا کلام اُنہیں کرنے کیلئے کہتا ہے۔ وہ سارے حقائق سے واقف اور آگاہ ہوتے ہیں مگر جو حق کی بات اُنہیں معلوم ہوتی ہے اُس کو عمل میں نہیں لاتے۔

گہرے بادلوں کی اوٹ میں ہم یہ دیکھ نہیں سکتے کہ ہمارے آگے کیا ہے۔ ہمیں کیسے معلوم ہو گا کہ ہم نے کہاں جانا ہے؟ جب دشمن ہماری زندگی میں خوف پیدا کرتا ہے تو ہم جذبات سے عاری ہو جاتے ہیں اور پھر شک رینگتا ہوا ہم پر قبضہ کر لیتا ہے۔ کس چیز سے ہمیں آگے بڑھنے کا حوصلہ ملے گا؟ خداوند یسوع مسیح بلا وجہ ہی بیابان میں آزمائے نہیں گئے تھے۔ وہ خداوند کے کلام سے لپٹے رہے۔ اور کلامِ الٰہی سے اُنہیں راہنمائی اور قوت ملی۔ دشمن ہمارے گھر پر ہر طرح کی ٹکریں لگائے گا۔ لیکن ہمیں خدا کے کلام ہی سے مقابلہ کرنے کی قوت اور شکتی ملے گی۔ اُسکے وعدوں اور خدا کے کلام کی سچائیوں سے ہمیں حوصلہ اور قوت ملتی ہے۔

پھر خداوند یسوع مسیح نے کلام سن کر اُس پر عمل نہ کرنے والے کو اُس شخص سے تشبیہ دی ہے جو ریت پر اپنا گھر بناتا ہے۔ جب زندگی کے طوفانوں کی ٹکریں اُس پر لگیں گی تو بنیاد گہری نہ ہونے کے سبب سے وہ گھر گر جائے گا۔ اگر ہم خدا کے کلام کی واضح تعلیمات کو نظر انداز کر دیں تو پھر ہم آرام، قوت اور راہنمائی کے لئے کہاں کا رخ کریں گے؟ وہ شخص جو خدا کے کلام کو رد کرتا ہے خود بھی رد کر دیا جائے گا۔ جو بات فردِ واحد کے لئے سچ ہے وہی بات اجتماعی سطح پر ایک معاشرے اور ایک ملک کے لئے بھی درست ہے۔ وہ ملک جو اپنے قوانین کی بنیاد ٹھوس بنیادوں پر خدا کے کلام

پر نہیں رکھتا یقینی طور پر ناکامی اور بحرانوں سے دوچار ہوگا۔

ہمارے لئے یہ کس قدر آسان ہوتا ہے کہ ہم بنیاد کا سہارا لے کر گھر کے بقیہ حصہ کو تعمیر کرنے کے لئے اپنی کوششیں جاری رکھتے ہیں۔ چٹان پر گہری کھدائی ایک مشکل کام ہوتا ہے۔ گھر کی دیواریں تو جلد ہی کھڑی ہو جاتی ہیں۔ دیواروں پر کام کرنا اور بھی خوشگوار محسوس ہوتا ہے۔ کلیسیا کے راہنما ہوتے ہوئے ہمیں یہ دیکھ کر خوشی اور مسرت ہوتی ہے کہ ہماری کلیسیا بڑھ رہی ہے۔ ہم مختلف پروگرامز کو چلتا ہوا دیکھنا چاہتے ہیں۔ ہمیں ہر طرح کی سرگرمیوں میں دلچسپی ہوتی ہے۔ لیکن سوال یہ ہے کہ بنیاد کیسی ہے؟ کیا آپ کی کلیسیا میں آنے والے لوگ خدا کے کلام سے آگاہ اور واقف ہیں؟ کیا وہ کلام سن کر اُس پر عمل پیرا بھی ہوتے ہیں؟ کیا اُنہیں شاگرد بنایا جا رہا ہے؟ کیا اُنہیں اِس طور سے تیار کیا جا رہا ہے کہ وہ خدا کے کلام کی گہری باتوں کو جانیں۔ یا پھر کلام کی سچائیوں پر عمل پیرا ہونے کے لئے اُن کی تربیت کی جا رہی ہے؟

آپ کی شخصی زندگی کیسی ہے؟ ہوسکتا ہے کہ آپ خداوند کی خدمت میں بڑے مصروف و مشغول ہوں مگر کیا آپ کی جڑیں اُس کے کلام میں گہری ہیں؟ کیا آپ کے پاس خدا کے کلام کو پڑھنے کا وقت ہوتا ہے؟ کیا آپ کلام مقدس کی باتوں پر عمل پیرا بھی ہوتے ہیں؟ اگر آپ ایسی بنیاد چاہتے ہیں جو دشمن کے حملوں کے مقابلہ میں کھڑی رہ سکے' تو پھر آپ کے دل میں اِس بات کی جلتی ہوئی خواہش ہونی چاہیے کہ آپ خدا کے کلام کی سچائیوں کو جانیں اور روزمرہ کی زندگی میں اُن پر پر عمل پیرا ہوں ۔

کچھ عرصہ پہلے میں بھی اِسی کشمکش کا شکار تھا۔ کبھی کبھی میں یوں سوچنے لگتا کہ بائبل سٹڈی کے لئے امدادی کتب اور تفاسیر لکھنے کا کیا فائدہ ہوگا۔ اُس وقت خدا نے مجھے دکھایا کہ ہمارے معاشرے میں بحران' مسائل اور مشکلات کی بھرمار ہے اور اِن کی جڑیں خدا کے کلام کی نافرمانی کے سبب سے گہری ہوگئی ہیں۔ اگر کوئی شخص خدا کے کلام پر عمل پیرا ہوتے ہوئے خدا کی عزت اور تکریم

کرنے لگ جائے تو ہمارے معاشرے میں کیسی بڑی تبدیلی واقع ہوگی؟ کیا خدا کی برکات ہمارے معاشرے پر بکثرت نازل ہونا شروع نہ ہو جائیں گی؟ کیا ہمارے اردگرد معاشرے زوال اور بحران کا شکار نہیں ہیں؟ کیوں کہ اُن کی جڑیں خدا کے کلام میں مضبوط نہیں ہیں۔

یہاں پر یسوع مسیح نے ہماری شخصی زندگی اور معاشرے کی قوت کے لئے خدا کے کلام کی اہمیت کے بارے میں تعلیم دی ہے۔ کلام کی قوت سے ہی ہم اپنے معاشرے میں روحانی گھن اور بدی کے زور کو توڑ سکتے ہیں۔ اگر ایسا نہ کیا گیا تو یہ گھن لکڑی کی طرح ہمارے معاشرے کو تباہ و برباد کر دے گا۔ خدا کی برکات بھی اُس کے کلام کے وسیلہ سے ہماری زندگی پر نازل ہوتی ہیں۔

اُس روز بھیڑ یسوع کی باتیں سن کر حیران ہوئی۔ خداوند یسوع صاحبِ اختیار کی طرح کلام سناتا تھا۔ اُس بھیڑ نے شرع کے عالموں کو اِس طرح سے کلام سناتے ہوئے کبھی نہیں سنا تھا۔ (متی 28:7) اِس اختیار کو اُس کے کلام میں محسوس کیا جا سکتا ہے۔ یہ اِس قسم کا اختیار تھا جو آپ کو اپنے قدموں پر کھڑا کر دیتا ہے اور آپ اُسکی باتوں کے شنوا ہونا شروع ہو جاتے ہیں۔ جب آپ خدا کے کلام کو سنتے ہیں تو آپ کو یہ معلوم ہوتا ہے کہ اگر آپ نے اُس پر کان نہ لگایا تو اِس کے کیا نتائج ہوں گے۔

چند غور طلب باتیں

☆۔ خداوند یسوع یہاں پر ہمیں درپیش جنگ میں خدا کے کلام کی اہمیت کے بارے میں کیا سکھا رہے ہیں؟ اِس سے ہماری شخصی زندگی اور معاشرے میں کیا فرق پڑتا ہے؟

☆۔ خدا کے کلام کو محض سننے اور اُس پر عمل کرنے میں کیا فرق ہے؟ کیا ممکن ہے کہ کوئی شخص خدا کے کلام کی تعلیمات اور علم الٰہیات میں فضیلت لے جائے اور پھر بھی شخصی زندگی میں اُس کا اطلاق کرنے سے قاصر رہے؟

چند ایک دُعائیہ نکات

☆۔ خداوند سے درخواست کریں کہ آپ کو کلام میں زیادہ سے زیادہ وقت گزارنے کی توفیق عطا فرمائے۔ دُعا کریں کہ آپ کے دل میں کلام کیلئے اور زیادہ گہری محبت قائم ہو اور اِس سے بھی بڑھ کر یہ خواہش کہ آپ اُس کلام کا اطلاق اپنی شخصی زندگی میں کر سکیں۔

☆۔ خداوند سے درخواست کریں کہ آپ کی زندگی کے ایسے کونے اور گوشے آپ پر عیاں کرے جہاں آپ کو اپنی زندگی میں کلام کا اطلاق کرنے کی ضرورت ہے۔

باب 39

صوبہ دار کا نوکر

متی 8:5-13   لوقا 7:1-10 پڑھیں

لوقا 7:1 کے مطابق جب خداوند یسوع مسیح پہاڑ پر لوگوں سے باتیں کر چکے تو پھر وہ کفرنحوم کے علاقہ میں گئے۔ اُن کی ملاقات کفرنحوم میں ایک صوبہ دار سے ہوئی۔ یہ صوبہ دار ایک رومی افسر تھا جس کے ماتحت لگ بھگ ایک سو آدمی تھے۔ وہ اپنے معاشرے میں ایک اعلیٰ شخصیت کا مالک تھا۔ یہ خاص صوبہ دار اگرچہ رُومی تھا تو بھی یہودی لوگ اُس سے محبت رکھتے تھے۔ اُس کا ایک نوکر تھا جو اُسے نہایت عزیز تھا۔ اُس نوکر پر فالج کا حملہ ہوا اور وہ مفلوج ہو کر رہ گیا۔ وہ نوکر بڑی تکلیف میں تھا۔ صوبہ دار جو کہ رحم اور ترس بھرا دل رکھتا تھا۔ اُسے اپنے نوکر کی بڑی فکر تھی۔

صوبہ دار نے چند ایک یہودی بزرگوں کو یسوع کے پاس بھیجا کہ شاید یسوع اُس کے نوکر کو بھی شفا دے۔ یہ بات دلچسپی کی حامل ہے کہ صوبہ دار نے اپنے آدمیوں میں سے کسی کو نہیں بھیجا بلکہ یہودی بزرگوں کو بھیجا۔ کیا ممکن ہے کہ صوبہ دار کا نوکر یہودی ہو؟ یہ بات تو بالکل واضح ہے کہ صوبہ دار کے اُس علاقہ کے یہودی لوگوں کے ساتھ بڑے اچھے مراسم تھے۔ جب یہودی بزرگ یسوع کے پاس آئے تو اُنہوں نے اُسے بتایا کہ وہ صوبہ دار اِس بات کا مستحق ہے کہ اُس کے نوکر کو شفا دی جائے۔ اُنہوں نے یسوع کو بتایا کہ یہ رومی افسر اُن کی قوم سے محبت رکھتا ہے۔ جس قوم کا اُنہوں نے یہاں پر حوالہ دیا، امکانِ غالب ہے کہ یہودی قوم تھی۔ اِس سے بھی بڑھ کر اُن بزرگوں نے یسوع کو بتایا کہ صوبہ دار نے اُن کے لئے ایک عبادت خانہ بھی تعمیر کروایا ہے۔ اُنہوں نے یسوع کو اُس صوبہ دار کے تعلق سے بہت کچھ بتایا۔ وہ

یہودی لوگوں سے محبت رکھتا تھا اور اُن کے ایمان اور عقیدے کو بڑی عقیدت کی نگاہ دیکھتا تھا۔ وہ رحم دل اور بڑا فیاض شخص تھا۔ یہاں پر یہ واضح نہیں کیا گیا کہ اُس کے ساتھی رومی افسر یہودی لوگوں کی اِس طرح حمایت کرنے اور اُن سے اِس طرح کے دوستانہ تعلقات رکھنے پر اُس کے بارے میں کیا سوچتے تھے۔ اِس تعلق سے اُن کا روّیہ اور طرزِ فکر خواہ کیسا بھی کیوں نہ تھا' کوئی چیز یہودی لوگوں کی مدد اور محبت میں اُس کے لئے رکاوٹ نہ بن سکی۔

یہودی بزرگوں نے یسوع سے التجا کی کہ وہ صوبہ دار کے نوکر کی شفا کے لئے کچھ کرے۔ یسوع نے جا کر اُس صوبہ دار سے ملنے کا فیصلہ کیا۔ مقدس لوقا ہمیں بتاتا ہے کہ جب صوبہ دار نے سنا کہ یسوع اُس کے گھر آ رہا ہے۔ تو اُس نے اپنے دوستوں کے ذریعہ یہ پیغام یسوع کو بھیجا کہ وہ اُس کے گھر نہ آئے کیوں کہ وہ اِس لائق نہیں کہ یسوع جیسی عظیم ہستی اُس کے گھر آئے۔ یہاں پر ایک بڑا تضاد دیکھنے کو ملتا ہے کہ یہودی لوگوں کی صوبہ دار کے تعلق سے کیا رائے تھی اور صوبہ دار اپنے بارے میں کیا سوچتا تھا۔ یہودی بزرگوں کے نزدیک' اگر کوئی رُومی اِس لائق تھا کہ یسوع اُس کے نوکر کو شفا دیتا تو وہ یہ صوبہ دار ہی تھا۔ تاہم صوبہ دار نے اپنے آپ کو بالکل ناچیز اور حقیر سمجھا۔ وہ بڑا حلیم اور فروتن شخص تھا۔ رومی فوج اور معاشرے میں اُس کا بڑا مقام تھا۔ اُس کے ماتحت سو (100) سپاہی تھے جو اُس کے حکم کے پابند تھے' اِس کے علاوہ اُس کے گھر پر بھی نوکر چاکر موجود تھے۔ اُس نے یہودی لوگوں کے لئے ایک عبادت خانہ بھی تعمیر کروایا تھا۔ اور اپنے علاقہ میں ایک معزز شخص کے طور پر جانا پہچانا جاتا تھا۔ اِس کے باوجود وہ حلیم اور فروتن ہی رہا۔

یہ رومی صوبہ دار ہمارے لئے کس قدر بڑا نمونہ چھوڑ گیا ہے۔ کتنی بار ہمارے کارہائے نمایاں اور ہمارا بلند رتبہ اور مقام ہمیں یہ سوچنے پر مجبور کر دیتے ہیں کہ ہم کس قدر اعلیٰ اور مختلف ہیں۔ ہم اپنے بارے میں حد سے زیادہ سوچنے لگتے ہیں۔ ہم میں سے کوئی بھی خداوند کے رحم اور ترس کا مستحق نہیں ہے۔ اکثر و بیشتر ہم اپنی گناہ آلودہ حالت کو سمجھنے اور پہچاننے سے قاصر رہتے ہیں۔

اور یہی خیال کرتے رہتے ہیں کہ ہم اس لائق ہیں کہ خدا ہمیں معاف کرے اور برکت بخشے۔ آج ہمیں اپنی کلیسیاؤں میں اِس صوبہ دار جیسے راہنماؤں کی ضرورت ہے۔ ہمیں ایسے مرد وزن کی ضرورت ہے جنہیں یہ معلوم ہو کہ وہ خدا کے رحم وترس کے مستحق نہیں ہے۔ بلکہ خداوند سے اُس کے رحم وترس کے لئے دُعا کریں۔ یوں لگتا ہے کہ یسوع کو اِس آدمی کے حلم، فیاض دلی اور ترس بھری روح نے متاثر کیا۔

صوبہ دار نے یسوع سے کہا کہ وہ صرف کہہ ہی دے تو اُس کا نوکر شفا پا جائے گا۔ وہ جانتا تھا کہ ضروری نہیں تھا کہ یسوع جسمانی طور پر اُس کے نوکر کے پاس موجود ہو کر اُسے شفا دیتا۔ ایک صوبہ دار کی حیثیت سے وہ سمجھتا تھا کہ اُسے صرف بولنا ہوتا ہے اور اُس کے سپاہی اُس کا حکم مانتے ہیں۔ جب وہ کہتا ''جاؤ'' تو اُس کے نوکر جاتے۔ اگر وہ کسی سے کہتا کہ ''آؤ'' تو وہ آجاتے۔ اُس کے نوکر وہی کچھ کرتے جو کچھ وہ اُن سے کرنے کیلئے کہتا۔

صوبہ دار جانتا تھا کہ یسوع بھی صاحبِ اختیار ہے۔ یسوع نے صرف کہنا ہے تو ہو جانا ہے۔ صوبہ دار کو اپنے حکم کی تعمیل کے لئے جسمانی طور پر موجود ہونا نہیں پڑتا تھا۔ اگر صوبہ دار اپنے کسی نوکر کو کوئی حکم بھیجتا کہ وہ کوئی کام کرتے تو وہ نوکر اِس لئے اُس کے حکم کی تعمیل کرتا تھا کیوں کہ وہ حکم صوبہ دار کی طرف سے آتا تھا۔ صوبہ دار کے بیان میں ایک زبردست اور حیرت انگیز ایمان پایا جاتا ہے۔ اُس کا یہ ایمان تھا کہ یسوع صرف کہہ ہی دے تو اُس کا نوکر شفا پا جائے گا۔ اُس کا یہ ایمان تھا کہ یسوع کو بیماریوں، کمزوریوں اور حتیٰ کہ موت پر بھی اختیار اور قدرت حاصل ہے۔ اُس نے اُس کی خدمت میں یہ سب کچھ دیکھا تھا۔ اُس نے سن رکھا تھا کہ یسوع بیماریوں کو جانے کا حکم دیتا ہے تو وہ چلی جاتی ہیں۔ اُس نے یہ بھی سن رکھا تھا کہ کس طرح یسوع بدروحوں کو نکل جانے کا حکم دیتا ہے اور وہ اُس کا حکم مانتی ہیں۔ وہ یسوع کے اختیار پر حیرت زدہ تھا۔ وہ سمجھتا تھا کہ اختیار کیا ہوتا ہے۔ اِسی لئے تو اُس نے یسوع سے صرف حکم دینے کے لئے کہا۔ اور وہ جانتا

اور اِس بات پر ایمان رکھتا تھا کہ جو کچھ یسوع حکم دیتے ہیں وہ ہو جاتا ہے۔

یسوع یہ الفاظ سن کر بہت حیران ہوئے۔اُس نے اپنے پیچھے آنے والوں سے کہا کہ اُس نے ایسا ایمان اسرائیل میں بھی نہیں دیکھا۔یہ صوبہ دار غیر قوم سے تھا لیکن اُس نے اسرائیل سے بھی بڑھ کر ایمان کا عملی مظاہرہ کیا۔صوبہ دار کو کسی نشان کی ضرورت نہ تھی۔اُسے اِس بات کی ضرورت نہ تھی کہ یسوع آکر اپنے ہاتھوں کو ہلائے اور بڑے خاص طور پر خدا سے دُعا کرے۔اُسے صرف اِس بات کی ضرورت تھی کہ یسوع کہہ دے۔وہ جانتا تھا کہ کوئی چیز بھی اُس کے کلام کی راہ میں کھڑی نہیں رہ سکتی۔

خداوند یسوع مسیح نے وہاں پر موجو سامعین سے کہا وہ دن آرہا ہے جب لوگ پورب اور پچھّم سے آکر ابراہام' اضحاق اور یعقوب کے ساتھ آسمان کی بادشاہی میں شریک ہوں گے۔خداوند یسوع یہاں پر یہ کہہ رہے ہیں کہ وہ دن آئے گا جب یہودی لوگوں کی طرح غیر قوموں کو بھی خدا کی بادشاہی میں قبول کیا جائے گا۔اور وہ اُن کے ساتھ برابر کے حصہ دار ہوں گے۔خدا کی نجات کو جاننے کے لئے تمام قوموں کے لئے دروازہ کھول دیا جائے گا۔جبکہ پیدائشی یہودی باہر نکال پھینک دیئے جائیں گے اور اُس نجات کا کبھی بھی تجربہ نہیں کر سکیں گے جس کو پیش کرنے کے لئے یسوع اِس دُنیا میں آئے تھے۔اگرچہ وہ برگزیدہ تھے' تو بھی بہت سے تاریکی کے وارث ہو ں گے جہاں رونا اور دانت پیسنا ہوگا۔وہ ہمیشہ ہمیشہ کے لئے کھو جائیں گے کیوں کہ اُنہوں نے مسیح کو قبول نہ کیا۔

خداوند یسوع مسیح کو صوبہ دار پر ترس آیا اور ''یسوع نے صوبہ دار سے کہا'' جا'' جیسا تو نے اعتقاد کیا تیرے لئے ویسا ہی ہو'' (متی 13:8) یہ خداوند یسوع مسیح کے الفاظ تھے۔سادہ سا لفظ ''جا'' اور پھر صوبہ دار کے نوکر نے اُسی گھڑی شفا پائی۔

اُس آدمی کے ایمان کے تعلق سے ایک بڑی سادہ سی بات دیکھنے میں آتی ہے۔وہ اِس بات پر

ایمان لایا کہ جو کچھ یسوع نے کہا ہے ویسا ہی ہوگا۔ وہ ہمیں اختیار کے تعلق سے سکھاتا ہے۔ اگر اِس دُنیا کے افسران کا اختیار بغیر کسی سوال کے عمل میں آتا ہے تو پھر کس قدر خدا کے بیٹے یسوع مسیح کا اختیار تاریکی کی قوتوں کو دُم دبا کر بھاگنے پر مجبور کر دے گا؟ وہ کہتا ہے تو ہو جاتا ہے۔ اِسی طرح سے یہ دُنیا معرضِ وجود میں آئی۔ خدا نے کلام کیا اور وہ کلام تخلیق ہوا۔ صوبہ دار حلیمی اور فروتنی اور ایمان کی ایک مثال ہے۔ آج ہمیں صوبہ دار جیسے لوگوں کی ضرورت ہے۔

چند ایک غور طلب باتیں

☆ ۔فروتنی اور انکساری کے تعلق سے اِس حوالہ میں کیا چیلنج پایا جاتا ہے؟

☆ ۔کیا آپ نے کبھی اپنے آپ کو یہ محسوس کرتے پایا ہے کہ آپ اِس وجہ سے خدا کی برکات کے مستحق ہیں کیوں کہ آپ خداوند کے لئے بڑا کام کر رہے ہیں؟

☆ ۔صوبہ دار کے سادہ ایمان پر غور کریں۔کیا آپ کا ایمان بھی ایسا ہی ہے؟ کون سی چیز آپ کو صوبہ دار کی طرح ایمان رکھنے سے روکتی ہے؟

☆ ۔صوبہ دار کے ایمان کا اُن مذہبی راہنماؤں کے ایمان سے موازنہ کریں جو یسوع کے پاس آئے۔مذہبی راہنماؤں نے کیوں محسوس کیا کہ یسوع کو صوبہ دار کے نوکر کو شفا نہیں دینی چاہئے؟ اِس سے ہمیں آج کے دَور کی مذہبی روح کے بارے میں کیا سیکھنے کو ملتا ہے؟

چند ایک دُعائیہ نکات

☆ ۔صوبہ دار کی فروتنی اور اُس کے ایمان کی مثال کے لئے خداوند کا شکر ادا کریں۔خداوند سے دُعا کریں کہ وہ آپ میں بھی ایسی ہی صفات اور خصوصیات پیدا کرے۔

☆ ۔خداوند سے ایسے وقتوں کے لئے معافی مانگیں جب آپ نے معاملات زندگی پر اُس کے اختیار اور اُس کے کلام پر شک کیا۔

☆ ۔خداوند سے درخواست کریں کہ آپ کی ناقابلیت اور نااہلی کو دیکھنے میں آپ کی مدد کرے۔اور ساتھ ہی آپ کو یہ توفیق بھی دے کہ آپ اُس کے پاس جیسے بھی ہیں آسکیں۔

☆ ۔خداوند کا شکر کریں کہ جب ہم اُس کی برکات کے مستحق بھی نہیں ہوتے تو پھر بھی وہ ہم پر اپنی برکات نازل فرما دیتا ہے۔

باب 40

بیوہ کا بیٹا

لوقا 7:11-17 پڑھیں

صوبہ دار کے نوکر کو شفا دینے کے فوراً بعد خداوند یسوع مسیح اپنے شاگردوں کے ساتھ ایک گاؤں میں گئے جس کا نام نائن تھا۔ایک بہت بڑی بھیڑ بھی یسوع کے پیچھے پیچھے جا رہی تھی۔جب خداوند یسوع مسیح اور اُن کے شاگرد آگے بڑھے تو اُن کی ملاقات ایک جنازے سے ہوئی جو ایک گاؤں سے نکلا چلا آ رہا تھا۔دریافت کرنے پر معلوم ہوا کہ ایک نوجوان وفات پا گیا ہے جو کہ ایک بیوہ کا اکلوتا بیٹا تھا۔وہ بیوہ بھی غم میں شریک لوگوں کے ساتھ ساتھ جنازے میں شریک قبرستان کی طرف جا رہی تھی۔

ایک بیوہ کے لئے یہ ایک بڑی مشکل صورتحال ہوگی جو پہلے ہی اپنا شوہر کھو چکی تھی ایک بیٹا ہی بچا تھا اور اب وہ بیٹا بھی اِس جہانِ فانی سے کوچ کر گیا تھا۔اب کوئی نہ تھا جو اُسکے خاندان کے نام کو آگے بڑھاتا۔اب اُس کے خاندان کے شجرہ نسب کی کتاب یہیں پر بند ہو جانی تھی۔خداوند یسوع نے بیوہ کی طرف دیکھا۔یسوع کو اُس پر ترس آیا۔خداوند یسوع مسیح اُس کے پاس گئے اور اُس سے کہنے لگے مت رو۔پھر یسوع نے کفن کو چھوا۔جب یسوع نے جنازے کو چھوا تو اُٹھانے والے رک گئے۔پھر یسوع نے بلند آواز سے اُس نوجوان سے کہا ''میں تجھ سے کہتا ہوں اُٹھ''۔ اِن الفاظ کے بارے میں بھیڑ کے ردعمل کے بارے میں ہم یقینی طور پر کچھ نہیں کہہ سکتے۔صرف تصور ہی کر سکتے ہیں کہ اُنہوں نے پہلے کبھی اِس طرح کچھ ہوتے ہوئے نہیں دیکھا تھا۔اُن کے دیکھتے ہوئے وہ نوجوان اُٹھ کر بیٹھ گیا۔وہ بڑا پریشان ہوا ہوگا کہ یہ سب کچھ اُس کے ساتھ کیا ہو

رہا ہے۔ یسوع نے اُس نوجوان کو اُس کی ماں کے سپرد کر دیا۔ لوگ یہ سب کچھ دیکھ کر حیرت میں ڈوبے ہوئے تھے اور پھر اُنہوں نے اِس بات کو پہچانا کہ یسوع ایک قوت والا نبی ہے۔ وہاں پر موجود لوگوں کے ذہنوں میں اِس بات کے تعلق سے کوئی شک نہیں تھا کہ اُس دن اُنہوں نے خدا کے ہاتھ کو زبردست طریقہ سے کام کرتے ہوئے دیکھا ہے۔ اِس کے نتیجہ میں یہودیہ کے تمام علاقہ میں یسوع کی شہرت پھیل گئی۔

صرف مقدس لوقا نے ہی اِس واقعہ کو بیان کیا ہے۔ بائبل مقدس میں نائین گاؤں یا اِس بیوہ کے تعلق سے مزید کوئی معلومات درج نہیں ہیں۔ اِس معجزہ کے علاوہ ہمیں اِس گاؤں میں یسوع کے کسی اور کام کے بارے میں بھی کوئی ذکر نہیں ملتا۔ اُس روز ایک غیر معروف گاؤں میں ایک زبردست کام ہوا تھا۔ ایک بیوہ جس سے ہمارے خداوند یسوع کی پہلے کبھی ملاقات نہیں ہوتی تھی اُسے خدا کی قدرت نے چھوا۔ میں اِس معجزہ کے بیان کئے جانے پر بہت خوش اور دلی طور پر شکر گزار ہوں۔ ہماری ملاقات یہاں پر ایک عام سی بیوہ عورت سے ہوتی ہے۔ کیوں خداوند اُس علاقہ سے ہو کر گزرے؟ کیوں خِداوند اُسی وقت وہاں سے گزرے جب ایک جنازے کو لے کر جا رہے تھے؟ کیوں خداوند یسوع مسیح کو اُس عورت پر ترس آیا جس سے اُن کی ملاقات پہلے کبھی نہیں ہوتی تھی؟ اُس حوالہ سے مجھے اُمید کا پیغام ملتا ہے۔ خداوند یسوع مسیح سادہ لوح، اور عام قسم کے لوگوں کو چھونے میں دلچسپی رکھتے ہیں۔

حتیٰ کہ نائین جیسے غیر معروف اور گم نام گاؤں نے خداوند یسوع مسیح کے لمس کو محسوس کیا۔ خداوند کے لئے کوئی گاؤں اتنا چھوٹا اور کوئی شخص اتنا غیر اہم نہیں کہ خداوند اُن کو چھو نہ سکے۔ خداوند یسوع غیر متوقع طور پر آ کر چھوتا ہے۔ وہ شفا اور نئی زندگی دینے کے لئے غیر اہم جگہوں اور معمولی لوگوں کے درمیان جاتا ہے۔ اُس بیوہ کی ہر ایک اُمید جاتی رہی تھی اور اُس کا ہر ایک سپنا بکھر گیا تھا۔ وہ ٹوٹے دل کے ساتھ روتی اور آنسو بہاتی ہوگی کیوں کہ اُس کی زندگی میں اب کچھ بھی نہیں

بچا تھا۔ اِسی موقع اور ایسی ہی صورتحال میں یسوع نے اُسے چھوا۔ خداوند نے اپنی حضوری کو وہاں پر زبردست طریقہ سے ظاہر کیا۔ خداوند اُس وقت اُمید بخشتا ہے جب کوئی اُمید باقی نہ رہے۔ وہ آپ کے لئے بھی ایسا ہی کرسکتا ہے۔ خواہ آپ کیسی بھی صورتحال سے گزر رہے ہیں یاد رکھیں کہ خداوند کی قدرت اور دسترس سے کوئی چیز بھی باہر نہیں ہے۔

نائن گاؤں پہلے جیسا نہیں رہا ہوگا۔ اُنہوں نے زبردست طریقہ سے خدا کی قدرت کو دیکھا تھا۔ اُنہوں نے اِس معجزے کے لئے کوئی دُعا نہیں کی تھا اور نہ ہی وہ الس معجزے کی توقع کررہے تھے۔ تو بھی یسوع وہاں پر آموجود ہوا۔ ترس اور رحم کے ساتھ اُس نے ایک سادہ سی بیوہ عورت اور اُس کے بیٹے کو چھوا۔ اور ایسا کرنے سے پورے گاؤں پر ایک گہرا اثر ہوا۔ اگر یسوع نے اُس بیوہ عورت اور اُس کے بیٹے کو چھوا جو کہ ایک غیر معروف اور گم نام سے گاؤں میں رہتے تھے۔ مجھے اِس بات سے بڑی دلیری اور اُمید حاصل ہوتی ہے' وہ مجھے اور میری خدمت کو بھی چھو کر برکت دے گا۔ آمین۔

چند ایک غور طلب باتیں

☆ یہ حوالہ ہمیں یسوع کے ترس اور رحم کے بارے میں کیا سکھاتا ہے؟

☆ اس حقیقت سے کیا حوصلہ افزائی ہوتی ہے کہ یسوع نے غریب بیوہ اور اُس کے بیٹے کو چھوا؟

☆ آج آپ خود کو کیسی صورتحال میں دیکھتے ہیں؟ یہ حوالہ آپ کے لئے کس طرح حوصلہ افزائی کا باعث ہے؟

☆ ہمارے لئے یہ کس قدر آسان ہوتا ہے کہ ہم اِس دُنیا کے ادنیٰ اور غیر اہم لوگوں کو بھول جاتے ہیں؟ اِس تعلق سے یہ حوالہ ہمارے لئے کون سا چیلنج لاتا ہے؟

چند ایک اہم دُعائیہ نکات

☆ اِس بات کے لئے خداوند کی شکر گزاری کریں کہ کوئی چیز بھی اُس کی قدرت اور اختیار سے باہر نہیں ہے اور حتیٰ کہ ایسی صورتحال کا حل بھی اُس کے پاس ہے جس کے تعلق سے کوئی اُمید باقی نہیں رہی۔

☆ خداوند کی شکر گزاری کریں کہ وہ اِس دُنیا کے ادنیٰ اور غیر اہم لوگوں تک بھی پہنچ کر اُن پر رحم اور ترس کھاتا ہے۔

باب 41

یوحنا بپتسمہ دینے والے کا تعارف

متی 11:2-15 لوقا 7:18-30

خدا کے خادمین بھی شک وشبہات میں پڑنے کے خطرات سے بالاتر نہیں ہوتے۔ایک وقت آتا ہے جب اُن کے ایمان کی پرکھ ہوتی ہے۔ بہت سی چیزیں اِس کا سبب ہوسکتی ہیں۔بعض اوقات حالات ہمیں جسمانی اور جذباتی طور پر ناتوان کر دیتے ہیں۔خدا کے بعض عظیم ترین خادمین بھی بے دلی اور شک وشبہات کی وادیوں سے گزرے ہیں۔داوٗد،ایلیاہ اور عہد عتیق کے چند انبیاء نے اِن تیروں کے زہر کو محسوس کیا۔

مرقس 6:17-20 میں ہم نے پڑھا کہ یوحنا بپتسمہ دینے والے نے ہیرودیس کے خلاف کلام کیا۔ ہیرودیس اپنے بھائی کی بیوی کے ساتھ ناجائز تعلقات میں زندگی بسر کر رہا تھا۔یوحنا نے اِس بدی کے بارے میں ہیرودیس کو چیلنج کیا۔اِس کے نتیجہ میں ہیرودیس نے یوحنا کو قید خانہ میں ڈال دیا۔

مقدس لوقا ہمیں بتاتے ہیں کہ یوحنا کے شاگردوں اُسے یسوع کی اُن سرگرمیوں سے آگاہ کرتے رہے جو وہ اُس علاقہ میں جاری رکھے ہوئے تھا۔یوحنا نے قید خانہ ہی سے یسوع کو پیغام بھیجا کہ وہ اُسے پوچھیں کہ آنے والا وہی ہے یا پھر وہ کسی اور کی راہ دیکھیں۔یوحنا بپتسمہ دینے والے کے لبوں سے بڑا عجیب قسم کا سوال معلوم ہوتا ہے۔اُس نے دنیا کو یسوع کا تعارف کرایا تھا۔اُس نے واضح طور پر لوگوں کو بتایا کہ جو اُس کے پاس آنے والا یسوع ہی مسیح ہے۔کون سی چیز اُسے اچانک شک وشبہات کی وادیوں میں لے جانے کا باعث بنی؟

ایک بات ہم یقینی طور پر جانتے ہیں کہ یوحنا کی زندگی کے حالات یکسر تبدیل ہو گئے تھے۔اُسے خدمت کے لئے خدا کی طرف سے قوت ملی تھی۔اُس نے دیکھا تھا کہ لوگ جوق در جوق یسوع کی منادی سننے کے لئے آتے ہیں۔ جب لوگوں نے یسوع کی منادی سنی تو اُنہیں ایمان کے تعلق سے ایک چیلنج ملا کہ وہ پرکھیں کہ آیا سچائی پر ہیں یا نہیں۔ بہت سے لوگوں نے توبہ کر کے بپتسمہ لیا تھا اور وہ خدا کے ساتھ اپنا تعلق درست کرنے کے آرزومند تھے۔

یوحنا کی خدمت انتہائی پرقدرت تھی۔تاہم لمحہ بھر میں سب کچھ تبدیل ہو کر رہ گیا۔اب وہ قید میں تھا۔اُس کی خدمت کا کام اُس سے لے لیا گیا۔اُس کی زندگی خطرے میں تھی۔جلد ہی ہیرودیس نے اُسے قتل کر دینا تھا۔ بلاشبہ یوحنا بپتسمہ دینے والے کے پاس بہت وقت تھا کہ وہ اِنہیں باتوں کے بارے میں سوچتا رہے جو کچھ اُس کے ساتھ واقع ہو رہی تھیں۔

یوحنا اِس مسیح سے بڑی اُمیدیں اور توقع لگائے بیٹھا تھا۔لیکن اب وہ اِس قید خانہ میں پڑا ہوا تھا۔اب اُس کے لئے مسیح کہاں پر تھا؟ کیا اُس کی زندگی کی کہانی اِسی طرح اختتام پذیر ہونی تھی؟ خدا کی بادشاہی نے کب آ کر تاریکی اور بدی کی بادشاہت کو نیست کرنا تھا؟ اب یوحنا واقعی ایک کشمکش سے گزر رہا تھا۔مسیح تو وہیں پر تھا لیکن ہیرودیس نے یوحنا کو قید خانہ میں بند کر رکھا تھا۔اُس نے منادی کی تھی کہ خدا کی بادشاہت نزدیک آ گئی ہے لیکن اب اُس کی زندگی کے دوَر میں خدا کی بادشاہت کا ثبوت نظر نہیں آ رہا تھا۔یوں لگتا تھا کہ وہ شیطان کی بادشاہت سے مغلوب ہو گیا ہے۔مذکورہ تمام باتوں نے یوحنا بپتسمہ دینے والے کو اِس بات کے لئے مجبور کیا کہ وہ یہ سوال پوچھے۔کیا واقعی تو ہی مسیح ہے؟ اگر تو ہی حقیقی مسیح ہے تو پھر میں تاریکی کی بادشاہت کے زیرِ تسلط یہاں قید خانہ میں کیوں پڑا ہوا ہوں؟ کیا آپ نے کبھی اِس طرح کے سخت سوال کئے ہیں؟

خداوند یسوع مسیح کا جواب بڑا نرم تھا۔اُس نے یوحنا کے شاگردوں سے کہا کہ جو کچھ وہ دیکھتے اور

سنتے ہیں جا کر یوحنا کو بتائیں۔ اُنہیں یوحنا کو بتانا تھا کہ اندھے بینائی پا رہے ہیں، لنگڑے چل رہے ہیں، کوڑھی پاک صاف کئے جا رہے ہیں، بہرے سنتے جبکہ مردے زندہ کئے جا رہے ہیں۔ یوحنا کے شاگردوں نے اُسے یہ بھی بتانا تھا کہ غریبوں کو خوشخبری سنائی جا رہی ہے۔ کتنی دفعہ ہم اپنے اردگرد ہونے والے واقعات کو اپنے اندھے پن کی وجہ سے دیکھنے سے قاصر رہتے ہیں؟ اکثر اوقات ہم اپنی کلیسیا اور شخصی زندگی میں جو کچھ دیکھنا چاہیئے ہیں اُس کے لئے ہمارا اپنا ہی تصور اور خیال ہوتا ہے۔

جو کچھ ہم دیکھنا چاہتے ہیں اُسی پر ہماری توجہ مرکوز رہتی ہے اور ہم وہ کچھ دیکھنے میں ناکام رہ جاتے ہیں جو کچھ پہلے ہی ہمارے اردگرد ہو رہا ہوتا ہے۔ خدا کی راہیں ہماری راہیں نہیں ہیں۔ یسوع نے چاہا کہ یوحنا اپنی آنکھیں کھول کر وہ سب کچھ دیکھے جو کچھ اُس کے اردگرد ہو رہا ہے۔ خدا کی بادشاہی کا ثبوت بڑا واضح تھا۔ لوگ شفا پا رہے اور گناہ اور اُس کے اثرات سے رہائی اور مخلصی پا رہے تھے۔ خدا تاریکی کے زور کو توڑ کر روشنی پیدا کر رہا تھا۔ اگرچہ حالات و واقعات یوحنا کی توقع کے مطابق نہیں جا رہے تھے۔ تو بھی اِس میں کسی قسم کے شک و شبہ کی گنجائش نہیں تھی کہ آسمان کی بادشاہی آ گئی تھی۔

یوحنا کے شاگرد ایک اہم پیغام لے کر اُس کے پاس واپس گئے۔ اُنہوں نے اُسے بتانا تھا کہ مبارک ہیں وہ جو یسوع کے سبب سے ٹھوکر نہ کھائے۔ (متی 6:11، لوقا 23:7) یہاں پر یسوع کے سبب سے ٹھوکر کھانے پر غور کریں۔ اُس دور میں بہت سے لوگوں نے اِس لئے ٹھوکر کھائی کیوں کہ یسوع اُن کی توقعات اور تصورات کے مطابق نہیں تھا۔ وہ کسی اور طرح کے مسیح کی توقع کر رہے تھے۔ وہ ایسے مسیح سے ناخوش تھے جس نے اُن کے طرزِ زندگی کی تبدیلی کا تقاضا کیا تھا۔ اُنہیں کچھ سمجھ نہیں آ رہی تھی کہ وہ اُس مسیح کے تعلق سے کیا سوچیں جس کا مقصد اور منصوبہ اُن کے منصوبوں اور ترجیحاتِ زندگی سے میل نہیں کھاتا۔

اُنہوں نے ایسے خداوند کی طرف کوئی توجہ ہی نہ دی جس نے اُن سے اپنے لئے جان دینے تک وفادار رہنے کا تقاضا کیا تھا۔ بہت سے لوگ اُس سے پھر گئے کیوں کہ وہ اُن کی توقعات پر پورا نہ اُترا۔ خداوند یسوع مسیح نے یوحنا کو اصل میں یہ پیغام بھیجا تھا کہ وہ سچائی کو قبول کرنے کی راہ میں اپنی توقعات کو حائل نہ ہونے دے۔

ہمارے دَور میں بہت سے لوگ ہیں جو اپنی مسیحی زندگی کا آغاز تو کرتے ہیں لیکن اُس میں ثابت قدم نہیں رہتے کیوں کہ مسیحی زندگی اُن کی توقعات کے مطابق نہیں ہوتی۔ وہ ایسے مسیح کی خدمت کے لئے تیار اور خوش ہوتے ہیں جو اُن کی توقعات پر پورا اُترے اور اُنہیں برکت دے مگر ایسے یسوع کو پسند نہیں کرتے جو اِس بات کا تقاضا کرے کہ وہ اُس کی خاطر دُکھ اٹھائیں بلکہ جان دینے کے لئے بھی تیار رہیں۔ بہتوں نے مسیح کے سبب سے ٹھوکر کھائی کیوں کہ وہ اُس کے تقاضوں کو پسند نہیں کرتے تھے۔ وہ اُس سے الٹ پھرے کیوں کہ سب کچھ اُن کی توقع کے مطابق نہیں ہو رہا تھا۔

غور کریں کہ یسوع نے یوحنا کی مذمت نہیں کی۔ اُس نے بھیڑ کو یاد دلایا کہ کس طرح وہ بیابان میں یوحنا کی منادی سننے کے لئے گئے تھے۔ اُس نے اُن سے پوچھا کہ جب وہ یوحنا سے ملے اور اُس کی منادی سنی تو کس بات کی توقع کی تھی۔ کیا اُنہوں نے ہوا سے ہلتے ہوئے سرکنڈے کی توقع کی تھی۔؟ ہوا میں ہلتا ہوا سرکنڈا اُس دَور کے جھوٹے نبیوں اور شرع کے عالموں کی عکاسی کرتا ہے جو اپنی راہوں اور طرزِ فکر میں متلون مزاج تھے۔ بعضوں کے نزدیک تو یوحنا ایک بیوقوف شخص تھا۔ اُن کے خیال کے مطابق اُس کا ذہنی توازن درست نہیں تھا اور وہ اُس سرکنڈے کی مانند تھا جو بیابان میں اُگتا ہے۔ یوحنا رسول اُس دَور کے مذہبی معاشرے کے سانچے میں پورا نہ آسکا۔ بہتوں کے لئے وہ بڑا عجیب اور احمق شخص تھا۔ شاید یسوع لوگوں کو یہ کہہ رہے تھے۔ ”کیا تم باہر ایک بیوقوف شخص کو دیکھنے گئے تھے؟“

بعض لوگوں کی توقع یہ تھی کہ اُسے عمدہ لباس پہنے ہوئے دیکھیں۔ کیا وہ ایسا شخص دیکھنے کی توقع کر رہے تھے جو سوٹ پہنے اور ٹائی لگائے ہوئے ہو۔ یعنی ایسا شخص جو اپنے اعلیٰ لباس اور رکھ رکھاؤ کے باعث معزز دکھائی دیتا ہو؟ فریسی ایسا ہی کیا کرتے تھے۔ وہ اعلیٰ قسم کے چوغے پہنتے تھے۔ اور عزت افزائی کے لئے بازاروں اور گلیوں میں چلتے پھرتے تھے۔ جبکہ یوحنا کو ظاہری رکھ رکھاؤ سے کوئی دلچسپی نہ تھی۔

یسوع نے اُن سے کہا ''کیا تم ایک نبی کو دیکھنے گئے تھے''؟ بلاشبہ یوحنا نبی ہی تھا۔ یوحنا ایک منفرد خدمت اور ذمہ داری کے ساتھ ایک بڑا خاص نبی تھا۔ کتاب مقدس نے اُس کے تعلق سے پیش گوئی کی جب یہ کہا گیا کہ مسیح کے لئے راہ تیار کرنے کے لئے ایک پیامبر اُس کے آگے آگے جائے گا۔ قدیم سے یوحنا کی خدمت کے لئے پیش گوئی کی گئی تھی۔ دوسرے انبیاء تو اِس بات کے منتظر تھے کہ مسیح کب آئے گا لیکن یوحنا نے اُس کی آمد کی خبر دی اور دُنیا کو اُس کا تعارف کرایا۔ عہد عتیق کے انبیاء نے اِس بات کی پیش گوئی کی تھی کہ ایلیاہ کی مانند ایک نبی خدا کی بادشاہی کو متعارف کرائے گا۔ یوحنا اِس نبوت کی تکمیل تھا۔

خداوند یسوع مسیح نے وہاں پر موجود لوگوں کو یاد دلایا کہ یوحنا کی خدمت بڑی زبردست ہے۔ خدا کی بادشاہی میں سب سے چھوٹا بھی یوحنا سے بڑا ہوگا۔ یہ بیان بہت اہم ہے۔ وہ لوگ جو خدا کی بادشاہی کے وارث ہیں خدا کے روح سے نئے سرے سے پیدا ہو چکے ہیں۔ اور اُن کے گناہ یسوع کے صلیبی کام کے وسیلہ سے معاف ہو چکے ہیں۔ خدا کا روح اُن میں بسا ہوا ہے اور اُس کی خدمت کے لئے اُنہیں اُسی سے قوت بھی ملتی ہے۔

ہمیں یوحنا بپتسمہ دینے والے پر فوقیت حاصل ہے۔ ہم صلیب کی دوسری جانب زندگی بسر کر رہے ہیں۔ ہم نے نئی پیدائش اور نئی زندگی کا تجربہ حاصل کیا ہے۔ جبکہ یوحنا کو یہ تجربہ حاصل نہیں تھا۔ عہد عتیق کے تمام مقدسین کی طرح' وہ بھی اُس دن کا منتظر اور مشتاق تھا جب صلیب کے

سبب سے گناہ اور موت پر فتح کا شادیانہ بجایا جانا تھا۔ ہمارے درمیان آج ایسے لوگ پائے جاتے ہیں جن کی اُن لوگوں میں بڑی عزت اور مقام ہے جن کے درمیان وہ خدمت کرتے ہیں۔ وہ خدمت گزاری کا کام کر رہے ہیں اور بہت سے لوگ اُن کے پیچھے چل رہے ہیں۔ لیکن اُنہیں کبھی بھی اِس نئی پیدائش کا تجربہ نہیں ہوا جس کا خداوند یسوع مسیح نے کلام پاک میں ذکر کیا ہے۔

خدا کی بادشاہی ہمیشہ ہی ہماری توقع کے مطابق نہیں پھیلتی۔ یوحنا اِس لئے ذہنی انتشار اور الجھن کا شکار ہو گیا کیوں کہ حالات اور واقعات اُس کی توقع کے خلاف ہی جا رہے تھے۔ فریسیوں نے یسوع کے تمام دعوؤں کو اِس لئے رد کر دیا تھا کیوں کہ وہ اُن کی توقع اور خیالات کے مطابق نہیں تھے۔ بہتوں نے یسوع کے سبب سے ٹھوکر کھائی۔ خدا کے کلام کا یہ حوالہ ہم سے تقاضا کرتا ہے کہ ہم اپنے تصورات' خیالات اور توقعات کو اپنے اوپر حاوی نہ ہونے دیں۔ خدا کی راہیں ہمیشہ ہماری راہوں کی مانند نہیں ہوتیں۔

یوحنا کو سچائی کی منادی کرنے پر قید خانہ میں بند کر دیا گیا تھا۔ یسوع نے اُسے یاد دلایا کہ خدا کی بادشاہی اُس کے اردگرد پھیل رہی ہے۔ اگر ہم اپنی آنکھیں کھولیں تو ہمیں معلوم ہو گا کہ دشمن کی کاوشوں کے باجود خدا کی بادشاہی اب بھی پھیل رہی ہے۔ خداوند ہماری آنکھیں کھول دے اور ہمیں حکمت اور مکاشفہ کی روح عطا کرے تا کہ ہم اُس کام کو دیکھ سکیں جو خداوند ہمارے دور میں کر رہا ہے۔

چند ایک غور طلب باتیں

☆ ۔ کیا آپ نے کبھی خود کو خدا کے مقصد پر شک کرتے ہوئے پایا ہے؟ اگر آپ کا جواب ''ہاں'' ہے تو بتائیں کہ آپ کیسے حالات سے دوچار تھے؟

☆ ۔ اپنی آنکھیں اُٹھا کر دیکھیں کہ خدا آپ کے معاشرے اور زندگی میں کیا کر رہا ہے؟ اُس کی حضوری اور موجودگی کے کیا ثبوت ہے؟

☆ ۔ اپنی خدمت اور مسیح کے ساتھ چلنے کے لئے آپ کے پاس کیا سوچ اور خیال ہے؟ کیا خدا آپ سے یہی چاہتا ہے؟

☆ ۔ کیا آپ اُس وقت بھی خداوند کی خدمت کیلئے کمر بستہ رہنے کیلئے تیار ہیں جب حالات خلافِ توقع ہوں؟

چند ایک اہم دُعائیہ نکات

☆ ۔ خداوند سے ایسا دل مانگیں جو اُس کے مقصد پر کبھی شک اور سوال نہ اُٹھائے بلکہ بخوشی اور رضامندی سے اپنا آپ اُس کے تابع کر دے۔

☆ ۔ خداوند سے درخواست کریں کہ وہ آپ کی آنکھیں کھول دے تا کہ آپ اُس کے کاموں کو دیکھ سکیں جو وہ آپ کے درمیان کر رہا ہے؟

☆ ۔ خداوند سے دُعا کریں کہ وہ اپنے طریقہ سے آپ کی خدمت اور زندگی میں اپنی بادشاہی کو وسعت دیتا رہے۔ اپنی زندگی میں اُس کے کام کے تابع ہو جائیں۔

باب 42

یسوع کو رد کیا جاتا ہے

لوقا 7:31-35 متی 11:16-24 پڑھیں

پچھلے باب میں ہم نے دیکھا کہ یوحنا نے یسوع سے یہ پوچھا کہ کیا آنے والا مسیح وہی ہے۔ یسوع نے اُسے کہا کہ وہ اُن نشانات اور معجزات پر نگاہ کرے جو اُس کے درمیان خدا کی بادشاہی کا واضح ثبوت ہیں۔ خداوند یسوع مسیح نے اُسے کہا کہ وہ اُس کی خدمت کے پھل پر نظر کریں تو اُسے واقعی یقین ہو جائے گا کہ وہ ہی مسیح ہے۔ صرف یوحنا نے ہی یہ سوال نہیں اُٹھایا تھا۔ خدا کی بادشاہی کے ثبوت کے باوجود بہت سے لوگ یسوع پر ایمان نہ لائے اور اُس کے پیغام کو قبول نہ کیا جہاں پر یسوع نے منادی کی تھی۔ مذکورہ حوالہ میں یسوع اُس نسل کے لوگوں کی بات کر رہے ہیں جنہوں نے اُسے اور اُس کے پیغام کو رد کر دیا تھا۔ خداوند یسوع مسیح نے اُس نسل کے لوگوں کو اُن بچوں سے تشبیہ دی جو بازاروں میں بیٹھے ہوئے تھے۔ آئیں دیکھیں کہ یہ بچے کیا کہہ رہے ہیں۔

"ہم نے تمہارے لئے بانسلی بجائی اور تم نہ ناچے۔ ہم نے ماتم کیا اور تم نے چھاتی نہ پیٹی۔"

متی 11:17

اگر آپ کو بھی بچوں کے ساتھ کوئی تجربہ ہوا ہے تو پھر آپ اِس بات کو پہچان سکتے ہیں جو یسوع یہاں پر کر رہے ہیں۔ بعض بچوں کو خوش اور راضی کرنا بڑا مشکل ہوتا ہے۔ جن بچوں کی یسوع یہاں پر بات کر رہے ہیں وہ کچھ اِسی طرح کے بچے ہیں۔ اُنہوں نے نہ تو اُس بانسری کی خوشگوار آواز کو پسند کیا اور نہ ہی پرسوز موسیقی ہی اُن کے کانوں کو اچھی لگی۔ یہ نسل بھی ایسی ہی تھی۔ یوحنا

اُن کے درمیان نہ کھاتا آیا اور نہ ہی پیتا۔ اور اُنہوں نے یہ کہہ کر شکایت کی کہ اُس میں تو بدروح ہے۔ یسوع اُن کے درمیاں کھاتا پیتا آیا اور اُنہوں نے کہا کہ وہ تو کھاؤ اور گناہ گاروں اور محصول لینے والوں کا دوست ہے۔ ''ابن آدم کھاتا پیتا آیا اور وہ کہتے ہیں کہ دیکھو کھاؤ اور شرابی آدمی محصول لینے والوں اور گنہگاروں کا یار! مگر حکمت اپنے کاموں سے راست ثابت ہوئی۔'' ﴿متی 11:19﴾ خدا کی بادشاہی اُن کے درمیان آ چکی تھی لیکن وہ اُسے دیکھنے سے قاصر رہے۔ ''حکمت اپنے کاموں سے راست ثابت ہوئی۔'' (متی 11:19) بالفاظ دیگر یسوع کے پیغام اور معجزات نے یہ ثابت کر دیا کہ وہ خدا کی طرف سے تھا۔ جو کچھ اُس نے کیا کوئی اور شخص نہیں کر سکتا تھا جب تک کہ خدا کے روح کی حضوری اور قدرت اُس میں کام نہ کرتی ہو۔ بچوں کی مانند وہ منطق سننے کے لئے تیار نہ تھے۔ اُنہیں یہ سب کچھ اچھا نہ لگا اِس لئے اُنہوں نے اُسے پسند نہ کیا۔ ہم یہ بھی کہہ سکتے ہیں کہ وہ سچائی کو دیکھنے میں ناکام رہے۔

خداوند یسوع مسیح نے اُس علاقہ کے بعض شہروں سے سرعام کلام کیا۔ متی رسول ہمیں بتاتے ہیں کہ جن شہروں کا بیان یسوع نے یہاں پر کیا ہے وہاں یسوع نے بہت سے معجزات دکھائے تھے۔ اُن شہروں نے خدا کی قدرت دیکھی تھی، پھر بھی اُنہوں نے اُس کی باتوں پر کان نہ لگایا۔

خداوند یسوع مسیح نے خرازین اور بیت صیدا کا ذکر کیا۔ اُنہوں نے کہا کہ جو معجزات یہاں پر ہوئے اگر صور اور صیدا میں ہوتے تو وہ کب کے ٹاٹ اوڑھ کر خاک اور راکھ میں بیٹھ کر توبہ کر چکے ہوتے۔ صور اور صیدا کے شہر اُس دَور میں بڑے خوشحال تجارتی شہر تھے۔ اپنے مال و دولت کے سبب سے وہ بڑے مغرور ہو چکے تھے۔ پرانے عہد نامہ کے انبیاء نے اُن کے زوال اور بربادی کی پیش گوئی کی تھی۔ ٹاٹ ایک ایسا لباس ہوتا تھا جسے پہننا بڑا تکلیف دہ ہوتا تھا۔ اِس لباس کو ماتم کرنے والے، توبہ کے نشان کے طور پر اپنے بدن کو دُکھ دینے کے لئے پہنتے تھے۔ جبکہ راکھ کو بھی گناہ اور توبہ کے نشان پر چہرے پر ملا جاتا تھا۔ توبہ کرنے والا شخص سرعام اپنے

چہرے پر راکھ مل کر خدا کے حضور اپنی گندگی کا اقرار کیا کرتا تھا۔

خداوند یسوع مسیح نے اپنے سامعین کو بتایا کہ روز عدالت صور اور صیدا کا حال خرازین اور بیت صیدا سے زیادہ برادشت کے لائق ہوگا۔خرازین اور بیت صیدا نے مسیح کو دیکھ لیا تھا۔وہ اُن کے درمیان چلا پھرا۔اُس نے اُن کے ساتھ کلام کیا اور اور اُن کے بیماروں کو اچھا کیا۔اُنہیں صور اور صیدا سے زیادہ اچھا موقع ملا تھا۔اُنہوں نے اُسے رد کر دیا۔اور اُن شہروں کو اِس کا خمیازہ بھی بھگتنا ہوگا۔خداوند یسوع مسیح نے کفرنحوم کی بھی مذمت کی۔اُس نے کہا کہ اُسے بھی پست کیا جائے گا۔یسوع نے اُس شہر میں تعلیم بھی دی تھی اور معجزات بھی کئے تھے۔خدا کی بادشاہی کے ثبوت کے باوجود اُنہوں نے اُسے رد کر دیا تھا۔سدوم کو ابرہام کے دوَر میں اُس کی بدکاری کے باعث نیست و نابود کر دیا گیا تھا۔یسوع نے کفرنحوم کے باشندوں کو یہ بتایا کہ جو کچھ کفرنحوم کے لوگوں نے اپنے درمیان ہوتے دیکھا ہے اگر سدوم کے لوگ دیکھ لیتے تو وہ توبہ کر لیتے۔کیوں کہ اُنہوں نے مسیح کی تعلیم اور معجزات دیکھے تھے۔اُن کی عدالت سدوم سے بھی کہیں زیادہ کڑی ہوگی جو لمحہ بھر میں خدا کی عدالت کے زیرِ تاب آ کر صفحہ ہستی سے مٹ گیا۔

ہمیں اِس بات کو سمجھنے کی ضرورت ہے کہ کبھی کبھی ہم بھی خدا کی باتوں کو سمجھنے سے قاصر رہ سکتے ہیں۔کتنی ہی بار خدا نے ہم سے کلام کیا اور ہم نے سننے سے انکار کیا۔کتنی ہی بار خدا ہم پر اپنے آپ کو ظاہر کرتا ہے پر ہم اُسے دیکھ نہیں پاتے۔روز بروز خدا ہمارے درمیان چلتا پھرتا ہے۔وہ دروازے کھولتا اور دروازے بند کر دیتا ہے۔وہ ہمارے پاس لوگوں کو لاتا اور مختلف چیزوں کو رونما کرتا ہے۔لیکن ہم اُنہیں دیکھنے اور سمجھنے سے قاصر رہتے ہیں۔ہمارے لئے یہ سمجھنا کس قدر اہم ہے کہ ہم اپنی آنکھیں کھول کر خدا کی حضوری کے ثبوت دیکھیں۔یہ شہر اِس لئے خدا کی عدالت کے نیچے آئے کیوں کہ اُنہوں نے خداوند کی آواز سن کر اُسے رد کر دیا۔میری دُعا ہے کہ خدا ہمیں ایسی عدالت سے بچائے۔

چند ایک غور طلب باتیں

☆۔ کیا آپ سمجھتے ہیں کہ ہم خدا کے اُس کام اور کلام کو دیکھنے اور سننے سے قاصر رہے ہیں جو وہ ہم سے کرتا رہا؟

☆۔ کون سی چیزوں نے ہماری آنکھوں کو اندھا کئے رکھا تا کہ ہم وہ سب کچھ نہ دیکھ سکیں جو کچھ خدا ہماری زندگی میں کرتا رہا ہے؟

☆۔ آپ کے معاشرے میں کون سے ایسے شواہد موجود ہیں کہ خدا ہم کلام ہوتا اور اپنے آپ کو ظاہر کرتا ہے؟

چند ایک اہم دُعائیہ نکات

☆۔ خداوند سے دُعا کریں کہ وہ آپ کی آنکھیں اور کان اپنے کلام اور کام کے لئے کھول دے۔

☆۔ خداوند سے درخواست کریں کہ وہ آپ کے معاشرے کو سننے والے کان اور دیکھنے والی آنکھیں عطا کرے۔ تا کہ وہ بھی اُس کلام کو سن سکیں جو وہ اُن سے کر رہا ہے۔

☆۔ دُعا کریں کہ شیطان کی قوت اور قدرت اُن زندگیوں اور دلوں سے ختم ہو جائے جن کی آنکھوں کو ابلیس نے اندھا کر رکھا ہے۔

باب 43

میرے پاس آؤ

متی 11:25-30 پڑھیں

پچھلے حوالہ میں ہم نے یسوع کو باپ سے دُعا کرتے پایا کیوں کہ اُس نے اُس دَور کے داناؤں اور عقلمندوں سے خدا کی بادشاہی کے بھیدوں کو چھپایا اور بچوں پر ظاہر کیا۔ خداوند یسوع مسیح نے یہاں پر اِس بات کو دھرایا ہے کہ ہمارا ذہن ایمان کی راہ میں ایک بڑی رکاوٹ کا باعث ہوسکتا ہے۔ خداوند نے مجھ پر اِس بات کو منکشف کیا ہے کہ اُس کی ذات اور اُس کی راہوں کے تعلق سے کچھ ایسی چیزیں بھی ہیں جو ہم کبھی سمجھ نہیں پائیں گے۔ ہم ایمان سے قبول کرنے کی بجائے ہر ایک چیز پر بحث کرنا چاہتے ہیں۔ ہم بچوں جیسے ایمان کے ساتھ چلنے میں ناکام رہتے ہیں۔ کیوں کہ ہماری ذہنوں میں موجود دلیل اور بحث ہمیں یہ کہتی ہے کہ ایمان سے چلنا خطرناک ہوگا۔ یسوع کے دَور کے لوگ خدا کی بادشاہی کو دیکھ نہ سکے کیوں کہ اُن کے ذہنوں پر تاریکی، شک وشبہات اور دلیل کے بادل چھائے ہوئے تھے۔ اُنہوں نے خدا کو محدود کر دیا اور جو کچھ اُنہیں دکھائی دیتا تھا اُسی کی وضاحت اور تشریح کرتے تھے۔

خداوند یسوع مسیح نے اپنے سامعین کو بتایا کہ شروع ہی سے آسمانی باپ کی یہ منشا تھی کہ سادہ لوگوں پر اپنی بادشاہی کے بھیدوں کو ظاہر کرے۔ (متی 11:26) خدا ایسے لوگوں کو چاہتا ہے جو اُس پر اور اُس کے کلام پر بھروسہ اور توکل کریں۔ وہ ایسے لوگوں کا متلاشی ہے جو اپنا آپ اُس کے حضور انڈیل دیں۔ اور حتیٰ کہ اُنہیں خدا کا مقصد اور منصوبہ سمجھ بھی نہ آ رہا ہو تب بھی وہ اپنا آپ اُس کے تابع کر دیں۔ ایک ذہین، پڑھا لکھا اور منطق کو ماننے والا شخص اِس بات پر مغرور ہوتا ہے کہ وہ کس

قدر خدا اور اُس کے منصوبے کو سمجھتا اور جانتا ہے۔ایسا شخص جس کا ایمان بچوں جیسا ہوتا ہے تابعداری سے قدم اُٹھاتا ہےاور سمجھ نہ آنے کی صورت میں بھی خدا پر توکل کرتا ہے۔

خداوند یسوع مسیح نے سامعین کو یہ بتایا کہ باپ نے اُسے سب چیزوں پر اختیار اور قدرت بخشی ہے۔(27 آیت) ہماری نجات' اِس دنیا کے صورت اور راہ کا تعین اسی پر منحصر ہے۔وہ ہماری زندگیوں کے لئے ایک الٰہی منصوبہ رکھتا ہے۔وہ اِن حالات اور واقعات کو اپنے مقصد کی تکمیل کے لئے استعمال کرے گا جن سے ہم دوچار ہوتے ہیں۔اُس کے اختیار سے کچھ بھی باہر نہیں ہے۔اُسے ہونے والے تمام حالات اور واقعات پر اختیار اور قدرت حاصل ہے۔سب سے بڑھ کر اہم یہ ہے کہ وہ ہماری بڑی فکر کرتا ہے۔پولس رسول کو اِس سچائی پر گہرا اعتماد تھا۔

"اور ہم کو معلوم ہے کہ سب چیزیں مل کر خدا سے محبت رکھنے والوں کے لئے بھلائی پیدا کرتی ہیں۔یعنی اُن کے لئے جو خدا کے ارادہ کے موافق بلائے گئے۔"(رومیوں 28:8)

یہ کہہ کر یسوع نے اُن سے جو اُس کے پاس آنے کی تمنا رکھتے تھے مخاطب ہو کر کہا۔اگر تم تک زندگی اور گناہ کے بوجھ تلے تھکے ماندے ہو۔تو اُس کے پاس آؤ۔غور کرو کہ یہ بلاہٹ اُن لوگوں کے لئے ہے جو اپنی اِس ضرورت سے واقف اور آگاہ ہیں۔آپ کبھی بھی اُس کے پاس نہیں آسکیں گے اگر آپ یہ سمجھتے ہیں کہ ہر ایک چیز آپ کے اختیار اور تسلط میں ہے۔نجات دہندہ کے پاس آنے سے پہلے آپ کو نجات دہندہ کی ضرورت کا احساس ہونا لازمی ہے

قابلِ غور بات: آپ کو کچھ کرنے کی ضرورت نہیں ہے۔آپ کو صرف اپنی ساری گندگی اور ناپاکی کو لے کر آنا ہے۔اُس کے پاس آنے کے لئے اپنے آپ کو پاک صاف کرنے کی ضرورت نہیں ہے۔اپنی ضرورت اور اپنی شکستہ حالت میں اُس کے پاس آجائیں۔آپ کو یہ بھی سمجھنے کی ضرورت نہیں کہ سب کچھ کیسے ٹھیک ہوگا۔چھوٹے بچے کی مانند اُس کے پاس آجائیں۔

اُس نے وعدہ کیا ہے کہ آپ کے بوجھوں اور فکروں سے آرام بخشے گا۔

خداوند یسوع مسیح ہمیں اسی حالت میں بلا رہا ہے۔ وہ ہمیں بلا رہا ہے کہ ہم جیسے بھی ہیں آ کر اُس کا جوا اپنے اوپر اُٹھا لیں۔ یسوع یہاں پر تابعداری کے جوئے کا ذکر کر رہے ہیں۔ وہ بیل جو جوا اُٹھاتا تھا اپنے مالک کی مرضی اور مقصد کے تابع ہو جاتا تھا۔

خداوند یسوع مسیح ہمیں اِس لئے بلا رہے ہیں تاکہ ہم اپنے آپ کو اُس کی مرضی اور اُس کی نگہبانی میں دے کر اُس کی راہنمائی اور اُس کی نگہداشت کو سمجھیں۔ اگر ہم اپنا آپ اُس کے تابع کر دیں تو اُس نے ہم سے آرام کا وعدہ کیا ہے۔ ہمیں یسوع کے پاس آنے سے خوفزدہ نہیں ہونا چاہئے۔ کیوں کہ وہ نہایت فروتن، حلیم اور منکسر المزاج ہے۔

وہ ہماری فکر کرتا ہے اور اُسے ہماری ضروریات کا بھی خیال رہتا ہے۔ وہ جو اُس کے پاس آ جاتے ہیں اُنہیں معلوم ہوتا ہے کہ اُس کی تابعداری اور فرمانبرداری کا جوا کس قدر آرام دہ اور آسان ہے۔ اور وہ بوجھ جو وہ اُٹھاتے ہیں کس قدر ہلکا ہے۔ خداوند یسوع مسیح ہمیں یہاں پر یہ نہیں کہہ رہے کہ ہمیں کبھی مشکلات کا سامنا نہیں کرنا پڑے گا۔ وہ جو اپنے آپ کو اُس کے تابع کر دیتے ہیں بڑی خوشی اور مسرت سے اُس کا بوجھ اُٹھاتے ہیں۔

یسوع کے شاگردوں نے بخوشی و رضا بڑے دُکھ اُٹھائے۔ دُنیا کی راہوں کی طرف واپس لوٹ جانے کی بہ نسبت اُنہوں نے دُکھ اُٹھانے اور اپنے نجات دہندہ کی خاطر مر جانے کو ترجیح دی۔ دنیوی آسائش و آرام کی بہ نسبت ان کے پاس کوئی ایسی چیز تھی جس کے باعث وہ دُکھوں اور مصائب میں بھی خوشی اور اطمینان محسوس کرتے تھے۔ وہ ایسا جوا اور بوجھ اُٹھائے ہوئے تھے جو ملائم تھا اور ہلکا تھا۔

یہاں پر اُن سب کے لئے ایک خوبصورت وعدہ ہے جو چھوٹے بچوں کی طرح خود کو اُس کے تابع کر دیتے ہیں۔ اگر ہم اپنے دلوں کو کھول کر اُس کے تابع ہو جائیں۔ تو ہم دیکھیں گے کہ وہ تو ہماری توقعات سے بھی بڑھ کر ہمیں زیادہ برکات کی پیش کش کرتا ہے۔ اپنی عقل کو آڑے نہ آنے

دیں۔مسیح میں ایک ایسی حقیقت ہے جسے آپ کی عقل کبھی سمجھ نہ پائے گی۔ایک ایسا آرام ہے جو صرف اور صرف سادہ ایمان اور بھروسہ کرنے سے ملتا ہے۔ضرور ہے کہ اِس آرام کا تجربہ کی جائے۔خداوند کی راہیں ہمیشہ ہی ہماری دلیل اور سمجھ کے مطابق نہیں ہوتیں۔خدا کا تقاضا یہ ہے کہ ہم اپنا دل اُس کے حضور انڈیل کر اُس کا جوا اپنے اوپر لے لیں۔کیا آپ اُس کا جوا اُٹھا کر اُس پر بھروسہ کریں گے؟ کیا آپ بخوشی ورضا اُس بوجھ کو اُٹھائیں گے جو وہ آپ پر رکھے گا؟ وہ لوگ جو اپنا آپ اُس کے تابع کر دیتے ہیں' اُنہیں معلوم ہو جاتا ہے کہ اُس کا جوا اور بوجھ کس قدر ہلکا اور ملائم ہے۔

چند ایک غور طلب باتیں

☆ ۔کتنی بار آپ کی عقل اُس کام کو کرنے کی راہ میں حائل ہوئی جس کے لئے خدا نے آپ کو بلایا ہے؟ کیا آپ کے پاس اِس کی کوئی مثال ہے؟

☆ ۔آپ کس طرح خداوند کی ہدائیت اور راہنمائی کو جان سکتے ہیں؟ کیا یہ راہنمائی بعض اوقات سمجھ میں آتی ہے؟

☆ ۔کیا آپ نے خود کو کبھی سادگی سے اُس پر توّکل کرنے کی بجائے' خدا کے کام کو سمجھنے کی کوشش میں مایوسی کا شکار ہوتے دیکھا ہے؟ اِس صورتحال میں آپ کی خوشی اور اطمینان کس طرح متاثر ہوتا ہے۔

☆ ۔خداوند یسوع مسیح کے جوئے کو اپنے اوپر لینے کا کیا مطلب ہے؟ کیا آپ نے اسُے اجازت دی ہے کہ وہ اپنا جوئے آپ پر رکھ دے؟ اِس سے آپ کے طرزِ زندگی پر کیا اثر پڑا ہے؟

چند ایک اہم دُعائیہ نکات

☆۔خداوند کا شکر کریں کہ جیسے بھی آپ ہیں وہ آپ کو قبول کر لیتا ہے۔

☆۔اِس بات کے لئے خداوند کی شکر گزاری کریں کہ ہم ہر طرح کی صورتحال میں پورے طور پر اُس پر توّکل اور بھروسہ کر سکتے ہیں۔

☆۔اِس بات کے لئے خداوند کا شکر کریں کہ اگرچہ بعض اوقات اُس کی راہنمائی عقل سے بالاتر ہوتی ہے تو بھی ہم اُس پر توکل کر سکتے ہیں۔ایسے وقتوں کے لئے خداوند سے معافی مانگیں جب اُس کی راہنمائی کے تعلق سے آپ بڑبڑاہٹ کا شکار ہوئے۔

☆۔خداوند سے کہیں کہ وہ آپ کو بچوں جیسا ایمان عطا کرے۔تاکہ آپ اُس کے کلام کا یقین کر کے بخوشی تابعداری کا قدم اُٹھا سکیں۔

☆۔چند لمحات کے لئے دُعا کریں اور خداوند سے کہیں کہ آج آپ بخوشی دل کی رضامندگی سے اُس کا جوا اپنے اوپر لینے کے لئے تیار ہیں۔خداوند سے مدد مانگیں کہ آپ پورے طور پر اپنی زندگی اُس کے مقصد اور منصوبے کے تحت مکمل طور پر اُس کی تابعداری میں بسر کر سکیں۔

باب 44
ایک فریسی کے گھر میں ضیافت
لوقا 7:36-50 پڑھیں

ایک دفعہ شمعون فریسی نے یسوع کو اپنے گھر دعوت پر بلایا۔ یسوع نے دعوت نامہ قبول کیا اور اُس کے گھر چلے گئے۔ ہمیں یہ تو نہیں بتایا گیا کہ شمعون نے یسوع کو اپنے گھر دعوت کیوں دی تھی۔ فریسیوں کو ہمیشہ یسوع کی تعلیم اور اُس کی شخصیت کے ساتھ مشکل پیش آتی تھی۔ یسوع کو مہمان نوازی دکھانا، گویا یسوع کی عزت کرنا تھا۔ شمعون فریسی کے بقیہ دوستوں اور ساتھیوں کو یہ سب کچھ اچھا نہ لگا۔ فریسی تو یسوع پر گناہ گاروں کے ساتھ میل جول رکھنے کا الزام لگاتے تھے۔ وہ اِس بات پر فخر محسوس کرتے تھے کہ وہ گناہ گاروں سے کوئی سروکار نہیں رکھتے۔

مقدس لوقا ہمیں بتاتے ہیں کہ ایک مشکوک شہرت کی حامل ایک عورت کو معلوم ہوا کہ یسوع شمعون فریسی کے گھر کھانے پر مدعو ہے۔ اُس نے وہاں جا کر اُس سے ملنے کا فیصلہ کیا۔ اُس نے اپنے ساتھ عطر کا ایک مرتبان لیا۔ سنگ مرمر کا عطردان مصر کے شہر الابسٹرون میں ملنے والے پتھر سے تیار کیا جاتا تھا۔ اور بڑا قیمتی ہوتا تھا۔

لوگوں کے دیکھتے ہوئے، وہ عورت رونے لگی۔ اُس نے اپنے آنسوؤں سے یسوع کے پاؤں بھگو دیئے۔ اور پھر اپنے بالوں سے اُنہیں دھویا۔ دیکھنے والے حیران رہ گئے کہ اُس نے یسوع کے پاؤں چومنے شروع کر دیئے۔ اور پھر وہ عطر یسوع کے پاؤں پر انڈیل دیا جو وہ اپنے ساتھ لائی تھی۔

اِس بات پر غور کریں کہ سب سے پہلے یہ عورت روئی۔ اُس کی بھی کوئی وجہ تو ہوگی۔ یوں لگتا ہے

کہ اُس کا دل ٹوٹا ہوا تھا۔ اُسے معلوم تھا کہ وہ اچھی زندگی نہیں گزار رہی۔ وہ ایک گناہ گار کی حیثیت سے یسوع کے پاس آئی۔ جسے اپنے گناہوں کی معافی کی اشد ضرورت تھی۔ ظاہر ہے کہ اُس عورت نے یسوع اور اُس کی منادی کے بارے میں سن رکھا ہوگا۔ جو کچھ اُس نے دیکھا اور سنا ' اُس سے وہ دل شکستہ ہوگئی۔ وہ جانتی تھی کہ اُسے درست ہونے کی ضرورت ہے۔ اُس نے وہ کچھ دیکھ لیا جو بہت سے لوگ دیکھ نہ سکے۔ وہ اپنے گناہوں سے توبہ کے لئے آئی۔ وہ اُس کے پاس کھڑی ہوکر روتی رہی کیوں کہ وہ جانتی تھی کہ وہ ایک ایسی گناہ گار عورت ہے جو کسی طور پر بھی اُس کے لائق نہیں ہے۔

یہ بات بھی قابل غور ہے کہ اُس نے اپنے آنسوؤں سے یسوع کے بھیگے پاؤں کو اپنے بالوں سے پونچھا۔ اُس کے بال اُس کی زینت تھے۔ اگر وہ ایک مشکوک کردار کی عورت تھی تو پھر اُس نے اپنے بالوں کو خوبصورت بنانے میں بڑا وقت صرف کیا ہوگا۔

لیکن اب اُسے اپنے بالوں کی خوبصورتی کی بالکل پرواہ نہیں تھی۔ اپنے بالوں سے اُس کے پاؤں پونچھنے سے وہ اُس کے لئے اپنی عقیدت اور عزت وتکریم ظاہر کر رہی تھی۔ اُس نے کسی کپڑے سے اُس کے پاؤں نہیں پونچھے۔ بلکہ اُس چیز سے جو اُس کو بڑی عزیز اور پیاری تھی۔ کیوں کہ یسوع اِس لائق تھا کہ اُس کی اِس طرح عزت کی جاتی۔

اُس روز وہ عورت جو عطر یسوع کے لئے لے کر آئی تھی مختلف مقاصد کے لئے استعمال کیا جاتا تھا۔ اپنی ناپاک زندگی میں وہ اُس عطر کو غیر مردوں کو اپنی طرف متوجہ کرنے کے لئے استعمال کرتی ہوگی۔ ہوسکتا ہے کہ وہ عطر اُس کی مہنگی ترین چیزوں میں سے ایک ہو۔ وہ یسوع کو اپنی سب سے بہترین اور قیمتی چیز پیش کرنے کے لئے آئی۔

جب اُس نے یسوع کے پاؤں پر عطر ڈالا تو گویا وہ یہ کہہ رہی تھی کہ اب اُسے اِس عطر کی کوئی ضرورت باقی نہیں رہی۔ اب وہ اپنی پرانی زندگی کو ترک کرنے کے لئے تیار اور آمادہ تھی۔ اُس

عورت نے اِس بات کا عملی مظاہرہ پرانی زندگی کی ایک اہم چیز کو یسوع کے پاؤں میں رکھ دینے سے کیا۔ شمعون فریسی نے جب یہ سب کچھ دیکھا تو وہ بڑا خوفزدہ ہوا۔ اُس نے محسوس کیا کہ اگر یسوع ایک نبی ہوتا تو اُسے علم ہو جاتا کہ وہ عورت جو اُسے چھو رہی ہے کیسی عورت ہے۔ بطور ایک فریسی، اُسے اس بات پر فخر تھا کہ وہ دیگر لوگوں سے ایک الگ شخصیت کا مالک ہے۔ اور اُس کا ارد گرد کے لوگوں سے کوئی تعلق واسطہ نہیں ہے۔ اُس نے اپنے آپ کو بالکل پاک اور خالص رکھا ہوا تھا۔ وہ گناہ گاروں کے ساتھ بالکل کوئی میل جول نہیں رکھتا تھا۔ اِس کے برعکس یسوع نے اُس عورت کو اجازت دی کہ وہ اُسے چھوئے۔

یسوع نے شمعون کا ردِعمل دیکھ کر اُسے ایک تمثیل سنائی۔ دو آدمی ایک ساہوکار کے مقروض تھے۔ پہلے کے ذمہ 500 جبکہ دوسرے کے ذمہ صرف 50 دینار واجب الادا تھے۔ ایک دینار ایک دن کے کام کی اُجرات ہوتا تھا۔ اُن دونوں اشخاص کے پاس قرضدار کو واپس کرنے کے لئے روپیہ پیسہ نہیں تھا۔ ساہوکار نے فیصلہ کیا کہ وہ اُن کا قرض معاف کر دے گا۔ یسوع نے شمعون فریسی سے کہا کہ اُن میں سے کون سا آدمی ساہوکار سے زیادہ محبت رکھے گا۔ شمعون نے لمحہ بھر کے لئے سوچ کر جواب دیا وہ جس کا زیادہ قرض معاف ہوا۔ یسوع نے کہا کہ اُس نے درست جواب دیا ہے۔

یسوع نے شمعون سے کہا کہ میں تیرے گھر آیا اور تو نے اتنا بھی نہ کیا کہ از رائے اخلاق مجھے پاؤں دھونے کے لئے پانی ہی دے دیتا۔ اِس کے برعکس اُس عورت نے اپنے آنسوؤں سے میرے پاؤں دھونا نہ چھوڑے اور پھر اپنے بالوں سے صاف کئے۔ اِس سے ہمیں اُس عورت کے بارے میں کچھ مزید علم ہوتا ہے۔ یسوع کے پاؤں راہ پر چلتے چلتے گندے ہو گئے ہوں گے۔ وہ عورت اپنے بالوں کو یسوع کے پاؤں کی گرد سے گندہ کرنے کے لئے تیار تھی۔ اِس کے برعکس شمعون نے ایسے اخلاق اور محبت کا عملی مظاہرہ بالکل نہ کیا۔

یسوع نے شمعون سے کہا کہ اُس نے بوسہ لے کر اُسے اپنے گھر میں خوش آمدید نہیں کہا جبکہ اِس عورت نے میرے پاؤں کے بوسے لینے نہ چھوڑے۔ شمعون نے یسوع کے بالوں کو تیل نہیں لگایا تھا لیکن اُس عورت نے یسوع کے پاؤں کو قیمتی عطر سے دھو ڈالا۔ شمعون سے قطعی مختلف اُس عورت نے یسوع کے لئے بہت کچھ کیا تھا۔ اُس عورت نے شمعون سے کہیں بڑھ کر محبت اور عقیدت ظاہر کی۔

یسوع نے وہاں پر بیٹھے لوگوں سے کہا اگرچہ اِس عورت کے گناہ بہت زیادہ تھے تو بھی معاف ہو چکے ہیں۔ چونکہ اِس کے بہت سے گناہ معاف ہوئے تھے اِس لئے اُس نے بہت زیادہ محبت دکھائی۔ جس قدر ہم اپنی گناہ آلودہ حالت کو زیادہ سمجھتے ہیں اُسی قدر ہم یسوع کے صلیبی کام کے لئے اُس کی زیادہ شکرگزاری اور تعریف کرتے ہیں جو اُس نے ہمارے لئے سرانجام دیا تا کہ ہمارے گناہ معاف ہو جائیں۔ یسوع نے اُس عورت پر نگاہ کی۔ وہ اُس کی گناہ آلودہ حالت کی گہرائیوں سے بخوبی واقف اور آگاہ تھے جن میں وہ گر چکی تھی لیکن اُنہوں نے اُس کے دل کی شکستہ حالت اور تائب دلی پر بھی غور کیا۔ یسوع نے اُس کے گناہ معاف کر دیئے۔

وہاں پر موجود مہمانوں کو سمجھ نہیں آ رہی تھی کہ وہ ہونے والی باتوں اور اِس واقع کے بارے میں کیا رائے قائم کریں۔ اُنہیں اِس بات کی سمجھ نہیں آ رہی تھی کہ یسوع کس طرح گناہ معاف کر سکتا ہے۔ اپنے مذہب اور اعلیٰ تعلیم کے باوجود وہ اِس سادہ سچائی کو دیکھنے سے قاصر رہے جو اُس عورت نے دیکھ لی تھی۔ اُس عورت نے جان لیا کہ صرف یسوع ہی اُس کی واحد اُمید ہے۔ اُس نے یسوع کو اپنے نجات دہندہ کے طور پر دیکھا۔ ایمان کے ساتھ وہ اُس کے پاس آئی اور جو کچھ اُس نے کہا اُس نے قبول کر لیا۔ اُس کے گناہ معاف ہو چکے تھے اور اُسے وہ نجات مل چکی تھی جس کی جستجو میں وہ وہاں پر آئی تھی۔ فریسی اور دیگر آئے ہوئے مہمانانِ گرامی حیران پریشان اپنے اپنے گھروں کو لوٹ گئے۔

بعض اوقات ہماری دلیل اور منطق کافی نہیں ہوتا۔ خدا ہمیں بلا رہا ہے کہ ہم اُسے ایمان سے قبول کر لیں۔ بہت سے لوگ اُن چیزوں کو اِس لئے حاصل کرنے سے محروم رہ جاتے ہیں جو خدا اُنہیں پیش کر رہا ہوتا ہے کیوں کہ وہ یہی سوچتے رہتے ہیں کیوں کیسے، کب۔ جب تک اُنہیں خدا کے کام کی سمجھ نہ لگ جائے وہ ٹس سے مس نہیں ہوتے۔ جب تک اُنہیں سمجھ نہ آئے وہ کسی طرح کے رد عمل کا مظاہرہ نہیں کرتے۔ جب تک اُن کی سمجھ کی گہرائیوں میں بات نہ اُترے وہ اُسے قبول کرنے کا نام نہیں لیتے۔ اُس سادہ عورت نے اُس نجات کو حاصل کر لیا جبکہ تمام مذہبی لوگ اُس سے محروم رہ گئے۔ اُس نے یسوع کے کلام کا یقین کر لیا۔

چند ایک غور طلب باتیں

☆۔ اُس دن کون سی چیز دسترخوان پر بیٹھے مہمانوں کے لئے رکاوٹ کا باعث بنی اور خداوند کی نجات پانے میں محروم رہ گئے۔

☆۔ چونکہ آپ ہر ایک چیز کو پہلے سمجھنا چاہتے ہیں، اِس وجہ سے آپ کتنی بار خداوند کی مرضی کو پورا کرنے سے قاصر رہے؟

☆۔ خداوند کے ساتھ چلنے کے لئے ہماری زندگی میں ایمان کے مقام کے بارے میں یہ حوالہ ہمیں کیا سکھاتا ہے؟

☆۔ یہاں ہم خداوند یسوع مسیح کے ساتھ شخصی رشتے اور مذہب کے درمیان کیا فرق سمجھتے ہیں۔ اِس واقعہ میں کون سے کردار مذہب کے پیروکار تھے؟ اور کون سے کردار خداوند کے ساتھ شخصی رشتہ میں بندھے ہوئے ہیں۔ آپ کے پاس مذہب ہے یا شخصی رشتہ؟

☆۔ کیا آپ کے معاشرے میں بھی اِس عورت جیسے لوگ ہیں؟ ایسے لوگوں کے تعلق سے آپ کی کلیسیا کا رد عمل کیسا رہا ہے؟

چند ایک اہم دُعائیہ نکات

☆۔ خداوند سے کہیں کہ وہ آپ کو بھی اِس حوالہ میں موجود عورت کی طرح سادہ ایمان عطا فرمائے۔

☆۔ خداوند کی شکر گزاری کریں کہ خواہ ہمارے گناہ کس قدر زیادہ ہوں پھر بھی وہ خوشی سے اُنہیں معاف کرنے کے لئے تیار رہتا ہے۔

☆۔ خداوند سے درخواست کریں کہ آپ کی مدد کرے تا کہ آپ اُس کے ساتھ شخصی طور پر رشتہ استوار کر سکیں۔

☆۔ ایسے وقتوں کیلئے خداوند سے معافی مانگیں جب آپ کا ایمان رشتے کی بہ نسبت زیادہ مذہبی ہو گیا۔

☆۔ خداوند سے کہیں کہ وہ آپ کے دل کو معاشرے کے لوگوں کے لئے کھولے جو اِس حوالہ میں موجود عورت کی مانند ہیں۔ چند لمحات کے لئے ایسے لوگوں کے لئے دُعا کریں جن کے تعلق سے خدا نے آپ کے دل پر بوجھ رکھا ہے۔

باب 45

ایک بدروح گرفتہ کا شفا پانا

متی 12:22-30 مرقس 3:20-27 لوقا 8:1-3 پڑھیں

جب ہم اناجیل کا یہ نیا حصہ شروع کرتے ہیں متی رسول ہمیں بتاتے ہیں کہ کچھ لوگ بدروح گرفتہ شخص کو یسوع کے پاس لائے۔ اُس بدروح نے اُس شخص کو اندھا اور گونگا کر رکھا تھا۔ اِس سے ہمیں بُری روحوں کے کام کے بارے میں بھی معلوم ہوتا ہے۔ تاہم ہرگز یہ نہ سمجھا جائے کہ ہر ایک بیماری اور ہر طرح کی کمزوری کے پیچھے بدروحوں کا ہاتھ ہوتا ہے۔ ہمیں اِس بات سے آگاہ ہونے کی ضرورت ہے کہ بُری روحیں اُس شخص پر جسمانی علامات چھوڑتی ہے جس پر وہ ظلم وستم کرتی ہیں۔

ہمیں یہاں پر تفصیلات کے بارے میں کچھ نہیں بتایا گیا۔ ہمیں صرف یہ بتایا گیا ہے کہ یسوع نے اُسے شفا دی اِس کے نتیجہ میں بدروح جانے پر مجبور ہوگئی اور وہ آدمی بولنے اور دیکھنے لگا۔ ہجوم یہ سب کچھ دیکھ کر حیران رہ گیا۔ اِس معجزے سے وہ اِس قدر متاثر ہوئے کہ وہ حیران ہو کر کہنے لگے کہ آیا یہ داؤد کا بیٹا ہے۔ ''ابن داؤد'' مسیح کی طرف اشارہ تھا جو کہ آنے والا تھا اور اُسے یسی بن داؤد کی نسل سے آنا تھا۔ مرقس 3:20 ہمیں بتاتا ہے کہ جہاں یسوع نے شفا کا یہ کام کیا تھا بھیڑ وہاں پر جمع ہوگئی۔ یسوع اور اُس کے شاگردوں پر ہر طرف سے بھیڑ گرا پڑتی تھی۔ وہ یسوع کی منادی سننا اور اُس سے شفا پانا چاہتے تھے۔

جب بھیڑ یسوع اور اُس کے شاگردوں کے اردگرد جمع تھی، مقدس مرقس 3:21 ہمیں بتاتا ہے کہ اُس کے گھرانہ کے لوگ اِسے ملنے کے لئے آئے۔ New Living Translation

کے مطابق وہ اُسے گھر لینے کے لئے آئے۔ وہ اِس لئے اُسے گھر لینے کے لئے آئے کیوں کہ وہ سمجھتے تھے کہ وہ بے خود ہے۔ جو کچھ یسوع کہہ اور کر رہا تھا' اُس کا خاندان بھی اُسے سمجھنے اور قبول کرنے سے قاصر رہا۔ شفا اور بدروحوں کو نکالنے کا کام' یہ سب کچھ اُن کے لئے بعید از عقل تھا۔ وہ اُسے گھر لینے کے لئے آئے کیوں کہ وہ اُن کے لئے پریشانی کا باعث تھا۔ اُس کے کام اور کلام سے اُن کے گھرانے کے نام کی بدنامی ہو رہی تھی۔ اگر آپ کا گھرانہ خداوند کے لئے آپ کے ثابت قدم اور کھڑے ہونے کو نہ سمجھ پائے تو پریشان نہ ہوں۔ ہم اکیلے نہیں ہیں۔ یسوع پورے طور پر اِس بات کو سمجھتے تھے کہ اپنے ہی خاندان کی طرف سے رد کیا جانا کیا ہوتا ہے۔

جہاں تک فریسیوں کی بات ہے جب اُنہوں نے سنا کہ کس طرح ایک شخص اُس بدروح سے آزاد ہوا ہے جس نے اُسے اندھا اور گونگا کر رکھا تھا۔ اُنہوں نے بھی اپنے خیالات کا اظہار کیا۔ اُنہوں نے لوگوں کو بتایا کہ وہ بدروحوں کے سردار بعلز بول کی مدد سے بدروحیں نکالتا ہے۔ بعلز بول شیطان ہی کا دوسرا نام ہے۔ اُنہوں نے یسوع پر الزام لگایا کہ وہ شیطان سے اپنی قوت حاصل کرتا ہے۔ یوں کہنے سے وہ یسوع اور اُس کی خدمت کے لئے انتہائی نفرت کا مظاہرہ کر رہے تھے۔

یسوع اِس بات کو سمجھتے تھے کہ وہ اُس کے بارے میں کیا سوچ رہے اور اُس کو کیا چیلنج کر رہے ہیں۔ کئی دفعہ یسوع خاموش رہے۔ اِس واقعہ میں یسوع سچائی کے لئے کھڑے ہو گئے۔ یسوع نے اپنے الزام لگانے والوں سے کہا وہ بادشاہی جس میں پھوٹ پڑ جاتی ہے وہ قائم نہیں رہتی۔ اگر شیطان ہی نے شیطان کو نکالا تو اُس کی بادشاہی کیسے قائم رہے گی؟ کون سی فوج فتح سے ہم کنار ہو سکتی ہے جس کے فوجی آپس میں ہی ایک دوسرے پر گولیاں برسا رہے ہوں؟ اِسی طرح ایک ازدواج کس طرح مضبوط ہو سکتا ہے اگر جیون ساتھی ایک دوسرے کو اپنی باتوں' روّیوں اور سلوک سے زخمی کر رہے ہوں؟ کس طرح ایک ٹیم چمپیئن شپ جیت سکتی ہے اگر اُس ٹیم کے

کھلاڑی ایک دوسرے کو چت کرنے کے لئے سرگرم ہوں؟ جو کچھ فریسی کہہ رہے تھے بہت مضحکہ خیز تھا۔

لوگوں کو بدروحوں سے رہائی دینے کا کام یسوع نے شروع نہیں کیا تھا۔ فریسی از خود اِس بات کو سمجھتے تھے کہ بدروحوں کی طرف سے دُکھ اور پریشانی ایک حقیقت ہے۔ اُن میں کچھ ایسے بھی تھے جو اِسی طرح کی خدمت سرانجام دے رہے تھے۔ یسوع نے اُنہیں اُن کی ریاکاری دکھائی۔ ایک طرف تو وہ یسوع پر الزام لگا رہے تھے اور دوسری طرف وہ خود بھی یہی کام کر رہے تھے۔

دوسری طرف یسوع نے مذہبی راہنماؤں سے کہا کہ اگر وہ بدروحوں کو خدا کے روح کی مدد سے نکال رہا ہے تو پھر خدا کی بادشاہی اُن کے درمیان آ گئی ہے۔ غور کریں کہ خدا کی بادشاہی اپنی قدرت سے ظاہر ہوئی۔ خدا کی بادشاہی زمینی بادشاہی نہیں تھی جیسا کہ فریسی توقع کر رہے تھے۔ یہ بادشاہت ایک روحانی بادشاہت تھی۔ یہ ممالک کو فتح کرنے نہیں آئی تھی۔ بلکہ یہ دلوں اور ارادوں کو اسیر کرنے کے لئے آئی تھی۔ یہودی لوگوں نے اِس بات کا ثبوت دیکھا کہ خدا کی بادشاہی دلوں کو فتح کر رہی ہے۔ خداوند نے بدروحوں کے قلعے فتح کئے جن میں برسوں سے لوگ یرغمالوں کی طرح پڑے ہوئے تھے۔ دشمن پسپا ہوا اور خدا کی بادشاہت پھیلنے لگی۔

خداوند یسوع مسیح نے اُنہیں کہا کہ کوئی شخص کسی زورآور کے گھر میں گھس کر لوٹ مار نہیں کر سکتا جب تک وہ پہلے اُس زورآور کو باندھ نہ لے۔ زورآور یہاں پر شیطان کی طرف اشارہ ہے۔ ہم محض انسان ہوتے ہوئے شیطان اور اُس کی بادشاہت کے پھیلاؤ پر کس طرح اثر انداز ہو سکتے ہیں؟ وہ ہم سے کہیں زورآور ہے۔ ہم کس طرح دشمن کے علاقہ پر دھاوا بول کر اُس کی جائیداد لوٹ سکتے ہیں؟ جو کچھ اُس نے ہم سے لوٹ لیا ہے کس طرح ہم اُس سے واپس چھین سکتے ہیں؟ ہم صرف اُسی صورت میں اُسے اپنے کھوئے ہوئے علاقے اور لوٹی ہوئی دولت واپس لے سکتے ہیں کہ ہم اُسے پہلے باندھ دیں اور پھر یہ سب کچھ کریں۔ اُسے کس طرح باندھا جا سکتا ہے

جب تک کہ کوئی زورآور شخص اُسے باندھنے کے لئے ہمارے ساتھ نہ ہو؟ خدا کی بادشاہی شیطان کی بادشاہی سے کہیں زورآور ہے۔اُن فریسیوں کی آنکھوں کے سامنے شیطان کو باندھا گیا۔خدا کی بادشاہی آ چکی تھی۔خدا کا روح اُن کے درمیان جنبش کر رہا تھا۔خدا کی بادشاہی کے سامنے دشمن کمزور اور مجبور ہو گیا تھا۔

دشمن کو باندھ دیا گیا تھا۔خداوند یسوع مسیح نے ہمیں یہ ذمہ داری سونپی ہوئی ہے کہ ہم اپنے دشمن سے وہ سب کچھ واپس چھین لے جو اُس نے ہم سے لوٹا ہوا ہے۔اُن علاقہ جات کو واپس طلب کرنا کس قدر شرف کی بات ہے۔یسوع نے ہمیں مال غنیمت سمیٹنے کے لئے بلایا ہے۔فتح یقینی ہے لیکن اِس کے لئے ہمیں بہت سا کام کرنا ہو گا۔

مقدس لوقا بیان کرتے ہیں کہ یسوع اور اُس کے شاگرد ایک گاؤں سے دوسرے گاؤں جا کر خدا کی بادشاہی کی خوشخبری کی منادی کرتے رہے۔بہت سے بدروح گرفتہ لوگوں نے ابلیس کے شکنجہ سے رہائی اور بہت سے بیماروں نے اپنی بیماریوں اور کمزوریوں سے شفا پائی۔مقدس لوقا ہمیں بتاتے ہیں کہ مریم مگدلینی بھی اُن میں سے ایک تھی جن سے یسوع نے بدروحیں نکالی تھیں۔

ہم اِس حصے کا اختتام چند ایک پرمعنی باتوں اور اُن عورتوں کی طرف سے پیش کئے جانے والے اظہار رائے سے کرتے ہیں جو یسوع اور اُس کے شاگردوں کے ساتھ سفر کرتی تھیں۔جب یسوع جگہ بہ جگہ جا کر خدمت گزاری کا کام کرتے تھے تو کئی عورتیں یسوع کے ساتھ ہوتی تھیں۔اُن میں یوانہ ہیرودیس کے دیوان خوزہ کی بیوی اور سوسناہ رور اِن کے علاوہ بھی کچھ عورتیں تھیں جو مالی طور پر بھی یسوع اور اُس کے شاگردوں کے ساتھ کھڑی تھیں تاکہ وہ اُس خدمت کو جاری رکھ سکیں۔(لوقا 8:4)

مقدس لوقا اِس بات کو سمجھتا ہے کہ خدمت گزاری کے کام اور بادشاہت کی وسعت کے لئے مالی

معاونت ضروری ہوتی ہے۔اِن عورتوں نے یسوع اور اُس کے شاگردوں کی ابتدائی خدمت کے سالوں میں نمایاں کردار ادا کیا۔

اِس حصہ میں ہم دیکھتے ہیں کہ جب یسوع اور اُس کے شاگرد بڑی قوت اور قدرت سے آگے بڑھتے ہوئے علاقہ جات فتح کر رہے اور دشمن کو پسپا کر رہے تھے تو کس طرح خدا کی بادشاہی وسعت پا رہی تھی۔اِن عورتوں کی مالی معاونت سے خدا کی بادشاہت کو پھیلانے میں بھی مدد ملی۔اگرچہ اُن عورتوں نے بہت زیادہ آگے بڑھ کر مردوں کی طرح کوئی کارہائے نمایاں سرانجام تو نہ دیا تو بھی اُن کا کردار انتہائی اہم تھا۔

چند ایک غور طلب باتیں

☆۔آپ کس طرح خدا کی بادشاہت کو بیان کریں گے؟

☆۔آپ کے درمیان خدا کی بادشاہی کے کون سے شواہد پائے جاتے ہیں؟ اِس بات کا کیا ثبوت ہے کہ اُس کی بادشاہت شیطان کی بادشاہی پر فتح پا رہی ہے؟

☆۔آپ دشمن کو شکست فاش دینے اور گناہ کے سبب سے کھوئے ہوئے علاقہ جات کو دوبارہ سے حاصل کرنے کے لئے کس طرح کام کر رہے ہیں؟ آپ کون سے خاص کردار ادا کر رہے ہیں؟

☆۔خدا کی بادشاہت کی تعلیم سے آپ کی کس طرح حوصلہ افزائی ہوتی ہے؟اِس تعلیم کی سمجھ بوجھ کس طرح آپ کی خدمت پر اثر انداز ہوتی ہے؟

☆۔اُن خواتین کے کردار پر غور کریں جنہوں نے خداوند یسوع مسیح کی تائید وحمایت کی۔اُن کا کردار کس طرح سے اہم تھا؟ آپ خدا کی بادشاہت کے کام کی کس طرح عملی طور پر مدد کر سکتے ہیں؟

چند ایک اہم دُعائیہ نکات

☆ ۔خداوند کا شکر کریں کہ وہ ہمیں دشمن پر فتح بخشنے کے لئے اِس دُنیا میں آیا۔

☆ ۔خداوند سے دُعا کریں کہ خدا کی بادشاہت کی وسعت کے لئے جو کردار ادا کرنے کے لئے خدا نے آپ کو بلایا ہے آپ واضح طور پر اپنی بلاہٹ کو سمجھ سکیں۔

☆ ۔خداوند سے دُعا کریں کہ تاکہ آپ اِس بات کو جان سکیں کہ آپ اپنے راہنماؤں کیلئے کس طرح مؤثر اور امدادی کردار ادا کر سکتے ہیں۔

☆ ۔خداوند سے دُعا کریں کہ وہ آپ کو اور بھی زیادہ قوت اور قدرت سے معمور کرے تاکہ آپ اُس کی بادشاہت کے لئے زبردست جنگجو بن سکیں۔

باب 46

ناقابلِ معافی گناہ

متی 12:31-37 مرقس 3:28-30 پڑھیں

پچھلے مطالعہ میں ہم نے دیکھا تھا کہ کس طرح یسوع نے ایک شخص کو گونگی بہری بدروح سے آزاد کیا تھا جو اُس کی زندگی میں بڑے دُکھ کا باعث تھی۔ اگرچہ بھیڑ یہ شفا کا کام دیکھ کر حیران ہوگئی تھی۔ پھر بھی اُن لوگوں کا یہ کہنا تھا کہ اُس نے بدروحوں کے سردار بعلزبول کی مدد سے بدروح کو نکالا ہے۔ خداوند یسوع مسیح نے اُن مذہبی راہنماؤں کے ردِعمل کو دیکھتے ہوئے جو کچھ کہا اِس باب میں اِس پر غور کیا جائے گا۔ اُنہوں نے سننے والوں سے کہا' ہر طرح کا گناہ اور کفر تو معاف کیا جائے گا لیکن جو کوئی روح القدس کے حق میں کفر کہے گا اُسے معاف نہیں کیا جائے گا۔ لازمی ہے کہ ہم اِس تعلیم پر تفصیلاً غور کریں۔ کفر بکنے کا معنی ہے مقدس چیزوں کے تعلق سے گستاخانہ انداز میں بُری باتیں کہنا۔ غور کریں کہ یسوع نے اُن سے کہا کہ ابن آدم کے حق میں تو وہ بُری باتیں کہہ کر معافی پا سکتے ہیں۔ "ابن آدم" یسوع مسیح کی طرف اشارہ ہے۔ مقدس پولس رسول اِس کی ایک واضح مثال ہیں۔ اپنی زندگی کا ایک عرصہ وہ یسوع کے خلاف بولتا رہا۔ اُس نے کلیسیا اور یسوع کے پیروکاروں کو انفرادی طور پر ستایا تھا۔ وہ یسوع مسیح پر ایمان رکھنے والوں کو باہر گھسیٹ کر لے جاتا اور اُن سے اُس کے مقدس نام پر کفر کہلوانے کی کوشش کرتا تھا۔ ہم اعمال کی کتاب میں دیکھ سکتے ہیں کہ مقدس پولس رسول نے از خود کہا۔

"اور ہر عبادت خانہ میں اُنہیں سزا دلا دلا کر زبردستی اُن سے کفر کہلواتا تھا۔ بلکہ اُن کی مخالفت میں ایسا دیوانہ بنا کہ غیر شہروں میں بھی جا کر اُنہیں ستاتا تھا۔" (اعمال 26:11)

پولس رسول کی کہانی کے متعلق ایک دلچسپ بات یہ ہے کہ ایک دن دمشق کی راہ پر اُس کی ملاقات یسوع سے شخصی طور پر ہوگئی۔ اُس روز خدا کے روح نے پولس کے دل سے کلام کیا اور پھر اُس کے تمام گناہ اور ہر طرح کا کفر جو اُس کے منہ سے نکلا تھا معاف ہو گیا۔ تاریخ دنیا میں بہت سے لوگوں نے خدا کے مقدس نام پر کفر کی باتیں کیں اور کلیسیا کو ستایا ہے۔ لیکن خدا نے اُنہیں معاف کیا اور اُن کا خدا کے ساتھ رشتہ بحال ہو گیا۔ خداوند یسوع مسیح یہ کہہ رہے ہیں کہ ہم اُس کے حق میں کفر کی باتیں کر کے بھی معاف ہو سکتے ہیں۔

وہ لوگ جو روح القدس کے حق میں کفر کی باتیں کہتے ہیں اُنہیں نہ اِس زندگی میں اور نہ آنے والی زندگی میں معاف کیا جائے گا۔ مرقس 29:3 ہمیں بتاتا ہے کہ جو کوئی روح القدس کے حق میں کفر کی بات کرے گا وہ ''ابدی گناہ'' کا سزاوار ہوگا۔ ابدی گناہ سے مراد وہ گناہ ہے جس کی سزا تا ابد بھگتنا ہوگی۔ ابدی گناہ کی کوئی معافی نہیں ہوتی۔

روح القدس کے خلاف یہ ابدی گناہ کیا ہے اور کیوں اُس کی معافی نہیں ملتی؟ ہمارے لئے اِس بات پر غور کرنا ضروری ہے کہ جب فریسیوں نے یہ کہا کہ اُس میں بدروح ہے تو تب خداوند یسوع مسیح نے اِس نکتہ پر بات کی۔ اُنہوں نے اُس پر الزام لگایا تھا کہ اُس نے شیطان کی قدرت سے معجزات کیئے ہیں۔ (مرقس 30:3)

ہم پہلے ہی دیکھ چکے ہیں کہ کوئی مرد و زن خداوند یسوع مسیح کے حق میں کفر کی باتیں کہہ کر معافی پا سکتا ہے۔ جب خدا کا روح اُن کے ذہنوں کو منور کرتا ہے، تو پھر وہ چیزوں کو نئے انداز سے دیکھنا شروع کر دیتے ہیں۔ گناہ کی زندگی بسر کرنا اور یسوع کے حق میں کفر کی باتیں کہنے کا امکان ہو سکتا ہے۔ کیوں کہ روح القدس نے ابھی تک ہمیں یسوع کی ذات کا مکاشفہ نہیں دیا۔ لیکن اگر ہم روح القدس کی خدمت کو ہی رد کر دیں جو ہم پر یسوع کو ظاہر کرتا ہے تو پھر کوئی اُمید باقی نہیں رہتی۔

روح القدس ہی یسوع اور نجات کے ساتھ ہمارا واحد رابطہ ہے۔ روح القدس اور اُس روشنی کو رد کر دینا جو وہ ہمیں دیتا ہے' اصل میں اُس واحد اُمید کو رد کرنا ہے جو مسیح پر ایمان لانے کے لئے ہے۔ جب تک روح القدس ہماری زندگی میں کام نہ کرے ہم مسیح کے پاس نہیں آسکتے۔ ہم روح القدس کی خدمت کے بغیر اُس کے کلام کو سن کر سمجھ نہیں سکتے۔ خدا کے روح کی خدمت کے بغیر ہم انسان اپنے گناہ میں اندھے اور مُردہ ہیں۔ وہی ہمیں دیکھنے کے لئے آنکھیں اور سننے کے لئے کان عطا فرماتا ہے۔

یہ انتہائی ضروری ہے کہ ہم کفر اور روح القدس کو رنجیدہ کرنے کے درمیان فرق کو سمجھیں۔ ہم سب اپنی زندگی میں روح القدس کو رنجیدہ کرنے کے گناہ گار ہوتے ہیں۔ ہم اپنی زندگی میں اکثر و بیشتر روح القدس کی راہنمائی کے خلاف چلتے ہیں۔ اور یوں روح القدس کو رنجیدہ کرنے کے گناہ کے مرتکب ہوتے ہیں۔ یسوع مذکورہ حوالہ میں روح القدس کی طرف سے ملنے والی تحریک اور راہنمائی کی نافرمانی اور روح القدس کو رنجیدہ کرنے کی بات نہیں کر رہے۔ یسوع یہاں پر ایسے لوگوں کی بات کر رہے ہیں جو نہ صرف روح القدس کی خدمت میں مزاحم ہوتے ہیں بلکہ اُس کی خدمت سے نفرت کرتے اور اُسے رد کرتے ہیں۔

جب خدا کا روح بڑے زور سے اُن کے درمیان کام کر رہا تھا اور بدروحوں کے ستائے ہوئے اپنے دُکھوں اور بیماریوں سے شفا اور رہائی پا رہے تھے تو اُنہوں نے اپنے درمیان خدا کی بادشاہی کے ثبوت کو واضح طور پر دیکھا تھا۔ اِس کے باوجود فریسیوں نے اُس آدمی کی طرف دیکھ کر جو بدروح کے قبضہ سے رہائی پا گیا تھا کہا کہ اُنہوں نے اپنے درمیان شیطان کا ایک بڑا کام دیکھا ہے۔ ایسا کرنے سے اُنہوں نے روح القدس کے کام کے تعلق سے اپنے دلوں اور کانوں کو بند کر لیا تھا جو کہ اُنہیں سچائی کے لئے قائل کر کر کے اُنہیں نجات دے سکتا تھا۔ ردح القدس کی خدمت کو رد کرنا اُس کو رد کرنا ہے جو ہمیں مسیح کی پہچان عطا کر سکتا ہے۔ مسیح کے علاوہ معافی اور

نجات کی کوئی اُمید نہیں ہے۔ خداوند یسوع مسیح نے فریسیوں کو اُس درخت سے تشبیہ دی ہے جو بُرا پھل لاتا ہے۔ خداوند نے اُنہیں بتایا کہ درخت کی صحت کا تعین اُس کے پھل سے بڑی آسانی سے ہو جاتا ہے۔ صحت مند درخت اچھا جبکہ بیمار اور کمزور درخت بُرا پھل لاتا ہے۔ یہ فریسی کس قسم کا پھل پیدا کر رہے تھے؟ اُنہوں نے ایک آدمی کو بدروح کے قبضے سے رہائی پاتے دیکھا تھا جس نے اُسے ایک عرصہ سے باندھ رکھا تھا۔ یہ آدمی بول اور دیکھ نہیں سکتا تھا۔ فریسیوں نے اِس معجزہ کو رد کر دیا۔ اور صاف کہہ دیا کہ شیطان نے اُسے شفا دی ہے۔ وہ یسوع کے وسیلہ سے ہونے والے روح القدس کے کام کو قبول کرنے کے لئے بالکل تیار نہیں تھے۔ اُنہیں اُس آدمی پر کوئی ترس نہیں آ رہا تھا۔ اُنہیں اِس شفا کی کوئی خوشی محسوس نہ ہوئی۔ اُنہوں نے خدا کی قدرت کو تسلیم نہ کیا۔ اُن کی زندگی سے صرف اور صرف حسد، غصے اور بغاوت کا پھل پیدا ہو رہا تھا۔ یہی اُن کے دل کی حالت تھی۔

خداوند یسوع مسیح نے اُنہیں افعی کے بچوں سے بھی تشبیہ دی۔ وہ زہریلے سانپوں کی مانند تھے جو اِدھر اُدھر رینگتے ہوئے پاس سے گزرنے والے لوگوں کو ڈس رہے اور اپنے بُرے دلوں کا زہر اُن پر چھوڑ رہے تھے۔ جو کچھ اُن کے دلوں میں بھرا ہوا تھا اب اُن کے لبوں اور دلوں سے باہر آ رہا تھا۔ یسوع نے اُنہیں بتایا کہ وہ اپنے منہ سے نکلنے والی ہر ایک نکمی بات کے لئے خدا کے حضور جواب دہ ہوں گے۔

فریسی اِس لئے کفر کی باتیں کہتے تھے کیوں کہ وہ روح القدس کے کام میں مزاحم ہوئے تھے۔ اُن کے پاس بڑے اچھے مواقع آئے لیکن اُنہوں نے اپنے درمیان خدا کے روح کے کام میں رکاوٹ پیدا کی۔ اُن کے پاس اب کوئی بہانہ نہیں تھا۔ اُنہوں نے اپنی آنکھوں سے خدا کی بادشاہی کو دیکھا اور اُس کے بارے سنا تھا لیکن روح القدس کی خدمت کے تابع ہونے کی بجائے باغیانہ روّیہ اپناتے ہوئے اُس سے لڑنے کا چناؤ کیا۔

روح القدس ہمارے درمیان جنبش کر رہا ہے۔ وہ پوری دُنیا میں لوگوں کو چھونے اور اُن کی زندگیوں کو تبدیل کرنے کے لئے ہر وقت جنبش کرتا رہتا ہے۔ وہ لوگوں کو اُن کے بندھنوں اور دشمن کے ظلم وستم سے رہائی دینے کا کام کرتا رہتا ہے۔ کتنی دفعہ ہم بھی فریسیوں کی طرح خدا کے روح کے کام میں مزاحم ہوتے ہیں؟ اِس حوالہ میں یسوع نے روح القدس کی خدمت کو سر بلند کیا ہے۔ اور ہمیں جتایا ہے کہ روح القدس ہی خداوند کیساتھ ہمارے رابطے کا واحد ذریعہ ہے۔ ہم روح القدس کے کام کو کس قدر کم سمجھتے ہیں۔ ہمیں نئے طور سے اُس کی سننے اور اُس پر توکل اور بھروسہ کرنے کی ضرورت ہے۔ اُس کی خدمت انتہائی ضروری ہے۔ اُس کی خدمت کے بغیر ہم زندگی نہیں پا سکتے۔ اُس کے حق میں کفر کی باتیں کہنا اور اپنے دلوں اور ذہنوں کو اُس کے کام کے لئے بند کرنے سے بالخصوص نجات کے حوالہ سے اُس کے کام کو رد کرنے سے انسان ابدی ہلاکت میں جاتا ہے۔

چند ایک غور طلب باتیں

☆ ۔ یہ حوالہ ہمیں روح القدس کی خدمت کے بارے میں کیا سکھاتا ہے؟

☆ ۔ یہ حوالہ ہماری خدمت اور زندگی میں روح القدس کے کردار کے بارے میں ہمیں کیا سکھاتا ہے؟

☆ ۔ کیا آپ نے خود کو کبھی روح القدس کے اُس کام میں مزاحم ہوتے یا اُس کے بارے میں شکایت کرتے ہوئے پایا جو روح القدس آپ کی زندگی میں کر رہا تھا؟

☆ ۔ کیا آپ نے کبھی خود کو اُس کام کو ردکرتے ہوئے پایا جو روح القدس کسی دوسرے شخص کی خدمت میں کر رہا تھا؟

☆ ۔ روح القدس کے خلاف کفر بکنے (ناقابل معافی گناہ) اور روح القدس کو رنجیدہ کرنے میں کیا فرق ہے (قابل معافی گناہ)

چند ایک اہم دُعائیہ نکات

☆ ۔ خداوند سے دُعا کریں کہ وہ آپ کی خدمت اور زندگی میں روح القدس کے کام کیلئے آپ کے دل اور ذہن کو کھول دے۔

☆ ۔ ایسے وقتوں کے لئے خداوند سے معافی مانگیں جب آپ نے عدم معرفت یا سمجھ کی کمی کے باعث اُس کام کو ردکر دیا جو روح القدس آپ کی زندگی میں کر رہا تھا۔

☆ ۔ روح القدس کی اُس خدمت کے لئے شکر گزاری کریں جس نے آپ کو مسیح میں ابدی زندگی عطا کی؟

باب 47

نشان طلب کرنا

لوقا 11:24-26 اور متی 12:38-45 پڑھیں

فریسیوں نے یسوع پر شیطان کی قدرت سے ایک آدمی کو شفا دینے کا الزام لگایا تھا۔ اُنہوں نے اُس کے معجزے کو رد کر دیا تھا۔ اِس پس منظر کی روشنی میں یہ بات بڑی دلچسپی کی حامل ہے کہ فریسی اُس کے پاس آئے اور اُس سے ایک نشان طلب کرنے لگے۔ یسوع کے پاس آنے والوں کی انفرادی طور پر بڑی خاص ضروریات ہوتی تھیں۔ بعض لوگ بیماروں کو یسوع کے پاس لاتے تھے جنہیں شفا کی ضرورت ہوتی تھی۔ بعض اپنے بوجھ تلے دبے ہوئے دل یسوع کے پاس لاتے تھے۔ اناجیل میں کوئی ایسا بیان نہیں ملتا جب فریسی اپنی کسی خاص ضرورت کے تحت یسوع کے پاس آئے۔ وہ صرف اِسی لئے آئے تا کہ وہ کوئی معجزہ دکھا کر ثابت کرے کہ وہ خدا کا بیٹا ہے۔

ہوسکتا ہے کہ یہ فریسی دوسرے فریسیوں کے ساتھ متفق نہ ہوں جنہوں نے یہ کہا تھا کہ یسوع شیطان کی قدرت سے معجزات اور بیماروں کو شفا دینے کا کام کرتا ہے۔ ہوسکتا ہے کہ یہ فریسی اِس بات کا تعین کرنے کیلئے کہ آیا وہ خدا کی طرف سے ہے یا نہیں اور بھی زیادہ اُس کی قابلیت اور صلاحیت کو دیکھنا چاہتے ہوں۔

تاہم یسوع نے اُنہیں مزید کوئی بھی نشان دینے سے انکار کر دیا۔ ''اُس نے جواب دے کر اُن سے کہا 'اِس زمانہ کے بُرے اور زنا کار لوگ نشان طلب کرتے ہیں مگر یوناہ نبی کے نشان کے سوا کوئی اور نشان ان کو نہ دیا جائے گا۔'' (متی 12:39)

جب یسوع نے اُس نسل بالخصوص اُن فریسیوں کو دیکھا تو اُس نے اُن کے دلوں پر نگاہ کی۔اُس نے دیکھا کہ وہ زناکار اور بدکار لوگ ہیں۔اُس نے بھانپ لیا کہ اُن کے دلوں میں اُس کے لئے زندگی گزارنے کی کوئی تمنا اور طلب موجود نہیں ہے اور نہ ہی وہ اُس کے مقاصد کی پیروی کرنا چاہتے ہیں۔خداوند یسوع مسیح جانتے تھے کہ اگرچہ وہ آکر اُس کی باتیں سنتے بھی ہیں تو بھی اُن کے دل اُس سے بہت زیادہ دور ہیں۔وہ اُس کے معجزات دیکھنا اور اُس کی برکات کا تجربہ کرنا چاہے تھے لیکن اُس کیلیئے زندگی بسر کرنے کا کوئی ارادہ نہیں رکھتے تھے۔

خداوند یسوع مسیح یہاں پر یہ نہیں کہہ رہے کہ ہمیں اُس سے کوئی نشان طلب نہیں کرنا چاہئے۔بعض اوقات ہمیں نشان کی ضرورت بھی ہوتی ہے۔میری زندگی میں کئی دفعہ ایسے اوقات آئے جب مجھے واضح طور پر معلوم نہیں ہوتا تھا کہ مجھے کس سمت جانا ہے۔مجھے خداوند سے کہنا پڑا کہ مجھے تصدیق فراہم کرے کہ آیا یہ سمت میرے لئے درست ہوگی۔اکثر خداوند نے مختلف طرح کے نشانات سے میری راہوں کی تصدیق یا پھر مجھے دوسری سمت پر جانے کے لئے میری راہنمائی کی۔ہمیں اِس بات کو سمجھنے کی ضرورت ہے کہ خداوند یسوع مسیح اس متن میں ''ایک ''بدکار اور زناکار قوم'' سے مخاطب ہیں۔اُس قوم نے اُس پر ایمان لانے سے انکار کیا۔وہ صرف یہ چاہتے تھے کہ یسوع نشانات اور معجزات دکھا کر اُنہیں لطف اندوز کرتا رہے۔اُنہوں نے کبھی بھی اپنی زندگیاں اُس کے تابع نہ کیں۔اُن کے دل بدی اور گناہ سے بھرے ہوئے تھے۔اُس روز لوگ یسوع سے جو کچھ طلب کر رہے تھے اُس میں اور مخلص ایمانداروں کے اُس سے خدا کی مرضی اور مقصد کے لئے تصدیق چاہنے میں آسمان اور زمین کا فرق ہے۔

خداوند یسوع مسیح کے مطابق اُس نسل کو صرف یوناہ نبی کا نشان دیا جائے گا۔خداوند یسوع مسیح نے اُنہیں بتایا کہ جس طرح یوناہ تین دن اور تین رات مچھلی کے پیٹ میں رہا اُسی طرح وہ بھی تین دن اور تین رات قبر میں رہے گا۔خداوند یسوع مسیح نے اپنے سامعین سے کہا' اُس کی موت

اور مُردوں میں سے جی اُٹھنا ہی وہ واحد نشان ہے جو اُنہیں دیا جائے گا۔ یسوع نے از خود موت پر فتح پانا تھی۔ اُس نشان نے اُن پر ثابت کرنا تھا کہ باپ نے اُس کے کام کو قبول کر لیا ہے۔ اِس سے یہ ثابت ہو جانا تھا کہ وہ بادشاہوں کا بادشاہ اور خداوند کا خدا ہے اور اُس نے گناہ' موت اور شیطان پر فتح پائی ہے۔

یسوع مسیح نے سننے والوں سے کہا' اُس روز نینوا کے لوگ جو کہ قومیت کے لحاظ سے یہودی نہیں تھے اِس قوم کے خلاف عدالت میں گواہی دیں گے۔ جب یوناہ اُس غیر قوم کے پاس گیا اُنہوں نے اپنے گناہوں اور بغاوت سے توبہ کر لی اور خدا کی مرضی کے تابع ہو گئے۔ یسوع یوناہ سے عظیم تھا تو بھی یہودی قوم نے اُس کی سننے سے انکار کر دیا۔ خدا کے بیٹے کو رد کرنے کے لئے وہ جواب دہ ہونگے۔ جو معجزات' خدمت اور کام یسوع نے اُن کے درمیان کئے' اُنہیں دیکھ کر بھی وہ اُس پر ایمان نہ لائے۔ اور روزِ عدالت اُنہیں اُس کے لئے جواب دہ ہونا ہے۔

کسی بھی خدمت کے کام کے درستگی کے تعلق سے ہم اِس طرح سے اُسے جانچ اور پرکھ نہیں سکتے کہ اس کے کتنے ممبرز ہیں۔ یوناہ کے دَور کے لوگوں نے یوناہ کے پیغام کو قبول کر کے توبہ کی۔ یوناہ کا روّیہ کچھ اور ہی توقع کر رہا تھا۔ وہ نینوا کے لوگوں سے محبت نہیں رکھتا تھا۔ اُس نے خدا کے خلاف بغاوت کی تھی اور اُس کی مرضی کے خلاف چلا تھا۔ اِس کے باوجود اُس نے پوری قوم کو توبہ کرتے ہوئے دیکھا تھا۔ اِس کے برعکس یسوع مسیح جو کہ خدا کا کامل بیٹا ہے اسےُ رد کر دیا گیا۔ ہو سکتا ہے کہ آپ کی کلیسیا بہت بڑی ہو لیکن پھر بھی خدا کے ساتھ آپ کا درست رشتہ اور ناطہ قائم نہ ہو۔

خداوند یسوع مسیح نے فریسیوں کو بتایا کہ دکھن کی ملکہ روز عدالت اُس قوم کی عدالت کرے گی۔ دکھن کی ملکہ سے مراد صبا کی ملکہ ہے جو سلیمان کی حکمت سننے کے لئے آئی تھی۔ کیوں کہ اُس نے اُس کی دولت اور امارت اور حکمت اور دانائی کے بارے میں بہت کچھ سن رکھا

تھا۔(1 سلاطین 10) جب اس کی ملاقات سلیمان سے ہوئی تو وہ سب کچھ دیکھ کر دنگ رہ گئی۔ اُس نے محسوس کیا کہ خدا کا ہاتھ سلیمان اور اُس کی سلطنت پر ہے۔ اُس دورَ کے یہودی' غیر قوم سے صبا کی ملکہ سے قطعی مختلف یسوع کی زندگی پر خدا کے ہاتھ کو دیکھ نہ پائے۔ وہ نشان طلب کرتے رہے مگر اُس نشان کو دیکھنے سے قاصر رہے جو اُن کے سامنے موجود تھا۔ خداوند یسوع مسیح کی خدمت کی صورت میں اُن کے سامنے جو نشان تھا وہی کافی تھا۔ اِس کے علاوہ اُنہیں کسی اور نشان کی ضرورت نہ تھی۔ اُن کی عدالت ہوگی کیوں کہ اُنہوں نے اپنے سامنے ایک واضح اور صاف نشان کو رد کر دیا تھا۔

خداوند یسوع مسیح نے اُنہیں ایک بدروح کی کہانی سنائی جو کہ ایک آدمی سے نکالی گئی تھی۔ وہ بدروح ویران اور سنسان مقامات پر آرام ڈھونڈتی پھری۔ جب اُسے کوئی اور گھر نہ مل سکا تو وہ ایک بار پھر اُسی شخص کی طرف لوٹ آئی جس میں سے اُسے نکالا گیا تھا۔ یعنی اُس شخص میں پھر آئی جسے وہ پہلے دُکھ اور تکلیف پہنچاتی رہی تھی۔ چونکہ اُس بدروح کو شکست ملی تھی اور اُسے اُس شخص سے نکال دیا گیا تھا۔ اُس نے اپنے لئے کمک فراہم کرنے کا فیصلہ کیا۔ اُس نے اپنے ساتھ اپنے سے بُری روحوں کو تلاش کیا اور وہ مل کر اُس شخص سے کہیں زیادہ مضبوط ہوگئیں جو پہلے بھی بدروح کے ہاتھوں ظلم وستم' دکھ درد اور تکلیف اور پریشانی اُٹھاتا رہا تھا۔ نتیجہ یہ ہوا کہ وہ شخص جو آزاد ہو گیا تھا اُس کی حالت پہلے سے بھی بدتر ہوگئی۔

بالائی سطور میں بیان کردہ بُری روح کے بارے میں تعلیم کا فریسیوں سے نشان طلب کرنے سے کیا واسطہ ہے؟ خداوند یسوع مسیح نے اُنہیں بتایا کہ اگرچہ اُس کی خدمت کے وسیلہ سے وہ بُری روحوں سے رہائی پا چکے ہیں اور گناہ اور بیماری پر اُس کی نہایت زبردست قوت اور قدرت کا تجربہ کر لیا ہے۔ تو بھی اُنہوں نے اُس کی تعلیم سن کر اپنے گناہوں سے توبہ کرنے سے انکار کیا اِس لئے اُن کی پچھلی حالت پہلے سے بھی بدتر ہوگی۔ خداوند یسوع مسیح کو رد کرنے سے' اُنہوں

نے دروازہ کھول دیا تا کہ اور بھی بدترین روحیں اُن کی سرزمین میں داخل ہوں۔ ثبوت سے منہ پھیر لینے سے' اُنہوں نے شیطان کے لئے دروازہ کھول دیا تا کہ وہ اپنی کمک مضبوط کر کے اُن کے دلوں کو فتح کر لے۔ جو کچھ اِس کے بعد ہوا اُس سے یہ واضح ہو گیا۔ بہت جلد وہ لوگ جو وہاں پر نشان طلب کرنے کے لئے کھڑے تھے' وہ پکار پکار کر یہ کہنے لگے۔ اُسے مصلوب کر دیا جائے ۔ خدا کے بیٹے یسوع کو قتل کر دینے کیلئے وہ شیطان کے ہاتھوں میں ایک وسیلہ بن گئے ۔جس نے اُن کے بیماروں کو اچھا کیا اور اُن میں سے بدروحوں کو نکالا تھا۔

چند ایک غور طلب باتیں

☆ ۔ہمارے لئے خداوند سے نشان طلب کرنا کس وقت مناسب ہوتا ہے؟

☆ ۔خداوند یسوع مسیح اپنے دوَر کے لوگوں کو مجرم ٹھہراتا ہے؟ گناہ گاروں کی بہ نسبت مذہبی لوگوں کے لئے مسیح کے دعوؤں کو قبول کرنا کیوں مشکل ہے؟

☆ ۔ہمیں درپیش جنگ کے تعلق سے یسوع مسیح یہاں پر ہم کو کیا سکھا رہے ہیں؟ ہمارے اردگرد روحانی جنگ میں بدروحیں کیا کردار ادا کرتی ہیں؟

☆ ۔آپ کی زندگی میں اِس بات کے کیا شواہد پائے جاتے ہیں کہ یسوع جو کچھ کہتا ہے وہ ویسا ہی ہے؟

☆ ۔کیا آج خداوند ہمیں نشان عطا کر کے ہماری راہنمائی کرتا ہے؟

چند ایک اہم دُعائیہ نکات

☆۔ خداوند سے دُعا کریں کہ وہ آپ کے اردگرد ہونے والے کاموں کو دیکھنے کیلئے آپ کی آنکھیں کھول دے۔

☆۔ خداوند کا شکر کریں کہ وہ شیطان سے زیادہ زورآور ہے۔

☆۔ خداوند کا شکر کریں کہ اُس نے آپ کو شیطان اور بدروحوں پر فتح بخشی ہوئی ہے۔

☆۔ دشمن کے حیلے بہانوں اور اُس کے ہر ایک حملے پر غالب آنے کیلئے خداوند سے فضل مانگیں۔ خداوند کے سب ہتھیار پہن لینے کے لئے اُس سے مدد مانگیں۔

☆۔ خداوند سے ایسے بہت سے اوقات کے لئے معافی مانگیں جب آپ نے اُس کی محبت کے واضح شواہد اور اپنی زندگی میں اُس کی واضح راہنمائی پر شک کیا۔

باب 48

مسیح کا حقیقی خاندان

متی 12:46-50 مرقس 3:31-35 لوقا 8:19-21 پڑھیں

ایک بھیڑ یسوع اور اُس کے شاگردوں کے گرد جمع ہو رہی تھی۔ یہ سب لوگ اپنی خاص ضروریات کے تحت وہاں پر جمع ہوئے تھے۔وہ یسوع اور اُس کے شاگردں پر گرا پڑتے تھے۔ مرقس 3:20 میں ہم دیکھتے ہیں کہ اِس قدر بھیڑ جمع تھی کہ یسوع اور اُس کے شاگرد کھانا بھی نہ کھا سکے۔ اِس دوران ایک بدروح گرفتہ شخص نے بدروح سے رہائی پائی تھی۔ اُس بھیڑ کا ردِعمل ملا جلا تھا۔ بعض حیران اور بعض پریشان تھے۔ فریسیوں نے اُس معجزے کو رد کر دیا تھا۔ اُن کا یہ کہنا تھا کہ یسوع نے یہ معجزہ شیطان کی قدرت سے کیا ہے۔ مقدس مرقس ہمیں بتاتا ہے کہ یسوع کے گھر والے اُسے ملنے کے لئے آئے۔

"جب اُس کے عزیزوں نے یہ سنا تو اُسے پکڑنے کو نکلے۔ کیوں کہ کہتے تھے کہ وہ بے خود ہے۔"
(مرقس 3:21)

بھیڑ اِس قدر زیادہ تھی کہ وہ اُس تک نہ پہنچ سکے۔ اِس لئے اُنہوں نے کسی کے ہاتھ اُس تک پیغام پہنچایا کہ اُسے بتایا جائے کہ اُس کے گھر والے اُس سے بات کرنا چاہتے ہیں۔ وہ چاہتے تھے کہ وہ بھیڑ سے الگ آ کر اُن کی بات سنے۔ اگرچہ اُس کی ماں مریم اور اُس کے بھائی اُس کے لئے فکرمند تھے تو بھی یسوع کے بھائی اُس پر ایمان نہیں لائے تھے اور اُس کی خدمت اور اُس کی شخصیت اُن کے لئے پریشانی کا باعث تھی۔

جب یسوع نے سنا کہ اُس کے گھر والے اُس سے بات کرنے کے لئے باہر انتظار کر رہے ہیں تو

''اُس نے خبر دینے والوں کو جواب میں کہا کون ہے میری ماں اور کون ہے میرے بھائی؟ اور اپنے شاگردوں کی طرف ہاتھ بڑھا کر کہا دیکھو میری ماں اور میرے بھائی یہ ہیں کیونکہ جو کوئی میرے آسمانی باپ کی مرضی پر چلے وہی میرا بھائی اور میری بہن اور میری ماں ہے''

(متی 12:48-50)

اِس بات کو سن کر بھیڑ حیران ہوگئی ہوگی۔ اپنے ہی سوال کا جواب دیتے ہوئے یسوع نے اپنے شاگردوں کی طرف اشارہ کرتے ہوئے بھیڑ سے کہا' کہ یہ لوگ اُس کا خاندان ہیں۔ وہ اُس پر ایمان لائے تھے اِس لئے وہ اُس کا خاندان تھے۔ وہ اُس کا خاندان قرار پائے کیوں کہ اُنہوں نے اُسے اور اُس کی خدمت کو قبول کر لیا تھا۔ جسمانی رشتے ناطے سے کہیں بڑھ کر کوئی اور عظیم یسوع کو اُس کے شاگردوں کے ساتھ ایک بندھن میں باندھے ہوئی تھی۔ یسوع نے اپنے سننے والوں کو مزید بتایا کہ جو کوئی اُس کے آسمانی باپ کی مرضی پر چلے وہی اُس کا بھائی' بہن اور اُس کی ماں ہے۔ (لوقا 8:21)

یہاں پر بہت سی چیزیں ہیں جن پر ہم غور کر سکتے ہیں۔ سب سے پہلی غور طلب بات یہ ہے کہ یسوع ہمیں اپنا خاندان کہہ رہے ہیں۔ چونکہ ہم خاندان کا حصہ ہیں اِسی لئے تو ہم اُس قربت اور حمایت کا تجربہ کرتے ہیں جو خاندان کا حصہ ہوتی ہے۔ مسیح کے ساتھ چلتے ہوئے ہم تنہا نہیں ہیں۔ مسیح کے خاندان میں ہم ایک دوسرے پر انحصار کرتے ہیں۔ ہم سب کو حوصلہ افزائی' قوت اور حمایت کی ضرورت ہوتی ہے جو کہ ایک خاندان مہیا کرتا ہے۔

دوسری غور طلب بات۔ ہر کوئی خدا کے خاندان کا حصہ نہیں ہے۔ وہی جو آسمانی باپ کی مرضی پر چلتے ہیں خدا کے خاندان کا حصہ ہیں۔ باپ کی مرضی کیا ہے؟ باپ کی مرضی یہ ہے کہ ہم اُس کے بیٹے یسوع اور اُس کے صلیبی کام کو قبول کریں جو اُس نے ہمارے لئے صلیب پر سرانجام دیا ہے۔ اگر آپ اُس کے بھیجے ہوئے بیٹے کو رد کر دیتے ہیں تو آپ خدا کی مرضی کو قبول نہیں کر

سکتے۔ وہی جو خدا کے بیٹے یسوع اور اُس کے صلیبی کام کو قبول کرتے ہیں خدا کے خاندان کا حصہ بنتے ہیں۔ یسوع کے اپنے جسمانی بھائی بھی ابھی تک اُس روحانی خاندان کا حصہ نہیں بنے تھے۔ یہ بات بھی غور طلب ہے کہ یسوع نے ہمیں اپنا بھائی کہا ہے۔ یسوع ہمارا خداوند اور بادشاہ ہے۔تو بھی وہ ہمارے بھائی کے طور پر ہم سے مشابہت پیدا کرتا ہے۔''بھائی'' یہ اصطلاح بڑی اہم ہے۔ یہ اصطلاح ظاہر کرتی ہے کہ وہ ہمارے مشابہہ ہو گیا۔ اُسے اُن حالات' آزمائشوں اور مشکلات کا بخوبی علم ہے جن سے ہم گزرتے ہیں۔ اُس نے ہمارے ساتھ دُکھ اٹھایا۔ اُسے ہماری تکلیف وکرب کا اندازہ ہوتا ہے۔ وہ ہم تک پہنچ کر ہماری فکر کرتا ہے۔ وہ ہمارا محافظ اور نگہبان ہے۔ ہم اُسی میں پناہ لیتے ہیں۔ وہی ہمارا محکم قلعہ اور چھپنے کی جگہ ہے۔ اگرچہ وہ خداوند تھا تو بھی ہماری سطح پر آنے میں اُسے کوئی ہچکچاہٹ محسوس نہ ہوئی۔ وہ ہماری طرح انسان بن گیا اور ہماری طرح دُکھ بھی اُٹھایا۔ وہ ہمیں ایک بھائی کی طرح سمجھتا ہے۔ یہ کس قدر خوبصورت بات ہے کہ ہمارا خدا ایسا خدا ہے جو ہمارا ایسا بھائی بھی ہے جو ہمیں پورے طور پر سمجھتا ہے۔

چند ایک غور طلب باتیں

☆ ۔ایسی بھی تعلیم ہے جو کہتی ہے کہ سبھی خدا کے فرزند ہیں؟ یہ حوالہ ہمیں ایسے لوگوں کے بارے میں کیا سیکھاتا ہے جو خدا کے خاندان کا حصہ ہیں؟

☆ ۔اس حقیقت سے آپ کی کیا حوصلہ افزائی ہوتی ہے کہ یسوع مسیح ہمارا بھائی ہے؟

☆ ۔کیا آپ کے خاندان میں ایسے لوگ ہیں جو خداوند کے لئے آپ کے ایمان کے سبب سے آپ کو قبول نہیں کرتے؟ آپ کو اس حقیقت سے کیا حوصلہ ملتا ہے کہ یسوع بھی اس تلخ تجربے سے گزرا؟

☆ ۔خدا کے عظیم خاندان کا حصہ بننے سے کون سی برکات حاصل ہوتی ہیں؟

چند ایک اہم دُعائیہ نکات

☆ ۔خداوند کا شکر کریں کہ وہ خود کو اپنا بھائی قرار دیتا ہے۔

☆ ۔خداوند کی اُن خاص برکات کے لئے شکر گزاری کریں جو آپ کے پاس اُس کے عظیم خاندان کا حصہ ہونے کے وجہ سے ہیں۔

☆ ۔کیا آپ ایسے لوگوں سے واقف ہیں جو خدا کے خاندان کا حصہ نہیں ہیں؟ خداوند سے دعا کریں کہ وہ اُن کے دلوں کو یسوع مسیح اور اس کے کام کے لئے کھول دے۔

☆ ۔خداوند کے روحانی خاندان میں آپ کا کیا کردار ہے؟ کیا آپ اُس کردار میں وفادار رہے ہیں؟

باب 49

بادشاہی کی تمثیلیں

بیج بونے والے کی تمثیل

متی 13:1-23 مرقس 4:1-25 لوقا 8:4-18 پڑھیں

ایک بدروح گرفتہ شخص کی بدروح سے رہائی کے بارے میں فریسیوں سے باتیں کرتے ہوئے یسوع نے اُنہیں بتایا کہ رہائی اور مخلصی کا یہ کام اُن کے درمیان خدا کی بادشاہی کا ثبوت ہے۔ یسوع کی بادشاہت جسمانی بادشاہی نہیں تھی۔ یہ ایک روحانی بادشاہی تھی جو کہ مرد و زن کے دلوں کو فتح کرتے ہوئے خدا کے ساتھ اُن کے رشتہ کو بحال کر رہی تھی۔

خدا کی بادشاہت کے بارے میں ہدایت و راہنمائی یسوع کی تعلیمات کا مرکزی حصہ تھی۔ اِس باب میں ہم خدا کی بادشاہی کے بارے میں یسوع کی تعلیمات کا جائزہ لیں گے۔ یہ تعلیمات تماثیل کی صورت میں ہمارے سامنے ہوں گی۔ تمثیل سے مراد ایک دنیوی کہانی ہوتی ہے جس کے روحانی معنی و مفہوم ہوتا ہے۔ اگلے چند ابواب میں ہم خدا کی بادشاہت سے متعلق یسوع کی پیش کردہ تمثیلوں کا جائزہ لیں گے۔

اِس خاص موقع پر خداوند یسوع جھیل کے کنارے بیٹھے ہوئے تھے۔ ہمیں یہ تو نہیں بتایا گیا کہ یسوع جھیل کنارے کیوں بیٹھے ہوئے تھے۔ مجھے تو اچھا محسوس ہوتا ہے کہ اگر وہ اپنے باپ کے ساتھ تنہائی میں تھا۔ لیکن ہم یقینی طور پر نہیں کہہ سکتے کہ وہ واقعی دُعا میں تھا۔ جلد ہی لوگوں کو معلوم ہو گیا کہ وہ وہاں موجود ہے۔ بھیڑ اُس کے گرد جمع ہونا شروع ہو گئی۔ لوقا 8:4 سے ہمیں معلوم ہوتا ہے کہ وہ "ہر شہر" سے وہاں پر آئے تھے۔ اُن سے ایک خاص فاصلہ پر ہونے کے لئے' خداوند

کشتی میں سوار ہو گئے۔اور وہ کشتی کو پانی میں کنارے سے دُور ہٹا لے گئے ۔ جب کہ بھیڑ کنارے پر کھڑی ہو کر اُس کی باتیں سنتی رہی۔اُس روز یسوع نے اُنہیں بہت سی چیزیں بتائیں۔خاص طور پر اُس نے اُنہیں ایک کسان کی کہانی سنائی جو بیج بونے نکلا۔

جب اُس کسان نے بیج بکھیرا تو کچھ راہ کے کنارے گرا۔اور پرندوں نے آکر اُنہیں چگ لیا۔کچھ پتھریلی زمین پر گرا اور جہاں کچھ مٹی بھی تھی اور وہ جلد ہی اُگ پڑا۔تاہم پتھریلی زمین کے سبب سے اُس کی جڑیں گہری نہ جا سکیں۔جب دھوپ نکلی، نرم و نازک پودے دھوپ کی تپش برداشت نہ کرتے ہوئے مرجھا گئے۔کچھ بیج جھاڑیوں میں گرے وہ اُگے تو ضرور مگر اور غیر ضروری جڑی بوٹیوں نے بڑھ کر اُنہیں دبا ڈالا۔تاہم کچھ بیج اچھی زمین پر بھی گرے اور سو گنا، ساٹھ گنا اور تیس گنا پھل لائے۔

جو کہانی یسوع نے بیان کی نہایت سادہ ہے۔وہاں پر موجود لوگ سمجھ سکتے تھے کہ وہ کیا بیان کر رہا ہے۔ہاں ایک بات ضرور ہے اور وہ یہ کہ سامعین اِس تمثیل میں موجود روحانی صداقت کو نہ سمجھ پائے جو خداوند اِس کہانی کے وسیلہ سے اُن تک پہنچانا چاہتے تھے۔غور کریں کہ جب یسوع تمثیل بیان کر چکے تو انہوں نے یہ کہا کہ جس کے کان ہو وہ سن لے کہ وہ اُنہیں کیا تعلیم دے رہا ہے۔جو کچھ یسوع بیان کر رہے تھے ہر کوئی اُس کو سمجھ نہ سکا۔دنیوی لحاظ سے جو کچھ خداوند کہہ رہے تھے اُس کی تو اُنہیں سمجھ آ گئی لیکن روحانی مفہوم و معانی اُن سے مکمل طور پو پوشیدہ ہی رہے۔

غور طلب بات: حتیٰ کہ شاگرد بھی اُس بات کو نہ سمجھ پائے جو یسوع بیان کر رہے تھے۔وہ جانتے تھے کہ اِس تمثیل کے پوشیدہ معانی و مفہوم بھی ہے پر وہ سمجھ نہ پائے کہ اُس تمثیل کا مفہوم ہے۔

مرقس 10:4 ہمیں بتاتا ہے کہ جب یسوع بارہ شاگردوں کے ساتھ تنہائی میں تھے تو اُنہوں نے اُس تمثیل کے معانی بیان کیے۔یوں لگتا ہے کہ یسوع بھیڑ کو اُس تمثیل کے معانی بتانا نہیں چاہتے تھے۔اُنہوں نے بھیڑ کو اپنے آپ ہی اُس تمثیل کے معانی اور مفہوم سمجھنے کے لئے چھوڑ دیا۔اِس

سے شاگردوں کو بڑی حیرت اور پریشانی ہوئی۔ کیوں خداوند بھیڑ کو تمثیلوں میں تعلیم دیتے تھے؟ کیوں وہ اُن سے ایسی تمثیلوں اور کہانیوں میں باتیں کرتے تھے جنہیں وہ سمجھ بھی نہیں سکتے تھے؟ شاگردوں نے اپنے خداوند یسوع مسیح سے اِس کے بارے میں پوچھا۔

اِس سوال کے جواب میں خداوند یسوع مسیح نے اُنہیں بتایا کہ خدا کی بادشاہی کے بھیدوں کا علم اُنہیں دیا گیا ہے تاکہ وہ سمجھ سکیں۔ مگر بھیڑ کو یہ فہم عطا نہیں ہوا کہ وہ اُن سب بھیدوں اور مکاشفات کو سمجھ سکیں۔ یسوع کے شاگردوں نے بادشاہی کے مفہوم کو سمجھنا شروع کر دیا تھا۔ اُنہوں نے خدا کی بادشاہی کا ثبوت اپنی بدکار دُنیا کی تاریکی میں سے ظاہر ہوتے دیکھا تھا۔ اُنہوں نے دیکھا کہ خدا کی بادشاہت کی قدرت انفرادی طور پر زندگیوں اور دلوں سے شیطان کی قدرت کو نیست کر رہی ہے۔ بھیڑ یہ سب کچھ سمجھنے سے قاصر رہی۔ اُنہوں نے بیماروں کو شفا پاتے اور بھوکوں کو کھانا کھاتے دیکھا تھا۔ اُنہوں نے اُن معجزات کو خدا کی بادشاہی اور شیطان کی بادشاہی کے درمیان ایک مسئلہ کے طور پر نہیں دیکھا تھا۔ لوگ تو ایک سیاسی بادشاہت کے منتظر تھے جہاں وہ امن و شانتی سے زندگی بسر کر سکیں۔ اِس سے آگے سوچنے کی اُن میں صلاحیت نہ تھی۔ یہی وجہ ہے کہ خداوند یسوع مسیح دنیوی کہانیاں اور تمثیلیں سنا کر اُنہیں تعلیم دیا کرتے تھے۔

خداوند یسوع مسیح نے متی 12:13 میں اپنے شاگردوں کو بتایا کہ جس کے پاس ہے اُسے اور دیا جائے گا اور اُس کے پاس زیادہ ہو جائے گا۔ اور جس کے پاس نہیں ہے اُس سے وہ بھی لے لیا جائے گا جو وہ اپنا سمجھتا ہے۔ بالفاظ دیگر جنہیں روحانی صداقتوں کو سمجھنے کے لئے فہم دیا گیا تھا' اُن کی سمجھ بوجھ میں اضافہ ہوتا چلا جائے گا۔ اور جنہیں ایسی عقل و دانش عطا نہیں ہوئی اور جو یسوع کی بیان کردہ تعلیمات اور باتوں کو رد کر رہے تھے اُنہوں نے تباہ و برباد ہونا ہے۔ اِس سے ہمیں دو اہم باتوں کی جانکاری اور فہم و فراست ملتا ہے۔

اول۔ وہ لوگ جو خدا کی بادشاہی سے متعلق یسوع کی مرکزی تعلیمات کو رد کر دیتے ہیں اُن کے لئے کوئی اُمید باقی نہیں ہے۔ یسوع اِس زمین پر اپنی بادشاہت قائم کرنے کے لئے آئے۔ ساری زمین ابلیس اور گناہ کے قبضہ میں دے دی گئی تھی۔ شیطان نے اِس زمین پر پیدا ہونے والے ہر شخص کے ذہن اور دل پر حکمرانی کی۔ خداوند یسوع مسیح اِس بادشاہت کے زور کو توڑنے کے لئے اِس دُنیا میں آئے۔ وہ اپنے لوگوں کو شیطان اور اُس کے تسلط سے رہائی دینے کے لئے آئے۔ یسوع کو رد کرنے کا مطلب شیطان کی بادشاہی میں رہنا ہے۔ بالفاظ دیگر اِس کا مطلب ابدی ہلاکت میں جانا ہے۔

دوسری غور طلب بات: جنہیں خدا کی بادشاہی کو دیکھنے اور قبول کرنے کے لئے آنکھیں دی گئی ہیں، اُنہیں خدا کی بادشاہی کا فہم اور فراست عطا ہوگا۔ اِس کا مطلب ہے کہ خدا کی بادشاہی اُن دلوں اور زندگیوں میں پھیلتی چلی جاتی ہے جو اپنے آپ کو مسیح کے تابع کر دیتے ہیں۔ اگرچہ گزشتہ کئی برسوں سے میں خداوند کو جانتا ہوں کہ وہ میرا نجات دہندہ اور خداوند ہے، تو بھی ابھی مجھے بہت زیادہ آگے جانا ہے۔

خدا کا روح مجھے مسیح کی صورت پر ڈھالتا چلا جا رہا ہے۔ وہ مجھ پر گہرے طور پر یہ ظاہر کرتا چلا جاتا ہے کہ مسیح کے تابع ہونے اور اپنی زندگی کو اُس کی خداوندیت کے تحت زندگی گزارنے کا کیا مطلب ہے۔ میں اپنی زندگی میں مسیح کے راج اور بادشاہی کے فہم میں ترقی کرتا چلا جا رہا ہوں۔ میں توقع کرتا ہوں کہ خدا اِس زندگی اور آنے والی زندگی میں یہ کام جاری رکھے گا۔

خداوند یسوع مسیح نے اپنے شاگردوں کو وہ بات یاد دلائی جو یسعیاہ نبی نے اُس دَور کے لوگوں کے تعلق سے کہی تھی۔ وہ بہت سی چیزوں کو دیکھتے ہیں پر حق بات کو دیکھنے سے قاصر ہیں۔ وہ بہت کچھ سنتے ہیں مگر جو کچھ سنتے ہیں اُس کے معنی و مفہوم کو سمجھنے سے قاصر ہیں۔ خدا نے عہد عتیق میں اپنے آپ کو زبردست طریقہ سے ظاہر کیا۔ لیکن لوگ اُسے اپنا خداوند مانتے ہوئے اُس کی عزت

کرنے سے قاصر رہے۔ کیوں کہ اُن کے دل سخت اور ہٹ دھرم تھے۔ وہ سچائی کی راہ میں مزاحم ہوئے۔ جو کچھ اُنہوں نے دیکھا اور سنا تھا اگر اُسے قبول کر لیتے تو وہ نجات پا جاتے۔

یسعیاہ کے دوَر کے لوگوں سے قطعی مختلف، شاگردوں کو دیکھنے کے لئے آنکھیں اور سننے کے لئے کان دیئے گئے تھے تاکہ وہ یسوع کی تعلیم کو سن اور سمجھ سکیں۔ وہ سیکھنے پر آمادہ تھے۔ جو کچھ یسوع کہتا تھا اُن کے دل اور کان اسُ کی آواز کے لئے کھلے ہوئے تھے۔ اُس روز بھیڑ میں موجود لوگوں کے ذہنوں اور دلوں کی حالت ان جیسی نہیں تھی۔ خداوند یسوع مسیح اُن کے دلوں کے روّیوں سے واقف تھے۔ وہ جانتے تھے کہ وہ اُس کی تعلیم کو سننے اور قبول کرنے کے لئے تیار نہیں تھے۔ اُس نے اُن باتوں کو تعلیم دی جو وہ سمجھ سکتے تھے لیکن ایسی سچائیوں کے بارے سمجھانے کی کوشش میں وقت ضائع نہ کیا جو انسانی سمجھ سے بالاتر تھیں۔ یعنی ایسی سچائیاں جنہیں وہ سننے اور قبول کرنے کے لئے بالکل تیار نہ تھے۔

خداوند یسوع مسیح نے اپنے شاگردوں کو بیج بونے والے کی تمثیل سمجھائی۔ اُنہوں نے اپنے شاگردوں کو بتایا کہ جب کوئی خدا کی بادشاہی کا پیغام سنتا ہے اور اُسے سمجھتا نہیں تو پھر دشمن آکر اُن کے دلوں سے وہ کلام چھین لے جاتا ہے۔ ایسا نہ ہو کہ اُن کے دلوں میں جڑ پکڑ کر پھل لے آئے۔

شیطان خدا کی بادشاہی کے پیغام سے نفرت کرتا ہے۔ یہ پیغام یسوع مسیح کا پیغام ہے جو گناہ اور بدی پر فتح پانے کے لئے آئے۔ شیطان اُس پیغام کو چھپانا چاہتا ہے۔ وہ مرد و زن کے دلوں کی زمین پر خدا کی بادشاہی کے پیغام کو جڑ پکڑنے سے روکنے کے لئے ہر ممکن اور سر توڑ کوشش کرے گا۔ راہ کے کنارے بویا گیا بیج خدا کی بادشاہی کا وہ پیغام ہے جسے شیطان اور اُس کے فرشتے لوگوں کے ذہنوں اور دلوں سے چھین لیتے ہیں۔ راہ کے کنارے کی زمین بہت سخت ہوتی ہے۔ کیوں کہ راہ پر بہت سے لوگوں کے چلنے پھرنے سے زمین سخت ہو جاتی ہے۔ خداوند یسوع

اِس قسم کے دل کو زمین کی اُس قسم سے تشبیہ دیتے ہیں جو راہ پر ہونے کے سبب سے سخت ہو جاتی ہے۔ایسی زمین پر بیج زمین کے نیچے نہیں جا کر جڑ نہیں پکڑتا۔

پتھریلی زمین پر بویا گیا بیج اُن لوگوں کی مانند ہے جو خدا کے کلام کو سن کر خوشی سے قبول کر لیتے ہیں۔وہ خدا کی بادشاہی کے پیغام کو بڑی خوشی اور جوش اور جذبے سے سنتے ہیں۔اُنہیں معجزات اور نشانات بہت اچھے لگتے ہیں۔لیکن جب آزمائشیں اور مصائب والم آتے ہیں تو پھر وہ ٹھوکر کھا کر پیچھے ہٹ جاتے ہیں۔جب اُنہیں اِس بات کا احساس ہوتا ہے کہ خدا کی بادشاہی قربانی اور دُکھوں میں سے گزرنے کا تقاضا کرتی ہے تو پھر وہ گر پڑتے ہیں۔ہمارے دوَر کے بہت سے لوگوں کی طرح وہ برکت تو پانا چاہتے ہیں لیکن ہر ایک چیز مذبح پر رکھنے کے لئے تیار نہیں ہوتے۔

جھاڑیوں میں گرنے والا بیج اُس کی مانند ہے جو خدا کی بادشاہی کے پیغام کو سنتا تو ہے مگر دُنیا کی فکروں اور اُلجھنوں میں پڑا رہتا ہے۔نتیجہ یہ ہوتا ہے کہ بیج تھوڑی دیر کے لئے اُگتا ہے لیکن جلد ہی دنیوی چیزوں کی کشش اور لگاؤ کے باعث پھل نہیں لاتا۔

ابلیس اُن کی توجہ اور دھیان بہت سی دنیوی باتوں میں اُلجھا دیتا ہے اور وہ دنیوی عیش و آرام اور جسمانی خوشیوں اور مسرتوں میں پھنس کر رہ جاتے ہیں۔یہی وجہ ہے کہ وہ روحانی پھل لانے سے قاصر رہتے ہیں۔ایسے لوگ بے پھل ہوتے ہیں۔ایسے لوگ خدا کی بادشاہی کے لئے کسی کام کے نہیں ہوتے۔

آخری بیج اچھی زمین پر گرا۔یہ بیج اُن لوگوں کی مانند ہے جو خدا کے کلام کو سن کر قبول کرتے ہیں ۔ایسے لوگ بخوشی و رضا خداوند کی عبادت اور اُس کی خدمت کرتے ہیں۔وہ خدا کی بادشاہی کے لئے سب کچھ نثار کرنے کے لئے تیار رہتے ہیں۔وہ مخلص ایماندار ہوتے ہیں جو خدا کی بادشاہی کے لئے بہت سا پھل لاتے ہیں۔

مقدس مرقس اور لوقا کے انجیلی بیانات کے مطابق ایک حقیقی ایماندار روشنی کو چمکنے کا موقع دیتا ہے

تا کہ سب اُس روشنی کو دیکھیں۔ خداوند یسوع نے اپنے شاگردوں سے کہا کہ خدا کی بادشاہی کے تعلق سے جو کلام اور تعلیم اُنہوں نے سنی ہے اُس پر وہ عمل پیرا بھی ہوں۔ خداوند نے اُنہیں کہا کہ جس پیمانے سے وہ دوسروں کے لئے ناپتے ہیں اُسی سے اُن کے لئے بھی ناپا جائے گا۔ اگر وہ کچھ نہ کریں تو اُنہیں کچھ بھی نہ ملے گا۔ اِس کے برعکس اگر وہ خدا کی بادشاہی کے لئے اپنے آپ کو پورے دل سے وقف کر دیں تو خدا بھی اُنہیں دل کھول کر برکت دے گا اور خدا کی طرف سے اُنہیں اور زیادہ طاقت اور قوت بھی ملے گی۔ جب وہ خدا کی بادشاہی کے لئے پیش قدمی کرتے ہیں تو اُنہیں اُن کے ایمان کے موافق ہی قابلیت اور صلاحیت عطا ہوگی۔ خدا اُنہیں سونپے گئے کام کو پایۂ تکمیل تک پہنچانے کے لئے درکار برکات بھی عطا کرے گا۔

خداوند یسوع نے تعلیم دی کہ خدا کی بادشاہی ہمارے درمیان بدی اور شیطان کی بادشاہی کو تسخیر کر رہی ہے۔ بادشاہت کا بیج بویا جا رہا ہے۔ دشمن بادشاہی کے پیغام سے خوفزدہ ہوتا ہے۔ اور سچائی کو چھپانے اور دبانے کے لئے ہر ممکن کوشش کرتا ہے۔ بعض دلوں سے وہ خدا کے کلام کو چرا لیتا ہے۔ جبکہ بعض دلوں میں خدا کے کلام کو دبا دیتا ہے۔

کاوشوں کے باوجود خدا کی بادشاہی کا پیغام اُن دلوں میں بویا جا رہا ہے جو اُسے قبول کرتے ہیں۔ یہ پیغام خدا کے حقیقی فرزندوں کی زندگیوں میں پھل لاتا ہے۔ وہ پیغام کو قبول کرتے' اُس کے تابع ہو جاتے اور خدا کی بادشاہی کے لئے اپنی زندگیاں وقف کر دیتے ہیں۔ خداوند نے اُن سب کی ضروریات پوری کرنے کا وعدہ کیا ہے جو اپنے آپ کو اُس کی خداوندیت اور راج کے تابع کر دیتے ہیں۔ وہ اُنہیں لڑائی کی شکتی دیتا اور اپنے بڑے عظیم مقصد کو پورا کرنے کے لئے استعمال کرتا ہے۔

ہمارے دَور میں بھی خدا کی بادشاہی پھیل رہی ہے۔ روز بروز' مرد و زن پیر و جوان' خداوند یسوع کو قبول کرتے ہوئے اپنی زندگیاں خداوند کے راج اور اُس کی بادشاہی کے تابع کر رہے

ہیں۔خدا کی بادشاہی کا بیج اچھی زمین پر بویا جا رہا ہے۔ یہ بیج اُگ کر پھل لا رہا ہے۔ابلیس اِس بادشاہت کو شکست دینے کی بڑی کوشش میں لگا رہتا ہے۔لیکن اُس کی ناپاک کوششوں کے باوجود یہ پھیلتی چلی جا رہی ہے۔خدا کرے کہ یہ آپ کی اور میری زندگی میں بھی وسعت پا کر مستحکم ہوتی جائے۔آمین۔

چند ایک غور طلب باتیں

☆ ۔اِس تمثیل میں جن لوگوں سے خداوند یسوع مسیح مخاطب ہیں' کیا آپ کی ملاقات اس قسم کے لوگوں سے ہوئی ہے؟ کس قسم کا بیج آپ کی زندگی کی تصویر کشی کرتا ہے؟

☆ ۔خداوند یسوع مسیح کے مطابق خدا کی بادشاہت کی تعلیم کس قدر اہم ہے؟ آپ کی شخصی زندگی' کلیسیا اور معاشرے میں خدا کی بادشاہت کی موجودگی کے کیا شواہد موجود ہیں؟

☆ ۔آپ خدا کی بادشاہت کی تعریف کس طرح بیان کریں گے؟

☆ ۔خدا کی بادشاہی حالتِ جنگ میں ہے۔ اِس سے ہمارے طرزِ زندگی پر کیا اثرات مرتب ہوتے ہیں؟

☆ ۔اپنی شخصی زندگی اور خدمت میں آپ خداوند کے پاس کیسے پیمانے لے کر آتے ہیں؟

☆ ۔کیا آپ پہلے سے بھی زیادہ بڑے ایمان کے ساتھ بڑی خدمت کے لئے پیش قدمی کرنے کیلئے تیار ہیں؟

چند ایک اہم دُعائیہ نکات

☆ ۔ خداوند سے مدد مانگیں تا کہ آپ درپیش جنگ میں وفادار جنگجو بن سکیں۔

☆ ۔ اِس بات کے لئے خداوند کی شکر گزاری کریں کہ وہ ہمیں خدا کی بادشاہت کے لئے کام سر انجام دینے کے لئے ہر ایک چیز مہیا کرتا ہے۔ کچھ لمحات کے لئے غور کریں کہ خدا آپ سے اپنی بادشاہت کے لئے کیا کروانا چاہتا ہے۔ خداوند سے دُعا کریں کہ وہ آپ کو ہر ایک چیز مہیا کرے تا کہ آپ اُس کردار کو ادا کر سکیں جو اُس نے اپنی بادشاہت میں آپ کے لئے رکھا ہوا ہے

☆ ۔ خداوند سے دُعا کریں کہ وہ آپ کے ارد گرد اُن لوگوں کی آنکھیں کھول دے تا کہ وہ خدا کی بادشاہت کی حقیقت کو دیکھ سکیں۔

☆ ۔ چند لمحات کیلئے اپنے دوستوں اور عزیزوں کیلئے دُعا کریں جو خداوند کو نہیں جانتے اور کبھی اِس بات کی ضرورت محسوس نہیں کرتے کہ اُنہیں اپنے دل خداوند کے لئے کھولنے چاہئیں۔

باب 50

بادشاہی کی تمثیلیں

از خود اُگنے والے بیج کی تمثیل

مرقس 4:26-29 پڑھیں

از خود اُگنے اور بڑھنے والے بیج کی تمثیل صرف اور صرف مرقس کی انجیل میں پائی جاتی ہے۔ خداوند یسوع مسیح یہاں پر خدا کی بادشاہی کے بارے میں تعلیم دے رہے تھے۔ ایک بار پھر یہاں پر خداوند نے آسمان کی بادشاہی کو ایک بیج سے تشبیہ دی ہے۔ خداوند نے اِس کی وضاحت ایک ایسے شخص کی کہانی سے کی جو بیج بونے نکلا۔ اِس آخری تمثیل سے ہم سمجھتے ہیں کہ بیج سے مراد خدا کا کلام ہے۔ یہ بہت اہم بات ہے کہ ہم اِس بات پر غور کریں کہ بیج بکھیرنے کا کام ہمیں سونپا گیا ہے۔ خداوند یہاں پر ایک آدمی کے بارے میں بات کر رہے ہیں جو بیج بکھیرنے کے لئے باہر گیا۔

بہ حیثیت خدا کے خادمین، ہمیں بیج بونے کے لئے بلایا گیا ہے۔ بیج کئی ایک مختلف طریقوں سے بوئے جاتے ہیں۔ میری ذاتی رائے کے مطابق قلمی کاوش بھی بیج بونے کا ایک وسیلہ ہے۔ بعض لوگ شخصی گفتگو کے وسیلہ سے بھی اپنے اِردگرد کے لوگوں کے درمیان بیج بونے کا عمل جاری رکھتے ہیں۔ جبکہ کئی لوگ اپنے شخصی طرزِ زندگی سے بھی بیج بونے کا عملی مظاہرہ کرتے ہیں۔ ہم میں سے ہر کوئی اپنے اپنے بلاوے اور دی گئی توفیق کے مطابق بیج بوئے گا اور ہر ایک کا طریقہ دوسرے سے قطعی مختلف ہوگا۔ لیکن تو بھی ہم میں سے ہر ایک کو خدا نے اپنے اردگرد کے لوگوں کی زندگیوں اور دلوں میں خدا کے کلام کا بیج بونے کے لئے بلایا ہے۔

بیج کے تعلق سے ایک بات بڑی زبردست ہے۔ جب بیج کو اچھی جگہ پر بویا جاتا ہے تو یہ اُگتا ہے۔ خداوند یسوع مسیح نے اپنے سامعین کو باور کروایا کہ جب بیج بو دیا جاتا ہے تو یہ ازخود اُگتا ہے۔ ہوسکتا ہے کہ بیج بونے والا اپنے بستر پر گہری نیند کے مزے لے رہا ہو تو بھی بویا گیا بیج اُگتا ' نشو ونما پانا اور بڑھنا جاری رکھتا ہے۔ یہاں پر ہمارے سیکھنے کے لئے بڑا اہم سبق ہے۔

خدا کے کلام کا بیج ہماری مدد کے بغیر اُگتا ہے۔ بیج بونے والے کا کام بیج بونا ہے۔ بیج بونے والے میں یہ طاقت نہیں ہوتی کہ وہ بیج کو اُگا سکے۔ خدا نے بیج میں زندگی رکھی ہوئی ہے۔ عبرانیوں کا مصنف ہمیں بتاتا ہے کہ خدا کا کلام زندہ کلام ہے۔

''کیوں کہ خدا کا کلام زندہ اور مؤثر اور ہر ایک دو دھاری تلوار سے زیادہ تیز ہے اور جان اور روح اور بند بند اور گودے کو جدا کر کے گزر جاتا ہے۔ اور دل کے خیالوں اور ارادوں کو جانچتا ہے۔''

﴿عبرانیوں 12:4﴾

ایک بیج کی مانند خدا کے کلام میں بھی یہ قوت اور قدرت پائی جاتی ہے کہ وہ جڑ پکڑے اور قبول کرنے والوں کی زندگی میں اُگے۔ یہ روح القدس کا کام ہے جو خدا کے کلام کو زندگی بخشتا ہے۔ خدا کا کلام پُرقدرت کلام ہے جس میں زندگیوں کو تبدیل کرنے کی قدرت پائی جاتی ہے۔

اگرچہ ہم زراعت کی دُنیا میں بیج کی قوت کو سمجھتے ہیں تو بھی روحانی دُنیا میں اِسے سمجھنے سے قاصر رہتے ہیں۔ مرد و زن کی زندگیوں اور دلوں میں خدا کے کلام کے بیج کی بہ نسبت زمین میں بوئے گئے بیج پر ہمارا زیادہ اعتقاد اور ایمان ہوتا ہے۔ ہم سمجھتے ہیں کہ زمین میں بوئے گئے بیج کو اُگانے کے تعلق سے ہم بے بس ہیں۔ لیکن پھر بھی ہم محسوس کرتے ہیں کہ لوگوں کی زندگیوں اور دلوں میں خدا کے کلام کے بیج کو اُگانے کے لئے ہمیں محنت کرنے کی ضرورت ہوتی ہے۔

اگر ہم اِس زمین پر بیج کو اُگانے سے قاصر ہیں تو پھر روحانی بیج جو خدا کا کلام ہے دل کی زمین پر کیسے اُگا سکتے ہیں؟ خداوند یسوع مسیح ہمیں یہ سکھا رہے ہیں کہ بیج میں ازخود اُگنے کی قوت پائی

جاتی ہے۔آپ بیج کو زندگی نہیں دے سکتے۔اِس میں تو پہلے ہی زندگی پائی جاتی ہے۔ہم محسوس کرتے ہیں کہ ہمیں مردوں اور عورتوں کو قائل کرنے کی ضرورت ہے۔خداوند یسوع مسیح ہمیں بڑی سادگی سے یہاں پر بتا رہے ہیں کہ آپ بیج بوئیں باقی کام خدا ہی کرے گا۔خدا ہی بیج میں زندگی کا دم پھونکے گا تو پھر خدا کا کلام دل کی زمین میں جڑ پکڑے گا۔

''زمین آپ سے آپ پھل لاتی ہے' پہلے پتی' پھر بالیں' پھر بالوں میں تیار دانے''۔

مرقس 28:4

غور کریں کہ کس طرح خداوند یسوع مسیح اپنے سامعین کو بتا رہے ہیں کہ بیج از خود پھل لاتا ہے۔بیج بونے والا بیج بوتا ہے اور پھر گھر چلا جاتا ہے۔باقی کام خدا کا ہے۔یسعیاہ نبی اِس بات کو یوں بیان کرتے ہیں۔

''اُسی طرح میرا کلام جو میرے منہ سے نکلتا ہے ہوگا۔وہ بے انجام میرے پاس واپس نہ آئے گا بلکہ جو کچھ میری خواہش ہوگی وہ اُسے پورا کرے گا اور اُس کام میں جس کے لئے میں نے اُسے بھیجا مؤثر ہوگا۔ یسعیاہ 1:55

ہمارے لئے یہ بات سمجھنا بہت ضروری ہے کہ بیج کو پھل لانے کے لئے بویا جاتا ہے۔بیج اگر برسوں بھی شیلف یا کسی اچھی جگہ پر پڑا رہے تو کبھی پھل نہیں لا سکے گا۔اگر آپ چاہتے ہیں کہ بیج پھل لائے تو پھر لازم ہے کہ آپ بیج کو زمین میں بوئیں۔بیج بونا ہمارا کام جبکہ اُس بیج کو اُگانا خدا کا کام ہے۔خدا کے کلام کا جو بیج ہم بوتے ہیں وہ بڑا پُرقدرت ہے۔یہ زمین میں گہری جڑ پکڑتا ہے۔جو بھی اِس بیج کو قبول کرتا ہے یہ بیج از خود اُس کی زندگی میں اُگتا اور پھل لاتا ہے۔

اِس تمثیل میں ہمارے سیکھنے کیلئے بہت سے اہم اسباق موجود ہیں۔سب سے پہلے ہمیں خدا کے کلام کی قوت اور قدرت کو سمجھنے کی ضرورت ہے۔ہم یہ محسوس کرتے اور جانتے ہوئے بڑے اعتماد کے ساتھ خدا کے کلام کے بیج کو زندگیوں اور دلوں میں بو سکتے ہیں کہ جب ہم اِس بیج کو بو

رہے ہیں تو یہ بیج اُگ کر پھل بھی لائے گا۔

جب میں تفسیر کی یہ کتاب لکھ رہا ہوں تو یہ نکتہ میرے لئے کس قدر حوصلہ افزا ہے کہ جو بیج میں بو رہا ہوں پوری دُنیا میں بکھرے گا۔ خدا کے فضل سے یہ اُن لوگوں کے دلوں کی زمین پر اُگ کر پھل بھی لائے گا جو اِسے قبول کریں گے اور اِسے اپنے شخصی طرز زندگی اور خدمت کا حصہ بنائیں گے۔ نتیجہ یہ ہوگا کہ خدا کے لوگوں کی زندگیوں اور دلوں میں پھل پیدا ہوگا اور خدا کی بادشاہی کو وسعت ملے گی۔ شاید میں یہ پھل کبھی بھی دیکھ نہ سکوں لیکن مجھے اِس بات کا اعتماد ہونا چاہئے کہ جب میں بیج بو رہا ہوں تو یہ وہی پھل لائے گا جو خدا چاہتا ہے کہ یہ بیج پھل پیدا کرے۔

منادی کے کام میں وفادار اور ثابت قدم رہیں۔ بشارت کے کام اور دوسروں کی حوصلہ افزائی کرنے میں بھی وفاداری سے کام لیں۔ کلام کے بیج بکھیریں۔ جن لوگوں سے آپ کی ملاقات ہوتی ہے اُن کی زندگیوں اور دلوں میں خدا کے کلام کے بیج بوئیں۔

دوسری چیز جو ہمیں یہاں پر سمجھنے کی ضرورت ہے وہ یہ کہ ہم بوئے گئے بیج کو اُگانے اور بڑھانے میں یکسر ناکام اور بے بس ہیں۔ بیج تو ازخود اُگتا ہے۔ ہمیں اس لئے بلایا گیا ہے کہ ہم بیج بوئیں اور خدا پر توکل کریں کہ وہ اِس بیج کو اُگائے گا۔ اِس سلسلہ میں ہم سب کا ایک ہی کام اور مقام ہے۔ خدا بڑے زبردست قسم کے لوگوں کی تلاش میں نہیں ہے۔ وہ تو بس وفادار لوگوں کی تلاش میں ہے۔ جو اُس کے کلام کے سہارے زندہ رہیں بلکہ اُس کے کلام کے مطابق زندگی بسر کریں اور اُن لوگوں تک اِس کلام کو پہنچائیں جن سے ہماری ملاقات ہوتی ہے۔

خدا کے کلام کا بیج بڑا پُر قدرت اور قوت والا ہے۔ دشمن کے خلاف یہ ہمارا زبردست ہتھیار ہے۔ وہ خدا کے کلام کو پسند نہیں کرتا کیوں کہ یہ سچائی کو ظاہر کرتا اور زندگیوں کو تبدیل کر دیتا ہے۔ خدا کے کلام کی سچائی زندگیوں کو مخلصی اور رہائی بخشتی ہے اور لوگ ابلیس کے جھوٹ اور فریب سے آزاد ہو جاتے ہیں۔ آئیں خدا کے کلام کے بیج کو بونے اور خدا کی بادشاہی میں وسعت پیدا

کرنے کے لئے اپنی کاوشوں میں بے دل نہ ہوں بلکہ اور بھی حوصلہ اور جوش سے آگے بڑھیں۔ آئیں بیج کی قوت کو یاد رکھیں کہ یہ از خود اُگتا ہے۔ اِس میں پہلے سے زندگی پائی جاتی ہے۔ خدا کی بادشاہی کا ایک عظیم ترین ہتھیار جو خدا نے ہمیں دیا ہے وہ خدا کا اپنا کلام ہے۔ یہ زندہ اور مؤثر ہے اور لوگوں کو شیطان کے قلعوں سے رہائی بخشتا ہے۔

چند ایک غور طلب باتیں

☆ ۔ یہ حوالہ ہمیں خدا کی قدرت کے بارے میں کیا سیکھاتا ہے؟

☆ ۔ کیا آپ نے خود کو کسی شخص کی زندگی میں خدا کے کلام کو اُگانے کی کوشش کرتے ہوئے دیکھا ہے؟

☆ ۔ آپ کس طرح خدا کے کلام کا بیج بوتے رہے ہیں؟ خدا نے آپ کو کون سی نعمتیں عطا کی ہیں اور اِس وقت آپ اُنہیں کس طرح خدا کے کلام کی خوشخبری کو پھیلانے کے لئے استعمال کر رہے ہیں؟

چند ایک اہم دُعائیہ نکات

☆ ۔ خداوند کے کلام کی عجیب قدرت کیلئے اُس کا شکر ادا کریں۔

☆ ۔ خداوند سے دُعا کریں کہ وہ آپ کو اچھے بیج بونے والا بننے کی توفیق بخشے۔

☆ ۔ خداوند سے دُعا کریں کہ وہ آپ پر ظاہر کرے کہ آپ نے کس طرح اور کیسے بیج بونا ہے۔

☆ ۔ خداوند سے زندگیوں کو تبدیل کرنے کیلئے اُس کے کلام کی قدرت پر ایمان کے تعلق سے اپنی بے اعتقادی اور عدم معرفت کے لئے اُس سے معافی مانگیں۔

باب 51

بادشاہی کی تمثیلیں
کڑوے دانوں کی تمثیل

متی 13:24-30 پڑھیں

خداوند یسوع مسیح خدا کی بادشاہی کے بارے میں تعلیم دے رہے تھے۔ اِس تمثیل میں خداوند یسوع مسیح نے ایک بار پھر سے خدا کی بادشاہی کو زمین میں بوئے جانے والے بیج سے تشبیہ دی ہے۔ اُنہوں نے اُس آدمی کی کہانی سنائی جس نے زمین میں اچھا بیج بویا۔ لیکن جب وہ سو رہا تھا تو دشمن نے آ کر اچھے بیجوں کے درمیان کڑوے بیج بھی بو دیئے۔ جب اچھے بیج اُگ کر بڑے ہوئے تو اُن کے ساتھ ساتھ کڑوے دانے بھی اُگے اور بڑے ہوئے۔ اُس کا باغ اچھے اچھے پودوں سے بھر گیا لیکن اِس کے ساتھ ساتھ کڑوے دانے بھی وہیں پر تھے۔

اِس بات پر غور کریں کہ جب دشمن اچھے پودوں کے درمیان کڑوے دانوں کو بونے میں کامیاب ہو گیا تو دونوں ہی ایک دوسرے سے قطعی مختلف تھے۔ وہ شخص جسے باغ میں سے غیر ضروری جڑی بوٹیاں تلف کرنے کا تجربہ ہے وہ جانتا ہے کہ غیر ضروری جڑی بوٹیوں اور اچھے پودوں میں فرق کرنا مشکل ہوتا ہے کیوں کہ دونوں ہی زمین سے اُگتے ہیں اور تقریباً ایک جیسے ہی دکھائی دیتے ہیں۔ تاہم مناسب وقت پر یہ فرق نمایاں ہو جاتا ہے۔

ہمیں اِس بات کو سمجھنے کی ضرورت ہے کہ دشمن کڑوے بیج بونے کے تعلق سے ہچکچاہٹ سے کام نہیں لے گا۔ یہ بُرے بیج ہماری کلیسیاؤں میں بھی سرایت کر چکے ہیں۔ یہی وہ لوگ ہوتے ہیں جو دوسروں کو بُرا نمونہ دکھا کر اُن کیلئے ٹھوکر کا باعث ہوتے ہیں۔ یہ خدا کے حقیقی خادمین کو بے دل

کرتے اور اُن کو اُس راہ سے گمراہ کر دیتے ہیں جو خدا نے اُن کے لئے مقرر کی ہوتی ہے۔اچھے بیجوں کے درمیان کڑوے بیج بونے سے دشمن خدا کی بادشاہی کے کام میں رکاوٹ ڈالنا چاہتا ہے۔ایک بات یقینی ہے کہ اِس حوالہ میں ہمیں نظر آتا ہے کہ اِس دُنیا میں ایک جنگ جاری ہے۔خدا کی بادشاہت میں وسعت پیدا ہو رہی ہے اور تاریکی کی بادشاہت اِس سے خوش نہیں ہے۔جس طرح کے عام طور پر دنیوی جنگ میں ہوتا ہے' کوئی بھی مخالف بادشاہت اپنے دشمن کی فتح پر خوش نہیں ہوتی۔

ہمیں اِس بات سے متعجب نہیں ہونا چاہئے کہ ہم دشمن کے نشانے پر ہیں۔ایمانداروں کے لئے حالات خوشگوار نہیں ہوں گے۔دشمن خدا کی بادشاہی میں ابتری اور اُلجھاؤ پیدا کرنا چاہتا ہے۔ہم دیکھیں گے کہ خدا کے حقیقی خادموں پر ہر طرح کی آزمائشوں اور اِس طرح کے حملے ہوں گے جو اُن کے حوصلوں کو پست کر دیں گے۔یہ کہنا بڑی خوبصورت بات ہوگی کہ ہم یسوع کے لوگ ہیں اور دشمن ہمیں چھو نہیں سکتا۔لیکن یہ سب کچھ ہمارے اردگرد جاری روحانی جنگ کی حقیقت کا انکار کروانے کے لئے ہوگا۔شیطان کے حملوں کا ہدف خدا کی بادشاہی ہے۔

دشمن کبھی نہیں چاہتا کہ خدا کی بادشاہی پھیلے اور وہ اُس کو تباہ و برباد کرنے کیلئے ہر ممکن کوشش کرے گا۔ہم اُس کے تیروں کا ہدف ہوں گے۔وہ ہمیں فریب دینے کی کوشش کرے گا۔وہ ہمارے ذہنوں میں کڑوے بیج بوئے گا۔

آپ اُن بیجوں کو غیر متوقع جگہ پر ظاہر ہوتے ہوئے دیکھیں گے۔آپ کے ترتیب دیئے گئے عبادتی پروگرامز اور کلیسیائی عبادات میں خفگی' ناراضگی اور غصے کے کڑوے بیج پھوٹنا شروع ہو جائیں گے۔ابلیس آپ کی کلیسیا میں ایسے لوگوں کو لے کر آئے گا جو خداند سے محبت نہیں کرتے لیکن ہر طرح سے یہ ظاہر کریں گے کہ وہ ایماندار ہیں۔وہ مخلص ایمانداروں کو بھی مسیح کے بدن میں تفرقہ بازی اور ابتری پیدا کرنے کے لئے استعمال کرے گا۔اِس لڑائی میں ہمیں بصیرت' فہم

وفراست اور بڑے ادراک کی ضرورت ہوگی۔

خداوند یسوع ہمیں یہاں پر یہ بتا رہے ہیں کہ ہمارے لئے حالات ہمیشہ خوشگوار اور سہل نہیں ہوں گے۔ جب زمین پر خدا کی بادشاہی میں وسعت پیدا ہوتی ہے تو پھر دشمن اُس کی وسعت میں رکاوٹ پیدا کرنے کے لئے متحرک اور مستعد ہو جاتا ہے۔ حالات ابتری کا شکار ہو جاتے ہیں۔ جی ہاں روحانی جنگ کچھ اِسی نوعیت کی ہوتی ہے۔ ایمانداروں کو روحانی امتیاز اور احتیاط سے کام لینا ہوگا۔ دشمن مکار اور دھوکہ باز ہے۔ وہ ہماری صفوں میں پرفریب انداز سے گھس آتا اور ہمیں دھوکہ دینے کے ساتھ ساتھ خدا کے کام کی مخالفت بھی کرتا ہے۔

تاریخ کے اِس دَور میں، خدا کی بادشاہی آزمائشوں، مصیبتوں اور امتحانوں سے گزرتی ہوئی آگے بڑھ رہی ہے۔ وہ وقت آئے گا جب ہمارا دشمن نیست ہو جائے گا لیکن اب ہمیں صرف اور صرف روحانی جنگ کی توقع کرنی چاہئے۔

اِس تمثیل میں یسوع مسیح نے یہ سکھایا کہ نوکر نے مالک سے پوچھا کہ کیا وہ چاہتا ہے کہ کڑوے دانوں کو اُکھاڑ دیا جائے۔ مالک نے اُس سے کہا کہ وہ چاہتا ہے کہ کڑوے دانوں کو بھی اصل فصل کے ساتھ بڑھنے دے۔ مالک نے نوکر سے کہا کہ وہ دن آئے گا جب اُس کے فصل کاٹنے والے کھیتوں سے کڑوے دانوں کو اکٹھا کریں گے۔ وہ اُس فصل کو پولوں میں باندھ کر جلا دیں گے۔ تاہم گندم کو اکٹھا کر کے کھتوں میں جمع کریں گے۔

اِس آیت میں ہمیں بہت سی تفصیلات کو سمجھنے کی ضرورت ہے۔ سب سے پہلے مالک کی نرم مزاجی اور فکرمندی پر غور کریں۔ مالک نے نوکر کو اجازت نہ دی کہ وہ کڑوے بیجوں کی فصل کو اُکھاڑے کہیں ایسا نہ ہو کہ وہ اُس کے ساتھ اچھی فصل کو بھی اُکھاڑ دے۔ بعض اوقات غیر ضروری جڑی بوٹیوں کی جڑیں اچھی فصل کے ساتھ اِس قدر اُلجھی ہوتی ہیں کہ ممکن ہی نہیں ہوتا ہے کہ آپ غیر ضروری جڑی بوٹیوں کو اچھی فصل کو اُکھاڑے بغیر تلف کر سکیں۔

ہمارے لئے یہاں اِس بات کو سمجھنا اہم بات ہے کہ مالک کو ہر ایک اچھے پودے کی فکر ہے۔ وہ نہیں چاہتا کہ اُن میں سے ایک بھی ضائع ہو جائے۔

دوسری قابل غور بات یہ ہے کہ اچھے پودے بھی غیر ضروری اور کڑوے بیج کی فصل کے درمیان ہی اُگتے اور بڑھتے ہیں۔ خدا کی بادشاہی گناہ اور بدی کے درمیان ہی وسعت پا رہی ہے۔ ہمارے اردگرد تاریکی اور بدی کی بادشاہت ہے۔ ہم تاریکی میں چمکتے ہیں۔ خدا ہمیں اِس دُنیا سے اُٹھا نہیں لیتا بلکہ اِس دُنیا میں چمکنے کے لئے ہمیں یہاں پر ہی رہنے دیتا ہے۔ شیطان خدا کی بادشاہت کے پھل کو دبانے کے لئے بھرپور کوشش کر رہا ہے۔ لیکن اِس کے برعکس ہم خدا کی بادشاہی کے لئے پھل پیدا کرنا جاری رکھیں۔ بہ حیثیت ایماندار لوگ ہمیں یہ سیکھنا ہے کہ کس طرح ہم نے بدی اور تاریکی کے درمیان راستبازی کی زندگی بسر کرنی ہے۔

اِس بات پر غور کریں کہ یہ لوگوں کی عدالت کرنے کا وقت نہیں ہے۔ عدالت کا وقت مقرر ہے اور مقررہ وقت پر خداوند ہی عدالت کرے گا۔ یہ وقت تو خدا کی بادشاہی کو پھیلانے کا وقت ہے۔ بہت سے ایماندار ہیں جو دوسروں کی عدالت کرنے اور اُن پر نکتہ چینی کرنے میں وقت گزار رہے ہیں۔ ایسے لوگوں کے لئے دوسروں کے طریقہ کار اور اُن کے دیکھنے، سمجھنے اور کام کرنے کے انداز کو قبول کرنا مشکل ہوتا ہے۔

خدا ہر طرح کے لوگوں اور منسٹریز کو اپنی بادشاہت کی وسعت کے لئے استعمال کرتا ہے۔ کئی دفعہ کڑوے دانوں سے رہائی پانے کی دلی آرزو میں ہم نے بڑی اہم منسٹریز کی راہ میں رکاوٹیں کھڑی کی ہیں۔ بہت سے لوگ خدا کی بادشاہت میں وسعت پیدا کرنے کی بجائے ایک دوسرے کی عدالت کرنے اور آپس کے لڑائی جھگڑوں میں وقت ضائع کر رہے ہیں۔

یہ تمثیل ہمیں سکھاتی ہے کہ ہمارے لئے اِس درپیش جنگ میں حالات اور صورتحال ناخوشگوار اور ابتر ہوگی۔ زمین میں مختلف طرح کے پودے اُگ رہے ہیں۔ عدالت کا دن تو ایک دن آ ہی

جائے گا لیکن اب وقت ہے خدا کی بادشاہی کو پھیلانے اور آگے بڑھانے کا۔

آئیں دیکھیں کہ جب مقدس پولس رسول کو جب قید خانہ میں ڈالا گیا تو اُس کا روّیہ کیسا تھا۔ اُس نے دیکھا کہ اُس کے قید میں پڑنے کے سبب سے بہت سے لوگ خوشخبری کی منادی کیلئے متحرک ہو گئے۔ اُن میں سے سبھی لوگ اِس طور سے خوشخبری کی منادی نہیں کر رہے تھے جس طور سے اُنہیں کرنی چاہیئے تھی۔ اِس کے باوجود' پولس رسول خوش تھا کہ کلام کی منادی ہو رہی ہے۔ آئیں سنیں کہ خدا کا بندہ فلپیوں کو خط لکھتے ہوئے کیا کہتا ہے۔

اور خداوند میں جو بھائی ہیں اُن میں سے اکثر میرے قید ہونے کے سبب سے دلیر ہو کر بے خوف خدا کا کلام سنانے کی زیادہ جرأت کرتے ہیں۔ بعض تو حسد اور جھگڑے کی وجہ سے مسیح کی منادی کرتے ہیں اور بعض نیک نیتی سے۔ ایک تو محبت کی وجہ سے یہ جان کر مسیح کی منادی کرتے ہیں کہ میں خوشخبری کی جواب دہی کے واسطے مقرر ہوں۔ مگر دوسرے تفرقہ کی وجہ سے نہ کہ صاف دلی سے۔ بلکہ اِس خیال سے کہ میری قید میں میرے لئے مصیبت پیدا کریں۔ پس کیا ہوا؟ صرف یہ کہ ہر طرح سے مسیح کی منادی ہوتی ہے۔ خواہ بہانے سے ہو خواہ سچائی سے اور اِس سے میں خوش ہوں اور رہوں گا بھی۔'' ﴿فلپیوں 1:14-18﴾

پولس رسول نے نہ چاہا کہ وہ اپنے اردگرد خوشخبری کی منادی کرنے والوں کی نیت اور محرکات کی عدالت کرے۔ اُس نے ایسے لوگوں کی عدالت کا کام خداوند کے ہاتھوں میں دے دیا۔ خداوند یہاں پر یہ نہیں کہہ رہے کہ ہمیں اپنے درمیان گناہ کی نشاندھی کر کے اُس کو دور نہیں کرنا بلکہ وہ تو یہ کہہ رہے ہیں کہ ہماری راہیں ہمیشہ ہموار اور صاف نہ ہوں گی۔ لوگوں کا طرزِ زندگی' روّیے' خیالات اور کام کرنے کا انداز ہم سے قطعی مختلف ہوگا۔

ہمیں اپنے آپ کو الجھنوں' آزمائشوں اور ابتر حالات میں بھی خدمت گزاری کا کام جاری رکھنا ہوگا۔ دشمن ہمیں گھیر لے گا۔ ہماری کلیسیا میں بہن بھائی ہمارے انداز سے چیزوں کو نہیں

دیکھیں گے اور نہ ہی ہمارے طریقے سے خدمت گزاری کا کام کریں گے۔ بعض اوقات خدا کی بادشاہت کی وسعت ابتری اور الجھاؤ کا شکار ہو جائے گی۔ تاہم ہمیں دوسروں کے طریقۂ کار، نیتوں اور دلی محرکات کو جانچنے اور پرکھنے میں وقت ضائع نہیں کرنا چاہیے۔ اہم بات یہی ہے کہ خدا کی بادشاہی ہمارے دلوں اور ہمارے اردگرد کے لوگوں کے دلوں میں وسعت پا رہی ہے۔

چند ایک غور طلب باتیں

☆ ۔اِس حوالہ میں ہم اپنے اردگرد ہونے والی روحانی جنگ کے بارے میں کیا سیکھتے ہیں؟

☆ ۔آپ کے درمیان دشمن نے کیسے بیج بوئے ہیں؟

☆ ۔کیا آپ نے خود کو ایسے لوگوں کی عدالت کرتے ہوئے پایا ہے جو آپ کے شانہ بشانہ مصروفِ جنگ ہیں؟ عملی طور پر آپ کن لوگوں کی عدالت کرتے رہے ہیں؟

☆ ۔کڑوے دانوں اور اچھے بیجوں میں کیا فرق پایا جاتا ہے؟ کیا تمام اچھے بیج ایک جیسے دکھائی دیتے ہیں؟ وضاحت کریں

☆ ۔خدا کی بادشاہت کی وسعت اور پھیلاؤ میں آپ کیا کردار ادا کر رہے ہیں؟

چند ایک اہم دُعائیہ نکات

☆ خداوند سے دُعا کریں کہ آپ کو اُن لوگوں کے لئے بڑا صبر وتحمل عطا فرمائے جو خدمت اور دیگر کاموں کو آپ سے قطعی مختلف طریقے اور انداز سے کر رہے ہیں۔

☆ خداوند سے کہیں کہ آپ کے اِرد گرد لگی ہوئی روحانی جنگ میں آپ کو وفادار رہنے کی توفیق بخشے۔

☆ خداوند سے دُعا کریں کہ آپ پر ظاہر کرے کہ خدا کی بادشاہت اور پھیلاؤ میں آپ کا کیا کردار ہے؟

☆ چند لمحات کے لئے کسی ایسے بھائی یا بہن کی خدمت کے لئے دُعا کریں جس کا طرزِ زندگی، رہن سہن، خدمت کا طریقہ کار آپ سے قطعی مختلف ہے۔

☆ خداوند سے دُعا کریں کہ وہ اِس دُنیا میں خدا کی بادشاہت کے پھیلاؤ اور وسعت کے ساتھ آنے والی مشکلات کا سامنا کرنے کی آپ کو جرأت اور حوصلہ عطا فرمائے۔

باب 52

بادشاہی کی تمثیلیں

رائی کے دانے کی تمثیل

متی 13:31-32 مرقس 4:30-32 لوقا 13:18-19 پڑھیں

اِس اگلی تمثیل میں خداوند یسوع مسیح نے خدا کی بادشاہی کو رائی کے دانے سے تشبیہ دی ہے۔ جہاں تک بیجوں کا تعلق ہے' رائی کا بیج سب سے چھوٹا ہوتا ہے۔ رائی کا دانہ کلام مقدس میں کسی ایسی چیز کو پیش کرنے کے لئے استعمال کیا گیا ہے جو بظاہر غیر اہم دکھائی دیتی ہے۔ خداوند یسوع مسیح نے اپنی خدمت کے باقی حصہ میں' ایمان کو بھی رائی کے دانے سے تشبیہ دی ہے۔

''میں تم سے سچ کہتا ہوں کہ اگر تم میں رائی کے دانے کے برابر بھی ایمان ہو تو اِس پہاڑ سے کہہ سکو گے کہ یہاں سے سرک کر وہاں چلا جا اور وہ چلا جائے گا اور کوئی بات تمہارے لئے ناممکن نہ ہوگی۔'' (متی 20:17)

اگر چہ رائی کا دانہ غیر اہم دکھائی دیتا ہے تو بھی اِس میں غیر معمولی قوت اور صلاحیت پائی جاتی ہے۔ یہ چھوٹا سا رائی کا دانہ' جب زمین میں بویا جائے تو بہت خوبصورت پھل پیدا کر سکتا ہے۔

رائی کے دانے کی یہ خاص قسم' جس کا یسوع مسیح ذکر کر رہے ہیں' دیگر ترکاریوں سے زیادہ بڑا ہو جاتا ہے۔ حتیٰ کہ ہوا کے پرندے بھی آ کر اُس کی شاخوں پر بسیرا کرتے ہیں۔ یہاں پر خداوند یسوع مسیح ہمیں خدا کی بادشاہت کے بارے میں کیا سکھا رہے ہیں؟

اِس تمثیل میں بہت سی قابل غور باتیں پائی جاتی ہیں۔ سب سے پہلی بات جس پر ہمیں غور کرنے کی ضرورت ہے وہ یہ کہ خدا کی بادشاہی ہمیشہ بڑی دھوم دھام اور جاہ و جلال کے ساتھ نہیں آتی

یسوع کے دَور کے یہودی لوگوں کے لئے' اِس تمثیل کو سمجھنا بہت مشکل تھا۔ جب وہ خدا کی بادشاہی کے بارے میں سوچتے تھے تو اُن کے تصورات میں قدرے مختلف چیز ہوتی تھی۔ وہ کسی مختلف چیز کی توقع کر رہے تھے یہودی ذہنیت کے نزدیک خدا کی بادشاہی کو ایک غیر اہم رائی کے دانے سے تشبیہ دینا بڑی عجیب بات ہوئی ہوگی۔ یہودی تو اِس بات کی توقع کر رہے تھے کہ یسوع آ کر روم کو فتح کر لے گا۔ وہ اِس بات کی توقع کر رہے تھے کہ خدا کی بادشاہی جسمانی طور پر اُن کے درمیان اِس زمین پر ظاہر ہوگی جہاں وہ امن و امان کے ساتھ رہتے ہوئے پوری دُنیا پر حکمرانی کریں گے۔ وہ بہت بڑی فوج اور عسکری قوت کی توقع کر رہے تھے۔ وہ دولت اور خوشحالی کی اُمیدیں لگائے بیٹھے تھے۔ وہ سونا' چاندی اور ہر اُس چیز کی توقع کر رہے تھے جو اُنہیں مرغوب تھی۔

فی الحقیقت اُن کے لئے یسوع کی تعلیم بڑی عجیب تھی۔ رائی کا دانہ بڑا معمولی سا تھا۔ بہت چھوٹا ہونے کی وجہ سے کوئی بھی اُس پر توجہ نہیں کرتا تھا۔ آج بھی بہت سے لوگوں کا یہی مسئلہ ہے۔

یسوع کے دوَر کے یہودیوں کی طرح' وہ بڑے بڑے نشانات دیکھنا چاہتے ہیں۔ ایسے لوگ یسوع کو قبول کرنے سے انکار کرتے ہیں کیوں کہ وہ آسمان سے بجلی کی کڑک جیسا کوئی نشان دیکھنے کے منتظر ہوتے ہیں۔ وہ جاہ وجلال اور بڑی شان وشوکت کے ساتھ خدا کی بادشاہی کو اپنے درمیان دیکھنا چاہتے ہیں۔ وہ اِس بات کو سمجھنے سے قاصر ہوتے ہیں کہ محض سادہ ایمان ہی کافی ہے۔ یسوع نے اپنے دوَر کے اُن لوگوں کو کسی طور سے بھی پسند نہ کیا جو ہر وقت کوئی نہ کوئی نشان طلب کرتے رہتے تھے۔ جب تک وہ کوئی معجزہ' نشان یا کوئی کرامات نہ دیکھ لیں وہ ایمان ہی نہیں لاتے۔ حتیٰ کہ اگر کوئی نشان یا معجزہ دیکھ بھی لیں تو بھی وہ مطمئن نہیں ہوتے۔

خدا کی بادشاہی عموماً بڑی خاموشی سے بڑھتی اور ترقی کرتی ہے۔ یہ روزمرہ کے معمولی لوگوں اور حالات اور واقعات کے ذریعہ سے وسعت پاتی ہے۔ یہ پُر فضل کلام' اور حقیقی مسیحی زندگی میں مسیح

یسوع کے حقیقی اظہار کے ذریعہ سے پھیلتی جاتی ہے۔خدا کی بادشاہی کے سپاہی عام اور سادہ لوگ ہوتے ہیں۔میں نے تو یہ دریافت کیا ہے کہ خدا کی بادشاہی کا کام بالعموم بڑا عام اور معمولی دکھائی دیتا ہے۔جب میں کافی شاپ میں روز بروز بیٹھ کر اپنے کمپیوٹر پر بیٹھ کر ٹائپنگ کا کام کرتا ہوں، تو میں خدا کی بادشاہی میں وسعت کے لئے کام کر رہا ہوتا ہوں۔جب میں یکے بعد دیگرے کتب دیگر ممالک میں تقسیم کے لئے بھجتا ہوں تو دراصل میں اِس خدمت کے وسیلہ سے جو خدا نے مجھے دی ہے خدا کی بادشاہی میں وسعت پیدا کر رہا ہوں۔اگرچہ یہ سب کاوشیں بڑی معمولی اور عام سی دکھائی دیتی ہیں تو بھی خدا کی بادشاہت کی وسعت کے لئے یہ خدا کے منصوبے کا حصہ ہیں۔میں گویا رائی کے بیج بو رہا ہوں۔

اکثر ہم خداوند کے لئے بڑے اور عجیب کام سرانجام دینا چاہتے ہیں۔ہم ہزاروں لوگوں کو مسیح کے پاس آتا ہوا دیکھنا چاہتے ہیں۔ہم اِس بات کے متمنی ہوتے ہیں کہ ہزاروں لوگ تاریکی اور گناہ کی قوتوں سے رہائی پائیں۔ہم بڑی بھیڑ کے سامنے کھڑے ہو کر خدا کا کلام سنانا چاہتے ہیں۔بعض لوگ ایسا کرتے بھی ہیں لیکن سادہ اور عام لوگوں جو شاید رائی کے بیج کی مانند غیر اہم دکھائی دیتے ہیں ان کے وسیلہ سے بھی خدا کی بادشاہی پھیل رہی ہے۔معمولی کام اور غیر اہم دکھائی دینے والی کاوش بھی خدا کی بادشاہی میں وسعت کے لئے اہم کردار ادا کر سکتی ہے۔بعض اوقات ہم چھوٹا سا رائی کا دانہ بوتے ہیں۔

ہوسکتا ہے کہ ہمارا کام غیر اہم دکھائی دے۔اکثر ہم سوچتے ہیں کہ ہم کیا کر رہے ہیں۔ہمارے لئے اِس بات کو سمجھنا اہم بات ہے کہ یسوع ہمیں یہاں پر رائی کے بیج کو بونے کے بارے میں بتا رہے ہیں۔شاید یہ کام بڑا پُر جلالی نہ ہو لیکن اِس سے پھل پیدا ہوگا۔سادہ سا غیر اہم دکھائی دینے والا رائی کا بیج باغ میں اہم ترین درختوں میں سے ایک ہوگا۔آپ کی کاوشیں رائیگاں نہیں جائیں گی۔آپ کی جانب سے کیا جانے والا بظاہر معمولی سا کام خدا کی بادشاہت میں اہم کردار

ادا کرے گا۔ اپنی چھوٹی چھوٹی کاوشوں کو خدا کے جلال اور اُس کی بادشاہی کی وسعت کے لئے جاری رکھیں۔ بیج بوتے رہیں۔ ایمان رکھیں کہ بیج اُگے گا اور پھر پھل بھی لائے گا۔

چند ایک غور طلب باتیں

☆۔ خداوند کے لئے وہ کون سی عام قسم کی سرگرمیاں ہیں جن میں آپ شامل ہیں؟ یہ حوالہ کس طرح سے اُن سرگرمیوں کو جاری رکھنے میں آپ کی حوصلہ افزائی کرتا ہے؟

☆۔ کیا آپ نے خود کو بڑی اور بہتر چیزوں کی تلاش کرتے ہوئے پایا ہے؟ کیا خدا یہ کہہ رہا ہے کہ آپ سادہ سے چھوٹے رائی کے دانے کو بونے والے بن جائیں؟

☆۔ کیا کسی بڑی شاندار خدمت کی جستجو میں خداوند کے مقصد کو کھو دینا ممکن ہے؟

☆۔ کیا آپ کسی ایسے وقت کو یاد کر سکتے ہیں جب آپ کے کسی معمولی سے کام نے آپ کے کسی جان پہچان والے شخص کی زندگی میں غیر معمولی پھل پیدا کیا؟ وضاحت کریں۔

چند ایک اہم دُعائیہ نکات

☆۔ خداوند سے فضل اور توفیق مانگیں تا کہ آپ رائی کے دانے کو بونے والے بننے پر ہی مطمئن رہیں۔

☆۔ خداوند کا شکر کریں کہ وہ معمولی لوگوں کے وسیلہ سے بھی اپنی بادشاہت میں وسعت پیدا کرتا ہے۔ خداوند سے ایسے وقتوں کے لئے معافی مانگیں جب آپ کی زبان پر اِس وجہ سے بڑبڑاہٹ اور حرفِ شکایت آیا کیوں کہ آپ یہ سمجھتے تھے کہ خدا نے اپنی بادشاہت کی وسعت میں آپ کو کوئی اہم کام نہیں سونپا۔ خداوند سے دُعا کریں کہ وہ آپ کو اُس کردار کو قبول کرنے کی توفیق عطا فرمائے جو اُس نے آپ کو خدا کی بادشاہت کی وسعت کے لئے دیا ہے۔

باب 53

بادشاہی کی تمثیلیں

خمیر کی تمثیل

متی 13:33-35 مرقس 4:33-34 لوقا 13:20 پڑھیں

خداوند یسوع مسیح نے اپنی خدمت کے دوران بھیڑ سے تمثیلوں میں باتیں کیں۔ اُنہوں نے اِس لئے ایسا کیا کیوں کہ روحانی صداقتیں جن کا خداوند ذکر کر رہے تھے' اُنہیں سمجھنے کے لئے لوگوں کے پاس خدا کی حکمت نہیں تھی۔ متی رسول ہمیں یاد دلاتے ہیں کہ خداوند یسوع مسیح کے آنے سے بہت عرصہ پہلے اِس بات کی پیش گوئی کی گئی تھی۔ زبور نویس نے پہلے ہی بتا دیا تھا کہ مسیح تمثیلوں میں باتیں کرے گا۔ ''میں تمثیل میں کلام کروں گا اور قدیم معمے کہوں گا'' ﴿زبور 78:2﴾

متی کے لئے گویا یہ ایک ثبوت تھا کہ خداوند یسوع ہی وہ مسیح ہے جس کے آنے کی پیش گوئی کی گئی تھی۔ مرقس 4:34 ہمیں بتاتا ہے کہ اگرچہ خداوند یسوع مسیح بھیڑ کے ساتھ تمثیلوں میں باتیں کرتے تھے تو بھی جب اُن کے شاگرد تنہائی میں ہوتے تھے انہیں ہر ایک تمثیل کا مطلب اور مفہوم واضح طور پر سمجھا دیتے تھے۔ خداوند یسوع مسیح نے اُنہیں کہا کہ جو کچھ وہ اُن سے پوشیدگی میں کہہ رہے ہیں وہ سب کچھ وہ لوگوں سے بیان کریں

''پس اُن سے نہ ڈرو کیوں کہ کوئی چیز ڈھکی نہیں جو کھولی نہ جائے گی۔ اور نہ کوئی چیز چھپی ہے جو جانی نہ جائے گی۔ اور جو کچھ میں تم سے اندھیرے میں کہتا ہوں اُجالے میں کہو۔ اور جو کچھ تم کان میں سنتے ہو۔ کوٹھوں پر اُس کی منادی کرو۔'' ﴿متی 10:26-27﴾

خداوند یسوع مسیح نے تمثیلوں کی باتیں اپنے شاگردوں کو سمجھا دیں اور اُن کے معنی اور مفہوم اُن پر

واضح کیئے تاکہ وہ جا کر بھیڑ کو ساری باتیں وضاحت سے سمجھا سکیں۔ یہ گویا ایسے ہی تھا کہ جیسے اُنہوں نے سیکھ کر آگے دوسروں کو سکھایا۔ آج بھی اِس سچائی کا اطلاق ہوتا ہے۔ بہ حیثیت خدا کے خادمین ہم بھی وہی کچھ لوگوں کو سکھا سکتے ہیں جو کچھ خدا ہم پر منکشف کرے۔ یہ تب ہی ممکن ہوگا جب ہم اُس کے قدموں میں بیٹھ کر اُس سے سیکھیں گے تاکہ دوسروں کو بھی سیکھا سکیں۔

اگلی تمثیل میں خداوند یسوع مسیح نے خدا کی بادشاہی کو خمیر سے تشبیہ دی۔ اُنہوں نے اُس عورت کی مثال دے کر اُس کی وضاحت کی جو روٹی پکاتی ہے۔ اُس نے آٹا لے کر اُس میں خمیر ملا دیا۔ پھر اُس نے خمیر ملے آٹے کو لے کر اُسے گوندھا حتیٰ کہ خمیر سارے آٹے میں شامل ہو گیا۔ یہ وضاحت نہایت سادہ ہے تو بھی ہمارے سیکھنے کے لئے اِس سے جو سبق ملتا ہے وہ انتہائی زبردست اور اہم ہے۔

خمیر کی تمثیل ہمیں فردِ واحد کی زندگی اور دل میں خدا کی بادشاہی کے زبردست کام کے بارے یاد دہانی کراتی ہے۔ خمیر گوندھے ہوئے آٹے میں بڑھتا اور پھیل جاتا ہے۔ بالکل اِسی طرح سے خدا کی بادشاہی خدا کے بچوں کی زندگیوں اور دلوں میں وسعت پاتی ہے۔ خدا کی بادشاہت کا ابتدائی کام ہمارے دلوں میں ہوتا ہے۔ خدا کی بادشاہی کا خمیر ہماری زندگیوں' دلوں اور ذہنوں کے ہر ایک کونے اور گوشے میں سرایت کر جاتا ہے اور ہمیں مسیح کی صورت پر ڈھالتا چلا جاتا ہے۔ یہ تمثیل ہمیں یہ بھی باور کراتی ہے کہ خدا کی بادشاہی کا بڑے بڑے گرجہ گھروں اور بڑی تعداد میں لوگوں کی چرچ میں شمولیت سے کوئی تعلق نہیں ہے۔

خدا کی بادشاہی کا ظاہری چیزوں سے کوئی تعلق نہیں ہے۔ خدا کی بادشاہی تو ہمارے دلوں میں ہے۔ خدا کی بادشاہی ہمارے دلوں اور زندگیوں میں وسعت پا رہی ہے۔ یہ ہمارے تصورات' خیالات اور روّیوں پر غالب آ رہی ہے۔ جیسے خمیر اندر ہی اندر پھیلتا چلا جاتا ہے۔ اِسی طرح ہماری زندگیوں میں بھی ایسا ہی ہوتا ہے۔ ہمارا ہر ایک خیال' تصور اور روّیے خدا کی بادشاہی کے

اسیر ہو جاتے ہیں۔

خمیر کے تعلق سے دوسری بات‘ یہ نہ صرف پھیلتا ہے بلکہ گوندھے ہوئے آٹے میں اِس سے طاقت آجاتی ہے۔ اِس سے روٹی میں تبدیلی اور بھرپوری آجاتی ہے۔ گوندھا ہوا بے ڈھنگا‘ بے صورت سا آٹا ایک مزے دار روٹی کی شکل اختیار کر جاتا اور ہماری بھوک کو مٹاتا اور ہماری زندگی کو قائم رکھتا ہے۔ یہی وہ کام ہے جو خدا کا پاک روح میری اور آپ کی زندگی میں کرنا چاہتا ہے۔ اُس کی معموری کو اُن لوگوں کی زندگیوں میں دیکھا اور محسوس کیا جا سکتا ہے جنہیں اُس نے اپنے مسیح، حضوری اور معموری سے بھرپور کر دیا ہے۔

ایک قابلِ غور بات جو ہمیں سمجھنے کی ضرورت ہے۔ آٹا نہیں بلکہ خمیر کام کرتا ہے۔ اکثر اوقات ہم اِس نکتہ کو سمجھنے سے قاصر رہتے ہیں۔ ہم اِسی بات پر ایمان رکھتے ہیں کہ تبدیلی کا انتخاب ہمارے پاس ہے۔ ہم ایمان رکھتے ہیں کہ ہم اپنی کاوشوں سے مسیح کی مانند بن سکتے ہیں۔ اگر آٹا تبدیل ہونا چاہتا ہے تو اُسے خمیر کی ضرورت ہے۔ آپ اپنے طور سے خود کو تبدیل نہیں کر سکتے۔ آپ کا کام صرف یہی ہے کہ پورے طور پر روح القدس کے تابع ہو جائیں اور خمیر کو اپنا کام کرنے دیں۔ روح القدس کی خدمت یہی ہے کہ ہمیں معمور کرے اور اپنی قوت سے لبریز کرے۔

ہماری ذمہ داری یہی ہے کہ ہم روح القدس کے اُس کام کے تابع ہو جائیں جو وہ ہماری زندگی‘ دلوں اور ذہنوں کے اندرونی کونوں اور گوشوں میں کرنا چاہتا ہے۔ بالکل اِسی طرح جیسا کہ اِس تمثیل میں خمیر کا کام ہے روح القدس بھی ہماری زندگی‘ روّیوں اور دل کے ہر ایک حصہ میں کام کرتا ہے اور اُن حصوں کی نشاندھی کرتا ہے جنہیں تبدیل ہونے کی ضرورت ہوتی ہے۔ خدا کا پاک روح ہمارے روّیوں‘ خیالات اور تصورات میں گہری تبدیلی پیدا کرتا ہے۔ خدا اُن لوگوں کی زندگی‘ رویوں اور دلوں میں تبدیلی پیدا کرتا ہے جو اُس سے محبت کرتے ہیں۔

اگرچہ خدا کا روح بڑی سنجیدگی‘ خاموشی سے ایسا کرتا ہے تو بھی اُس کا کام ہماری زندگیوں میں

بڑے پرزور طریقے سے واقع ہوتا ہے۔ اگر آپ اپنی زندگی پر نظر کریں تو آپ کو خدا کی بادشاہی کا ثبوت دیکھنے کو ملے گا۔ آپ اِس تبدیلی کو دیکھیں گے جو خدا کے روح کے وسیلہ سے آپ کے دل میں واقع ہو رہی ہے۔ جب کوئی دل خداوند یسوع مسیح کے تابع ہو جاتا ہے تو پھر خدا کی بادشاہی میں وسعت پیدا ہونا شروع ہو جاتی ہے۔ خدا ہمیں فضل اور توفیق عطا فرمائے تا کہ ہم خدا کے اُس کام کے تابع ہو کر اپنے دلوں اور زندگیوں کو پورے طور پر اُس کے حضوری میں انڈیل دیں جو وہ ہماری زندگیوں میں کر رہا ہے۔

چند ایک غور طلب باتیں

☆ ۔ ہم دیکھتے ہیں کہ شاگردوں کو کس طور سے اُن ساری باتوں کی دوسروں کو تعلیم دینا تھی جو خداوند نے اُنہیں سکھائی تھیں۔ خداوند نے آپ کو کیا سکھایا ہے؟ اُس کے ساتھ ہمارا وقت گزارنا کس قدر اہم ہے؟ خداوند کے ساتھ گزارا ہوا وقت کس طرح دوسروں کے درمیان ہماری خدمت پر اثر انداز ہوتا ہے؟

☆ ۔ یہ حوالہ ہمیں خدا کے لوگوں کی زندگیوں اور دلوں میں خدا کی بادشاہت کے بارے میں کیا سکھاتا ہے؟

☆ ۔ یہ حوالہ ہمیں اپنی قوت اور طاقت سے مسیحی زندگی بسر کرنے یا اُس کی خدمت کرنے کی ناکام اور بے سود کوشش کے بارے میں کیا سکھاتا ہے؟

☆ ۔ آپ کی زندگی میں خدا کی بادشاہت کی وسعت کے کیا شواہد موجود ہیں؟

☆ ۔ یہ حوالہ ہمیں اپنی زندگیوں میں روح القدس کے کام کے بارے میں کیا سکھاتا ہے؟

چند ایک اہم دُعائیہ نکات

☆۔ خداوند سے دُعا کریں کہ آپ کی زندگی کا وہ حصہ دکھائے جو ابھی تک پورے طور پر اُس کے تابع نہیں ہے۔

☆۔ خداوند سے دُعا کریں کہ وہ روح القدس کے اندرونی کام کے لئے آپ کے دل اور ذہن کو کھول دے۔

☆۔ خداوند کا شکر ادا کریں کہ وہ ہمیں اپنی صورت پر ڈھالنا چاہتا ہے۔

☆۔ خداوند سے ایسے وقتوں کے لئے معافی مانگیں جب آپ اپنی زندگی کو پورے طور پر اُس کے کام کے لئے وقف نہ کر سکے۔

باب 54

بادشاہی کی تمثیلیں

کڑوے دانوں کی تمثیل کی وضاحت

متی 13:36-43 پڑھیں

جب خداوند یسوع مسیح اپنے شاگردوں کے ساتھ اکیلے ہوتے تھے تو وہ اُنہیں تمثیلوں کے معنی اور مفہوم وضاحت سے سمجھا دیتے تھے۔ ہم متی 13 باب میں اِس کی ایک مثال دیکھتے ہیں۔ اِس حوالہ میں یسوع مسیح نے کڑوے دانوں کی تمثیل کی وضاحت کی جو کہ متی 13:24-30 میں پائی جاتی ہے۔

شاگردوں نے ہی اُسے کہا تھا کہ ''خداوند کھیت میں کڑوے دانوں کی تمثیل ہمیں سمجھا دے۔'' اُنہیں وضاحت سے سمجھا دے۔ (36 آیت) خداوند یسوع مسیح نے وضاحت کرتے ہوئے بتایا کہ اچھے بیج بونے والا ابن آدم ہے۔ ابن آدم کا مطلب ہے خداوند یسوع مسیح۔ خداوند یسوع مسیح کا یہ لقب اُس کی ہمارے ساتھ مشابہت کا عکاس ہے۔ اُس نے اپنی الوہیت کے سارے مقام و اختیار کو ایک طرف رکھ دیا۔ اور ہماری طرح ایک جسم اختیار کر لیا۔ اُس نے ہماری طرح دُکھ اُٹھایا اور ہماری ہی طرح آزمائشوں کا سامنا کیا۔ خداوند یسوع مسیح ہی اِس دُنیا میں خوشخبری کے اچھے بیج کو بونے کیلئے آئے۔

دوسری قابل غور بات' وہ زمین جہاں یسوع نے اچھے بیج بوئے یہ دُنیا ہے۔ اچھے بیج سے مراد ''بادشاہت کے فرزند ہیں۔'' بادشاہت کے فرزند وہی ہیں جنہوں نے خداوند یسوع مسیح کو قبول کر لیا ہے۔ یہی حقیقی ایماندار اور یہی اُس کے لوگ ہیں۔ شریر سے مراد شیطان ہے۔ ابلیس ہی

ہے جو اِس کھیت میں بدکار لوگوں کی فصل بوتا ہے۔فرشتے فصل کاٹنے والے ہیں۔ جنہیں خدا اِس دُنیا کے آخر میں بھیجے گا۔

اِس سے پہلے کہ ہم اِس تفسیر و تشریح میں آگے بڑھیں۔ ہمیں ایک لمحہ کے لئے اِس بات پر غور کرنے کی ضرورت ہے کہ خداوند یسوع مسیح یہاں پر کیا بتا رہے ہیں۔ ہمیں تین نکات پر اپنی توجہ مرکوز کرنے کی ضرورت ہے۔

ابن آدم نے ہمیں اِس دُنیا میں بویا ہے

یہاں پر قابل غور بات یہ ہے کہ ابن آدم نے ہمیں اِس دُنیا میں بویا ہے۔ ہمیں یہاں پر دو چیزوں کو سمجھنے کی ضرورت ہے۔اول۔ اگر خداوند نے ہمیں اِس دُنیا میں ایک پودے کی طرح لگایا ہے تو پھر وہ ہماری زندگی میں ایک مقصد اور منصوبہ رکھتا ہے۔جن حالات میں سے ہم گزر رہے ہیں خدا نے ایک خاص وجہ کے تحت ہمیں ان حالات میں رکھا ہوا ہے۔شاید ہمیں اِس بات کی سمجھ نہ آئے لیکن اِس صورتحال میں بھی خدا کا ایک مقصد اور منصوبہ ہے۔

آپ کو اِس بات کے لئے تیار اور رضا مند ہونے کی ضرورت ہے کہ جو کچھ خدا نے آپ کو دیا ہے بخوشی قبول کرلیں۔ جہاں خدا نے آپ کو لگایا ہے اُسی سرزمین پر آپ نشو ونما پائیں' بڑھیں اور پھل بھی لائیں۔ہم نے کتنی ہی بار یہ کہا ہے۔''کاش میرے حالات مختلف ہوتے تو پھر میں بہتر نشو نما پا کر زیادہ پھل لا سکتا تھا!'' اِس بات کو جانیں کہ جہاں خدا نے آپ کو رکھا ہوا ہے ایک خاص مقصد اور منصوبے کے تحت رکھا ہوا ہے۔خدا اُسی سرزمین پر آپ سے نشو نما پانے' بڑھنے اور پھل لانے کی توقع کرتا ہے۔

دوم۔ یہ ابن آدم ہی ہے جو ہمیں اِس دُنیا میں پودے کی مانند لگاتا ہے۔''ابن آدم'' کی اصطلاح بہت اہم ہے۔اُسے ابن آدم کہا جاتا ہے نا کہ ابن خدا۔اِس کی بھی ایک وجہ ہے۔خداوند یسوع مسیح کو بھی خدا باپ نے اِس مخالف سرزمین میں ایک پودے کی مانند لگایا تھا۔وہ جانتا ہے کہ رد کیا

جانا اور ٹھٹھوں میں اُڑایا جانا کیا ہوتا ہے۔اُس نے آپ سے مشابہت پیدا کی ۔ وہ آپ سے پہلے آگے بڑھا اور ہر ایک بات کا عملی نمونہ دیا تا کہ آپ جانیں کہ آپ اُس سرزمین پر پھل لا سکتے ہیں جہاں خدا نے آپ کو لگایا ہوا ہے۔

جنہیں دشمن نے بویا ہے ضرور ہے کہ ہم اُن کے ساتھ ضرور وقت گزاریں

خداوند یسوع مسیح ہمیں اِس تمثیل کے ذریعہ اس بات کی یاد دہانی کراتے ہیں کہ فصل کی کٹائی کا دن آ رہا ہے۔اُس روز خدا اپنے فرشتگان کو بھیج کر اِس دُنیا کی عدالت کرے گا۔اِس حقیقت سے کہ فصل کی کٹائی ہوگی ہمیں اِس بات کا احساس ہونا چاہیئے کہ پھل لانے کی ضرورت ہے۔ہمیں پھل لانے کے مقصد کے تحت یہاں پر پودوں کی مانند لگایا گیا ہے۔وہ دن آئے گا جب خداوند یسوع مسیح اِس دُنیا میں اُس فصل کو حاصل کرنے کے لئے آئے گا جو اُس نے اِس دُنیا میں بوئی ہے۔وہ دن قریب ہے جب ہم یہ نہیں کہہ سکیں گے۔ ''خداوند مجھے وہ جگہ ہی پسند نہیں تھی جہاں آپ نے مجھے بویا تھا اور اِس وجہ سے میں پھل نہیں لا سکا۔'' جس جگہ اور مقام پر آپ اِس وقت ہیں خدا نے آپ کو پھل لانے کے لئے وہاں رکھا ہوا ہے۔لازم ہے کہ بڑی دشواریوں' مشکلات اور ناخوشگوار حالات میں بھی ہم پھل لائیں ۔خواہ کیسی ہی آزمائشیں اور رنج والم ہماری راہ میں رکاوٹ بنیں ہمیں ہر صورت میں پھل لانا ہے۔

خداوند یسوع ہمیں یاد دہانی کراتے ہیں کہ وہ دن آئے گا جب کھیت میں سے غیر ضروری جڑی بوٹیوں کو تلف کر کے آگ میں جھونک دیا جائے گا۔خداوند کے ٹھہرائے ہوئے وقت پر گناہ اور بدی کی عدالت ہوگی۔وہ دن اُن لوگوں کے لئے کس قدر بھیانک دن ہوگا جو خدواند یسوع مسیح کو نہیں جانتے۔ اُس روز اُن لوگوں کو سزا ملے گی جنہوں نے خداوند یسوع مسیح کو رد کر دیا ہے۔اُنہیں وہاں پھینکا جائے گا جسے خداوند نے جلتی ہوئی بھٹی کہا ہے۔

جہاں اُن کے لئے صرف رونا اور دانتوں کا پیسنا ہوگا۔دانتوں کے پیسنے سے مراد انتہائی

درد اور کرب ہے۔ اُس دُکھ اور قرب کا صرف انہیں ہی اندازہ ہے جو اُس میں پڑے ہوئے ہیں۔ میں یہ ظاہر نہیں کر رہا ہوں کہ میں جہنم کی اس جلتی ہوئی بھٹی کے خوف کو سمجھتا ہوں۔ اُس دُکھ درد اور جانکنی کا تصور کرنا بھی مشکل ہے۔ یہاں پر ہم خداوند یسوع مسیح کی واضح تعلیم کا انکار نہیں کر سکتے۔ بہتوں نے اِس عدالت کو واضح طور پیش کرنے کی کوشش کی ہے۔ اُن کا کہنا ہے کہ خدا جو محبت اور ترس سے بھرا ہوا ہے کبھی اِس طور سے انسان کو سزا نہیں دے سکتا۔ وہ یہ بھی کہتے ہیں کہ جہنم ایک حقیقی جگہ نہیں ہے۔

اِس معاملہ کی حقیقت یہ ہے کہ وہ دن آنے والا ہے جب خداوند یسوع مسیح اپنے فرشتوں کو بھیج کر اُن لوگوں کو اکٹھا کرے گا جنہوں نے اُسے رد کیا اور معافی کی عظیم پیش کش کو قبول نہ کیا۔ اُنہیں عدالت کی آگ میں جھونک دیا جائے گا۔ جہاں تک راستبازوں کا تعلق ہے، تو اُن کی منزل قطعی طور پر مختلف ہے۔ خدا ہمیشہ کے لئے اُنہیں اپنے ساتھ رکھے گا۔ خدا اُنہیں اپنی بادشاہی میں لا کر برکات سے نوازے گا۔ وہ اُس کے جلال اور اُس کی حضوری کے باعث ابدالاباد روشن ستاروں کی مانند چمکیں گے۔ خدا اُن کا باپ ہوگا اور وہ اُس کے فرزند کہلائیں گے۔

ہم جو خداوند یسوع کو جانتے ہیں اِس بُری دُنیا میں اچھے بیجوں کی مانند بوئے گئے ہیں۔ ہم اِس دُنیا میں اُس کے جلال کیلئے پھل لانے اور اِس دُنیا میں چمکنے کا ایک وسیلہ ہیں۔ وہ دن آرہا ہے جب خداوند یسوع مسیح اُس پھل کو حاصل کرنے کے لئے واپس اِس دُنیا میں آئے گا جو ہم نے اُس کے جلال کے لئے پیدا کیا ہوا ہے۔ خداوند ہمیں وفادار رہنے کی توفیق عطا فرمائے۔ آمین!

چند ایک غور طلب باتیں

☆۔آج خدا نے آپ کو کن حالات میں رکھا ہوا ہے؟ کیا آپ اُس زمین پر پھل پیدا کر رہے ہیں جہاں خدا نے آپ کو لگایا ہے؟

☆۔کیا آپ نے خود کو ناپسندیدہ جگہ پر لگائے جانے کی وجہ سے بڑبڑاہٹ کا شکار ہوتے دیکھا ہے؟ یہ حوالہ اِس قسم کے روّیے کے بارے میں کیا سکھاتا ہے؟

☆۔آپ اپنے اردگرد دشمن کی طرف سے بوئے گئے کڑوے دانوں کے کون سے شواہد دیکھتے ہیں؟

☆۔آپ کو اِس حقیقت سے کیا تسلی ملتی ہے کہ خداوند آپ کی آزمائشوں اور امتحانوں سے خود بھی گزرا ہے؟

☆۔یہ حوالہ ہمیں آنے والی عدالت کی حقیقت کے بارے میں کیا سکھاتا ہے؟

چند ایک اہم دُعائیہ نکات

☆۔خداوند کا شکر کریں کہ اُس نے آپ کو آنے والی عدالت سے بچالیا ہے۔

☆۔اگر آپ خدا کی معافی کے بارے میں نہیں جانتے' چند لمحات کے لئے دُعا کریں اور اِس بات کے طالب ہوں کے آپ اُس کے حضور معاف کئے جائیں۔

☆۔جس زمین پر خداوند نے آپ کو لگایا ہے اُس کے بارے میں بڑبڑاہٹ کا روّیہ اپنانے پر خداوند سے معافی مانگیں۔ خداوند سے دُعا کریں کہ وہ آپ کو اور بھی زیادہ شکر گزار اور پھل دار بنائے۔

باب 55

بادشاہی کی تمثیلیں

چھپا ہوا خزانہ اور بیش قیمت موتی کی تمثیلیں

متی 13:44-46 پڑھیں

متی 13:44-46 میں خداوند یسوع مسیح نے خدا کی بادشاہی کو چھپے خزانہ اور ایک بیش قیمت موتی سے تشبیہ دی ہے۔ اِس نئے حصہ میں ہم اِس تعلیم کا جائزہ لیں گے۔

سب سے پہلی تمثیل میں خداوند یسوع مسیح نے خدا کی بادشاہی کو کھیت میں چھپے خزانہ کی مانند قرار دیا ہے۔ دیگر تماثیل میں کھیت سے مراد یہ دُنیا ہے۔ خدا کی بادشاہی کوئی ایسی چیز نہیں ہے جو کسی دن اِس دُنیا میں واقع ہو گی بلکہ یہ تو پہلے ہی آ چکی ہے۔ خدا کی بادشاہی اِس دُنیا میں ہے۔ یہ ہر گزرتے دن کے ساتھ وسعت پا رہی ہے۔ خداوند یسوع مسیح اپنے پاک روح کے وسیلہ سے پوری دُنیا کے لوگوں کے دلوں اور زندگیوں میں کام کر رہے ہیں۔

ہر روز خدا کی بادشاہی میں لوگوں کا اضافہ ہو رہا ہے۔ ہر روز تاریکی کی بادشاہت پسپا ہو رہی ہے۔ حتیٰ کہ ہم اپنی زندگیوں میں تاریکی کے قلعوں کو ٹوٹتے ہوئے دیکھ رہے ہیں۔ خدا کی بادشاہی اب دُور نہیں بلکہ ہمارے درمیان آ چکی ہے۔

اگرچہ خدا کی بادشاہی پہلے ہی ہمارے درمیان آ چکی ہے تو بھی بہت سے لوگوں کے لئے یہ بادشاہی پوشیدہ ہے۔ اُن کے لئے یہ بادشاہت اِس لئے پوشیدہ ہے کیوں کہ اُن کی آنکھیں اِسے دیکھنے کے لئے نہیں کھلیں۔ خدا کی بادشاہت کی صداقت اِس لئے اُن سے پوشیدہ نہیں کیوں کہ اُنہوں نے مسیح یا اُس کے صلیبی کام کے بارے میں کچھ نہیں سنا بلکہ اِس لئے خدا کی بادشاہی اُن

سے پوشیدہ ہے کیوں کہ اُن کی آنکھیں اِس بادشاہت کو دیکھنے اور اُن کے ذہن اس بادشاہت کو سمجھنے سے قاصر ہیں۔ اُن کے ذہنوں میں خدا کی بادشاہت اور روح القدس کی موجودگی اور کام کا کوئی تصور نہیں ہے۔

یسوع کے دوَر کے لوگ اِس بات کو سمجھ نہ سکے کہ خدا کی بادشاہی اُن کے درمیان ہے۔ فریسیوں نے مسیح کے کام کو رد کر دیا۔ اُنہوں نے مسیح کی منادی میں بادشاہی کے شواہد اور وہ سارے معجزات دیکھے جو یسوع نے اُن کے درمیان کیئے۔ لیکن وہ ایمان نہ لائے۔ اِس کے برعکس، یسوع نے اپنے سامعین کو بتایا کہ جس آدمی نے اُس چھپے خزانہ کو تلاش کیا اُس نے اُس کھیت کو خریدنے کے لئے جہاں یہ خزانہ چھپا ہوا تھا اپنا سب کچھ بیچ ڈالا۔ وہ اُس خزانے کے حصول کے لئے ہر طرح کی قربانی دینے کے لئے تیار اور رضا مند ہو گیا۔ اُس کی زندگی کی ترجیحات یکسر تبدیل ہو گئیں۔

جب ہم اِس بات کو دریافت کرتے ہیں کہ خدا کی بادشاہی ایک موجود حقیقت ہے تو پھر ہم ہر طرح کی درپیش صورتحال کا سامنا کر سکتے ہیں۔

یسوع اِس وقت خداوند ہے۔ وہ اِس دُنیا میں اپنے مقصد کو تکمیل تک پہنچا رہا ہے۔ وہ اپنی بادشاہت کو وسعت دے رہا ہے۔ وہ اِس وقت تخت نشین ہے۔ خواہ کیسی ہی صورتحال اور کیسے ہی مسائل اور مشکلات کا سامنا کیوں نہ ہو، ہم جانتے ہیں کہ وہ ہر چیز پر قوی اور قادر ہے۔ ہم اِس بات پر یقین رکھتے ہیں کہ وہ نہ صرف مستقبل میں بلکہ اِس وقت بھی خداوند ہے۔

میں نے اپنی روحانی زندگی کے بہت سے سال خدا کی بادشاہت کی موجود حقیقت کو سمجھے بغیر گزار دیئے۔ میں یہی سمجھتا رہا کہ ایک دن خداوند یسوع مسیح آ کر مجھے فتح بخشے گا۔ میں اِس وقت بدی اور ابلیس پر غلبہ نہیں پا سکتا۔ میرا یہی یقین اور ایمان تھا کہ وہ دن آئے گا جب یسوع دشمن کی قوت اور قدرت کو نیست کر کے مجھے وہ خوشی اور اطمینان بخشے گا جس کی میرے دل میں بڑی آرزو ہے۔ میرا ایمان تھا کہ ایک دن میں فتح پاؤں گا لیکن یہ سب کچھ ابھی نہیں مستقبل میں کسی

وقت ہو گا۔ میں توقع کر رہا تھا کہ جب یسوع مسیح دوبارہ آئے گا اُس وقت مجھے بھی فتح کا تجربہ ہو گا۔ میں موجود فتح کی حقیقت میں زندگی بسر نہیں کر رہا تھا۔ پھر ایک دن خداوند یسوع مسیح نے بڑے پرزور طریقہ سے مجھ پر اِس بات کو منکشف کیا کہ فتح اِس وقت بھی ممکن ہے۔

خداوند یسوع نے مجھ پر ظاہر کیا کہ خدا کی بادشاہی اِس وقت موجود ہے جس میں بدی اور تاریکی کی قوتوں پر غالب آنے کی قوت پائی جاتی ہے۔ اِس سے میری روحانی زندگی میں ایک زبردست تبدیلی واقع ہوئی۔ مجھے یہ بات سمجھ آنا شروع ہوگئی کہ مجھے اِس بات کا انتظار کرنے کی کوئی ضرورت نہیں کہ میں آسمان پر جا کر خدا کی بادشاہی کی حقیقت کا تجربہ کروں۔ اب بھی خدا کی بادشاہی تاریکی کی قوتوں پر غالب آرہی تھی۔ میں آج بھی فتح کا تجربہ کرسکتا ہوں کیوں کہ خدا کی بادشاہی آچکی ہے۔

اب بھی خدا کی بادشاہی تاریکی پر غالب آرہی ہے۔ جب ہم اِس بات کو دریافت کر لیتے ہیں کہ خدا کی بادشاہی ایک موجود حقیقت ہے، تو پھر ہم اِس بات کی توقع کرنا شروع کر دیتے ہیں کہ ابلیسی قوتیں پسپا ہوں۔ ہم آج بھی بدی اور گناہ پر فتح کی حقیقت میں زندگی بسر کرتے ہیں۔ اِس تمثیل میں موجود آدمی کی طرح، خدا کی بادشاہی کے تعلق سے ہماری زندگی میں ایک نئی خوشی، جوش اور ولولہ پیدا ہونا شروع ہو جاتا ہے۔ اپنی زندگیوں میں خدا کی بادشاہت کی موجودگی کو دریافت کرنا کس قدر حیرت انگیز اور زبردست بات ہے۔ ہم اُس دن کے کس قدر مشتاق ہیں جب ہم خداوند یسوع کو روبرو دیکھیں گے! ہمیں اِس بات کو دریافت کرنے، جاننے اور سمجھنے کی ضرورت ہے کہ ہم حصہ بہ حصہ عالمِ بالا کی حقیقت کا تجربہ کر سکتے ہیں۔ وہ زبردست شادمانی اور انسانی عقل وسمجھ سے بالاتر ایمان اور اطمینان جس کا

اُس نے وعدہ کیا ہے، اِس دور میں بھی ہمارا ہوسکتا ہے۔ آج بھی ہم بدی اور گناہ پر فتح پا سکتے ہیں۔ یہ حقیقت ہر اُس چیز سے کہیں بیش قیمت ہے جو ہم اِس دُنیا میں رکھتے ہیں۔ وہ شخص جو خدا

کی بادشاہی کی حقیقت کو دریافت کر لیتا ہے وہ اِس کے لئے بخوشی ہر ایک چیز کی قربانی دینے کے لئے تیار اور رضا مند ہو گا۔ جب آپ خدا کی بادشاہت کی حقیقت مسیح کی گناہ اور بدی پر موجودہ قوت اور قدرت کو دیکھتے ہیں تو اِس کی اہمیت کے سامنے ہر ایک چیز ہیچ دکھائی دیتی ہے۔ اِس میں ہمارا تحفظ اور آرام وسکون ہے۔ اِس بات کو سمجھنے سے شفا' خدا کی گہری قربت ورفاقت اور فتح حاصل ہوتی ہے۔ بھلا کوئی شخص کیوں کر اِس دُنیا کی روشوں اور پرانی ڈگروں پر واپس جانا چاہے گا جسے اِس بات کی سمجھ لگ جائے کہ وہ آج بھی خدا کی بادشاہی کی حقیقت میں زندگی بسر کر سکتا ہے؟

اُس روز خداوند یسوع مسیح نے لوگوں کو جو دوسری تمثیل بتائی وہ ایک سوداگر کی تمثیل ہے جو بیش قیمت موتیوں کی تلاش میں نکلا۔ اُسے ایک بیش قیمت موتی مل گیا۔ یہ موتی اِس قدر نایاب اور بیش قیمت تھا کہ اُسے خریدنے کے لئے اُس نے اپنا سب کچھ بیچ ڈالا۔ کسی چیز کا بھی اُس بیش قیمت موتی سے موازنہ نہیں کیا جا سکتا تھا۔ خداوند یسوع مسیح نے متی 26:16 میں اپنے سامعین کو بتایا۔

''اور اگر آدمی ساری دُنیا حاصل کرے اور اپنی جان کا نقصان اُٹھائے تو اُسے کیا فائدہ ہو گا؟ یا آدمی اپنی جان کے بدلے کیا دے گا؟''

آپ اِس دُنیا کی ہر ایک من چاہی چیز کو اپنے لئے حاصل کر سکتے ہیں لیکن اگر آپ اپنی زندگی یسوع کے سپرد نہیں کرتے تو پھر سمجھ لیں کہ آپ کے پاس کچھ بھی نہیں ہے۔ بائبل مقدس میں خداوند یسوع مسیح نے اپنے سامعین کو بار بار اِس بات کے لئے کہا کہ جو کچھ اُن کے پاس ہے اُسے خدا کی بادشاہی کے لئے وقف کر دیں۔ وہ لوگ جو خدا کی بادشاہی کی حقیقت کو سمجھ لیتے ہیں اُن کے لئے ایسا کرنا قربانی نہیں بلکہ سب کچھ قربان کر دینا اُن کے لئے بڑی شادمانی کی بات ہوتی ہے۔ وہ بخوشی ورضا اِس دُنیا کی چیزوں کو خدا کے ہاتھوں میں دے دیتے ہیں تا کہ وہ

ان سے بھی زیادہ کسی عظیم چیز کو حاصل کرسکیں۔

یہ تماثیل ہمیں خدا کی بادشاہی کی موجود حقیقت کی یاد ہانی کراتی ہیں۔ یہ تماثیل ہمیں باور کراتی ہیں کہ ہم اِس دُنیا میں آج بھی خدا کی بادشاہی کی حقیقت' اُس کی موجودگی اور اُس کی قدرت کا تجربہ کرسکتے ہیں۔کیا ہم خدا کی بادشاہی کی حقیقت میں زندگی بسر کررہے ہیں؟ وہ شخص جس نے کھیت میں چھپے خزانہ کو دریافت کرلیا تو وہ بڑی شادمانی اور مسرت سے معمور ہوگیا کہ ایسا بڑا خزانہ اُس کے لئے دستیاب ہے!

کیا آج آپ ایسی شادمانی کا تجربہ کررہے ہیں؟ جب لوگ آپ کی زندگی پر نظر کرتے ہیں تو کیا اُنہیں خدا کی بادشاہی کے شواہد نظر آتے ہیں؟ کیا وہ روح کے پھل کی صورت میں آپ کی زندگی میں خدا کی بادشاہی کا ثبوت دیکھتے ہیں؟ کیا اُنہیں آپ پر نظر کرنے سے اِس بات کی سمجھ لگتی ہے کہ خدا کی بادشاہی اُن کے نزدیک آ گئی ہے؟

خدا کی بادشاہی جس کیلئے آج کے دوَر میں ایک روحانی جنگ جاری ہے اور خدا کی بادشاہی جسے ہم آسمان پر دیکھیں گے' اِن دونوں میں فرق پایا جاتا ہے۔اگرچہ اِس وقت ہم حالت جنگ میں ہیں' تو بھی ہم اُس کی فتح اور قدرت کا تجربہ کرسکتے ہیں۔ جب تاریکی کی بادشاہت کی تاثیر واثر برباد ہوجائے گا تو کس قدر عظیم ماحول اور شاندار نظارہ ہوگا؟

مذکورہ حوالہ ہمیں جرأت مندانہ قدم اُٹھانے کے لئے اُبھارتا ہے۔ غالب آنے کے لئے قوت اور قدرت ہمارے پاس ہے۔مقدس لوقا کی انجیل میں سے دیا گیا حوالہ ہمیں بخوشی ورضا اپنا سب کچھ خدا کی بادشاہی کی وسعت کو دیکھنے کے لئے خدا کے سپرد کردینے کے لئے بھی اُبھارتا ہے۔اگر آپ خدا کی بادشاہی کے خوبصورت بھید سمجھ گئے ہیں' تو اپنا سب کچھ خدا کے ہاتھوں میں سونپ دینا آپ کے لئے ایک قربانی نہیں بلکہ ایک شادمانی کی بات ہوگی۔

چند ایک غور طلب باتیں

☆ ۔آپ کی زندگی میں خدا کی بادشاہت کی موجود حقیقت کا کیا ثبوت پایا جاتا ہے؟

☆ ۔جب ہم اِس بات پر ایمان لاتے ہیں کہ خدا کی بادشاہی ہمارے درمیان ہے تو اِس سے کیا فرق پڑتا ہے؟

☆ ۔خدا کی بادشاہی جسے ہم اِس وقت دیکھتے ہیں اور خدا کی بادشاہی جسے ہم آسمان پر دیکھیں گے' اِن دونوں میں کیا فرق پایا جاتا ہے؟

چند ایک اہم دُعائیہ نکات

☆ ۔اِس بات کے لئے خداوند کا شکر ادا کریں کہ وہ اِس وقت حکومت کر رہا اور فتح مند ہے۔

☆ ۔خداوند سے درخواست کریں کہ وہ آپ کو اس قابل بنائے کہ آپ اپنی زندگی سے خدا کی بادشاہت کی حقیقت کا عملی اظہار کر سکیں۔

☆ ۔خداوند سے درخواست کریں کہ وہ آپ کو ایسا فضل اور توفیق عطا فرمائے کہ آپ کی آنکھیں کھل جائیں تا کہ آپ اپنے اردگرد خدا کی بادشاہی کے شواہد دیکھ سکیں۔

☆ ۔دُعا کریں کہ خدا آپ کو اور زیادہ تیار کرے تا کہ آپ اپنا سب کچھ خدا کی بادشاہت کے لئے وقف کر سکیں۔

باب 56

بادشاہی کی تمثیلیں

جال کی تمثیل

متی 13:47-50 پڑھیں

اِس حصہ میں خداوند یسوع مسیح خدا کی بادشاہی کو مچھلیاں شکار کرنے والے اُس جال سے تشبیہ دیتے ہیں جسے پانی میں پھینکا جاتا ہے۔ ماہی گیر نے جال پانی میں پھینکا' جب جال مچھلیوں سے بھر گیا تو ماہی گیروں نے اُسے کنارے پر کھینچ لیا اور ساحل پر بیٹھ کر اُن مچھلیوں کی چھانٹی کرنے لگے۔ اچھی مچھلیوں کو تو اُنہوں نے ٹوکریوں میں بھر لیا جب کہ ناپسندیدہ مچھلیاں اور دیگر غیر ضروری چیزیں اُنہوں نے پھینک دیں۔ خداوند یسوع مسیح ہمیں بتاتے ہیں کہ اخیر زمانہ میں بھی ایسا ہی ہوگا۔ فرشتگان آکر بدکاروں کو راستبازوں سے الگ کریں گے۔ بدکاروں کو جلتی بھٹی میں پھینک دیا جائے گا جہاں رونا اور دانتوں کا پیسنا ہوگا۔

یہ تمثیل کڑوے دانوں کی اُس تمثیل سے ملتی جلتی ہے جو اِس سے پہلے خداوند یسوع مسیح نے اپنے سننے والوں کو سکھائی تھی۔ تاہم اِس تمثیل میں ایک واضح فرق پایا جاتا ہے۔ کڑوے دانوں کی تمثیل میں دشمن نے کھیت میں کڑوے دانے بوئے تھے۔ اِس تمثیل میں یہاں پر دشمن کا کوئی ذکر نہیں ملتا۔ مچھلیاں از خود جال میں پھنسیں' خدا کی بادشاہی کا پیغام اور گناہ اور بدی سے آزاد کر دینے کی قوت ایک بڑا پرکشش پیغام ہے۔ کون ہے جو تاریکی اور شیطان کی بادشاہت کی قدرت سے رہائی نہیں پانا چاہے گا۔ بہت سے ایسے لوگ ہیں جو اُن سب چیزوں کو حاصل کرنا چاہتے ہیں جو خوشخبری کا پیغام اُنہیں پیش کرتا ہے۔ وہ اُس پیغام کو دل سے پسند کرتے ہیں۔

لیکن محض اِس پیغام کو پسند کرنے سے نجات نہیں ملتی۔

بہت سی وجوہات ہیں جن کی بنا پر لوگ خوشخبری کے پیغام کو قبول کرتے ہیں۔ بہت سے ایسے ہیں جو واقعی گناہ سے رہائی پانا چاہتے ہیں۔ وہ خداوند کے پاس رہنے کیلئے جانا چاہتے ہیں۔ بعض ایسے بھی ہیں جو محض گناہ اور بدی کے پھندے سے آزادی چاہتے ہیں۔ سبھی لوگ اپنا سب کچھ یسوع کے سپرد کرنے اور اپنا دل پورے طور پر اُس کے حضور انڈیلنے کے لئے تیار نہیں ہوتے۔ یسوع کے پیچھے چلنے والی بھیڑ بھی کچھ اِسی طرح کی تھی۔ وہ شفا پانا چاہتے تھے لیکن اپنا آپ خداوند کے حضور انڈیلنے کیلئے تیار نہیں تھے۔

دیگر اِس جال میں اِس لئے پھنس گئے کیوں کہ یسوع کے دَور کے لوگوں کی طرح وہ بھی اُن معجزات اور نشانات سے متاثر ہوئے جو یسوع آج بھی کرتا ہے۔ بہت سے لوگوں نے بدروحوں سے رہائی پائی اِس لئے وہ اِس جال کی طرف کھینچے چلے آئے۔ اُنہوں نے دیکھا کہ کس طرح دُعا کی قوت اور بادشاہی کی حقیقت کا ثبوت تاریکی اور گناہ کی قوت کے زور کو توڑ دیتا ہے۔ اِس لئے وہ بھی یسوع کا اقرار کرنے والے لوگوں میں شامل ہو گئے۔ کیوں کہ اُنہیں بیماریوں سے شفا ملی تھی یا پھر خدا کی بادشاہت نے اُنہیں کسی نہ کسی طرح سے چھوا تھا۔ لیکن اُنہیں کبھی بھی نجات کا تجربہ نہیں ہوا تھا۔ اُنہوں نے خدا کی بادشاہی کی قوت کا تجربہ تو کیا لیکن وہ کبھی بھی خدا کے خاندان میں نئے سرے سے پیدا نہیں ہوئے تھے۔ آج بھی ایسے بہت سے لوگ دیکھنے کو ملتے ہیں۔

بہت سے لوگ روایات کے اسیر ہو کر اِس جال میں پھنس جاتے ہیں۔ اُن کی پرورش کسی خاص گھرانے اور ماحول میں ہوتی ہے۔ اپنی ساری زندگی وہ حقیقی ایمانداروں کی رفاقت میں رہے یا پھر ایمانداروں کی جماعت کا حصہ بن گئے۔ اُن کا اُٹھنا بیٹھنا ایسے لوگوں میں ہوتا ہے جو خدا کی بادشاہی کے فرزند ہوتے ہیں۔ آج بھی بہت سے گرجہ گھر ایسے لوگوں سے بھرے ہوئے ہیں جو

محض اِس لئے آتے ہیں کیوں کہ یہ اُن کے والدین کی کلیسیا ہے جہاں اُن کے والدین بھی آیا کرتے تھے۔ وہ خدا کی بادشاہی کے جال میں تو آچکے ہیں لیکن وہ حقیقی طور پر خداوند یسوع مسیح کو اپنے نجات دہندہ کے طور پر نہیں جانتے۔ اُنہوں نے ظاہری طور پر مذہب کا لبادہ تو پہن رکھا ہوتا ہے لیکن کبھی بھی نئے سرے سے پیدا نہیں ہوتے۔

کچھ ایسے بھی ہیں جو لوگوں کے خوف یا پھر دوسروں کی طرف سے عزت پانے کی بنا پر بھی اِس جال کا شکار ہو جاتے ہیں۔ خداوند یسوع مسیح ہمیں بتاتے ہیں کہ بہت سے ایسے بھی ہوں گے جنہوں نے اُس کے نام سے بہت سے معجزات بھی دکھائے ہوں گے تو بھی وہ اُس کے لوگ نہیں ہوں گے۔ بہت سے خادمین ایسے بھی ہیں جو لوگوں کی طرف سے خوشامد کے حصول کی خاطر خدمت گزاری کا کام سرانجام دے رہے ہیں۔

اِس کے برعکس کچھ ایسے لوگ بھی ہیں جو ظاہر تو یہی کرتے ہیں کہ وہ یسوع کو جانتے ہیں اور اُس کے لئے زندگی بسر کر رہے ہیں۔ کیوں کہ اُنہیں اِس بات کا خوف ہے کہ اگر اُنہوں نے ایسا نہ کیا تو اُنہیں قبول نہیں کیا جائے گا۔ بعض اوقات ''اچھا مسیحی'' ہونا قابل قبول چیز ہوتی ہے۔ وہ چاہتے ہیں کہ لوگ اُن کے بارے میں اچھی رائے قائم کریں۔ تا کہ وہ اُن لوگوں کے ساتھ رفاقت رکھ سکیں جو واقعی خدا کی بادشاہی کے فرزند ہیں۔ ظاہری طور پر سب کچھ ٹھیک لگتا ہے لیکن ایسے لوگ خداوند یسوع مسیح کو شخصی طور پر بالکل نہیں جانتے۔

بہت سے لوگ اِس لئے بھی اِس جال میں پھنس جاتے ہیں کیوں ہ وہ ذاتی طور پر خداوند یسوع کے طرزِ زندگی اور تعلیم پر حقیقی طور پر ایمان رکھتے ہیں۔ (یا پھر چند ایک چیزیں اُن کے لئے پرکشش ہوتی ہیں) ہم میں سے اکثر کی ملاقات ایسے بہت سے لوگوں سے ہوئی ہوگی جن کا یہ کہنا ہے کہ یسوع ایک بہت اچھا استاد تھا۔ وہ محبت اور ترس پر اُس کی تعلیم سے متاثر ہو کر اس سے لطف اندوز بھی ہوتے ہیں۔ بہت سے لوگ یسوع کے کامل نمونے پر چلنے کے لئے اپنی زندگی کو

وقف کر دیتے ہیں۔ وہ اُس کا طرزِ زندگی تو پسند کرتے ہیں لیکن کبھی بھی اُس کے خاندان میں نئے سرے سے پیدا نہیں ہوتے۔

ہمارے لئے یہاں پر قابل غور بات یہ ہے کہ خوشخبری کا پیغام ازخود ایک دلچسپ اور پر کشش پیغام ہے۔ بہت سے لوگ اِس خوبصورت اور حیرت انگیز پیغام کے لئے اپنا مثبت ردعمل ظاہر کریں گے لیکن اِس طرح کے سبھی لوگ حقیقی طور پر نجات یافتہ نہیں ہوتے۔ بادشاہی کا یہ پیغام جال کی طرح دُنیا میں پھینکا جاتا ہے۔ ہر طرح کی مچھلیاں اِس میں پھنس جاتی ہیں۔ آپ اپنی کلیسیا میں ہر طرح کے لوگوں کو دیکھیں گے۔ اُنہوں نے کسی نہ کسی طرح سے بادشاہی کے پیغام کے لئے اپنا ردِعمل ظاہر تو کیا پر وہ خدا کی بادشاہی کے وارث نہیں ہیں۔ یہ تمثیل ہمارے سامنے یہ چیلنج رکھتی ہے کہ ہم اپنے دلوں کا جائزہ لیں اور دیکھیں کہ آیا ہم اچھی مچھلیوں میں سے ہیں یا پھر ناپسندیدہ مچھلیوں میں سے جن کو پھینک دیا جاتا ہے۔

یہ تمثیل ہمیں باور کراتی ہے کہ وہ دن آرہا ہے جب یسوع مسیح اِس دُنیا کی عدالت کرنے کو آئے گا۔ وہ اپنے فرشتگان کو بھیجے گا کہ وہ خوشخبری کے اِس جال میں پھنسے ہوؤں کی چھانٹی کریں۔ اُس روز' اُس کے فرشتگان دلوں کے روّیوں کو پرکھیں گے۔ وہ جو واقعی یسوع کے ہوں گے اُنہیں ہمیشہ کے لئے یسوع کے ساتھ رہنے کیلئے اُس کے پاس پہنچا دیا جائے گا۔ لیکن جو حقیقی طور پر اُس کے نہیں ہوں گے اُنہیں خدا کی عدالت کا سامنا کرنا پڑے گا۔ کس قدر اہم اور سنجیدہ بات ہے کہ ہم اپنے دلوں کا جائزہ لیں۔ خداوند یسوع مسیح ہمیں متی 14:22 یاد کراتے ہیں کہ

''بلائے ہوئے تو بہت ہیں لیکن برگزیدہ تھوڑے''

خدا کی بادشاہی اُس بڑے جال کی مانند ہے جو آگے بڑھ کر مختلف اقسام کی مچھلیوں کا شکار کر لیتا ہے۔ اُن میں سے کچھ دلپسند جبکہ کچھ ناپسندیدہ بھی ہوتی ہیں۔ وہ دن قریب ہے جب سب کچھ یکسر بدل جائے گا۔ خدا کے فرشتگان اُن سب لوگوں کی چھانٹی کریں گے جنہوں نے خوشخبری کا

پیغام سن کر کسی نہ کسی طرح سے اپنا ردِ عمل یا دلچسپی ظاہر کی۔ صرف وہی جو اُس کے ہیں خدا کی بادشاہی کے وارث ہوں گے۔ کیا آپ خدا کی بادشاہی کے وارث ہوں گے؟

چند ایک غور طلب باتیں

☆۔ جب آپ نے خوشخبری کے پیغام کو سنا تو آپ نے کیسے ردِ عمل کا اظہار کیا؟

☆۔ آپ کو کیسے معلوم ہو سکتا ہے کہ آپ واقعی خداوند کے لوگ ہیں؟

☆۔ ہمارے لئے اِس بات کو سمجھنا کیوں کر آسان ہوتا ہے کہ لوگ خدا کی ملکیت ہیں کیوں کہ اُنہوں نے خوشخبری کے پیغام کو سن کر دل سے اُسے قبول کر لیا ہے؟

☆۔ یہ حوالہ خوشخبری کے پیغام کے لئے مختلف طریقوں سے ردِ عمل کا اظہار کرنے کے بارے میں کیا سکھاتا ہے؟

چند ایک اہم دُعائیہ نکات

☆۔ خداوند سے دُعا کریں کہ وہ آپ کو کامل یقین دہانی عطا فرمائے کہ آپ واقعی اُس کے لوگ بلکہ اُس کی ملکیت ہیں۔

☆۔ خداوند کے حضور ایسے لوگوں کے لئے دُعا کریں جنہوں نے آپ کی کلیسیا میں غلط محرکات اور غلط نیت سے خداوند کی خوشخبری کے لئے اپنا ردِ عمل ظاہر کیا ہے۔

باب 57

بادشاہی کی تمثیلیں

گھر کے مالک کی تمثیل

متی 13: 51-53 پڑھیں

خداوند یسوع مسیح نے اپنے شاگردوں کو بادشاہی کے تعلق سے یہ آخری تمثیل سکھائی۔ یسوع کے شاگرد بادشاہی تعلق سے مختلف رائے اور سمجھ بوجھ کے ساتھ پروان چڑھے تھے۔ بادشاہی کے تعلق سے اُن کا نقطہ نظر قطعی مختلف تھا۔ وہ ایک سیاسی بادشاہی کی توقع کر رہے تھے جس کا سربراہ یسوع ہوگا۔ جب کہ یسوع اُنہیں ایک روحانی بادشاہی کی تعلیم دے رہے تھے اور اُن کے لئے اِس حقیقت کو سمجھنا قدرے مشکل تھا۔ یسوع جان گئے کہ شاگردوں کے لئے اُن نئے خیالات کو سمجھنا مشکل ہے کیوں یہ سب باتیں اُن کے لئے بالکل نئی تھیں۔ متی 13 باب میں یسوع نے اپنے شاگردوں کو بتایا کہ شرع کے عالم جنہیں بادشاہی کے بارے میں تعلیم دی گئی ہے اُس گھر کے مالک کی مانند ہیں جو اپنے خزانہ سے نئی اور پرانی چیزین نکالتا ہے۔ ہمیں اِس بات کا جائزہ لینے کی ضرورت ہے کہ خداوند یسوع یہاں پر کیا بیان کر رہے ہیں۔

''وہ لوگ جنہیں خدا کی بادشاہت کی تعلیم دی گئی ہے'' یسوع نے کہا وہ اپنے خزانے سے پرانی اور نئی چیزیں نکالتے ہیں۔ جو کچھ یسوع یہاں پر بیان کر رہے ہیں ہم اُن چیزوں کو کسی طور پر چھوڑ نہیں سکتے۔ سب سے پہلی بات پر غور کریں کہ بادشاہی کا پیغام ایک تازگی بخش تازہ خزانے کی مانند ہے۔ 2 کرنتھیوں 3: 14-16 میں مقدس پولس رسول بیان کرتے ہیں کہ شریعت کی منادی کرنے والوں پر ایک پردہ چھایا رہتا ہے۔

”کیوں کہ آج تک پرانے عہد نامہ کو پڑھتے وقت اُن کے دلوں پر وہی پردہ پڑا رہتا ہے اور وہ مسیح میں اُٹھ جاتا ہے۔ مگر آج تک جب کبھی موسیٰ کی کتاب پڑھی جاتی ہے۔ تو اُن کے دل پر پردہ پڑا رہتا ہے لیکن جب کبھی اُن کا دل خداوند کی طرف پھرے گا تو وہ پردہ اُٹھ جائے گا۔“

شریعت میں زندگیوں کو بدلنے کی قدرت بالکل نہیں تھی۔ خداوند یسوع سب کچھ تبدیل کرنے کے لئے آئے۔ وہ اپنی بادشاہی قائم کرنے کے لئے آئے۔ وہ ایک ایسی قوم کو قوت' قدرت اور اختیار دینے کیلئے آئے جو فاتحین (فتح مند لوگ) کی طرح پیش قدمی کرے گی۔ وہ عملی طور پر یہ سب کچھ کر کے دکھانے کے لئے آئے۔ جب ہم اُس کی بادشاہی کے تابع ہو جاتے اور اپنا سارا دل' اپنی جان اور روح کو پورے طور پر اُس کے سامنے انڈیل دیتے ہیں تو تب ہی ہم فتح مند زندگی بسر کر سکتے ہیں۔ ہماری زندگی اور ہمارے معاشرے میں فتح کی صداقت اور گناہ پر غلبہ حیرت انگیز طور پر تازہ دم کرنے والی سچائی ہے۔ یہی وہ خوبصورت نیا خزانہ ہے جسے ہم بہ حیثیت خدا کی بادشاہی کے فرزند دوسروں میں بانٹتے ہیں۔ خداوند یسوع مسیح کے وسیلہ سے یہ نجات' اُمید اور تجدید نو کا پیغام ہے۔

تاہم یہ نئ حقیقت کسی طور پر بھی پرانی صداقتوں کی تردید نہیں کرتی۔ عہد عتیق کے انبیاء اکرام اِس بات کے مشتاق اور منتظر تھے کہ وہ دیکھیں کہ کب خدا کی بادشاہی خدا کے لوگوں کے دلوں میں ایک حقیقت بنے گی۔ اُنہوں نے ایسے ہی دن کے بارے میں پیشن گوئیاں کیں۔ وہ خادمین جو خدا کی بادشاہی کی صداقتوں کے بارے میں تعلیم دیتے ہیں دراصل وہی کچھ سکھاتے ہیں جو عہدِ عتیق کے انبیاءَ نے سکھایا تھا۔ اُنہوں نے وہی کچھ لوگوں کو سکھایا جو کچھ خدا نے اُن پر ظاہر کیا تھا۔ پرانے خزانے جن کی یسوع یہاں پر بات کر رہے ہیں دراصل عہد عتیق کے انبیاء کی نبوتی تعلیمات ہیں جو اِس بات کے آرزومند تھے کہ زمین پر اُس کی بادشاہی کو قائم ہوتا ہوا دیکھیں۔

خداوند یسوع مسیح اپنے شاگردوں کو اِس بات کی یاد دہانی کرا رہے تھے کہ اُن کے اردگرد جو کچھ بھی

ہو رہا ہے بالکل نیا ہے لیکن اِن سب باتوں کے تعلق سے بہت عرصہ پہلے نبوتیں کی گئیں تھیں۔ جو کچھ شاگرد دیکھ رہے تھے دراصل پرانے عہد نامہ کے انبیاء اکرام کی نبوتوں کی تکمیل تھا۔ وہ لوگ جنہوں نے خدا کی بادشاہی کی تعلیم دی' اصل میں اُنہوں نے پرانی صداقتوں کا ہی ذکر کیا جو اُن کے دوَر میں حقیقت بن چکی تھیں۔ اُنہوں نے اپنے خزانوں سے عہد عتیق کے انبیاء اور خوشخبری کے پیغام کی حقیقت کے خزانوں کو نکالا جن کی یسوع مسیح میں تکمیل ہوئی۔

وہ خادمین جو خدا کی بادشاہی کی تعلیم دیتے اور اُس کی منادی کرتے ہیں ایک پرانے زمانہ کے پیغام کی تعلیم دیتے ہیں جس کی عہد عتیق کے انبیاء نے پیشن گوئی کی تھی۔ انبیاءؑ نے آنے والی بادشاہی کے بارے میں نبوتیں کی وہ اِس بات کے آرزومند اور مشتاق تھے کہ اُس کا شخصی تجربہ کریں۔

وہ لوگ جو اِس بادشاہی کی تعلیم دیتے ہیں' اُس پیغام کی منادی کرتے ہیں جو اپنی حقیقت اور نوعیت کے لحاظ سے بالکل نیا ہے۔ وہ لوگ جو خدا کی بادشاہی کے بارے میں منادی کرتے ہیں اپنے خزانوں سے علم کے خزانوں کو نکالتے ہیں۔ جو کہ اِس قدر قدیم ہے جس قدر وہ لوگ جنہوں نے اُس کے بارے میں پیشن گوئیاں اور نبوتیں کی تھیں۔ وہ اِس پیغام کی بھی تعلیم دیتے ہیں جو نئے دن کی طرح تازہ ہے کیوں کہ یہ پیغام اُس بادشاہت کی بات کرتا ہے جو اِس وقت ہمارے پاس موجود ہے اور ہر لمحہ نئی زندگیوں کو فتح کر رہی ہے۔

چند غور طلب باتیں

☆ ۔ خدا کی بادشاہت کی موجودگی کی خبر کس طرح ایک پرانا خزانہ ہے؟

☆ ۔ خدا کی بادشاہت کا پیغام کس طرح سے ایک تازہ اور نیا پیغام ہے؟ جس کے ساتھ ہمیں ایسا تجربہ ہوتا ہے جو عہدِ عتیق کے لوگ نہ کر سکے؟

☆ ۔ خدا کی بادشاہت کے پیغام میں کون سی ایسی بات ہے جو آپ کے لئے شخصی طور پر تازگی اور حوصلہ افزائی کا باعث ہے؟

☆ ۔ خداوند یسوع مسیح کے دَورِ حکومت اور اُس کی بادشاہی کی موجودگی کا فہم کس طرح ہمارے طرزِ زندگی اور خدمت پر اثر انداز ہوتا ہے؟

چند ایک اہم دُعائیہ نکات

☆ ۔ معاشرے اور اپنی شخصی زندگی میں بادشاہت کی حقیقت اور اُس کی وسعت کے بارے میں سیکھنے کے لئے خداوند سے دُعا کریں۔

☆ ۔ خداوند سے مدد مانگیں تا کہ آپ زیادہ سے زیادہ خدا کی بادشاہت کی حقیقت میں زندگی بسر کر سکیں۔

☆ ۔ خداوند کی شکر گزاری کریں کہ شیطان فاتح نہیں ہے۔ اِس بات کے لئے خداوند کی شکر گزاری کریں کہ شروع ہی سے خدا نے آنے والی بادشاہت کے تعلق سے اپنے نبیوں کی معرفت کلام کیا جو بدی اور گناہ پر غالب آئے گی۔

بائبل مقدس کے حوالہ جات کی فہرست

حوالہ	باب
متّی	
متی 1:1-17	1
متی 1:18-25	7
متی 2:1-12	10
متی 2:13-23	11
متی 3:1-6	13
متی 3:7-10	14
متی 3:11-12	15
متی 4:1-11	16
متی 4:12-17	17
متی 4:18-20	18
متی 4:23-25	20
متی 5:1-12	27
متی 5:13-16	28

بائبل مقدس کے حوالہ جات کی فہرست

حوالہ	باب
متّی	
متی5:17-48	29
متی6:1-8	30
متی6:9-15	31
متی6:16-18	30
متی6:19-24	32
متی6:25-34	33
متی7:1-6	34
متی7:7-12	35
متی7:13-14	36
متی7:15-23	37
متی8:1.7:24	38
متی8:2-4	20
متی8:5-13	39
متی8:14-17	19
متی9:1-8	21

بائبل مقدس کے حوالہ جات کی فہرست

حوالہ	باب

متّی

حوالہ	باب
متی 9:9-13	22
متی 9:14-17	23
متی 11:2-15	41
متی 11:16-24	42
متی 11:25-30	43
متی 12:1-8	24
متی 12:9-14	25
متی 12:15-21	26
متی 12:22-30	45
متی 12:31-37	46
متی 12:38-45	47
متی 12:46-50	48
متی 13:1-23	49
متی 13:24-30	51
متی 13:31-32	52

بائبل مقدس کے حوالہ جات کی فہرست

حوالہ	باب
متی	
متی 13:33-35	53
متی 13:36-43	54
متی 13:44-46	55
متی 13:47-50	56
متی 13:51-53	57

حوالہ	باب
مرقس	
مرقس 1:1	2
مرقس 1:2-6	13
مرقس 1:7-8	15
مرقس 1:12-13	16
مرقس 1:14-15	17
مرقس 1:16-20	18
مرقس 1:21-34	19
مرقس 1:35-45	20

21	مرقس 2:1-12
22	مرقس 2:13-17
23	مرقس 2:18-22
24	مرقس 2:23-28
25	مرقس 3:1-6
26	مرقس 3:7-19
45	مرقس 3:20-27
46	مرقس 3:28-30
48	مرقس 3:31-35
49	مرقس 4:1-25
50	مرقس 4:26-29
52	مرقس 4:30-32
53	مرقس 4:33-34

بائبل مقدس کے حوالہ جات کی فہرست

حوالہ	باب
لوقا	
لوقا1:1-4	2
لوقا1:5-25	3
لوقا1:26-38	4
لوقا1:39-56	5
لوقا1:57-80	6
لوقا2:1-21	8
لوقا2:22-38	9
لوقا2:39-40	11
لوقا2:41-52	12
لوقا3:1-6	13
لوقا3:7-14	14
لوقا3:15-18	15
لوقا3:19-20	17
لوقا3:23-28	1
لوقا4:1-13	16
لوقا4:14-30	17

بائبل مقدس کے حوالہ جات کی فہرست

حوالہ	باب
لوقا4:31-41	19
لوقا4:42-44	20
لوقا5:1-11	18
لوقا5:12-16	20
لوقا5:17-26	21
لوقا5:27-32	22
لوقا5:33-39	23
لوقا6:1-5	24
لوقا6:6-11	25
لوقا6:12-16	26
لوقا6:17-26	27
لوقا6:27-36	29
لوقا6:37-43	34
لوقا6:43-45	37
لوقا6:46-49	38
لوقا7:1-10	39
لوقا7:11-17	40

لائٹ ٹو مائے پاتھ منسٹری کے زیرِ انتظام کتابوں کی تقسیم

لائٹ ٹو مائے پاتھ منسٹری (ایل ٹی ایم پی) کتابوں کی تصنیف اور تقسیم کی ایک ایسی منسٹری ہے جو کہ براعظم ایشیا، لاطینی امریکہ اور افریقہ میں ضرورت مند مسیحی کارکنوں تک پہنچ رہی ہے۔ ترقی پذیر ممالک میں بہت سے ایسے مسیحی کارکن بھی ہیں جن کے پاس اتنے وسائل نہیں ہیں کہ وہ بائبل ٹریننگ کے لیے جاسکیں یا اپنی شخصی ترقی اور خدمت کی بڑھوتی اور کلیسیائی ضرورت کے لیے بائبل سٹڈی مواد خرید سکیں۔ زیرِ نظر کتاب کا مصنف ایکشن انٹرنیشنل منسٹریز کا رکن ہے جو کہ پوری دنیا میں ضرورت مند مسیحی کارکنوں اور پاسبانوں کے درمیاں مفت یا قیمتاً کتابوں کی تقسیم کے عزم کے ساتھ کتابیں لکھ رہا ہے۔

آج اِس وقت تیس سے زیادہ ممالک میں ڈیووشنل کمنٹری سیریز اور لائف اِن دی کرائسٹ سیریز میں ہزاروں کتب منادی، سلسلہ تعلیم، بشارتی خدمت اور مقامی ایمانداروں کی روحانی ترقی اور نشو ونما کے لیے استعمال کی جا رہی ہے۔ اِن سیریز میں یہ کتب ہندی، فرانسیسی، ہسپانوی اور ہیٹین کریول زبانوں میں ترجمہ ہو چکی ہیں۔ جبکہ اُردو زبان میں کتب کے تراجم کا سلسلہ گزشتہ چند سالوں سے جاری ہے۔ ہمارا نصب والعین جہاں تک ممکن ہو زیادہ سے زیادہ ایمانداروں تک اِن کتب کو مہیا کرنا ہے۔

لائٹ ٹو مائے پاتھ منسٹری (ایل ٹی ایم پی) ایک ایسی منسٹری ہے جو ایمان کے سہارے چل رہی ہے اور پوری دنیا میں ایمانداروں کی مضبوطی اور حوصلہ افزائی کے لیے کتب کے تراجم اور تقسیم کے پیشِ نظر اپنی مالی ضروریات کے لیے خداوند پر توکل کرتی ہے۔ آپ سے گزارش ہے کہ کتب کے دیگر زبانوں میں تراجم اور تقسیم کے لیے دُعا کریں۔ شکریہ۔ خداوند آپ کو برکت دے۔

Rev F. Wayne. Mac Leod.

Light to My Path Book Distribution-Canada

بائبل مقدس کے حوالہ جات کی فہرست

حوالہ	باب
لوقا 7:18-30	41
لوقا 7:31-35	42
لوقا 7:36-50	44
لوقا 8:1-3	45
لوقا 8:4-18	49
لوقا 8:19-21	48
لوقا 11:24-26	47
لوقا 13:18-19	52
لوقا 13:20	53
لوقا 16:16-17	29